BÖHM/RÖHRING   MITTELMEERKÜSTE

Böhm/Röhring

Mittelmeerküste

Vom Golf von Genua
bis zur spanischen Grenze

Führer für Sportschiffer

Delius Klasing Verlag

Der Autor wie der Verlag übernehmen für Irrtümer, Fehler oder Weg-
lassungen keinerlei Gewährleistung oder Haftung. Die Pläne dienen zur
Orientierung und nicht zur Navigation; sie ersetzen also keineswegs
See- beziehungsweise Wassersportkarten und andere offizielle nautische
Unterlagen.

Von den Autoren Böhm/Röhring erschienen im Delius Klasing Verlag
folgende Titel in der Reihe „Führer für Sportschiffer":
Korsika – Sardinien – Elba
Mittelmeerküste – Vom Golf von Genua bis zur spanischen Grenze

Die Deutsche Bibliothek – CIP-Einheitsaufnahme

Böhm, Barbara:
Mittelmeerküste: vom Golf von Genua bis zur spanischen Grenze /
Böhm; Röhring. – 1. Aufl. – Bielefeld: Delius Klasing, 1993
(Führer für Sportschiffer)
ISBN 3-7688-0814-9
NE: Röhring, Klaus-Jürgen

1. Auflage
ISBN 3-7688-0814-9
© Copyright by Delius, Klasing & Co., Bielefeld
Fotos: Peter Kleinoth
Schutzumschlaggestaltung: Ekkehard Schonart
Druck: Kunst- und Werbedruck, Bad Oeynhausen
Printed in Germany 1993

Inhaltsverzeichnis

Vorwort

Die Mittelmeerküste von Genua bis zur spanischen Grenze gehört zu den schönsten und beliebtesten Küstenabschnitten des gesamten Mittelmeerraumes, sind damit doch Begriffe wie „Urlaub", „Sonne", „Wärme", „angenehmes Klima", „strahlend blauer Himmel", „azurfarbenes Wasser", „zauberhafte Landschaften" usw. eng verbunden – diese Aufzählung ließe sich unendlich fortführen. Nicht umsonst zieht es alljährlich Millionen Urlauber an diese Küste, die ihre vielfältigen Aspekte mit steilen Felsküsten, Strand, Palmen, Pinien und Korkeichenwäldern, der Blütenpracht von Bougainvilleas und angenehmem Leben bei gutem Essen und köstlichem Wein lieben. Der Besucher kann sich nur schwer der Faszination dieser verschiedenartigen Landschaftsbilder entziehen. Auch die wohlklingenden Namen der großen Seebäder, mit denen man Glanz vergangener und heutiger Zeiten, mondäne Gäste, Blut- und Geldadel, High-Society und bekannte Film- und Popstars verbindet, wie Saint-Tropez, Cannes, Juan-les-Pins, Antibes, Nizza, San Remo und nicht zu vergessen Monte Carlo im Zwergstaat Monaco, locken die Gäste in Scharen an.

Über den Reizen der Küste sollte man aber auch das Hinterland nicht vergessen, das mit nicht minder interessanten Landschaften aufwarten kann und in dessen Ruhe und Beschaulichkeit nur wenige Kilometer von der Küste entfernt die Zeugnisse von über 2000 Jahren abendländischer Kultur ihrer Entdeckung harren.

Seit mit der Aufklärung im 18. Jahrhundert der Müßiggang und die Erholung nicht mehr als Sünde verdammt wurden, begann der unaufhaltsame Aufstieg der Riviera zur beliebtesten Ferienküste Europas – nur die spanische Costa Brava und die Balearen konnten sich in den letzten Jahren zu einer echten Konkurrenz entwickeln. Die ersten Gäste kamen im Winter, um dem Zugriff von Eis und Schnee im mittleren und nördlichen Europa zu entrinnen, weshalb die Seebäder zunächst über 100 Jahre reine Winterkurorte blieben – eine Rolle, die inzwischen die spanische Südküste übernommen hat. Erst 1927 beschloß die Hotelvereinigung von Nizza und Cannes, ihre Hotelpaläste auch im Sommer offenzuhalten. Inzwischen ist es allerdings eher umgekehrt – außerhalb der kurzen Saison von Juni bis September sind viele Lokalitäten geschlossen, sehr zum Leidwesen der

Yachtbesucher, die dann oft genug vor verschlossenen Türen stehen, denn Wassersport kann man an dieser Küste beinahe das ganze Jahr über betreiben, zumal es für schlechtes oder stürmisches Wetter mit den zahlreichen Yachthäfen genug Rückzugs- und Schutzmöglichkeiten gibt.

Vor allem an der französischen Küste ist mit Ausnahme eines kleinen Küstenstreifens im Bereich der Rhônemündung das Netz der gut ausgebauten Yachthäfen sehr dicht. Trotz des immensen Liegeplatzangebotes an der französichen Küste heißt es im Juli und August in vielen Häfen ab 17.00 Uhr „tout complet" – alle Plätze sind belegt, bei schlechtem Wetter auch schon mal mittags.

Navigatorisch bereitet dieses Revier auch Anfängern keinerlei Schwierigkeiten, gibt es doch kaum erwähnenswerte Strömungen, und die 20 bis 30 Zentimeter Tidenhub machen sich so gut wie gar nicht bemerkbar. Die geringen Strömungen werden fast ausschließlich von länger anhaltendem Wind erzeugt.

Die Wassertiefen vor der italienischen Riviera, der Côte d'Azur und der Provence sind meist wenige Meter von der Küste bereits ausreichend tief, so daß man sehr dicht an Land vorbeifahren kann. Hier und da liegen allerdings Klippen und Steine im Weg, die oft nicht mit Untiefenbaken markiert sind. Eine ständige Kontrolle des Standortes auf der Seekarte ist daher auch in diesem Revier unabdingbar.

Im Gebiet der Rhônemündung und des Languedoc-Roussillon ist das Wasser in Küstennähe flach, und man muß etwas mehr Abstand von der Küste halten. Vor allem vor der Rhônemündung ist größte Vorsicht geboten, da sich die Wassertiefen hier ständig ändern.

Wissenswertes
von A bis Z

Ankern, Ankergeschirr und Anlegen Obwohl man den eigenen Anker in den modernen Yachthäfen an der Riviera nicht benötigt, sollte dennoch auf ausreichend dimensioniertes Ankergeschirr großer Wert gelegt werden. Sinnvoll sind in jedem Fall zwei Anker – ein guter Patent- oder ein Stockanker und ein Klappdraggen oder ähnliches als Zweitanker. Zum einen will man ja auch einmal in einer der zahlreichen romantischen Ankerbuchten ankern, zum anderen aber legt man in den Gemeindehäfen an der italienischen Riviera immer noch vor Buganker, Heck zum Kai oder zur Mole an. In manchen Ankerbuchten wird so dicht beieinander geankert, daß man besser Fender ausbringt, damit die Zusammenstöße beim Schwojen abgefedert werden.

In den Yachthäfen gibt es verschiedene Anlegesysteme: Am weitesten verbreitet sind Grundleinen oder -ketten, wobei eine Leine oder Kette oder eine Kombination aus beidem mit dem einen Ende am Grund an einer schweren Kette oder einem Betonklotz verankert, mit dem anderen Ende am Kai oder Steg befestigt ist. Man fährt an den Kai oder Steg heran – normalerweise „römisch-katholisch": mit dem Heck voran – und belegt zunächst eine Heckleine. Dann holt man die lose durchhängende Grundleine auf, während man gleichzeitig mit der Leine zum Bug geht und sie von vorne dichtholt, und belegt die dichtgeholte Grundleine auf einer Klampe am Bug (wegen der oft sehr verschmutzten Leinen empfiehlt es sich, hierbei Arbeitshandschuhe zu tragen). Bei Grundketten pickt man am besten zwei Karabinerhaken mit kurzen Tampen daran in die Kette ein, damit sie nicht an Bord genommen zu werden braucht.

Ein anderes System sind Mooringbojen – meist für zwei Yachten eine Boje –, an denen die Vorleine belegt wird, während die Heckleinen zum Kai oder Steg geführt werden. Manchmal trifft man auch auf kurze Auslegerstege, bei denen sich in der Regel zwei Yachten eine Box teilen. In mehreren Häfen des Languedoc-Roussillon sind die Liegeplätze in Boxen mit Pfählen für die vorderen Festmacheleinen aufgeteilt.

In fast allen französischen Yachthäfen gibt es den „Quai d'Acceuil" (Anmeldekai), an dem der Hafenmeister oder ein Angestellter einlaufende Yachten begrüßt und ihnen einen Liegeplatz zuweist. Ist der Anmeldekai nicht besetzt, legt man dort zunächst provisorisch an und meldet sich im Hafenbüro, um sich einen Liegeplatz zuweisen zu lassen. Kommt man außerhalb der Dienststunden des Hafenbüros in einen Yachthafen, so legt man bis zur Öffnung des Büros an dem Anmeldekai an – nicht alle Hafenbüros sind in der Saison Tag und Nacht besetzt.

In einigen französischen und vor allem in italienischen Yachthäfen sind die Gastliegeplätze besonders gekennzeichnet (frz. „Transit", ital. „Transito" – seltener auch „Diporto"); hier kann man nach dem Einlaufen direkt anlegen. Stellen, an denen man auf gar keinen Fall anlegen darf, sind meist mit einem gelben Streifen oder einer schwarz-gelben Schraffur gekennzeichnet. Selbstredend verbietet es sich auch, an der Tankstelle anzulegen.

Das in Nordeuropa so beliebte Anlegen im Päckchen ist im Mittelmeerraum verpönt – lediglich in völlig überfüllten Gemeindehäfen wird schon mal in zweiter oder auch dritter Reihe vor dem Kai angelegt, wobei man, um an Land zu kommen, in der Regel sein Beiboot benutzt und nicht über die weiter landeinwärts liegenden Yachten turnt. Der bei dieser Anlegemethode entstehende Ankersalat ist vorprogrammiert, und es dauert am nächsten Tag oft Stunden, ehe alle Anker auseinandersortiert sind. Die zuletzt gekommenen Yachten sollten daher am nächsten Tag auch als erste wieder auslaufen, bevor eine der weiter innen liegenden Yachten ablegen will.

Es ist wohl selbstverständlich, daß man sich nach dem Anlegen beim Hafenmeister meldet und die Liegegebühren entrichtet – man spart sich am nächsten Tag den Gang zum Hafenbüro, der in den teilweise riesigen Marinas recht lang sein kann.

Fast alle Yachthäfen an der Riviera sind während der Dienststunden über UKW-Kanal 9 – einige über Kanal 12 – zu erreichen, so daß man sich schon einige Meilen vor dem Hafen nach freien Plätzen erkundigen und sich einen Liegeplatz zuweisen lassen kann (meist heißt es: Melden Sie sich bitte am Quai d'Acceuil – in der Saison aber auch oft genug: Le Port est complet, was soviel heißt wie „alles belegt"). Dann hilft nur eines – weiter herumtelefonieren, sofern dieses bei dem Gedränge auf Kanal 9 gelingt.

Auskünfte   die speziell den Wassersport betreffen, erteilen die Fremdenverkehrsämter:

> *Amtliches Französisches Verkehrsbüro*
> Kaiserstr. 12
> 60311 Frankfurt am Main
> Telefon 0 69/7 56 08 30

Staatliches Italienisches Fremdenverkehrsamt E.N.I.T.
Berliner Allee 26
40212 Düsseldorf
Telefon 02 11/13 22 31
und
Kaiserstraße 65
60329 Frankfurt am Main
Telefon 0 69/23 74 30
und
Goethestraße 20
80336 München
Telefon 0 89/53 03 69
Darüber hinaus kann man beim
ADAC, Referat Sportschiffahrt
Am Westpark 8
81373 München
Telefon 0 89/76 76 61 07
„Informationen für die Sportschiffahrt" für die beiden Länder anfordern.
Bei der *Kreuzer-Abteilung des Deutschen Segler-Verbandes*
Gründgensstraße 18
20359 Hamburg
Telefon 0 40/6 32 00 90
gibt es die Broschüren „Wassersport in Frankreich" und „Wassersport in Italien".

Bootspapiere In *Frankreich* ist für das Befahren der Küsten- und Seegewässer mit Wassersportfahrzeugen unter deutscher Flagge das *Flaggenzertifikat* erforderlich, das beim
Bundesamt für Seeschiffahrt und Hydrographie (BSH)
Bernhard-Nocht-Straße 78
20359 Hamburg
beantragt werden kann.
In *Italien* sind Wassersportfahrzeuge zulassungs- und kennzeichnungspflichtig. Für deutsche Boote wird der *Internationale Bootsschein für Wassersportfahrzeuge* anerkannt, der vom DSV, DMYV und ADAC ausgegeben wird. Weiterhin sind beim Befahren der italienischen Küstengewässer folgende Papiere mitzuführen:
– Beleg über die bezahlte *Tassa di Stazionamento* (Aufenthaltssteuer) – gilt nicht für Segelyachten ohne Hilfsmotor und nicht für Yachten unter ausländischer Flagge
– Bootsführerschein – die DSV-Führerscheine werden anerkannt, ebenso die amtlichen Scheine
– Deviationstabelle für den Schiffskompaß

10

- Gebrauchsanweisung von Innen- und – falls vorhanden – Außenbordmotoren
- Erläuterungen über den Gebrauch der Sicherheitseinrichtungen und Rettungsmittel
- BeimWasserskilaufen zusätzlicher Führerschein, der zur Ausübung dieses Wassersportes berechtigt
- Personalpapiere der Crew
- Sprechfunkzeugnis und Genehmigung der Deutschen Bundespost Telekom, falls eine Funkanlage an Bord ist – gilt auch für UKW-Anlagen
- Falls ein Radio an Bord ist: Nachweis über die Anmeldung des Gerätes und die Bezahlung der Rundfunkgebühren
- Nachweis der Haftpflichtversicherung
- *Costituto in arrivo*, die Ankunftsbescheinigung

Beim Befahren italienischer Gewässer empfiehlt es sich, über alle Ausrüstungsgegenstände an Bord Kaufbelege mitzuführen, damit kein Eindruck einer illegalen Einfuhr nach Italien entstehen kann.

Chartern In zahlreichen Yachthäfen an der Riviera gibt es Charterbasen, auch von deutschen Firmen. Die Anschriften der Charterfirmen kann man dem Anzeigenteil der Wassersportzeitschriften entnehmen.

Einklarieren und Zollvorschriften Generell ist das Einklarieren, vor allem für Yachten aus dem EG-Raum, in den letzten Jahren vereinfacht worden, und im vereinten Europa ohne Grenzen dürfte dies wohl bald kein Thema mehr sein – in Italien wird es sicherlich etwas länger dauern, bis sich die entsprechenden Vorschriften auch zu den unteren Behörden durchgesprochen haben.

Führerscheine Sowohl in Italien als auch in Frankreich wird zum Führen von Yachten mit Motoren über 3,68 kW der amtliche deutsche *Sportbootführerschein See* anerkannt. Für in Frankreich zugelassene Yachten gelten die französischen, für in Italien zugelassene Yachten die italienischen Führerscheinbestimmungen.

Geschwindigkeitsbegrenzungen In Frankreich gilt generell in einem Abstand bis 300 m von der Küste eine Geschwindigkeitsbegrenzung von *fünf Knoten*. In nahezu allen Häfen ist die Geschwindigkeit auf *drei Knoten* beschränkt. Für bestimmte Gebiete an der französischen Mittelmeerküste gelten weitergehende Einschränkungen, so beispielsweise bei den Îles de Lérins, in der Rade d'Agay, im Golf von Saint-Tropez usw.

Gesundheit Während der Monate Juli, August und noch Anfang September ist die Sonneneinstrahlung sehr intensiv – insbesondere auf dem Wasser. Einen beginnenden Sonnenbrand nimmt man während des Segelns häufig erst dann wahr, wenn es bereits zu spät ist. Für diesen Fall empfiehlt es sich, ein Antihistaminikum in Gelform in der Bordapotheke mitzuführen. Lichtempfindliche Personen sollten sich vorsorglich mit einer Sonnencreme mit hohem Lichtschutzfaktor einreiben.

Magenverstimmungen rühren meist von allzu reichlichem Genuß kalter Getränke und der ungewohnten Kost her. Für solche Fälle sollte man Kohlecompretten in der Bordapotheke haben.

Gegen Seekrankheit ist ein Cinnarizin-Präparat das Mittel der Wahl, da es keine Nebenwirkungen hat.

Haftpflichtversicherung   In *Frankreich* ist eine Wassersport-Haftpflichtversicherung bis jetzt noch nicht vorgeschrieben, jedoch zu empfehlen, zumal in den meisten Hafenämtern nach dem Bestehen einer solchen Versicherung gefragt wird.

In *Italien* ist für Boote mit Motoren über 3 italienische Steuer-PS eine Haftpflichtversicherung vorgeschrieben. Als Deckungsnachweis gilt die blaue Versicherungskarte. Die Mindestversicherungssumme betrug 1993 1 Milliarde Lire – etwa 1 Million DM –; genaue Auskunft erteilen die deutschen Versicherungsgesellschaften. Die Versicherungsgesellschaft muß in Italien zugelassen sein. Die blaue Versicherungskarte muß beim Befahren italienischer Gewässer unbedingt an Bord sein – fehlt sie, so können die Behörden die Yacht so lange an die Kette legen, bis eine entsprechende Haftpflichtversicherung bei einer italienischen Gesellschaft abgeschlossen wurde oder der Versicherungsnachweis vorgelegt wird.

Kraftstoff   erhält man in allen größeren Häfen an Zapfsäulen am Kai, lediglich in einigen kleineren Häfen muß man ihn in Kanistern von einer meist nahegelegenen Straßentankstelle holen. Die Abgabe zollfreien Dieselkraftstoffs an Sportboote ist in Frankreich generell verboten, in Italien zwar hier und da theoretisch unter Vorlage des „Costituto in arrivo" möglich – ab 1000 Liter –, jedoch mit solch großem bürokratischem Aufwand verbunden, daß dieser sich nur bei großen Mengen lohnt.

Lebensmittel und Getränke   Das Angebot an Obst und Gemüse ist dem in Deutschland durchaus vergleichbar, nur etwas mehr jahreszeitabhängig. Dafür sind die Preise zur Erntezeit der einzelnen Obst- und Gemüsesorten deutlich niedriger als bei uns. Man braucht auch keine Angst zu haben, Ungeziefer mit Obst oder Gemüse einzuschleppen.

Fleisch ist in Italien und Frankreich teuer und entspricht oft nicht unseren Qualitätsansprüchen; wenn man aber weiß, welche Stücke gut sind, kann man auch in Italien und Frankreich hervorragendes Fleisch einkaufen (in Frankreich z. B. ist „faux filet" meist ein gutes Stück Fleisch; Hackfleisch wird sowohl in Italien als auch in Frankreich jeweils frisch durch den Fleischwolf gedreht, wobei man sich das entsprechende Stück vorher aussucht).

Bier ist in beiden Ländern teuer – in Italien teurer als in Frankreich. Wein erhält man überall recht preiswert, wobei der billige Wein meist von besserer Qualität ist als in Deutschland. In den italienischen Cantinas und den französischen Caves erhält man guten und preiswerten Wein direkt vom Faß.

Liegegebühren In fast allen in diesem Buch beschriebenen Häfen werden Liegegebühren erhoben; eine Ausnahme bilden lediglich einige gemeindeeigene Häfen an der italienischen Riviera, aber auch hier werden inzwischen die meisten Liegeplätze von Yachtclubs oder privaten Firmen verwaltet. In den gemeindeeigenen Häfen ist die Liegezeit meist auf drei oder fünf Tage begrenzt.

Die Höhe der Liegegebühren ist so unterschiedlich wie der Komfort der einzelnen Häfen, jedoch besteht oft genug kein Zusammenhang zwischen dem angebotenen Komfort und der Höhe der Liegegebühren – vor allen Dingen in den italienischen Yachthäfen.

Aber auch in Frankreich werden teilweise horrende Liegegebühren verlangt – vor allem in den privaten Yachtmarinas. Viele französische Yachthäfen sind aufgeteilt in einen öffentlichen Teil (Port public) und einen privaten Teil (Port privé), wobei die Liegegebühren in dem letztgenannten meist erheblich höher sind als in dem öffentlichen Teil. Sind in dem öffentlichen Hafen keine Plätze mehr frei, wird ein freier Liegeplatz im privaten Teil zugewiesen mit der Konsequenz der entsprechend höheren Liegegebühren.

Die Liegegebühren für eine 10-m-Yacht betrugen 1993 in den italienischen Häfen zwischen 35 000 und 125 000 Lire (etwa 35 bis 125 DM) und in Frankreich zwischen 50 und 200 FF (etwa 17 bis 65 DM), wobei der Mittelwert in Frankreich nach unseren Erfahrungen 105 FF = 35 DM betrug – diese Angaben gelten für die Monate Juli und August.

Für die Benutzung der Duschen werden stellenweise zusätzliche Gebühren erhoben, die von Hafen zu Hafen unterschiedlich sind – im Sommer wird man wohl meist auf ihre Benutzung verzichten und statt dessen eine erfrischende Dusche aus dem mitgeführten Wasserschlauch genießen, der an die Wasserversorgung des Steges angeschlossen wird. Für dieses Vergnügen braucht man allerdings eine stattliche Anzahl von Adaptern für die überall verschiedenen Anschlüsse. In den italienischen Häfen wird für die Benutzung der Strom- und Wasseranschlüsse häufig eine zusätzliche Gebühr erhoben.

Marine, Marina Dieser Begriff hat in Frankreich und in Italien eine andere Bedeutung als bei uns und steht nicht nur für moderner Yachthafen. Die Ortsbezeichnung *Marine de* ... (französisch) oder *Marina di* ... (italienisch) bezeichnet häufig die am Meer gelegene „Sommerdependence" eines weiter landeinwärts liegenden Ortes.

Ähnliches gilt für die Bezeichnungen *Port* (französisch) und *Porto* (italienisch). Bei Ortsnamen, denen dieses Wort vorangestellt ist, kann man nicht immer davon ausgehen, einen befestigten Hafen anzutreffen. Oft genug ist es nicht mehr als eine kleine Bucht oder ein Strandabschnitt, wo die Fischer ihre Boote an Land ziehen.

Navigation   Vorspringende Kaps, weithin sichtbare Antennenmasten, gut auszumachende Schlösser und Burgen, Wachtürme, große, gemauerte Untiefenbaken und andere Landmarken erleichtern bei Tage die Navigation – im Hochsommer muß man allerdings wegen des bei gutem Wetter herrschenden Dunstes mit nur geringer Sichtweite von etwa zwei bis fünf Seemeilen rechnen, so daß die Identifizierung von Landmarken nur bei entsprechender Nähe zur Küste möglich ist. Wir selbst haben dieses Phänomen oft genug bei Überfahrten von Korsika zur Riviera zu spüren bekommen und uns bei den ersten aus dem Dunst auftauchenden Landkonturen zu falschen Standortannahmen hinreißen lassen. Bei Nacht ist das alles viel einfacher, da zahlreiche weittragende Leuchtfeuer – die gesamte Küste ist hervorragend befeuert – die Standortbestimmung erleichtern. Kritisch wird es allerdings nachts in unmittelbarer Küstennähe, da die Hafenbefeuerungen oft in den hell erleuchteten Uferzonen untergehen und nur schwer auszumachen sind. Tragweite und Kennung der einzelnen Leuchtfeuer entnehme man dem Leuchtfeuerverzeichnis Teil V.

Mehrere Funkfeuer mit meist 100 sm Reichweite stehen über die Küste verteilt – zusätzlich zu den Seefunkfeuern sind noch ununterbrochen sendende Flugfunkfeuer in Betrieb. Position, Kennung, Frequenz, Reichweite und Sendefolge der See- und Flugfunkfeuer entnehme man dem jährlich neu erscheinenden „Jachtfunkdienst Mittelmeer".

Da das gesamte Gebiet der Riviera durch Loran-C-Sender abgedeckt wird, hat sich dieses Hyperbelnavigationsverfahren in den letzten Jahren immer mehr durchgesetzt und erfreut sich inzwischen großer Verbreitung auch auf Yachten, zumal es inzwischen auch Geräte gibt, die einen Autopiloten direkt ansteuern und damit dem Skipper einen guten Teil Arbeit abnehmen können – vor allem, wenn größere Strecken ohne Landsicht zurückgelegt werden sollen. Aber Vorsicht! Bei allem Fortschrittsglauben sollte man auch die gute alte handgemachte Navigation beherrschen.

GPS-Empfänger sieht man ebenfalls in zunehmendem Maße auf Yachten.

Schreibung der Ortsnamen   In der Regel wird in diesem Buch die landesübliche Schreibweise benutzt. Des besseren Verständnisses halber aber werden dort Ausnahmen gemacht, wo die deutschen Ortsnamen bekannter sind, zum Beispiel Genua statt Genova oder Nizza statt Nice.

Seekarten und Seebücher Neben den amtlichen deutschen (D), britischen (BA), französischen (F) und italienischen (I) *Seekarten* gibt es *Sportbootkarten:*

– in Frankreich *„P"-Karten* (das sind amtliche französische Seekarten, auf wasserabweisendem Spezialpapier gedruckt und gefaltet; sie werden jedes Jahr berichtigt nachgedruckt) sowie die *Navicartes* = „CG"-Karten = Cartes Guides (mehrfarbig, ebenfalls auf wasserabweisendem Spezialpapier gedruckt, Format ca. 110 x 65 cm, gefaltet; ihr Vorteil sind die zahlreichen Hafenpläne; keine handschriftliche Berichtigung, korrigierte Nachdrucke erscheinen von Fall zu Fall)
– in Italien die *Nauticard* (Sonderdrucke auf der Basis amtlicher italienischer Seekarten, mehrfarbig, auf wasserfestem Kunststoff gedruckt, Format 68 x 45 cm; die strukturierte Oberfläche erlaubt die Arbeit mit dem Bleistift; die Nauticard werden nicht handschriftlich berichtigt, korrigierte Nachdrucke erscheinen von Fall zu Fall)

Darüber hinaus gibt es in Frankreich den *Atlas Maritime* (Format etwa 60 x 60 cm) in Ringheftung mit Übersichtsplänen und Einzelplänen für die französische Mittelmeerküste und Korsika und in Italien die *Nauticard* im Format von etwa 15 x 25 cm für die Benutzung auf kleineren Yachten.

Seebücher:
– Mittelmeer-Handbuch, I. Teil: O-Küste Spaniens und Balearen, S-Küste Frankreichs und Korsika (BSH-Nr. 2027)
– Mittelmeer-Handbuch, II. Teil: Italien mit Sardinien und Sizilien (BSH-Nr. 2028)
– Verzeichnis der Leuchtfeuer und Signalstellen, Teil V: Mittelmeer und Schwarzes Meer (BSH-Nr. 2105)
– Jachtfunkdienst Mittelmeer (BSH-Nr. 2159)

Ferner:
– Reed's Nautical Almanac Mediterranean (mit Hafenplänen, Länderinformationen, Seefunk- und Leuchtfeuerverzeichnis, Sendern und Frequenzen der Seewetterberichte)
– Carte-Guide Radiosignaux RX5 (mehrfarbige französische Funknavigationskarte von den Balearen bis zum Tyrrhenischen Meer, mit Seefunkfeuern, küstennahen Flugfunkfeuern, Küstenfunkstellen, Loran-C-Netz; gedruckt auf wasserfestem Papier)

Sicherheitsausrüstung Für in *Italien* zugelassene Yachten unter italienischer Flagge gelten umfangreiche Sicherheitsvorschriften je nach Fahrtgebiet bzw. Entfernung von der Küste. Yachten unter ausländischer Flagge müssen minde-

15

stens die in ihrem Heimatland geforderte Sicherheitsausrüstung mitführen. Für Yachten unter deutscher Flagge siehe die BSH-Broschüre „Sicherheit in der Sportschiffahrt im See- und Küstenbereich" und die „Sicherheitsrichtlinien – internationale und nationale Richtlinien für die Ausrüstung und Sicherheit von Segelyachten" der Kreuzer-Abteilung des Deutschen Segler-Verbandes. Eine entsprechende in italienischer Sprache abgefaßte und von einem deutschen Konsulat beglaubigte Erklärung muß an Bord mitgeführt werden.

Für in *Frankreich* zugelassene Yachten unter französischer Flagge gelten ebenfalls umfangreiche Sicherheitsvorschriften je nach Fahrtgebiet bzw. Entfernung von der Küste. Yachten unter ausländischer Flagge müssen die in ihrem Heimatland geforderte Sicherheitsausrüstung mitführen.

Telefonieren In der Nähe der meisten Häfen gibt es öffentliche Telefonzellen – in Frankreich fast nur noch Telefone, die mit Karten arbeiten. Die französischen Telefonkarten erhält man überall, wo es Briefmarken gibt, also auch in den Tabakgeschäften und den zahllosen Café-Bar-Tabac. Vorwahl nach Deutschland: 19 (Ton abwarten) 49, nach Österrreich 1943, in die Schweiz 1941. Italienische Telefonzellen funktionieren entweder mit den Telefonmünzen „Getonis" (je 200 Lire = 0,20 DM) oder Münzen – einfacher telefoniert es sich in den Bars, die meist über ein öffentliches Telefon mit Gebührenzähler verfügen. Vorwahl nach Deutschland: 0049, nach Österreich 0043, in die Schweiz 0041.

Mit einem UKW-Sprechfunkgerät an Bord ist das natürlich alles viel einfacher – man ruft die nächste Küstenfunkstelle und läßt sich mit der gewünschten Rufnummer verbinden (deutsche Vorwahlnummer ohne die Null). Bei guten Sprachkenntnissen ruft man die Küstenfunkstelle in der Landessprache, sonst in Englisch an. Die Arbeitskanäle der Küstenfunkstellen sind dem Jachtfunkdienst Mittelmeer zu entnehmen. Die italienischen Küstenfunkstellen werden in der Regel auf Kanal 16 angerufen, woraufhin der Arbeitskanal mitgeteilt wird; die Arbeitskanäle der französischen Küstenfunkstellen entsprechen den Kanälen für die Wetterberichte – siehe weiter unten.

Trinkwasser bekommt man fast überall gratis, lediglich in einigen italienischen Häfen muß man für Trinkwasser gesondert bezahlen. Nicht überall liefert der Wasseranschluß am Steg Trinkwasser, sondern sogenanntes Brauchwasser, das nur abgekocht benutzt werden sollte. Im übrigen empfiehlt sich das überall preiswert erhältliche Mineralwasser – leider fast nur in Plastikeinwegflaschen erhältlich. Diese eignen sich leer allerdings hervorragend zum Befüllen mit preiswertem Wein vom Faß.

Wind und Wetter Im nördlichen Teil des westlichen Mittelmeeres ist es im Sommer trocken und heiß, während die Winter ausgesprochen mild sind. Die atlantischen Störungen beeinflussen das Wetter im Sommer nur wenig. Die Gebirge schirmen die Küste vor den kalten Nordwinden ab und lenken die Ausläufer der atlantischen Tiefs nach Nordosten ab.

An der **italienischen Riviera** herrschen im Sommer östliche Winde vor, von denen der Scirocco der gefährlichste ist – ein heißer Wind aus Südost, der Sand aus der Sahara mitbringt und die Yachten mit einer braunen Staubschicht überzieht.

An der **Côte d'Azur** herrschen im Sommer westliche Winde vor – meist bis zum Cap d'Antibes, wo der Wind nach einem kurzen windstillen Gebiet bei den Îles de Lérins auf Ost schwenkt, es sei denn, ein Mistral oder Scirocco beeinflußt das Windgeschehen. Oft genug sieht man im Sommer in den Wetterkarten der Tageszeitungen, daß auf der einen Hälfte Windpfeile nach Osten und der anderen Hälfte Pfeile nach Westen zeigen.

Das Gebiet der **Provence** vom Cap de Saint-Tropez bis zur Rhônemündung überrascht mit von Kap zu Kap wechselnden Windrichtungen und steht unter starkem Einfluß der im Golf von Lion vorherrschenden Wetterlage – wir sind schon im Hochsommer bei strahlendem Wetter mit Windstärke 8 von Hyères Richtung La Ciotat gesurft, um zwei Tage später mit achterlichem Mistral von Bandol in 8 Stunden in den Golf von Saint-Tropez zu segeln.

Der Westteil – **Languedoc-Roussillon** – ist die windreichste Region, wobei der Golfe du Lion (Löwengolf) eines der sturmreichsten Gebiete des gesamten Mittelmeerraumes ist. Hier herrschen nördliche (Tramontana) und nordwestliche Winde (Mistral) vor, die auch in den Sommermonaten unangenehm blasen können. Ein gutes Indiz für viel Wind ist das Fehlen des im Sommer üblichen Dunstes – gute Fernsicht bedeutet fast immer viel Wind.

Ganz wichtig: Die Stürme im Mittelmeer kommen meist ohne Vorwarnung – die Windgeschwindigkeit nimmt oft innerhalb weniger Minuten von 0 auf 50 kn zu, und das meist bei strahlend blauem Himmel fast ohne Wolken.

Es gibt keine generellen Wetterregeln, jedoch sollte man auch im Sommer etwa alle zwei bis drei Wochen mit Starkwind und im Winter mit einem ausgewachsenen Sturm rechnen – auch im Sommer kann sich ein kräftiger Sturm drei Tage austoben. Dabei sind Windgeschwindigkeiten von 50 bis 60 kn nichts Außergewöhnliches. Wir können daher allen nur dringend raten, auch bei strahlend blauem Himmel regelmäßig die aktuellen Wetterberichte abzuhören und die Wetterentwicklung zu verfolgen. Eine ständige Hörbereitschaft auf UKW-Kanal 16 ist zu empfehlen, da hier die Sturmwarnungen durchgegeben werden bzw. Hinweise auf den Kanal, auf dem die Sturmwarnungen mitgeteilt werden – in französischen Küstengewässern meist Kanal 9.

Wetterberichte Angaben über Wetterberichte in deutscher, französischer, italienischer und englischer Sprache sind im Jachtfunkdienst Mittelmeer enthalten. Die für Sportschiffer wichtigsten sind:

> **Deutsche Welle** 6075 und 9545 kHz jeweils im Rahmen des Reisejournals: Mo–Fr zwischen 1750 und 1800 UTC, Sa zwischen 1735 und 1745 UTC, an Sonn- und Feiertagen: 1710 bis 1715 UTC.
>
> **Radio Österreich International (ORF)** 6155, 13 730, 15 410, 21 490 kHz ab 0545 UTC, 6155, 13730, 21 490 kHz ab 1545 UTC, jeweils im Rahmen des Ferienjournals von Ende März bis Ende Oktober
>
> **Französische Rundfunksender:** *Radio France/France Inter* 162 kHz, werktags 1005, täglich 2005 GZ. *Radio Bleue* 1557 kHz (Nizza), 1242 kHz (Marseille), 945 kHz (Toulon) 0655 GZ
>
> **Italienischer Rundfunk** (Radiotelevisione Italiana-Radiodue) 846, 936, 1035, 1116, 1188, 1314, 1431, 1449 kHz, 0721, 1532 und 2323 GZ

Wetterberichte über UKW werden in der Regel auf Kanal 16 angekündigt:

> die italienischen mit *chiamata generale* (dreimal)
> die französischen mit *appel à tous* (dreimal)

Starkwindwarnungen geht die Ankündigung *sécurité, sécurité, sécurité* voraus (wird meist dreimal wiederholt). Nach dem allgemeinen Aufruf wird der Arbeitskanal mitgeteilt, auf dem der Wetterbericht zu empfangen ist – Sturmwarnungen werden direkt über Kanal 16 gesendet.

Die italienischen Küstenfunkstellen wiederholen den Aufruf in englischer Sprache „all ships, all ships" und verlesen den Wetterbericht sowohl in Italienisch als auch anschließend in Englisch.

Italienische Küstenfunkstellen

Genua	Kanal 25
San Remo	Kanal 27

jeweils um 0733, 1333, 1933 und 0133 UTC

Französische Küstenfunkstellen

Grasse Radio	
Grasse	Kanal 02
Cavalaire	Kanal 04
Marseille Radio	
Toulon	Kanal 62
Marseille	Kanal 26
Martigues	Kanal 28

Sète Radio   Kanal 25
Perpignan Radio   Kanal 02
jeweils um 0833 und 1233 GZ
sowie die C.R.O.S.S.-Stationen
La Garde (Toulon)   Kanal 09

0910 GZ für das Gebiet von Port Camargue bis Cannes
0915 + 0920 GZ für das Gebiet von La Ciotat bis Cannes
1830, 1835 + 1840 GZ für das Gebiet von Port-Vendres bis Menton
Agde (nur von Ende Juni bis Anfang September) Kanal 09
0830 + 0835 GZ für das Gebiet von Cap Cerbère bis Port Camargue
1815 + 1820 GZ für das Gebiet von Port-Vendres bis Menton

Monaco   Kanal 22
0803, 1303 und 1715 UTC
Einen besonderen Service bietet Monaco während der Sommermonate mit
seinem Wetterbericht vom Band auf UKW-Kanal 23 von 0700 bis 2300
GZ, der mehrmals täglich aktualisiert wird und bei guten atmosphärischen
Bedingungen sogar noch im Süden Korsikas empfangen werden kann.

Eine weitere Möglichkeit, aktuelle Wetterberichte zu erhalten, sind in
Frankreich die Telefonansagen:

Nizza   (93) 83 17 24 / (36) 68 08 06
Saint-Tropez   (94) 97 23 57 / (94) 46 90 50
Toulon   (94) 41 45 49 / (36) 68 08 83
Marseille   (91) 91 46 51 / (36) 65 08 08
La Grande-Motte   (67) 65 73 00 / (36) 68 08 08
                         (36) 68 08 34
Marignane   (42) 09 09 09
Montpellier   (67) 65 73 00
Cap d'Agde   (67) 66 00 21 / (36) 68 08 08
Port Leucate   (68) 40 91 68 / (36) 68 08 11
Perpignan   (68) 61 17 18
Saint-Cyprien   (68) 61 03 92 / (36) 68 08 66

Diese Telefonansagen können auch über UKW-Sprechfunk von See aus
unter Zuhilfenahme der Küstenfunkstellen abgerufen werden. Außerhalb
der Saison bei geringem Sprechfunkverkehrsaufkommen sind die Küstenfunkstellen auch meist gerne bereit, den letzten Wetterbericht zu wiederholen.

Yachtreparaturen und Winterlager   In fast allen Häfen der Riviera gibt es kleinere und
größere Werftbetriebe, die in der Lage sind, alle Arten von Reparaturarbeiten an Yachten auszuführen. Sowohl die Yachtwerften als auch kleinere

Spezialfirmen kümmern sich um Yachten, die hier überwintern oder ganzjährig in einem Hafen der Riviera liegen. Sie erledigen alle bisher notwendigen Formalitäten wie Zollverschlußnahme und überwachen nicht nur die Yachten, sondern sorgen auch für regelmäßige Lüftung, Kontrolle der Batterien, Motorfunktionen etc. und, was besonders wichtig ist, die Überprüfung der Festmacher.

Entsprechende Anschriften und Auskünfte erhält man in den Hafenbüros.

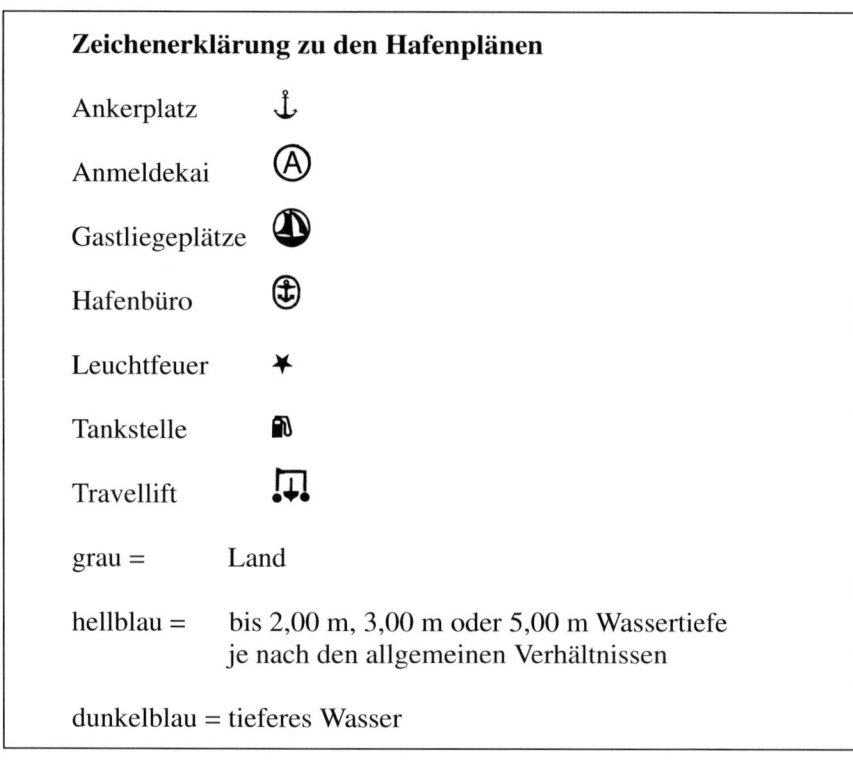

Zeichenerklärung zu den Hafenplänen

Ankerplatz	⚓
Anmeldekai	Ⓐ
Gastliegeplätze	
Hafenbüro	
Leuchtfeuer	✷
Tankstelle	
Travellift	

grau =   Land

hellblau =   bis 2,00 m, 3,00 m oder 5,00 m Wassertiefe
                  je nach den allgemeinen Verhältnissen

dunkelblau = tieferes Wasser

Die Kennungen und Farben der Leuchtfeuer sind in diesem Buch bereits internationalisiert, entsprechend **Karte 1 (INT 1)** – Zeichen, Abkürzungen, Begriffe in deutschen Seekarten.

Für den, der mit den neuen Bezeichnungen noch nicht vertraut ist, die nachstehende Tabelle:

Kennungen und Farben der Leuchtfeuer

National		International	
F.	Festfeuer	F	Fixed
Ubr.	Unterbrochenes Feuer mit Einzelunterbrechungen	Oc	Single-occulting
Ubr. (2)	Unterbrochenes Feuer mit Gruppen	Oc (2)	Group-occulting
Glt.	Gleichtaktfeuer	Iso	Isophase
Blz.	Blitzfeuer mit Einzelblitzen	Fl	Single-flashing
Blz. (3)	Blitzfeuer mit Gruppen von Blitzen	Fl (3)	Group-flashing
Blk.	Blinkfeuer	LFl	Long-flashing
Fkl.	Funkelfeuer mit dauerndem Funkeln	Q	Continuous quick
Fkl. (3)	Funkelfeuer mit Gruppen von Funkeln	Q (3)	Group quick
Fkl. unt.	Unterbrochenes Funkelfeuer	IQ	Interrupted quick
SFkl.	Schnelles Funkelfeuer mit dauerndem schnellem Funkeln	VQ	Continuous very quick
SFkl. (3)	Schnelles Funkelfeuer mit Gruppen von schnellen Funkeln	VQ (3)	Group very quick
SFkl. unt.	Unterbrochenes schnelles Funkelfeuer	IVQ	Interrupted very quick
w.	Weiß	W	White
r.	Rot	R	Red
gn.	Grün	G	Green
g.	Gelb	Y	Yellow
viol.	Violett	Vi	Violet

ITALIEN

Italienische Riviera

Genua

ist auch heute noch der wichtigste und größte italienische Seehafen, bietet aber dem Yachttouristen bisher nur wenig Anziehendes. Die Liegemöglichkeiten für Gäste sind eher bescheiden. Zwar gibt es bei der „Lega Navale" und dem „Yachtclub Italiano" einige gut ausgestattete Gastliegeplätze, die jedoch in dem Gewirr des riesigen Handelshafens nicht so ohne weiteres zu finden sind.

Alte Paläste und moderne Hochhäuser bestimmen das Stadtbild dieser ge-

schichtsträchtigen Stadt, die alles andere als eine Touristenstadt ist. Der erste Eindruck von Genua ist verwirrend – ein labyrinthartiges System von Tunneln, Brücken, Aufzügen, Treppen und Hohlwegen verbindet die unterschiedlichen Ebenen der Stadt. Parallel zur Rundung des alten Hafenbeckens verläuft eine belebte Straße, die unterhalb des Hauptbahnhofs beginnt und in der sich kleine Geschäfte, Fischbratstuben, Bäckereien und Tante-Emma-Läden abwechseln – man erreicht sie durch die Tore in der Umfassungsmauer des Hafens von dem Yachthafen „Duca degli Abruzzi" aus. Hier spürt man noch etwas von dem Flair der typisch italienischen Hafenstadt, obwohl der Hafen inzwischen immense Ausmaße erreicht hat – allein die Außenmole ist etwa 10 km lang.

Bocadasse
44° 23'N
009° 02'E

ist ein kleiner malerischer Fischerhafen östlich des großen Handelshafens, der nur von kleinen Booten mit geringem Tiefgang angelaufen werden kann. Über eine breite Slipbahn ziehen die Fischer ihre Schiffe an Land. Nur wenig weiter westlich liegt die

Darsena della Fiera
44° 23'N
008° 56'E

Neben dem Messegelände unmittelbar hinter der östlichen Zufahrt zu dem Handelshafen liegt ein kleiner Yachthafen, in dem während der alljährlich im Herbst stattfindenden internationalen Bootsausstellung die neuesten Yachten in ihrer natürlichen Umgebung zu bewundern sind. Der Hafen bietet etwa 300 Liegeplätze für Yachten bis 30 m Länge bei Wassertiefen von 4 bis 6 m.

Duca degli Abruzzi
44° 24'N
008° 56'E

ist für Yachtbesucher sicher die beste Anlegemöglichkeit in Genua, liegt der Yachthafen doch mitten im Zentrum der Stadt. Direkt hinter der durch einige große Tore unterbrochenen Einfriedungsmauer des Hafens öffnen sich die engen malerischen Gassen der Altstadt.

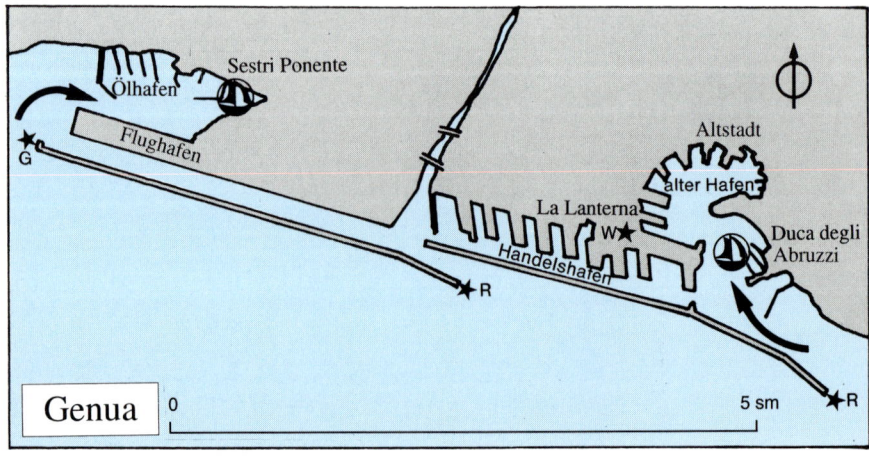

Ansteuerung (Seekarten: D 502 und 514, BA 1998, I 2): Die riesigen Hafenanlagen Genuas sind schon von weitem gut auszumachen – der rege Verkehr der Berufsschiffahrt ist ein untrüglichues Zeichen für die Nähe des größten italienischen Hafens. Die gut 10 km lange Außenmole ist nicht zu übersehen, ebenso wie die pausenlos von dem Flughafen auf der Mole startenden und landenden Flugzeuge. Bei Nacht bietet der berühmte Leuchtturm „La Lanterna" mit seiner imposanten Höhe von 76 m und seinem weittragenden Leuchtfeuer (Fl(2) 20s25M) etwa 1,8 sm nordwestlich der östlichen Einfahrt eine gute Ansteuerungshilfe. Im Hafen selbst herrscht absolutes Rechtsfahrgebot – bei Nacht weisen zahlreiche Feuer den Weg zu den Liegeplätzen Duca degli Abruzzi.

Liegeplatz: Die Stege werden von dem renommierten Yacht Club Italiano verwaltet, der für Gastyachten meist einige Plätze frei hat. Besucher machen zunächst an dem stadtseitigen Kai vor dem Gebäude des Yachtclubs fest, einem nicht zu verkennenden Palazzo, um sich einen freien Liegeplatz zuweisen zu lassen. Die Plätze verfügen über Strom- und Wasseranschlüsse, eine Tankstelle ist in der Nähe des Clubgebäudes.

Reparaturmöglichkeiten: Der Yacht Club Italiano verfügt über eigene Serviceeinrichtungen, darüber hinaus gibt es rund um das Hafengelände mehrere Werftbetriebe, die in der Lage sind, Reparaturen aller Art auszuführen.

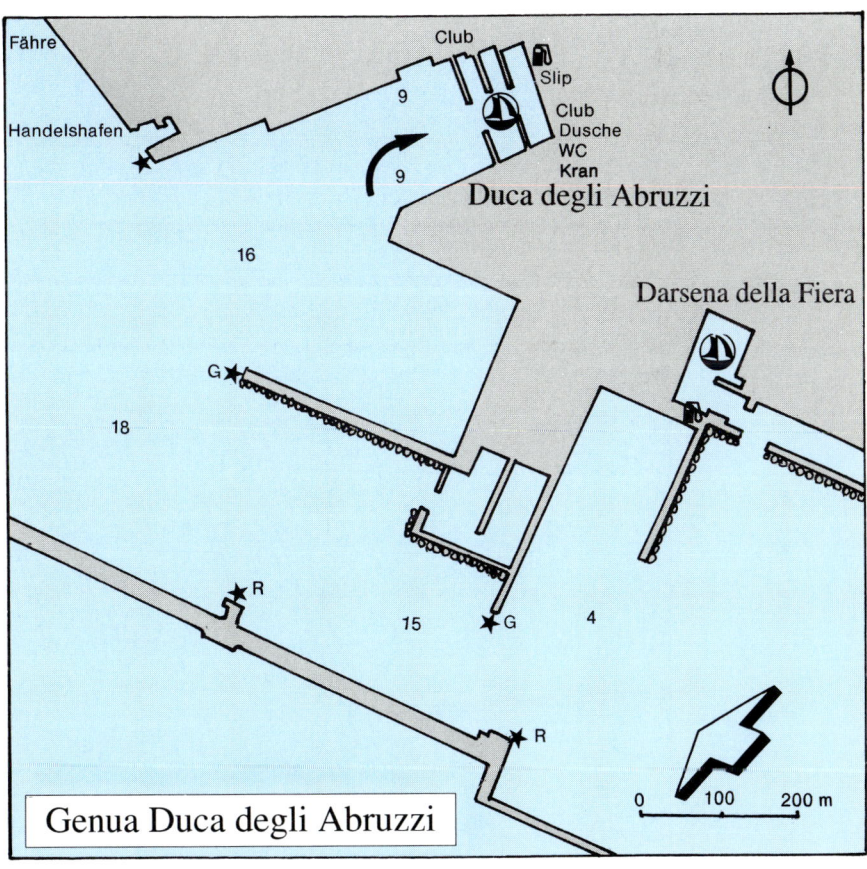

Versorgung: Verläßt man das Hafengelände durch eines der großen Tore, so ist man fast mitten in der Altstadt Genuas, wo es nur so von Restaurants, Cafés und kleinen Lebensmittelgeschäften wimmelt.

Entfernung von San Remo 64 sm, Cannes 106 sm, Saint-Tropez 125 sm .

Genua-Sestri
44° 25'N
008° 51'E

Die große Baustelle der westlichen Hafenerweiterung ist nicht zu übersehen – hier wird bereits seit über fünf Jahren gebaut. Zwischen der Baustelle und dem Flughafen Genuas auf der Außenmole des Hafens öffnet sich die Zufahrt zu dem Hafen *Sestri-Ponente*.

Ansteuerung (Seekarten: D 502 und 514, BA 1998, I 2): Die Einfahrt liegt am westlichen Ende der 10 km langen Außenmole bei den Ölterminals „Multeddo", die durch zahlreiche beleuchtete Bojen gekennzeichnet sind, und dem internationalen Flughafen von Genua. Westlich dieser Zufahrt wird bereits seit Jahren an dem Yachthafen „Voltri" gearbeitet, jedoch sind bis heute noch keine wirklich nutzbaren Liegeplätze vorhanden. Bei der Ansteuerung sind vom westlichen Ende der Landebahn des Flughafens mindestens 500 m Abstand zu halten.
Nach Passieren der Außenmole öffnet sich die Einfahrt zu dem Yachthafen nach Südwesten, wobei einlaufende Yachten sich zwischen dem betonnten Fahrwasser für die Großschiffahrt und der Rollbahn des Flughafens zu halten haben (die grünen Tonnen bleiben ausnahmsweise an Backbord!). Nach Passieren der vierten grünen Tonne schwenkt man nach Backbord zu dem Yachthafen ein.

Liegeplatz: Sechs 50 m lange Stege und zwei rund 100 m lange Stege werden von dem größten italienischen Yachtclub, der Lega Navale Italiana, verwaltet. Die übrigen Stege gehören den Yachtwerften „Cantieri Navale Genovesi" und „Cantieri Navale di Sestri". Schon wegen der Größe der Anlage (etwa 800 Liegeplätze für Yachten bis 25 m Länge) und der bekannten Gastfreundschaft der Lega Navale bestehen hier die besten Chancen, einen freien Liegeplatz zu finden, allerdings weit ab von der Stadt. Ankommende Yachten suchen sich

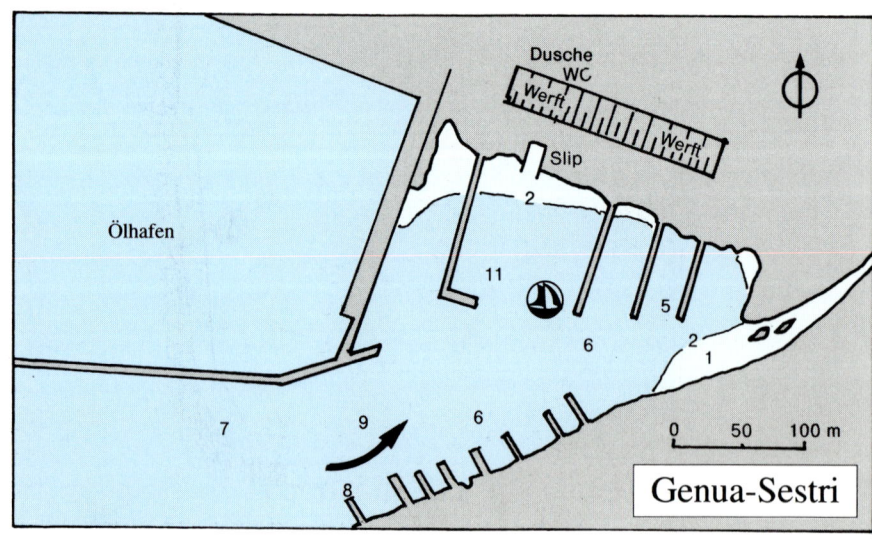

zunächst einen freien Platz und melden sich bei einem der vorgenannten Betreiber der Steganlagen, um sich einen Liegeplatz zuweisen zu lassen.

An den Stegen gibt es teilweise Strom- und Wasseranschlüsse; sowohl bei der Lega Navale als auch bei den Yachtwerften sind sanitäre Einrichtungen vorhanden, die von Yachtbesuchern benutzt werden können.

Reparaturmöglichkeiten: Die Yachtwerften in Sestri sind in der Lage, Reparaturen aller Art auszuführen, und gehören zu den bekanntesten Werften in Italien.

Versorgung: In Sestri gibt es Geschäfte aller Art, um sich zu verproviantieren, ebenso wie Cafés und Restaurants – allerdings muß man erst ein gehöriges Stück Fußmarsch hinter sich bringen.

Arenzano
44° 24'N
008° 41'E

Der beliebte, inmitten von Pinienwäldern und Palmen liegende Badeort gehört zum Naherholungsgebiet Genuas und ist an Wochenenden dementsprechend überfüllt, bietet er doch neben schönen Sandstränden auch einen kleinen Yachthafen mit etwa 200 Liegeplätzen an den drei Stegen

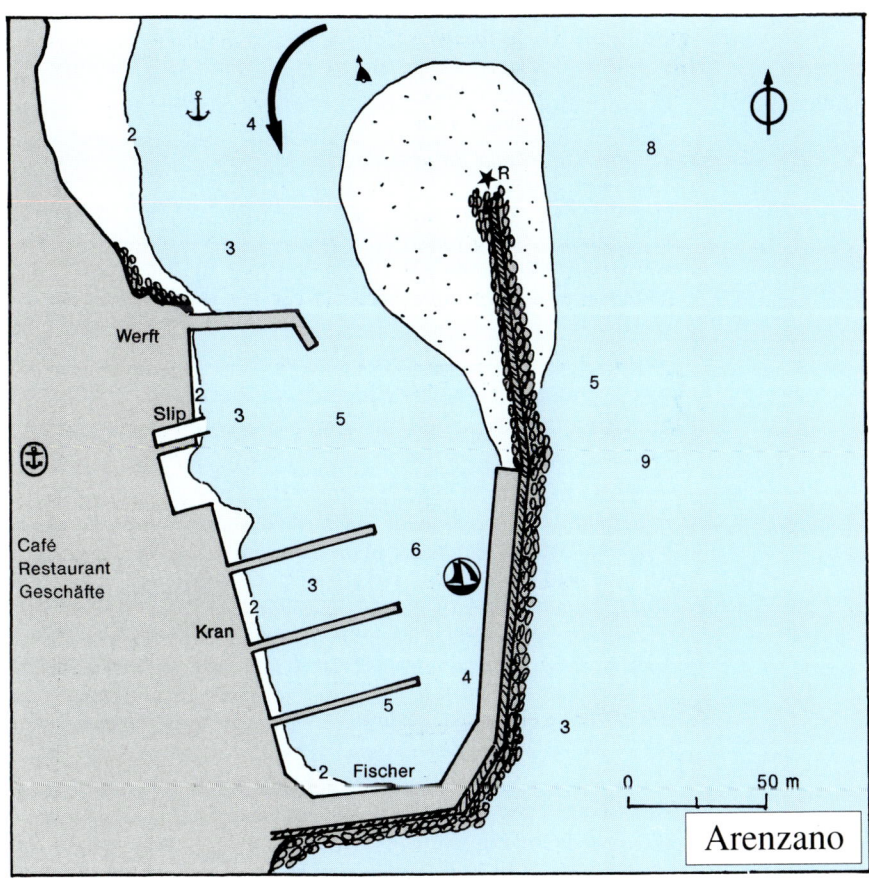

und der Außenmole. Der Hafen liegt dicht nördlich des 80 m steil aus dem Meer aufragenden Capo Arenzano und südlich des sich vor der Ortschaft erstreckenden Strandes. In Verlängerung der Außenmole befindet sich eine Sandbank, deren nördliches Ende durch eine rote Boje markiert ist. Bei der Ansteuerung halte man sich dicht an Steuerbord, um die Sandbank zu umgehen, die nur eine etwa 20 m breite Durchfahrt läßt. Der Kopf der Außenmole ist befeuert. Gastyachten machen an der Mole vor Buganker, Heck zum Kai fest, da die Liegeplätze an den Stegen fast alle ganzjährig vermietet und auch nur für Yachten bis 10 m Länge geeignet sind – der hintere Teil des Hafens ist den einheimischen Fischerbooten vorbehalten. Strom- und Wasseranschlüsse sind über den Hafen verteilt. In der nordwestlichen Ecke des Hafens ist ein kleiner Werftbetrieb, mit der Möglichkeit, verschiedene Reparaturen ausführen zu lassen. Restaurants, Cafés und Lebensmittelgeschäfte finden sich in der Nähe des Hafens.

Etwa 6 sm weiter liegt in einer weiten, von einem schönen Sandstrand gesäumten Bucht die alte ligurische Ortschaft

Varazze
44° 21'N
008° 34'E

die auf eine reiche Vergangenheit zurückblicken kann und bekannte Seefahrer wie Lanzerotto Malocello, den Entdecker der Kanarischen Inseln, hervorgebracht hat – Lanzarote verdankt ihm seinen Namen. Der Ort mit seiner hübschen Altstadt lohnt einen Besuch – vor allem die Kirche Sant'Ambrogio im lombardisch-romanischen Stil und die Reste der alten Stadtmauer sind zu bewundern. Ein moderner Anziehungspunkt für Yachtfreunde aus aller Welt ist die für ihre eleganten und qualitativ hochwertigen Motoryachten bekannte Werft „Baglietto" eine gute Seemeile nördlich des gemütlichen Fischer- und Yachthafens. Zwischen der Yachtwerft und dem Hafen wird eine moderne Marina gebaut, um das Liegeplatzangebot in diesem ansonsten reizvollen Küstengebiet zu verbessern.

Ansteuerung (Seekarten: D 502 und 514, BA 1998, I 2): Wie schon in Arenzano beengt auch in Varazze am Ende der Außenmole eine Sandbank die sich nach Norden öffnende Einfahrt. Das westliche Ende der Sandbank ist durch eine rote Boje markiert. Auf dem Molenkopf der in nordnordöstlicher Richtung verlaufenden Außenmole brennen zwei rote Feuer (2 F.R auf dem äußeren Ende und F.R in der Einfahrt), auf dem Kopf der in west-östlicher Richtung verlaufenden Mole brennt ein grünes Festfeuer. Bei Tage sind die großen Gebäude der Yachtwerft Baglietto nördlich und das ockerfarbene „Castello Casati" mit seinem viereckigen Turm auf der Punta de l'Aspera südlich des Hafens gute Ansteuerungshilfen, ebenso wie der sich nordöstlich erhebende 400 m hohe Monte Grosso, auf dessen Gipfel ein weithin sichtbares weißes Kloster steht.

Liegeplatz: Der Hafen bietet etwa 300 Liegeplätze für Yachten bis 25 m Länge bei Wassertiefen zwischen 2,50 und 4,00 m an den Schwimmstegen, den Außenmolen und dem stadtseitigen Kai. Die Liegeplätze sind mit Grundleinen ausgestattet – die Benutzung eigener Anker ist nicht erlaubt. Etwa 10 Wasseranschlüsse sind über den Hafen verteilt; Duschen und Toilet-

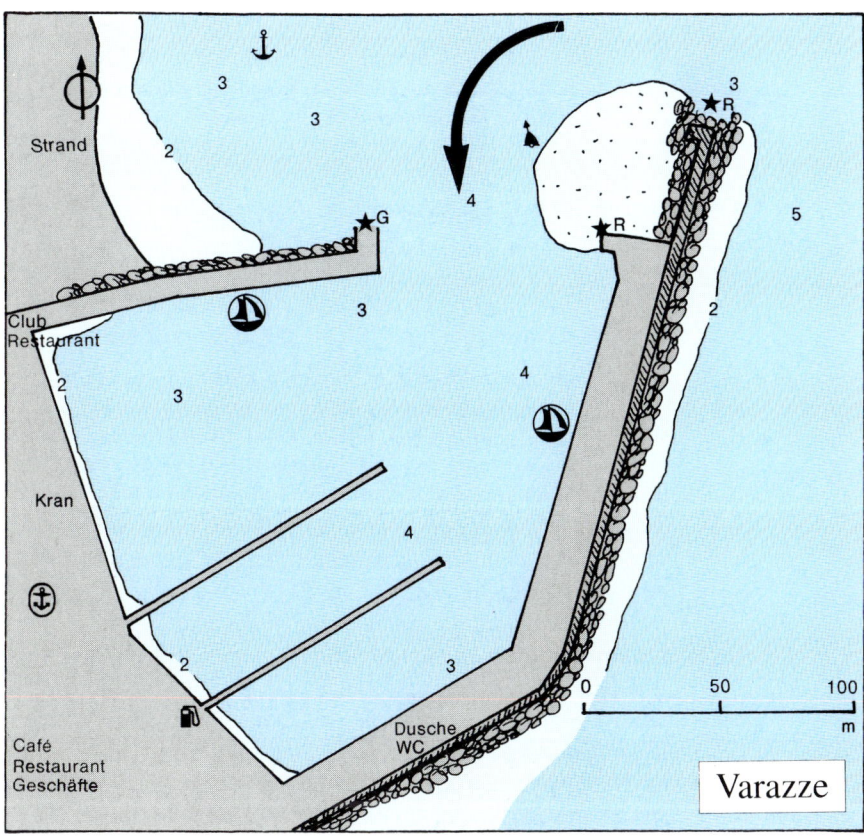

ten sind am Fuße der östlichen Außenmole. Weiterhin gibt es eine Hafentankstelle und einen Yachtclub mit Restaurant, in dem Gäste gern gesehen sind. Wegen der Nähe der Yachtwerft Baglietto belegen meist Motoryachten dieser Marke, die dort Reparaturen ausführen lassen wollen oder dort überholt worden sind und auf ihre Abholung durch die Eigner warten, die freien Liegeplätze, so daß Gästen häufig nichts anderes bleibt, als in der nordwestlichen Ecke des Hafens in zweiter Reihe anzulegen.

Hafenmeister: Das Hafenbüro (Telefon 95 919) befindet sich auf dem stadtseitigen Kai in der Nähe des ersten Schwimmsteges. Hier werden regelmäßig die neuesten Wetterberichte ausgehängt.

Reparaturmöglichkeiten: Kleinere Werftbetriebe und Mobilkräne sind in der nordwestlichen Ecke des Hafens zu finden. Die Yachtwerft Baglietto ist selbstverständlich in der Lage, auch größere Reparaturen und Überholungsarbeiten auszuführen, vor allem natürlich an Motoryachten.

Versorgung: Restaurants, Cafés und Lebensmittelgeschäfte, ebenso wie verschiedene Schiffsausrüster und ein Segelmacher finden sich beim Hafen und in der sich nordwestlich anschließenden Ortschaft. Das Restaurant „Cavetto" ist wegen seiner hervorragenden Fischgerichte zu empfehlen.

Veranstaltungen: In der Saison finden regelmäßig Kunstausstellungen und Kammermusikabende statt – hauptsächlich mit Künstlern aus dem nahen Genua.

Bademöglichkeiten: Bis jetzt bietet der weite Strand vor Varazze gute Bademöglichkeiten, ist jedoch vor allem an den Wochenenden im Sommer völlig überfüllt. Wenn der neue Yachthafen zwischen dem alten Hafen und der Yachtwerft Baglietto fertiggestellt ist, bleibt nur noch der Strand nördlich des Werftbetriebes.

Entfernung von Genua 15 sm, Arenzano 6 sm, Savona 4,5 sm.

Vorbei an der Punta di Celle, einem felsigen Vorgebirge, auf dem die Ortschaft *Celle Ligure* thront, und einer zerklüfteten Steilküste, die hier und da kleine Strandbuchten bildet, die zum größten Teil nur von See aus zugänglich sind, erreicht man den Hafen von

Savona
44° 19'N
008° 30'E

der bereits in römischer Zeit ein wichtiger Handelshafen war. Im Mittelalter lag Savona in ständigem Streit mit dem benachbarten Genua um die Vorherrschaft an der ligurischen Küste und dem nördlichen Tyrrhenischen Meer. Nach über 300 Jahren kriegerischer Auseinandersetzungen gelang es schließlich 1528 Genua, die Rivalin Savona endgültig zu besiegen. Kurz darauf (1542) wurde das genuesische Fort errichtet, dessen Überreste noch heute zu den Attraktionen der Stadt gehören.

So ungemütlich der äußere Eindruck des Hafens und der Anblick der Stadt von See aus sind, so geschützt und gemütlich sind die Liegeplätze im hintersten Winkel des Hafens, der *Darsena Vecchia*, beinahe mitten im Zentrum der Altstadt, die sich hinter modernen Bürogebäuden, Fabrik- und Werftanlagen sowie Verladeeinrichtungen und großen Frachtschiffen versteckt. Immerhin ist Savona der fünftgrößte Hafen Italiens – fast der gesamte italienische Kohleimport wird hier gelöscht. Nach einem kurzen Fußweg entdeckt man eine typisch italienische Stadt aus der Renaissancezeit mit der einer Großstadt entsprechenden Geschäftigkeit und zahlreichen Sehenswürdigkeiten, wie der Kathedrale „Nostra Signora dell'Assunta" aus dem 16. Jahrhundert, die von Papst Pius IV. gestiftete Sixtinische Kapelle und das Schloß „La Briglia".

Ansteuerung (Seekarten: D 502 und 514, BA 1998, I 2): Die Ansteuerung der nach Nordosten offenen Einfahrt ist bei Tag und Nacht problemlos – die großen Silos und Krananlagen sind schon von weitem gut auszumachen, ebenso wie die neue, 600 m lange Außenmole. Nachts weisen zahlreiche Feuer den Weg in das Innere des Hafens, wobei man lediglich darauf achten muß, die weiter unter Land liegende Einfahrt zum alten Hafen (Darsena Vecchia) zu nehmen.

Liegeplatz: Savona bietet dem Yachtbesucher etwa 600 Liegeplätze, verteilt auf den Yachthafen Miramar der Lega Navale steuerbords an der Zufahrt zur Darsena Vecchia, dem alten Hafen, und die Darsena Vecchia. Beide sind im Sommer in der Regel völlig überfüllt mit kleinen Motoryachten, aber dennoch findet man meist einen Platz, und sei es in der Darsena Vecchia in zweiter Reihe. Im Yachthafen Miramar liegt man bequem an Schwimmstegen,

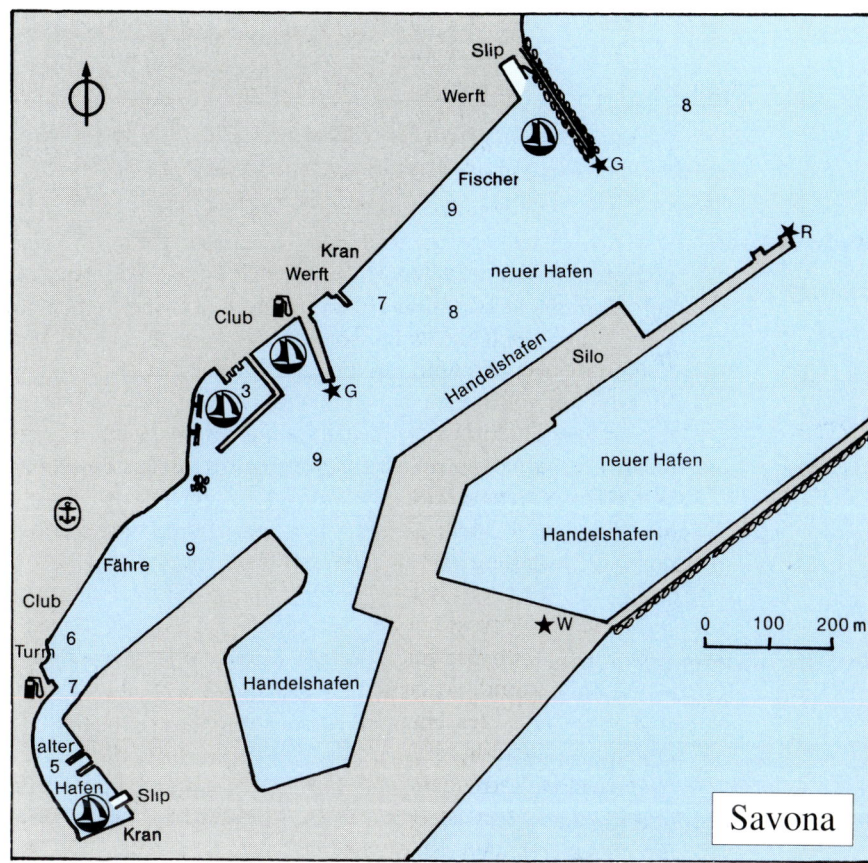

aber weitab von der Altstadt mit ihren Sehenswürdigkeiten und Versorgungsmöglichkeiten. In der Darsena Vecchia liegt man vor Buganker, Heck zum Kai, dicht gedrängt neben Fischerbooten, aber dafür mitten im Geschehen. Besonderen Komfort bieten beide Liegemöglichkeiten nicht – im Yachthafen Miramar gibt es einige Strom- und Wasseranschlüsse und Duschen bei der Lega Navale.

Hafenmeister: Das Hafenamt an der Lungomare Matteotti 1 befaßt sich in der Hauptsache mit den Belangen der Handelsschiffahrt. Es ist über UKW-Kanal 16 und 13 zu erreichen. Gäste machen im Yachthafen Miramar zunächst an einem freien Liegeplatz fest und melden sich bei der Lega Navale oder der Assonautica, um sich einen Liegeplatz zuweisen zu lassen; in der Darsena Vecchia sucht man sich einen freien Platz und wartet ab, ob jemand Anspruch auf den Liegeplatz erhebt – meist ist das jedoch nicht der Fall.

Reparaturmöglichkeiten: Zahlreiche kleinere und mittlere Werftbetriebe bieten um den Yachthafen Miramar und die Darsena Vecchia herum ihre Dienste an. Sowohl beim Yachthafen Miramar als auch in der Darsena Vecchia gibt es Kräne, um eine Yacht aus dem Wasser zu heben. Mehrere Schiffszubehörgeschäfte sind in unmittelbarer Nähe beider Hafenanlagen.

Versorgung: In der Nähe beider Hafenanlagen gibt es zahlreiche Cafés, Restaurants und Lebensmittelgeschäfte, wobei man in der Darsena Vecchia bezüglich der Restaurants sicher bes-

31

ser bedient ist. Besonders zu empfehlen sind die Restaurants „Imperia" in der Via Astengo und „Sole" in der Via Stalingrado für ihre exzellente ligurische Küche – eine typische Spezialität ist die „Farinata", die aus Weizenmehl und Kichererbsen hergestellt und im Backofen gebacken wird.
Im Yachthafen Miramar ist eine Tankstelle.

Entfernung von Genua 19,5 sm, San Remo 45 sm, Menton 57,5 sm.

Rada di Vado
44° 16'N
008° 27'E

Die zwischen Savona und dem Capo di Vado mit seinem 15 sm weit scheinenden Leuchtfeuer liegende Rada di Vado ist der Berufsschiffahrt vorbehalten. Ölverladepiers erstrecken sich mehrere hundert Meter in die offene See und sind ebenso wie der am Capo di Vado unterhalb des Leuchtturmes entstandene Handelshafen für Yachten gesperrt. Zahlreiche Verkehrsvorschriften und -verbote zwingen den Yachttouristen, einen weiten Bogen um dieses Industriegebiet zu machen. Der Handelshafen darf nur im Falle höherer Gewalt mit ausdrücklicher Genehmigung der Hafenbehörden von Yachten angelaufen werden. Da das Küstenbild mit den Industrieanlagen und rauchenden Schornsteinen von See her keinen einladenden Eindruck macht, wird sich wohl auch kaum eine Yacht hierher verirren.

Isolotto di Bergeggi
44° 13'N
008° 25'E

Bereits wenige Seemeilen weiter wird die Küste wieder interessant mit dem dicht vor der Küste liegenden Felseiland Isolotto di Bergeggi (ein Paradies für Taucher) mit seinen Ruinen und dem Strand vor Spotorno, der sich fast bis zum Capo di Noli erstreckt, das sich 300 m steil aus dem Meer erhebt und von einem weithin sichtbaren Semaphor überragt wird. Bei ruhigem Wetter lohnt es, vor dem Strand zu ankern und mit dem Beiboot an Land zu fahren, um sich an der schönen, palmenbestandenen Promenade von Spotorno zu erfreuen. Umgeben von grünen Hügeln und Pinienhainen, ist der Ort mit seiner weithin sichtbar auf einem Hügel thronenden Burgruine durchaus einen Besuch wert. Im Mittelalter lag der Ort in ständigem Streit mit dem Nachbarort Noli, bis 1227 die Nachbarn Spotorno völlig zerstörten.

Il Grugno
44° 12'N
008° 24'E

Nördlich des Capo di Noli liegt die Ankerbucht Il Grugno, die durch das vorspringende Capo di Noli guten Schutz vor Winden aus dem III. und IV. Quadranten bietet. Auf 5 bis 10 m Wassertiefe findet man zwischen 50 und 100 m vom Ufer entfernt gut haltenden Ankergrund, um von hier aus die Ortschaft *Noli* mit dem Beiboot zu besuchen.
Der Ort lohnt einen Besuch – allerdings kann man sich heute kaum noch vorstellen, daß dies einst eine mächtige Seerepublik war und seine Geschichte bis in etruskische Zeit zurückreicht. Sehenswert sind die noch recht intakte Altstadt mit den typischen Bögen über den engen Gassen, die die Häuser gegeneinander abstützen, die acht Stadttürme, die mittelalterli-

che Brücke und die Reste der alten Stadtmauer. Nebenbei sei noch erwähnt, daß das Ei im Stadtwappen von Noli aus der Zeit stammt, als die Mönche von Noli noch das alleinige Recht besaßen, Eier von der Hühnerinsel Gallinara (gallina = die Henne) zu holen und zu verkaufen.

Varigotti
44° 11'N
008° 23'E

Westlich der von einem Wachturm gekrönten Punta Crena erstreckt sich der feine Sandstrand von Varigotti, einem beliebten Ausflugsziel zwischen Noli und Finale Ligure. Die Ruinen aus byzantinischer und langobardischer Zeit und der malerische Ort sind einen Besuch wert, und der Strand lädt zu einem Badeaufenthalt ein.

Nur wenige Seemeilen weiter bei der von einem Wachturm überragten Punta San Donata liegt der Yachthafen von

Finale Ligure
44° 10'N
008° 22'E

das in frührömischer Zeit jahrhundertelang das Ende der Welt und Grenze des Römischen Reiches zum benachbarten barbarischen Albenga war, ehe die Römer in ihrem erwachenden Expansionsdrang nach den Punischen Kriegen diese Grenze überschritten, zunächst einmal Albenga dem Erdboden gleichmachten und ihr Reich bei der Gelegenheit gleich bis nach Gallien ausdehnten. Im Mittelalter und in der Blütezeit der Seerepubliken stellte Finale Ligure die Grenze zwischen Savona und Albenga dar.

Der heutige Ort ist aus dem Zusammenschluß von vier ehemals selbstständigen Gemeinden entstanden, nämlich Finale Marina mit dem Yachthafen, Finale Pia mit zahlreichen Hotels und Pensionen, Finalborgo mit der mittelalterlichen Zitadelle und dem bereits erwähnten Varigotti. Die palmen-

Die schönste
Strand-
promenade

bestandene Strandpromenade, die Finale Pia und Finale Marina miteinander verbindet, ist die wohl schönste des gesamten Mittelmeerraumes und endet in Finale Marina in der berühmten Piazza Vittorio Emanuele II. mit dem Triumphbogen, der 1666 zu Ehren der spanischen Infantin Margarete anläßlich ihrer Durchreise nach Wien zur Hochzeit mit Kaiser Leopold I. errichtet worden ist. (Hafenplan siehe nächste Seite.)

Ansteuerung (Seekarten: D 502, BA 1998, I 2): Die Ansteuerung der nach Nordosten offenen Einfahrt bereitet außer bei Libeccio keine Schwierigkeiten, jedoch ist es im Sommer bei gutem Wetter und entsprechend diesigen Sichtverhältnissen nicht immer ganz einfach, den Hafen an der Küste auszumachen. Lediglich die von einem Wachturm überragte Punta San Donata kann einen Anhaltspunkt für die Lage des Hafens bieten. Die Molenköpfe sind mit je 2 roten und grünen Festfeuern markiert.

Liegeplatz: Der moderne Yachthafen bietet etwa 600 Yachten bis 15 m Länge bequeme Liegeplätze an den Stegen und der Außenmole. Für Gäste stehen 20 Plätze an der Innenseite am äußeren Ende der Außenmole zur Verfügung (bei Winden aus dem I. und II. Quadranten sollte man hier nicht anlegen) – nach Absprache mit dem Hafenbüro kann man auch an freien Plätzen an den Stegen anlegen. Die Liegeplätze sind mit Grundleinen ausgestattet, an der Außenmole und den Stegen gibt es mehrere Wasseranschlüsse. Duschen und sanitäre Einrichtungen finden sich neben dem kleinen Werftbetrieb auf dem landseitigen Kai.

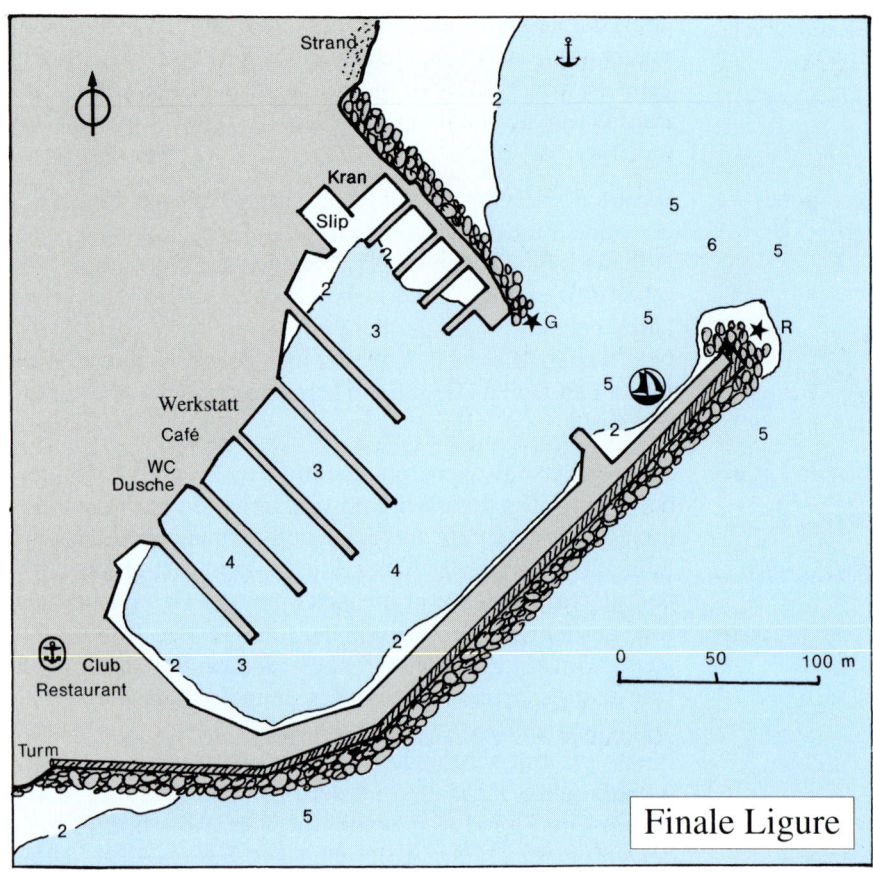

Finale Ligure

Hafenmeister: Der Hafen wird von dem örtlichen Yachtclub „Circolo Nautico di Finale Ligure"
verwaltet, dessen Büro sich auf dem südlichen Kai befindet. Das Hafenbüro ist über UKW-
Kanal 9 zu erreichen. Hier werden auch regelmäßig die neuesten Wetterberichte aus-
gehängt. Neben dem Hafenbüro befinden sich die Räumlichkeiten des Yachtclubs, in denen
Gäste gern gesehen sind.

Reparaturmöglichkeiten: Ein Slip und ein kleiner Kran sind in der Nordwestecke des Hafens, klei-
nere Reparaturen können in der Werkstatt auf dem landseitigen Kai ausgeführt werden.
Schiffszubehörgeschäfte und Werkstätten für Motoren finden sich in der Ortschaft, die man
durch den Tunnel unter der Punta San Donata erreicht.

Versorgung: Auf dem landseitigen Kai ist eine Bar – im Yachtclub kann man sehr gut essen. Für
weitergehende Versorgungsmöglichkeiten muß man sich auf den Weg durch den Tunnel un-
ter der Punta San Donata machen und dem Ort einen Besuch abstatten, was durchaus loh-
nend ist.

Entfernung von Savona 12,5 sm, Loano 6,5 sm, San Remo 35 sm.

In Finale Ligure gibt es außer der bereits erwähnten Strandpromenade

**Sehenswürdig-
keiten**

noch zahlreiche Sehenswürdigkeiten, die man bei einem ausgedehnten Spaziergang besichtigen sollte: von den vorgeschichtlichen Höhlen an den Hängen um den Ort, den Resten der römischen Straße nach Gallien, den Burgen „Castelfranco" und „Gavone", den Überresten von fünf römischen Brücken bis hin zu dem Klettergarten, in dem man alpines Steilwandklettern üben kann.

Nur 6,5 sm weiter, nach dem Passieren des *Capo di Caprazoppa*, das von einem auffälligen Schloß überragt wird, liegt

Loano
44° 08'N
008° 16'E

das zu den schönsten und beliebtesten Badeorten der italienischen Riviera gehört und dessen Bild von Dattelpalmen, Magnolien, Oleander und Eukalyptusbäumen geprägt wird. Neben einer wunderschönen palmenbestandenen Uferpromenade bietet Loano dem Besucher eine reizvolle, typisch italienische Altstadt, die man durch das bekannte Uhrentor (Porta dell'Orlogo) betritt. Weiträumige baumbestandene Plätze, umgeben von wunderschönen Renaissancepalästen, vermitteln einen anheimelnd gemüt-

Palazzo Doria

lichen Eindruck. An der Piazza d'Italia steht der im 16. Jahrhundert über den Überresten einer römischen Villa aus dem dritten nachchristlichen Jahrhundert erbaute Palazzo Doria, der der Gemeinde heute als Rathaus dient. In seinem Inneren kann man heute noch den Fußboden der ehemaligen römischen Villa bewundern.

Hafenplan siehe nächste Seite.

Ansteuerung (Seekarten: D 502 und 598, BA 1998, I 2): Bei der Einsteuerung in die nach Nordosten offenen Einfahrt halte man sich möglichst dicht an der seewärtigen Außenmole, da am Kopf der nördlichen Außenmole nur 1 m Wassertiefe vorhanden ist. Die vor der Hafeneinfahrt unter Land liegende grüne Tonne markiert die Grenze des 1 m tiefen Wassers – sie ist bei der Einsteuerung unbedingt an Steuerbord zu lassen. Bei starken Winden aus östlichen bis südlichen Richtungen gleicht die Ansteuerung einem Hasardspiel und sollte besser unterlassen werden – lieber versuche man sein Glück dann in Alassio oder Imperia. Bei Nacht sind die Molenköpfe befeuert.

Liegeplatz: Der mit seinen etwa 450 Liegeplätzen ständig überfüllte, ehemals gemeindeeigene Hafen soll schon seit Jahren auf 1000 Liegeplätze erweitert werden. Inzwischen ist er in Privatbesitz. Nach den Bauplänen soll eine Luxusmarina mit Geschäften, Restaurants und Hotels entstehen. Bis jetzt sind für Gäste die ersten Meter an der Außenmole vorgesehen. Wassertiefen über 2 m finden sich nur im Bereich der Außenmole und im vorderen Bereich der beiden letzten Schwimmstege. Da die für Gäste vorgesehenen Plätze meist belegt sind, muß man sich entsprechend seinem Tiefgang einen freien Platz suchen – im Sommer häufig genug erfolglos. Am landseitigen Kai, der nördlichen Außenmole und den ersten drei Stegen betragen die Wassertiefen unter 2 m. Auf der Außenmole und den landseitigen Kais gibt es mehrere Wasseranschlüsse. Beim Yachtclub auf dem südlichen Kai sind Duschen und Toiletten. Treibstoff erhält man an der Hafentankstelle bei dem grünen Einfahrtfeuer.

Hafenmeister: Das Konsortium, das den Ausbau des Hafens übernommen hat, verwaltet auch die Liegeplätze und ist über UKW-Kanal 9 zu erreichen.

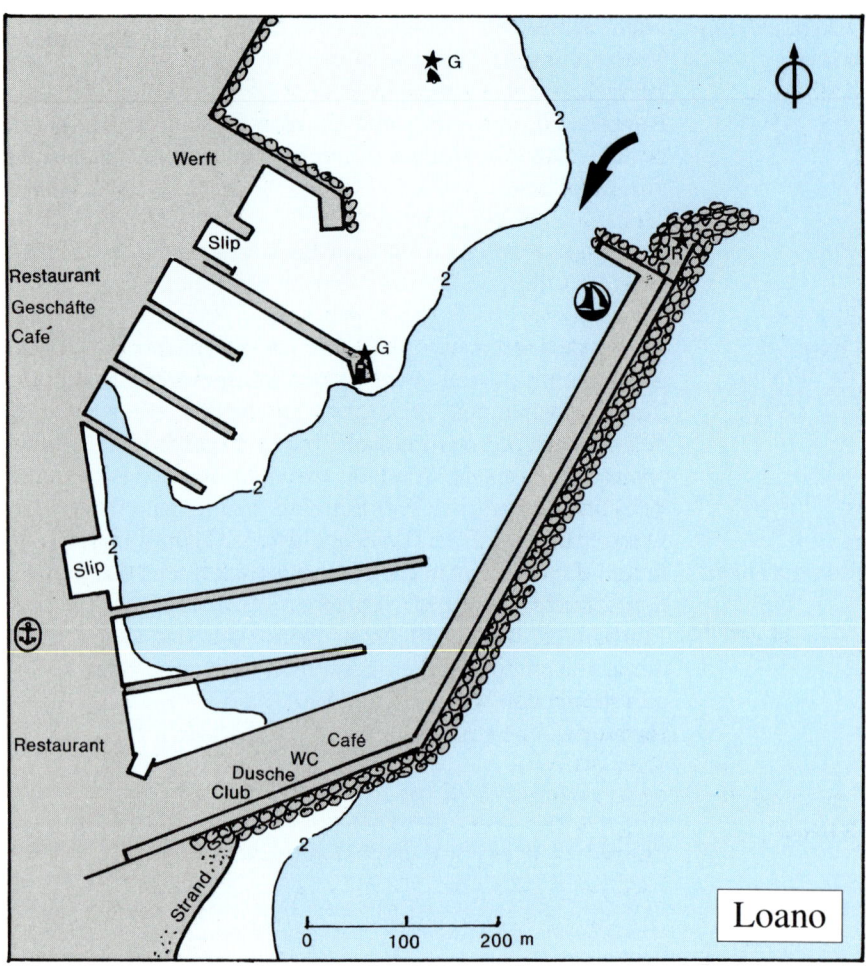

Loano

Reparaturmöglichkeiten: In der nordwestlichen Ecke des Hafens ist ein Werftbetrieb, in dem Reparaturen aller Art ausgeführt werden können. Mehrere Schiffszubehörgeschäfte befinden sich in unmittelbarer Nähe des Hafens.

Versorgung: Am Hafen sind eine Bar und ein Restaurant, Lebensmittelgeschäfte und weitere Cafés und Restaurants findet man in den Straßen hinter dem Hafen, wobei das Restaurant „La Lucciola" am Corso Romano für seine gute Küche bekannt ist.

Veranstaltungen: Am 2. Juli wird das Fest der Fischer mit einer großen Bootsprozession auf dem Meer gefeiert. Ebenfalls im Juli findet die „Sagra del Crostolo" – eine große Pfannkuchenkirmes – statt, bei der man Pfannkuchen in allen Variationen kosten kann.

Bademöglichkeiten: Der Strand nördlich und südlich des Hafens ist recht steinig und sicher nicht jedermanns Geschmack.

Entfernung von Genua 32 sm, Arenzano 26 sm, Savona 17 sm, Alassio 8 sm, San Remo 30 sm.

Das etwa 6 sm weiter dicht vor der Küste liegende Felseiland

Gallinara
44° 02'N
008° 13'E

ist in Privatbesitz und steht unter Naturschutz. Das Anlaufen des kleinen Hafens an der Nordostseite ist nur mit Erlaubnis gestattet, ebenso wie das Betreten des Inselchens. Die Überreste der mittelalterlichen Abtei, in der früher die Mönche von Noli ihrem Gebet nachgingen, sind eine Besichtigung wert, weshalb in den Sommermonaten regelmäßig Ausflugsboote vom etwa 2 sm entfernten

Alassio
44° 01'N
008° 12'E

aus verkehren. Hier beginnt die Blumenriviera, die bis zum französischen Nizza reicht – riesige Gewächshäuser an den Hängen der bis dicht an die Küste reichenden Meeralpen bestimmen von nun an das Landschaftsbild.

Das weltbekannte und beliebte Seebad liegt an der weit geschwungenen Bucht zwischen dem *Capo San Croce* mit dem Yachthafen und dem *Capo Mele* mit dem weithin sichtbaren Semaphor und dem charakteristischen Leuchtturm mit seinem Feuer von 24 sm Tragweite.

In Alassio spürt man noch etwas den Hauch des Feudalen, hat hier doch schon die englische Königin Victoria Ferien gemacht, und auf den Majolikatäfelchen an der kleinen Mauer gegenüber dem berühmten Café Roma sind die Grüße prominenter Besucher wie Sir Winston Churchill und Sofia Loren verewigt.

Sehenswerte
Altstadt

Mit mehr als 200 Hotels und Pensionen ist der Ort denn auch eine Hochburg des Tourismus an der italienischen Riviera, in der fast das ganze Jahr über etwas los ist – im Frühjahr der Karneval, im Sommer die Wahl der „Miss Muretto", zahlreiche Segelregatten usw. Die Altstadt Alassios ist sehenswert, und ein Besuch des täglich stattfindenden Marktes ist ein Erlebnis für sich, wobei alles feilgeboten wird, was im Umland wächst und gedeiht. Der abendliche Bummel über die wunderschöne Strandpromenade ist ein Muß für jeden Besucher. Direkt beim Yachthafen am Capo San Croce steht die antike Benediktinerkapelle Santa Croce aus dem 12. Jahrhundert. (Hafenplan siehe nächste Seite.)

Ansteuerung (Seekarten: D 502 und 598, BA 1998, I 2): Bei starken Winden aus nordwestlichen bis östlichen Richtungen ist die Einsteuerung in die nach Norden offene, dicht unter Land liegende Hafeneinfahrt ausgesprochen riskant – bei nördlichen bis östlichen Winden steht starker Schwell vor der Einfahrt, und bei nordwestlichen Winden drücken heftige Fallböen einlaufende Yachten gegen die Außenmole. Vom Kopf der östlichen Außenmole sind mindestens 50 m Abstand zu halten, da sich die Steinschüttung unter Wasser noch weiter in Richtung Norden fortsetzt. Die beiden Molenköpfe sind mit 2 F (vert) grün bzw. rot befeuert – ein weiteres grünes Festfeuer brennt im Inneren des Hafens auf der ehemaligen nördlichen Außenmole. Achtung! Dieses Feuer ist wegen seiner größeren Tragweite eher zu sehen als die eigentlichen Einfahrtfeuer.

Liegeplatz: Der Yachthafen verfügt über etwa 400 Liegeplätze an der Außenmole, dem landseitigen Kai und den Schwimmstegen, die allerdings fast immer belegt sind. Für Gäste sind die ersten Meter der Außenmole vorgesehen, die durch schräge gelbe Balken markiert sind – mit

etwas Glück kann man auch die Beschriftung „Transito" entziffern. Da die für Gäste vorgesehenen Plätze meist belegt sind, muß man sich entsprechend seinem Tiefgang einen frei-
en Platz suchen – im Sommer häufig genug erfolglos. Die Wassertiefen am Kai betragen
außer im mittleren Teil vor dem Yachtclub über 2 m. Etwa 40 Wasserzapfstellen sind über

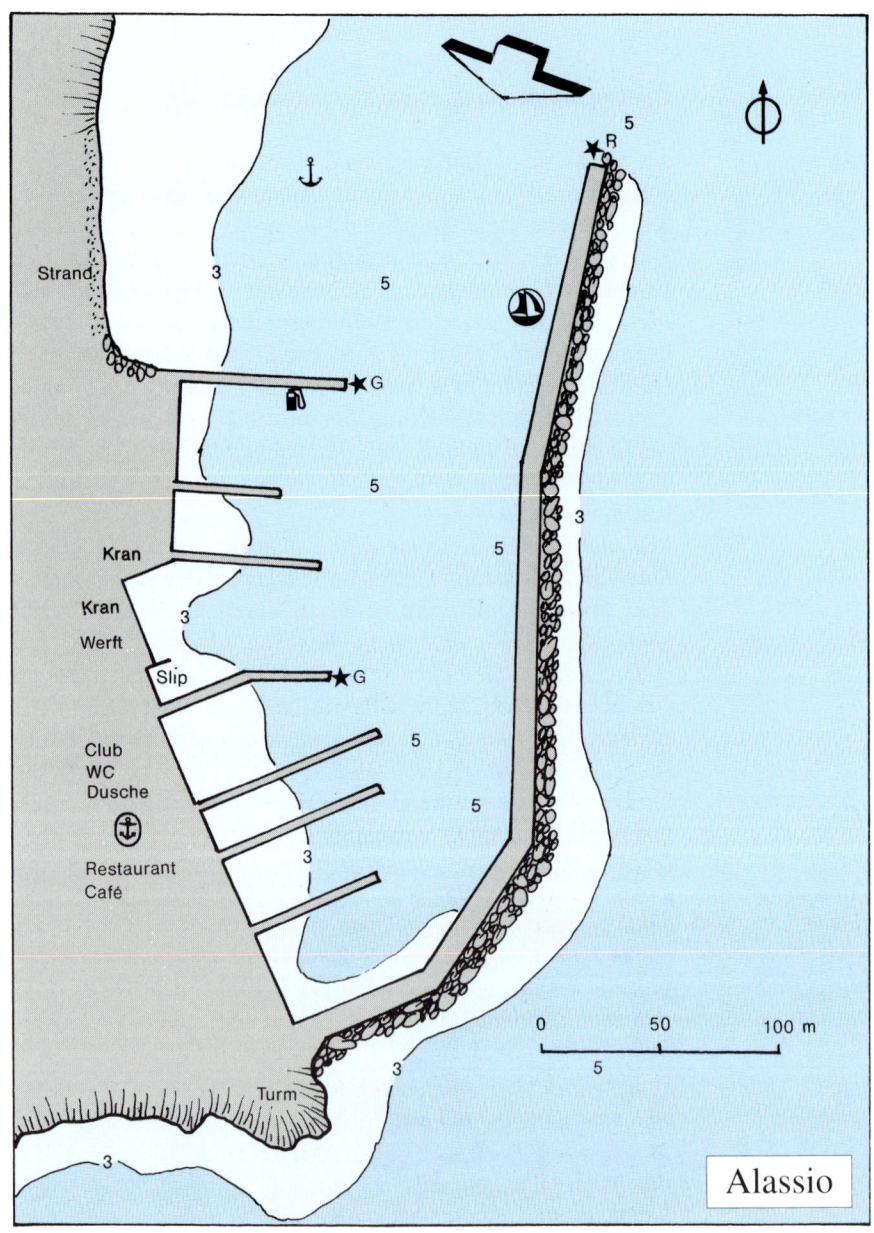

den Hafen verteilt – hauptsächlich auf der Außenmole und den landseitigen Kais. Beim Yachtclub sind Duschen und Toiletten. Treibstoff erhält man an der Hafentankstelle auf der nördlichen Außenmole.

Bei ruhigem Wetter oder leichtem bis mittlerem Wind aus südlichen Richtungen kann man auch dicht nördlich des Hafens 50 bis 80 m vom Strand auf 4 m Wassertiefe über gut haltendem Sandgrund ankern.

Hafenmeister: Die Liegeplätze werden vom örtlichen Yachtclub Circolo Nautico al Mare verwaltet. Dieser ist über UKW-Kanal 9 zu erreichen – am Gebäude des Yachtclubs werden im Sommer regelmäßig die neuesten Wetterberichte ausgehängt.

Reparaturmöglichkeiten: Auf dem landseitigen Kai ist ein Werftbetrieb, der in der Lage ist, Reparaturen aller Art auszuführen. Ein stationärer Kran mit 15 t Tragkraft steht zur Verfügung. Schiffszubehör ist in kleinerem Umfang in der Werft erhältlich.

Versorgung: Am Hafen eine Bar und ein Restaurant beim Yachtclub, das empfehlenswert ist. Lebensmittelgeschäfte und weitere Cafés und Restaurants findet man im Ort, der sich südlich an den Hafen anschließt.

Veranstaltungen: Außer den bereits erwähnten Veranstaltungen findet in der ersten Septemberwoche die „Festa dell'Uva", das große Fest zum Ende der Weinlese, statt. Mitte bis Ende September veranstaltet Alassio ein mehrtägiges Jazzfestival, das sich durchaus mit dem in Juan-les-Pins messen kann.

Bademöglichkeiten: An den Hafen schließt sich nördlich ein schöner Strand an, der auch im Sommer nicht überlaufen ist, im Gegensatz zu dem etwa 2 km langen Strand vor dem Ort.

Entfernung von Genua 40 sm, Loano 8 sm, San Remo 22 sm.

Bei ruhigem Wetter lohnt es sich, direkt vor dem Strand von Alassio zu ankern und mit dem Beiboot an dem etwa in der Mitte des Strandes liegenden Steg anzulegen. Das Ende dieses Steges ist befeuert und hat etwa drei Meter Wassertiefe – einige Fischerboote sowie Motorboote für Wasserski und Paragliding haben hier ihre festen Liegeplätze.

Laiguéglia
43° 59'N
008° 09'E

Romantik pur

Etwa zwei Seemeilen weiter befindet sich vor dem beliebten Badeort Laiguéglia ein weiterer Steg, dessen Ende ebenfalls befeuert ist. Wer den Rummel in Alassio leid ist und es lieber ruhiger und romantischer liebt, sollte hier unbedingt vor Anker gehen und diesem hübschen Fischerort einen Besuch abstatten. Der historische Stadtkern reicht teilweise bis dicht an den Strand heran und begeistert mit seinen kleinen, bunt gestrichenen Häusern – Ochsenblutrot, Ocker und ein dunkles Gelb sind die vorherrschenden Farben. Über all dem thront die Barockkirche San Matteo. Auch der Feinschmecker kommt hier auf seine Kosten: Die Pasticceria Albatros wirbt mit ihrer Spezialität „Baci di Laiguéglia", ein dunkelbraunes, schokoladenhaltiges, herbsüßes Gedicht von einem Riesennegerkuß; das Restaurant „Vascello Fantasma" (fliegendes Geisterschiff) in der Via Dante gehört zu der erlesenen Gruppe der Ristoranti del Buon Ricordo, von denen es in Italien kaum mehr als eines in jeder Stadt gibt – kein billiges Vergnügen, dort zu essen, aber es lohnt sich.

Nach dem Runden des *Capo Mele* mit dem weithin sichtbaren Semaphor und dem charakteristischen Leuchtturm mit seinem Feuer von 24 sm Tragweite liegt eine Seemeile weiter westlich der private Yachthafen

Marina di Andora des gleichnamigen kleinen Seebades. Der Ort Andora selbst liegt einige
43° 57'N
008° 09'E
Kilometer landeinwärts an dem Fluß Mérula und ist mit seinen noch gut erhaltenen mittelalterlichen Gebäuden eine Besichtigung wert.

> *Ansteuerung (Seekarten: D 502 und 598, BA 1998, I 2): Bei starken Winden aus nordwestlichen bis östlichen Richtungen ist die Einsteuerung in die nach Norden offene, dicht unter Land liegende Hafeneinfahrt schwierig – bei nördlichen bis östlichen Winden steht starker Schwell vor der Einfahrt, und bei nordwestlichen Winden drücken heftige Fallböen einlaufende Yachten gegen die Außenmole. Die Molenköpfe sind mit jeweils zwei roten und grünen senkrechten Festfeuern markiert.*

> *Liegeplatz: Der Yachthafen verfügt über etwa 450 Liegeplätze an der südlichen Außenmole und den Stegen. Die 7 von der östlichen Außenmole ausgehenden Stege eignen sich nur für kleine Yachten, da die Wassertiefen hier unter 2 m betragen. Das landseitige Ufer ist nicht zum Kai ausgebaut, und die Wassertiefen davor betragen nur 0,50 bis 1 m – hier haben die Fischer ihre festen Liegeplätze. Für Gäste stehen am äußeren Ende der Außenmole 5 oder 6*

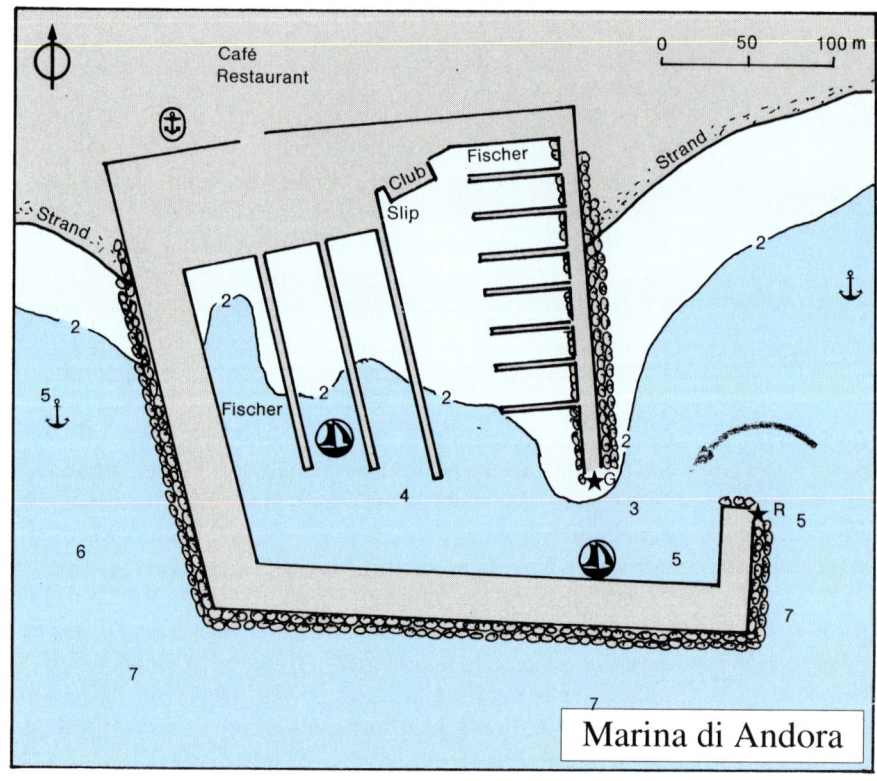

Marina di Andora

1 Genua/Duca degli Abruzzi ist sicher
die beste Möglichkeit, in Genua festzumachen: im Herzen der Altstadt

2 Capo Mele mit dem Leuchtturm und
dem weithin sichtbaren Semaphor

3 Das grün bewachsene Felseiland
Gallinara wird von einem alten Wachturm gekrönt

4 Die malerische Kulisse von San
Bartolomeo al Mare

5 Menton-Garavan – im Hintergrund
die italienische Küste bei Bordighera

6 Das gemütliche Seebad Arma di
Taggia an der Mündung des Argentina

2

3

4

6

7   Die drei Häfen Monacos: Port du Cap d'Ail
    (vorn), Port de Fontvieille (Mitte)
    und La Condamine (im Hintergrund)

Liegeplätze zur Verfügung, die fast immer belegt sind, so daß man sich entsprechend seinem Tiefgang einen freien Platz an der Außenmole oder den drei Stegen in der Mitte des Hafenbeckens sucht. Insgesamt macht der Hafen einen recht provisorischen und verwahrlosten Eindruck – vor allem die teilweise abenteuerlichen Stegkonstruktionen. Auf der südlichen Außenmole und den Stegen in der Mitte des Hafenbeckens befinden sich einige Wasserzapfstellen. Beim Yachtclub sind Duschen und Toiletten. Treibstoff erhält man nur an einer Straßentankstelle.

Bereits seit Jahren bestehen Pläne, den Hafen zu einer modernen Yachtmarina mit 1152 Plätzen auszubauen.

Hafenmeister: Die Liegeplätze werden vom örtlichen Yachtclub Circolo Nautico Andora verwaltet. Dieser ist über UKW-Kanal 16 zu erreichen.

Versorgung: Am Hafen sind eine Bar und ein Café. Lebensmittelgeschäfte und weitere Cafés und Restaurants findet man im Ort, der sich an den Hafen anschließt. Ein empfehlenswertes Restaurant ist das „Rocce di Pinamare" an der Via Aurelia.

Veranstaltungen: Im Sommer finden in der dreischiffigen romanischen Basilika in Andora regelmäßig nächtliche Konzerte bei Kerzenschein statt, die schon wegen der Akustik in der Kirche und der stimmungsvollen Atmosphäre hörenswert sind.

Bademöglichkeiten: Östlich und westlich des Hafens erstreckt sich der weite Strand des Seebades und lädt zum Badeaufenthalt ein.

Entfernung von Loano 14 sm, Alassio 6 sm, San Remo 16 sm.

Vorbei am *Capo Cervo*, auf dem die gleichnamige Ortschaft mit einer weithin sichtbaren Kirche thront, liegt nur 4 sm weiter an der Mündung des Flusses San Pietro vor einem wunderschön bewaldeten Hinterland der vor allem auch bei den Italienern sehr beliebte Badeort

Diano Marina
43° 54'N
008° 05'E

mit seinem kleinen Yachthafen. Dieser ist allerdings wegen der geringen Wassertiefen nur für Yachten bis etwa 1,50 m Tiefgang geeignet. Die 20 m breite Einfahrt ist nach Südwesten offen. Für Gäste sind einige Liegeplätze an der Außenmole vorgesehen. Bei ruhigem Wetter können größere Yachten südlich des Hafens vor dem Strand ankern und mit dem Beiboot den Hafen anlaufen, um in dem Café „Bei Klaus" ein deutsches Bier zu trinken. (Plan siehe nächste Seite.)
Der geschichtsträchtige Ort, der bei dem großen Erdbeben 1887 völlig zerstört wurde, geht auf eine römische Pferdestation an der Via Aurelia

Kilometerlanger
Sandstrand

zurück. Ein später an dieser Stelle errichteter Tempel zu Ehren der Jagdgöttin Diana gab dem Ort seinen Namen. Heute locken vor allem der kilometerlange feine Sandstrand und die von Pinien und Eukalyptus gesäumte Strandpromenade „Passegiata al Mare" die Besucher an. Besonders empfehlenswerte Restaurants sind das „Pesce d'Oro" und „Il Caminetto".

Imperia
43° 53'N
008° 01'E

Die Hauptstadt der Nudeln und Oliven, zusammengewachsen aus den beiden ehemals selbständigen Orten Porto Maurizio und Oneglia, getrennt durch die Mündung des Flusses Impero, ist heute eine wichtige

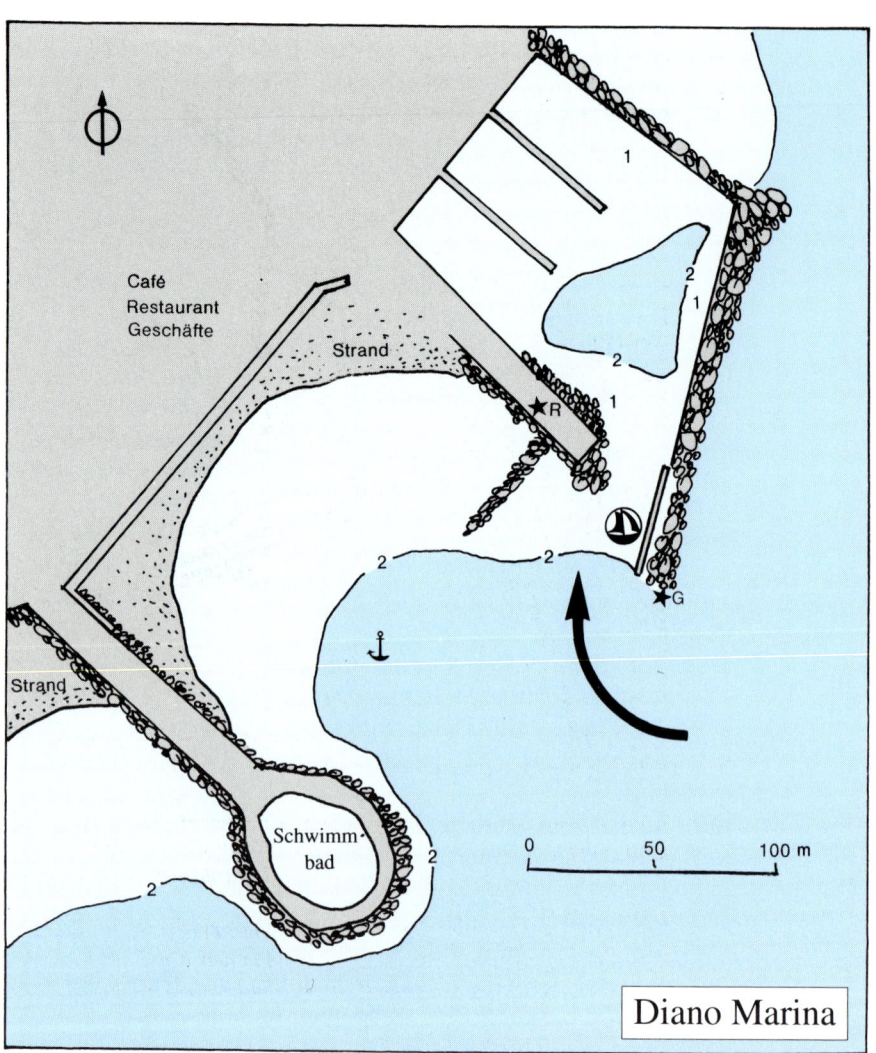

Café
Restaurant
Geschäfte

Strand

Strand

Schwimm-
bad

0   50   100 m

Diano Marina

Nudelmuseum Industriestadt in Ligurien mit einem einzigartigen Nudelmuseum. Imperia verfügt über zwei Häfen, den alten Fischer- und Handelshafen *Porto Maurizio* (siehe Plan Seite 43), in dem ein Teil für Yachten reserviert ist, und den vor einigen Jahren neu errichteten Handelshafen *Oneglia*, in dem zwar auch immer einige Yachten liegen, der aber rein auf die Bedürfnisse der Großschiffahrt ausgerichtet ist. Östlich des Hafens Porto Maurizio ist mit den Arbeiten für ein weiteres Hafenbecken begonnen worden.

Ansteuerung (Seekarten: D 502 und 598, BA 1998, I 2): Da beide Häfen auf die Bedürfnisse der Handelsschiffahrt ausgelegt sind, bereitet die Ansteuerung bei allen Wind- und Wetterverhältnissen keinerlei Probleme. Beide Hafeneinfahrten sind durch mehrere Leuchtfeuer mar-

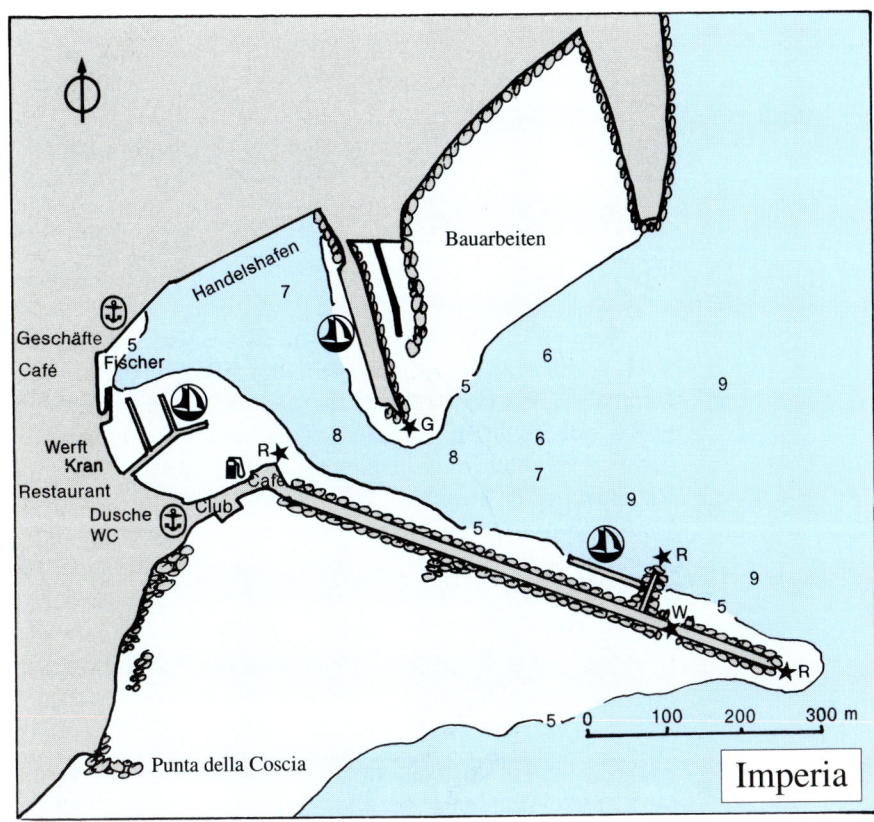

Imperia

kiert. Achtung! Der Leuchtturm mit dem 16 sm weit scheinenden weißen Feuer steht etwa 150 m vom Ende der südlichen Außenmole zurückversetzt. Drei rote Feuer markieren zusätzlich die etwa 1 km lange Mole.

Bei starken nordöstlichen Winden sollte man zunächst auf die Einfahrt des Hafens Oneglia zuhalten, um dann mit achterlichem Wind in den Hafen Porto Maurizio einzuschwenken – bei starken östlichen und nordöstlichen Winden steht allerdings erheblicher Schwell in den Hafen.

Liegeplatz: Der südwestliche Teil des Porto Maurizio ist für Yachten vorgesehen, die an den Stegen und dem stadtseitigen Kai je nach Tiefgang anlegen. Über der Steinschüttung an der Innenseite der östlichen Außenmole sind waghalsige Stahlkonstruktionen, vor denen ebenfalls Yachten liegen – insgesamt stehen etwa 400 Liegeplätze zur Verfügung. Während der Sommermonate wird für Besucher entlang der südlichen Außenmole ein zusätzlicher, rund 100 m langer Schwimmsteg ausgelegt, der weitere 34 Liegeplätze bietet. Zahlreiche Strom- und Wasseranschlüsse sind über die Stege und Kais verteilt; Duschen und Toiletten befinden sich am Fuße der südlichen Außenmole.

Hafenmeister: Die Liegeplätze für Yachten werden von der Società Imperia Mare SpA verwaltet. Diese ist über UKW-Kanal 9 und 16 zu erreichen – am Buro in der südwestlichen Ecke des Hafens neben der Tankstelle werden im Sommer regelmäßig die neuesten Wetterberichte ausgehängt.

Reparaturmöglichkeiten: Mehrere kleine und mittlere Werftbetriebe bieten ihre Dienste an. Kräne und Slipbahnen stehen in der südwestlichen Ecke des Hafens zur Verfügung, um eine Yacht aus dem Wasser zu holen. Schiffszubehörgeschäfte in unmittelbarer Nähe der Hafenanlagen.

Versorgung: In der sich an den Hafen anschließenden Altstadt gibt es in unmittelbarer Nähe zahlreiche Restaurants, Cafés und Lebensmittelgeschäfte. Am Fuß der südlichen Außenmole gibt es eine Imbißstube und eine Bar. Empfehlenswerte Restaurants sind „Lanterna Blú" wegen seiner Fischgerichte und „Nannina" für seine gute ligurische Küche.

Entfernung von Genua 50 sm, Finale Ligure 25 sm, San Remo 12 sm.

Der Kai und die Promenade um den Hafen sind abends voller Leben – auch sonst macht Imperia mehr den Eindruck einer modernen Industriestadt als eines Ferienzentrums. Das bereits erwähnte Nudelmuseum liegt etwas außerhalb in der kleinen Ortschaft *Pontedassio* – man sollte aber nicht versäumen, das in einem alten Bauernhof untergebrachte Denkmal italienischer Eßkultur zu besuchen, bekommt man dort doch eine ideale Einführung in die Wissenschaft der Nudelherstellung. Auch wird dort gründlich mit der alten Vorstellung aufgeräumt, der China-Reisende Marco Polo habe die Nudeln von dort mitgebracht. In den Hinterlassenschaften der Etrusker finden sich bereits Geräte zur Nudelherstellung. Neben der Geschichte der Nudeln erfährt man noch alles Wissenswerte über die Herstellung der tausenderlei verschiedenen Sorten.

San Lorenzo al Mare
43° 52'N
007° 58'E

ist ein kleiner privater Yachthafen etwa 3 sm hinter Imperia vor einer unverkennbaren Kulisse gelb gestrichener Hochhäuser, der regelmäßig versandet und jedes Frühjahr neu ausgebaggert wird. Er verfügt über etwa 130 Liegeplätze an den Stegen und der Außenmole, von denen 6 bis 7 Plätze für Gäste vorgesehen sind. Ist das Hafenbecken frisch ausgebaggert, betragen die Wassertiefen im Bereich der Außenmole um 3 m. Die Liegeplätze gehören zum größten Teil zu den Wohnungen in den Hochhäusern über dem Hafen.

Aregai
43° 50'N
007° 55'E

Kurz vor Riva Ligure ist in Aregai ein kleiner Hafen für einige Dutzend Yachten bis 1 m Tiefgang entstanden, der in der Hauptsache mit kleinen, offenen Motorbooten belegt ist.

Riva Ligure
43° 50'N
007° 52'E

ist ein kleines, noch vom Tourismus wenig entdecktes Paradies an der Blumenriviera und durchaus einen Besuch wert. Der Minihafen vor dem Ort ist allerdings bestenfalls für Schlauchboote und kleine Motorboote zum Anlegen geeignet. Größere Yachten können vor der Steinschüttung ankern, die den Hafen schützt, und mit dem Beiboot in dem kleinen Hafen anlanden, um dem hübschen Seebad einen Besuch abzustatten.

Arma di Taggia
43° 50'N
007° 51'E

ist ein gemütliches Seebad mit ausgesprochen familiärer Atmosphäre, das dem Yachttouristen einen kleinen Hafen in der Mündung des Flusses Argentina bietet. Wegen der geringen Wassertiefen um 2 m ist er allerdings nur für Yachten bis 1,50 m Tiefgang geeignet. Zwei kurze, südwärts gerichtete befeuerte Molenstummel schirmen die Einfahrt etwas gegen die offene See ab und lassen eine etwa 30 m breite Einfahrt offen.

Liegeplätze für Yachten finden sich an beiden Ufern des Flusses Argentina bis zu der Eisenbahnbrücke – an der Backbordseite mit Mooringtonnen – sowie in dem auf 2 m Tiefe ausgebaggerten Becken linker Hand des Flusses an Stegen und Kais. In dem Hafenbecken gibt es Strom- und Wasseranschlüsse – an den Liegeplätzen in der Flußmündung nur Wasseranschlüsse. Der Hafen ist meistens überfüllt, und nur mit viel Glück ist ein freier Liegeplatz zu finden. Bei gutem Wetter kann man westlich vor der Hafeneinfahrt auf gut haltendem Sandgrund etwa 50 m vor dem Strand auf 5 m Wassertiefe ankern.

Mittelalter-
liches Taggia

Das hübsche Seebad wird fast ausschließlich von Stammgästen besucht, die die gemütliche Ungezwungenheit dieses Urlaubsortes zu schätzen wissen. Etwa 3 km landeinwärts liegt im Tal des Flusses Argentina in ausgesprochen idyllischer Lage der eigentliche Ort Taggia, der sich seinen mittelalterlichen Charakter bewahren konnte und zum größten Teil vom Weinbau lebt. Wunderschöne Barock- und Renaissancegebäude neben sehenswerten Kirchen aus dem 15. und 17. Jahrhundert sowie die 300 m lange Brücke mit ihren 16 Bögen, die 1450 erbaut worden ist, lohnen einen Besuch.

Etwa 1 sm südwestlich liegt das von einem Leuchtfeuer mit 24 sm Tragweite überragte *Capo dell'Arma,* das zusammen mit dem Leuchtfeuer am Capo Mele zu den wichtigsten nächtlichen Orientierungspunkten an der ligurischen Küste gehört.

San Remo
43° 49'N
007° 47'E

bietet dem Yachttouristen zwei Häfen mit gemeinsamer Einfahrt – einen gemütlichen alten Hafen für Fischer und Yachten (Porto Vecchio) und einen modernen Yachthafen (Porto Sole). Darüber hinaus bietet die Stadt mit dem klangvollen Namen, der unzertrennlich mit dem alljährlich stattfindenden Schlagerfestival verbunden ist, dem Besucher zahlreiche Attraktionen – nicht umsonst hat sich San Remo in den letzten hundert Jahren vom kleinen Bauern- und Fischerdorf zu einem der meistbesuchten und elegantesten Badeorte an der italienischen Riviera entwickelt.

Ansteuerung (Seekarten: D 502, BA 1998, F 6953 und 7017, I 1, CG 500): Beide Häfen haben eine gemeinsame, nach Südosten offene Einfahrt, die selbstredend befeuert ist. Wegen der unter Wasser liegenden schrägen Steinschüttungen vor den Molenköpfen sind mindestens 50 m Abstand zu halten. Weitere Feuer weisen bei Nacht die Zufahrt nach Backbord in den Porto

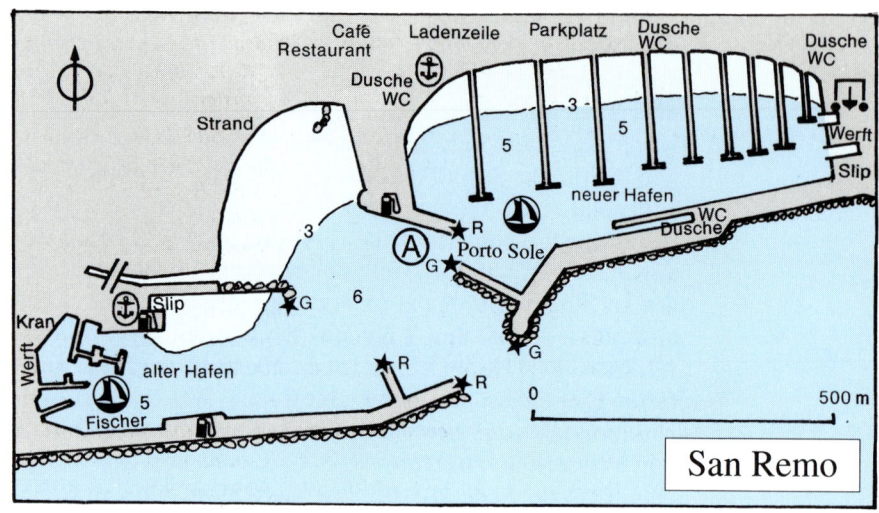

Vecchio bzw. nach Steuerbord in den Porto Sole. Beide Zufahrten sind durch weitere kleine Molen geschützt. Bei starkem Scirocco ist die Ansteuerung wegen des starken Schwells vor der Einfahrt nicht ganz leicht – im Porto Vecchio steht dann auch ein ausgesprochen unangenehmer Schwell. Bei Nacht ist die Lage des Hafens sehr gut an der von kräftigen Lampen angestrahlten Wallfahrtskirche „Madonna della Costa" etwa 100 m oberhalb der Hafenanlagen gut zu erkennen.

Liegeplatz: Der Yachthafen Porto Sole bietet die komfortableren Liegeplätze (890 Plätze, davon 120 Gastliegeplätze) mit der größeren Chance, auch im Sommer einen freien Platz zu finden. Im Porto Vecchio – auch Porto Communale genannt – stehen nur etwa 10 Plätze für Gäste zur Verfügung, die allerdings in der Saison zum größten Teil belegt sind. Strom- und Wasseranschlüsse an den Liegeplätzen sowie sanitäre Einrichtungen gibt es nur in dem Yachthafen Porto Sole. Die Liegeplätze im Porto Sole verfügen über Grundleinen. Kraftstoff erhält man in beiden Häfen an der Hafentankstelle. Der Porto Vecchio hat den Vorteil, näher an der Stadt und ihren Sehenswürdigkeiten zu liegen, und den Nachteil des geringeren Komforts, verbunden mit der Schwierigkeit, im Sommer einen freien Platz zu finden.

Hafenmeister: Das Hafenbüro des Porto Sole liegt einlaufend direkt an Backbord, wo man zunächst provisorisch anlegt, um sich einen Liegeplatz zuweisen zu lassen. Das Hafenbüro ist über UKW-Kanal 9 zu erreichen. Die Liegeplätze im alten Hafen werden von dem Yachtclub San Remo und der Associazione Motonautica Riviera dei Fiori verwaltet, deren Clubgebäude auf der Nordmole neben dem Hafenamt sind. Auch hier sollte man zunächst vor dem Hafenamt anlegen, um sich in einem der Clubs einen freien Platz zuweisen zu lassen. Das Hafenamt ist über UKW-Kanal 16, die Clubs sind über UKW-Kanal 14 zu erreichen.

Reparaturmöglichkeiten: Zwei große Yachtwerften mit Kränen und Travelliften am östlichen Ende des Porto Sole bieten die Möglichkeit, Reparaturen aller Art – auch an großen Yachten – ausführen zu lassen. Die Werftbetriebe San Remo Ship und Cantiere Navale Riviera haben *einen hervorragenden Ruf, den sie sich auch gut bezahlen lassen. Mehrere Schiffszubehörgeschäfte finden sich an der Straße hinter dem Yachthafen. Am alten Hafen gibt es ebenfalls einen Werftbetrieb, der in der Lage ist, Reparaturen aller Art an kleineren und mittleren Yachten auszuführen. Mehrere Schiffsausrüster liegen um den alten Hafen herum.*

Versorgung: In der Nähe beider Hafenanlagen gibt es zahlreiche Cafés, Restaurants und Lebensmittelgeschäfte, wobei man im Porto Vecchio bezüglich der Versorgungsmöglichkeiten etwas besser bedient ist, da die Wege kürzer sind. Besonders zu empfehlen sind die Restaurants „Gambero Rosso" (gute ligurische Küche), „Da Giannino" und „Pesce d'Oro" für ihre Fischgerichte. Auch im Yachtclub San Remo speist es sich sehr gut.

Veranstaltungen: Neben dem bereits erwähnten Schlagerfestival gibt es vor allem in der Saison zahlreiche Kurkonzerte, ein jährliches Filmfestival, Modemessen – eine für die Damen, eine für Herren –, im Winter den Blumenkorso und das ganze Jahr über zweimal pro Woche den Blumenmarkt. Einmal im Jahr ist San Remo Endpunkt des bekannten Radrennens „Mailand – San Remo".

Bademöglichkeiten: Zwischen dem alten Hafen und dem Yachthafen Porto Sole liegt ein kleiner, stets überfüllter Strand, um dessen Wasserqualität es nicht gerade zum Besten bestellt ist. Die sich westlich und östlich an das Hafengebiet anschließenden Strände sind da schon viel besser zum Baden geeignet.

Entfernung von Savona 45 sm, Loano 30 sm, Imperia 12 sm, Cannes 44 sm.

Die Heimsuchung San Remos durch fremde Besucher hat eine lange Geschichte – schon im 10. Jahrhundert fielen plündernde Sarazenen ein, und im 16. Jahrhundert überfiel der uns überall in der Geschichte des westlichen Mittelmeeres begegnende Großadmiral der osmanischen Flotte, Cheireddin Barbarossa, den Ort und verwüstete ihn – die Barbarossa-Bucht im Golf von Porto Azzurro auf Elba erinnert genauso an ihn wie die Burgruine im Süden der Insel Asinara im Nordwesten Sardiniens, wo er wohl jahrelang seinen Schlupfwinkel hatte. Bei aller Brutalität, die diesem Mann nachgesagt wird, wußte er doch offensichtlich sehr genau, wo es im westlichen Mittelmeer besonders schön ist. Aber nicht nur Cheireddin Barbarossa wußte San Remo zu schätzen, auch der russische Zarenhof und das deutsche Kaisertum tummelten sich Ende des vorigen Jahrhunderts hier, und die vergoldete Kuppel der russisch-orthodoxen Kirche gehört zu den Touristenattraktionen der Stadt.

An der Ostseite des steil ins Meer ragenden *Capo Nero* liegt der kleine Privathafen

Porticciolo di Capo Pini
43° 48'N
007° 45'E

dessen Liegeplätze fast ausschließlich den Eigentümern der umliegenden Ferienwohnungen gehören. Zwar sind in der Einfahrt noch etwa zwei Meter Wassertiefe vorhanden, jedoch ist der übrige Hafen zum größten Teil versandet und bietet nur kleinen Yachten mit nur geringem Tiefgang vorübergehend Liegemöglichkeiten, wenn ein Eigentümer eines

47

Liegeplatzes sich für einige Tage abgemeldet hat, da Gastliegeplätze nicht vorgesehen sind.

Zwischen dem Capo Nero und Bordighera erstreckt sich die weite Bucht von **Ospedaletti** mit einem wunderschönen Sandstrand, vor dem es sich lohnt, bei gutem Wetter zu ankern – sei es zum Baden oder um in Ospedaletti essen zu gehen (beispielsweise im „Argentina" oder im „Bellavista"). Vor der Ortschaft gibt es einen Minihafen, der von einer 50 m langen Steinschüttung gebildet wird und in dem man mit dem Schlauchboot anlanden kann.

Am *Capo San Ampeglio* liegt der Yachthafen des bekannten Seebades

Bordighera
43° 47'N
007° 41'E

der Stadt der Palmen und Blumen mit ihrer gemütlichen und ausgesprochen lebhaften Altstadt und den zahlreichen Cafés und Restaurants. Die Palmen, so will eine der zahlreichen sich um Bordighera rankenden

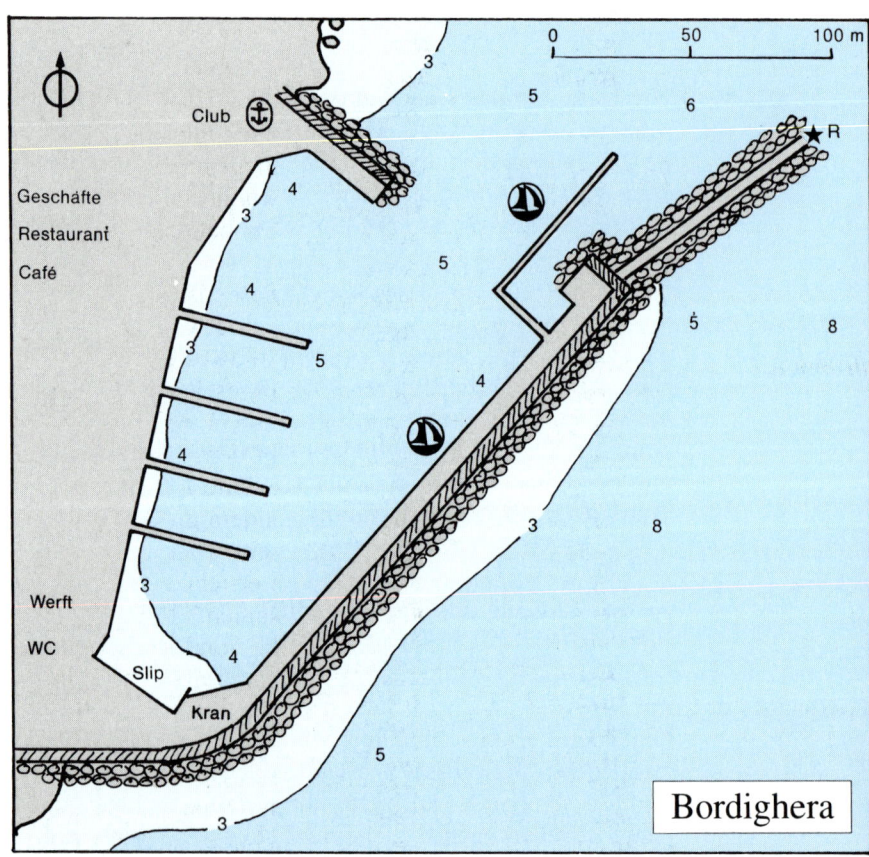

Legenden wissen, gehen auf den heiligen Ampelius – daher der Name Capo San Ampeglio – zurück, der im vierten nachchristlichen Jahrhundert bei seinem Einzug in eine Höhle an dem Felsvorsprung einen Sack voll Dattelpalmenfrüchte mitgebracht und nach dem Verzehr derselbigen die Kerne einfach in die Gegend gespuckt haben soll, woraus die heute dort so zahlreich wachsenden Dattelpalmen entstanden sind.

Die Geschichte der Palmen Im 16. Jahrhundert spielten noch einmal Palmen eine wichtige Rolle in der Geschichte Bordigheras. Beim Aufrichten des riesigen Obelisken auf dem Petersplatz in Rom stand ein Seemann aus Bordighera mitten in der Menge und beobachtete das Spektakel. Als die Seile der Flaschenzüge unter der Belastung zu reißen drohten, rettete er die Situation, indem er in die schweigende Menge hineinrief: „Macht die Seile naß!!!" Zum Dank durfte er einen Wunsch äußern, und als christlicher Seemann wünschte er sich für seine Heimatstadt das Privileg, die Palmwedel für die Osterzeremonien nach Rom liefern zu dürfen.

Bordighera ist auch Hauptlieferant der Palmwedel für das jüdische Laubhüttenfest.

Ansteuerung (Seekarten: D 502, BA 1998, F 6953 und 7017, I 1, CG 500): Bei starken Winden aus nordwestlichen bis südlichen Richtungen ist die Einsteuerung in die nach Nordosten offene, dicht unter Land liegende Hafeneinfahrt schwierig – bei nördlichen bis östlichen Winden steht starker Schwell vor der Einfahrt, und bei nordwestlichen Winden drücken heftige Fallböen einlaufende Yachten gegen die Außenmole. Die Steinschüttung der Außenmole setzt sich noch gut 100 m in nordöstlicher Richtung fort. Das Ende der Steinschüttung ist mit zwei senkrechten roten Festfeuern markiert.

Liegeplatz: Der Yachthafen verfügt über etwa 250 Liegeplätze an den Stegen und der Innenseite der Außenmole, wobei die Plätze an den Stegen für Yachten bis maximal 10 m Länge geeignet sind und fast ausnahmslos von Dauerliegern belegt sind. Größere Yachten machen an den wenigen freien Plätzen an der Außenmole fest. Für Gäste wird im Sommer an der Innenseite der Verlängerung der Außenmole ein Schwimmsteg ausgelegt, an dem man allerdings recht ungemütlich liegt. An den Kais und Stegen gibt es mehrere Strom- und Wasseranschlüsse.

Hafenmeister: Der Hafen wird von der Gemeinde verwaltet – das Hafenbüro liegt am Fuße der kleinen Nordmole und ist im Sommer zwischen 7.00 und 19.00 Uhr über UKW-Kanal 16 und 25 zu erreichen.

Reparaturmöglichkeiten: Eine Yachtwerft mit Slip und einem Kran mit 8 t Tragfähigkeit bietet die Möglichkeit kleinerer Reparaturen.

Versorgung: In der oberhalb des Hafens liegenden Altstadt gibt es zahlreiche Restaurants, Cafés und Lebensmittelgeschäfte. Empfehlenswerte Restaurants sind „Le Chaudron", in dem man unbedingt einmal die Jakobsmuscheln probieren sollte, und „La Reserve Tastevin" mit guter ligurischer Küche. Zwischen dem Hafen und der Stadt verläuft allerdings die Trasse der Eisenbahn, die man überqueren muß, um in die Stadt zu kommen.

Bademöglichkeiten: Der sich nordöstlich an den Hafen anschließende Strand ist mit seiner Mischung aus kleinen und großen Kieselsteinen mit wenig Sand dazwischen sicher nicht je-

49

dermanns Sache, aber trotzdem sehr beliebt, obwohl die Eisenbahn nur wenige Meter hinter dem Strand verläuft.

Entfernung von San Remo 6 sm, Menton 10 sm, Cannes 38 sm.

Ventimiglia
43° 47'N
007° 36'E

Hier sollte einmal ein Yachthafen entstehen, jedoch ist man über die Anfänge einiger Steinschüttungen noch nicht hinausgekommen, in deren Schutz die Fischer ihre Boote an Land ziehen. Bei ruhigem Wetter sollte man im Schutz der *Punta della Roccia* unterhalb der Altstadt ankern, um den Sehenswürdigkeiten Ventimiglias einen Besuch abzustatten. Die heutige Stadt geht auf die römische Siedlung Albintimilium zurück, deren Überreste und Ausgrabungen zu bewundern sind – unter anderem das gut erhaltene Amphitheater aus dem zweiten nachchristlichen Jahrhundert, das zu den besterhaltenen römischen Baudenkmälern in Norditalien gehört. Die Altstadt bietet dem Besucher gut erhaltene Gebäude aus dem Mittelalter, wie die Bischofsresidenz oder die Loggia dei Mercanti aus dem frühen 15. Jahrhundert, Überreste der alten Stadtmauer und sehenswerte alte Kirchen, teilweise aus dem 11. und 12. Jahrhundert. Ein unbedingtes Muß ist ein Besuch des Blumenmarktes, der einer der größten und schönsten an der Riviera ist.

Giardino Hanbury

Wer etwas Zeit hat, sollte mit dem Taxi oder Autobus zu dem am *Capo Mortola* gelegenen „Giardino Hanbury", Italiens größtem botanischem Garten, hinausfahren. Sir Thomas Hanbury hat hier vor 125 Jahren unter Mithilfe des deutschen Gärtners Ludwig Winter ein einmaliges Paradies mit 6000 verschiedenen einheimischen und exotischen Pflanzen geschaffen. Die Pracht und Farbenfülle der Anlage sind überwältigend.

Balzi Rossi

Ganz in der Nähe sind auch die „Balzi Rossi" – eiszeitliche Höhlen, um die herum das Archäologische Museum entstanden ist, in dem man Fundstücke aus den Höhlen und der näheren Umgebung wie die Überreste eines Cro-Magnon-Menschen, Knochen von Tieren und Menschen aus der letzten Eiszeit, Feuerstein-Werkzeuge und Schmuck bestaunen kann.

Weiter in Richtung italienisch-französischer Grenze liegen vor dem *Capo Mortola* einige Klippen und Untiefen, die sich 300 m weit nach Süden erstrecken und durch eine Untiefenbake mit Südtoppzeichen gekennzeichnet sind, weshalb man einen großen Bogen um das Kap machen sollte.

FRANKREICH

Côte d'Azur

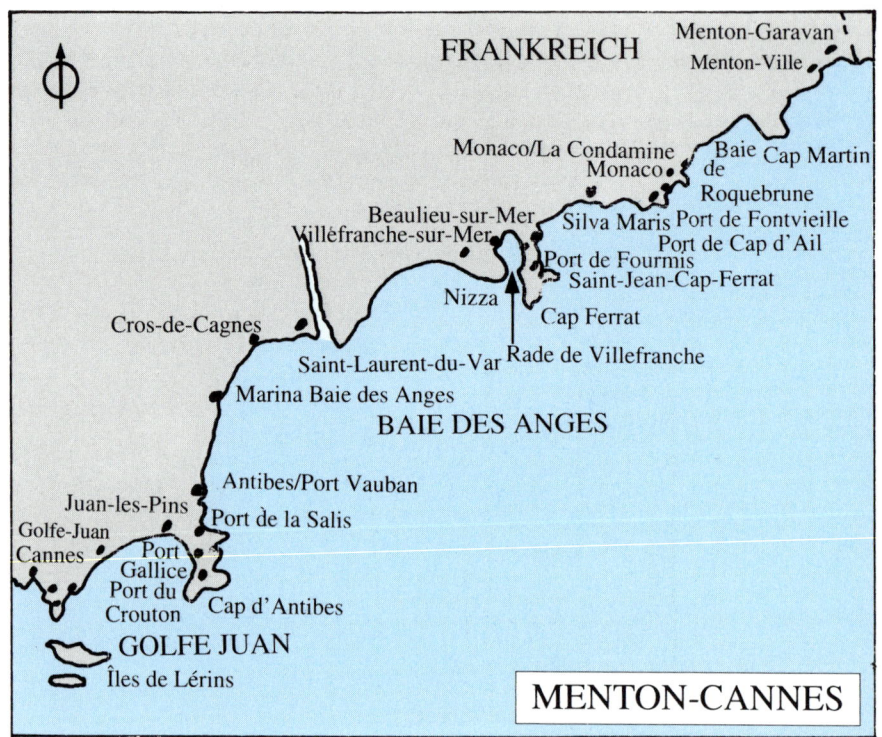

Menton-Garavan
Menton-Ville
FRANKREICH

Monaco/La Condamine
Monaco
Baie de Roquebrune
Cap Martin

Beaulieu-sur-Mer
Villéfranche-sur-Mer
Silva Maris
Port de Fontvieille
Port de Cap d'Ail
Port de Fourmis
Saint-Jean-Cap-Ferrat

Nizza

Cap Ferrat

Cros-de-Cagnes

Saint-Laurent-du-Var
Rade de Villefranche

Marina Baie des Anges

BAIE DES ANGES

Antibes/Port Vauban

Juan-les-Pins
Port de la Salis
Golfe-Juan
Cannes
Port Gallice
Port du Crouton
Cap d'Antibes

GOLFE JUAN
Îles de Lérins

MENTON-CANNES

Menton
43° 47'N
007° 31'E

ist von Italien kommend die erste französische Hafenstadt und bietet dem Yachttouristen genau wie San Remo zwei Häfen – einen gemütlichen alten Fischerhafen (Menton-Ville) und einen modernen Yachthafen (Menton-Garavan). Menton gilt als das Seebad mit dem angenehmsten Klima an der Côte d'Azur, so daß hier beinahe das ganze Jahr über Saison ist.

Ansteuerung (Seekarten: D 598, BA 1998, F 6953, CG 500, I 1): Die Ansteuerung des alten Hafens bereitet bei allen Wind- und Wetterverhältnissen keinerlei Schwierigkeiten, während das Anlaufen des neuen Yachthafens Menton-Garavan bei starken östlichen bis südlichen Winden nicht ganz problemlos ist, da sich die Einfahrt nach Ostnordost öffnet und dicht unter Land liegt. Für die nächtliche Ansteuerung sind beide Hafeneinfahrten befeuert.

Liegeplatz: Der Yachthafen Menton-Garavan bietet die komfortableren Liegeplätze (1038 Plätze, davon 145 Gastliegeplätze) mit der größeren Chance, auch im Sommer einen freien Platz zu finden. Im Vieux Port (Menton-Ville) stehen nur etwa 30 Gastliegeplätze zur Verfügung, die allerdings in der Saison zum größten Teil belegt sind. In beiden Häfen gibt es Strom-

und Wasseranschlüsse an den Liegeplätzen sowie sanitäre Einrichtungen. Die Liegeplätze in Menton-Garavan und ein Teil der Plätze im alten Hafen sind mit Grundleinen ausgestattet. Kraftstoff erhält man in beiden Häfen an der Hafentankstelle. Menton-Ville hat den Vorteil, näher an der Stadt und ihren Sehenswürdigkeiten zu liegen – allerdings steht bei Scirocco unangenehmer Schwell in den Hafen.

Hafenmeister: M. Ch. Oliviero (Menton-Ville), Tel. 93 35 80 56; M. Gregorio (Menton-Garavan), Tel. 93 28 78 00. In beiden Hafenbüros werden regelmäßig die neuesten Wetterberichte ausgehängt. Der Anmeldekai im Yachthafen Menton-Garavan ist einlaufend direkt voraus. Im alten Hafen sucht man sich einen freien Platz – am besten an dem weit in das Hafenbecken hineinragenden Schwimmsteg – und meldet sich anschließend im Hafenbüro. Beide Hafenbüros sind über UKW-Kanal 9 (Menton-Ville auch Kanal 16) zu erreichen.

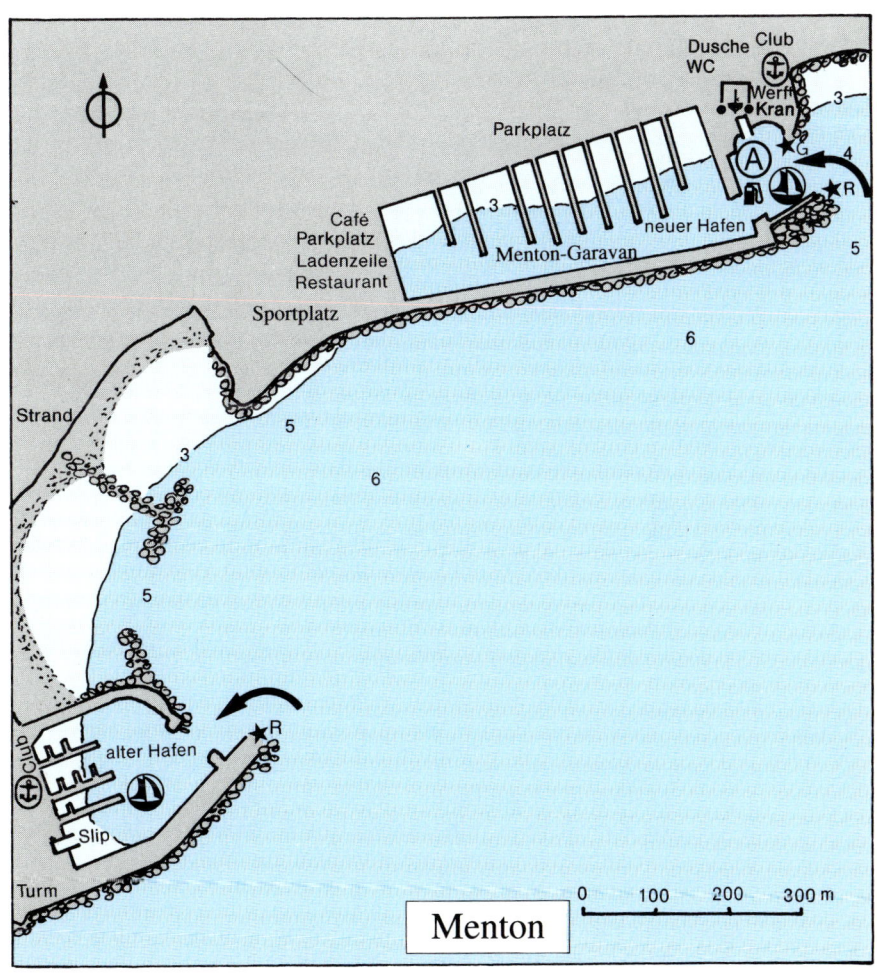

Reparaturmöglichkeiten: In dem neuen Yachthafen Menton-Garavan gibt es mehrere große Werftbetriebe, in denen Reparaturen aller Art ausgeführt werden können. Viele Italiener aus den grenznahen Häfen lassen hier ihre Yachten wegen der günstigeren Preise überholen. In der Nähe des Hafens sind zahlreiche Schiffsausrüster.

Versorgung: Café, Restaurant, Supermarkt, Schiffszubehörhändler in dem Geschäftszentrum am Hafen Menton-Garavan; da der alte Hafen in unmittelbarer Nähe des Stadtzentrums liegt, gibt es hier selbstverständlich alle Versorgungsmöglichkeiten. Gleich am Anfang der Hauptgeschäftsstraße ist ein kleiner Platz vor der Kirche, um den sich einige gute Restaurants gruppieren (in der Pizzeria wird die Pizza nach dem Durchmesser berechnet, wobei die größte beinahe 50 cm mißt – für einen normalen Esser kaum zu schaffen).

Veranstaltungen: In dem aus der Belle Époque stammendem Europa-Palais finden die alljährliche Kunstbienale, Kammermusikfestspiele und die Verleihung des Katherine-Mansfield-Preises für die beste Novelle des Jahres statt. Im Februar wird das Zitronenfest gefeiert, dessen Hauptattraktion ein großer Korso ist, schließlich ist Menton die Hauptstadt des Königreiches der Zitronen.

Bademöglichkeiten: Die Plage des Sablettes liegt gut geschützt zwischen den beiden Häfen und ist im Sommer ständig überfüllt; die Plage Carnolés westlich des Hafens Menton-Ville reicht fast bis Saint-Martin und lädt ebenfalls zum Baden ein.

Entfernung von San Remo 13 sm, Monaco 5 sm, Antibes 20 sm, Nizza 10 sm, Bastia (Korsika) 105 sm, Calvi (Korsika) 92 sm.

Cocteau-
Museum

Auch sonst hat Menton dem Besucher einiges zu bieten – nicht umsonst prangt an dem Rathaus die Inschrift: „Artium Civitas", die den Stadtvätern als Verpflichtung gilt. Gleich am alten Hafen kann man in der Bastion das Cocteau-Museum besuchen mit Tapisserien, Zeichnungen, Fresken und Bildern von Liebespaaren. Für die Letztgenannten hat Cocteau auch das Hochzeitszimmer im Standesamt des Rathauses ausgestaltet.

Vorbei am Cap Martin mit dem in 74 m Höhe über dem Meer thronenden alten Semaphor, kann man bei ruhigem Wetter etwa 1 sm nordwestlich unterhalb der Ortschaft **Roquebrun** 50 m vor dem Strand auf 4 bis 5 m Wassertiefe ankern. Ein Besuch des noch immer von seinen dicken Umfassungsmauern geschützten und vom Wehrturm der Burg überragten befestigten Ortes aus der Karolingerzeit mit seinen schmalen, teilweise überwölbten Gassen und Treppen ist lohnenswert.

Monaco
43° 44'N
007° 26'E

Wohl kaum ein Ortsname an der Mittelmeerküste besitzt soviel Anziehungskraft wie Monaco, das dem Yachtbesucher allein drei gut ausgestattete Yachthäfen bietet. Quasi im Zentrum liegt der alte Hafen *La Condamine,* eingerahmt im Norden von Monte Carlo, im Süden von der Altstadt Monaco-Ville und im Westen von dem Geschäftszentrum La Condamine.

Ansteuerung (Seekarten: D 598, BA 2167, F 6953 und 6863, CG 500, I 1): Die Ansteuerung der nach Osten offenen Einfahrt bereitet bei allen Wind- und Wetterverhältnissen keinerlei

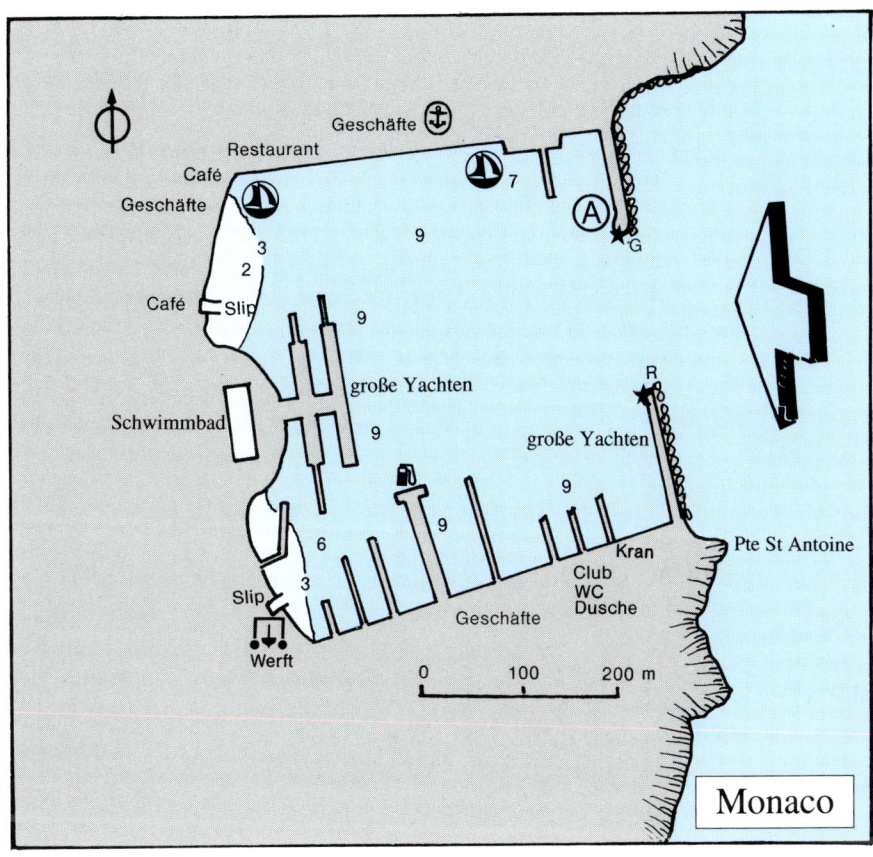

Schwierigkeiten. Die Molenköpfe sind befeuert, so daß auch eine nächtliche Ansteuerung keine Probleme bietet. Monaco ist weder bei Tage noch bei Nacht zu verkennen, bietet doch die nicht zu verwechselnde Hochhauskulisse eine eindeutige Orientierungshilfe – vor allem wenn man aus östlicher Richtung anreist. Dem von Westen Kommenden erleichtert das imposante Gebäude des Musée Océanographique die Ansteuerung.

Beim Anlaufen der Häfen Monacos denke man daran, daß das Fürstentum ein selbständiger Staat ist, und setze die monegassische Gastflagge!

Liegeplatz: Bei Wassertiefen von 2 bis 30 m bietet La Condamine hauptsächlich Liegeplätze für Superyachten bis 130 m Länge, aber auch kleinere Yachten finden in der nordwestlichen Ecke einen sicheren Liegeplatz, allerdings ohne Grundleinen vor Buganker, Heck zum Kai, jedoch mit Wasser- und Stromanschlüssen und für die Gegend ausgesprochen niedrigen Liegegebühren. Bei Winden aus östlichen Richtungen, vor allem bei Scirocco, steht unangenehmer Schwell in das Hafenbecken. Kraftstoff erhält man an der Hafentankstelle. Wenn Kreuzfahrtschiffe im Hafen angelegt haben, ist für kleinere Gastyachten meist kein Platz mehr, da diese meist den nördlichen Kai belegen, der sonst für Yachttouristen zur Verfügung steht.

Hafenmeister: M. Balducchi, Tel. 93 15 86 78. Im Hafenbüro werden regelmäßig die neuesten Wetterberichte ausgehängt. Der Anmeldekai mit dem Hafenbüro ist einlaufend an Steuerbord neben dem Einfahrtfeuer. Das Büro des Hafenmeisters ist über UKW-Kanal 12 zu erreichen.

Reparaturmöglichkeiten: In der Nähe der Tankstelle in der südwestichen Ecke des Hafens sind mehrere kleinere und größere Werftbetriebe angesiedelt, die auch Reparaturen an größten Yachten ausführen.

Versorgung: Cafés, Restaurants, Supermarkt, Schiffszubehörhändler sind in unmittelbarer Nähe der Liegeplätze zu finden. Darüber hinaus gibt es selbstverständlich in dem Geschäftszentrum La Condamine alle nur denkbaren Versorgungsmöglichkeiten.

Bademöglichkeiten: Da der Strand von Monte Carlo etwa 2 km Fußweg entfernt ist, empfiehlt sich in unmittelbarer Nähe des Hafens nur das von Fürst Rainier seinen Untertanen spendierte Freibad westlich hinter dem Hafenbecken.

Entfernung von Menton 5 sm, Nizza 7 sm, Antibes 16 sm, Bonifacio (Korsika) 170 sm, Porto Cervo (Sardinien) 192 sm.

Direkt um die Ecke, vorbei am Musée Océanographique, liegt der private

Port de Fontvieille als zweiter Yachthafen auf monegassischem Boden. Das nördliche Ufer
43° 44N'
007° 25'E
des Hafens wird von dem Felsen *Le Rocher* gebildet, auf dem sich die Altstadt Monacos erhebt, während das westliche und südliche Ufer von dem ins Meer hinausgebauten Ortsteil Fontvieille begrenzt wird. Das gesamte Gebiet von Fontvieille einschließlich des Geländes, auf dem das Stadion des bekannten und erfolgreichen Fußballclubs von Monaco steht, ist in den letzten Jahren durch Aufschüttung dem Meer abgerungen

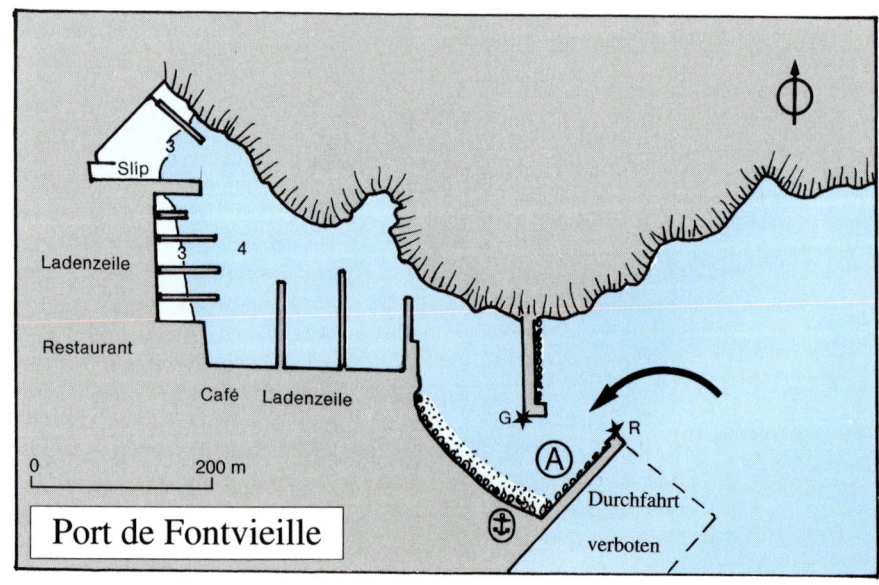

worden – übrigens die einzige Möglichkeit Monacos, sich zu erweitern, da ein großer Teil der Straßen und der Eisenbahntrasse bereits überbaut sind.

Ansteuerung (Seekarten: D 598, BA 2167, F 6953 und 6863, CG 500, I 1): Die Ansteuerung der an der Pointe St.-Martin gelegenen 60 m breiten Einfahrt bereitet außer bei starken Winden aus Südost bis Süd keinerlei Schwierigkeiten; lediglich bei Mistral können Fallböen schwach motorisierte Yachten in Bedrängnis bringen. Die Molenköpfe sind befeuert, so daß auch eine nächtliche Ansteuerung keine Probleme bietet, zumal der westlich der Hafenein-fahrt liegende, hellerleuchtete Helikopterflugplatz eine gute Orientierungshilfe darstellt.

Liegeplatz: Der gut ausgestattete private Yachthafen verfügt über 200 Liegeplätze für Yachten bis 35 m Länge, davon 10 Gastplätze, die allerdings fast immer belegt sind, so daß es sich im Sommer kaum lohnt, den Hafen anzulaufen. Alle Liegeplätze sind mit Strom- und Wasser-anschlüssen sowie Grundleinen versehen. Duschen und Toiletten befinden sich neben dem Büro des Hafenmeisters. Kraftstoff erhält man nur im Hafen La Condamine oder im Port de Cap d'Ail.

Hafenmeister: M. A. Aureglia, Tel. 93 15 85 69. Im Hafenbüro werden regelmäßig die neuesten Wetterberichte ausgehängt. Der Anmeldekai befindet sich einlaufend an Backbord. Das Büro des Hafenmeisters ist über UKW-Kanal 9 zu erreichen.

Reparaturmöglichkeiten: Schiffszubehörhändler und Werkstätten finden sich in der Geschäftszeile an der Westseite des Hafens. Hier können nur kleinere Reparaturen ausgeführt werden. Für größere Arbeiten muß man schon in den Hafen La Condamine oder in den Port de Cap d'Ail verholen.

Versorgung: An der Westseite des Hafens ist eine Ladenzeile mit allen denkbaren Versorgungs-möglichkeiten, wie Supermarkt, Café und Restaurant. Weitere Einkaufsmöglichkeiten in dem Geschäftszentrum La Condamine.

Westlich an den Helikopterflugplatz schließt sich der

Port du Cap d'Ail an, der einer der teuersten der Riviera ist und bereits auf französischem
43° 43'N Hoheitsgebiet liegt; dafür findet man aber auch fast immer einen freien
007° 25'E Liegeplatz. Die Grenze zwischen Frankreich und Monaco verläuft etwa 30 m hinter dem landseitigen Kai. Parallel zu dem Abschlußdamm von Fontvieille ist eine etwa 150 m breite Verbotszone, die nicht befahren wer-den darf und durch Bojen markiert ist. Von der Pointe St. Antoine bis zur Einfahrt in den Port du Cap d'Ail erstreckt sich ein weites Gebiet, in dem Ankern verboten ist. (Plan siehe nächste Seite.)

Ansteuerung (Seekarten: D 598, BA 2167, F 6953 und 6863, CG 500, I 1): Außer bei sehr starken Winden aus südlichen Richtungen bereitet die Ansteuerung des Yachthafens keinerlei Pro-bleme. Die Molenköpfe sind befeuert, so daß auch eine nächtliche Ansteuerung möglich ist, zumal der östlich der Hafeneinfahrt liegende, hellerleuchtete Helikopterflugplatz eine gute Orientierungshilfe darstellt. Auch die auf dem Felsen Le Rocher liegende Altstadt Monacos mit ihren Lichtern erleichtert die Orientierung.

Liegeplatz: Der Yachthafen verfügt über 253 Liegeplätze für Yachten bis 90 m Länge, davon 53 für Gäste. Alle Liegeplätze sind mit Strom- und Wasseranschlüssen versehen. Duschen und Toiletten befinden sich neben dem Büro des Hafenmeisters. Kraftstoff erhält man an der Hafentankstelle.

Hafenmeister: M. Haible, Tel. 93 78 28 46. Der Anmeldekai ist einlaufend an Backbord direkt hin-

57

ter dem Einfahrtfeuer. Das Büro des Hafenmeisters ist über UKW-Kanal 9 zu erreichen. Im Hafenbüro werden regelmäßig die neuesten Wetterberichte ausgehängt.

Reparaturmöglichkeiten: In der nordwestlichen Ecke des Hafens ist ein Werftbetrieb, in dem Reparaturen aller Art ausgeführt werden können. Neben der Yachtwerft liegt ein großes Schiffszubehörgeschäft.

Versorgung: An der Grenze zu Monaco ist eine Laden- und Hotelzeile im Bau mit allen denkbaren Versorgungsmöglichkeiten, wie Supermarkt, Cafés und Restaurants. Weitere Einkaufsmöglichkeiten in dem Geschäftszentrum von Fontvieille etwa 500 m vom Hafen entfernt.

Bademöglichkeiten: Westlich an den Hafen schließt sich ein schöner geschützter Strand an, der zum Baden einlädt.

Entfernung von Monaco nach La Condamine 1 sm, Beaulieu-sur-Mer 4 sm, Calvi (Korsika) 95 sm.

Monaco hat dem Besucher eine ganze Reihe von Attraktionen zu bieten – nicht umsonst besuchen mehr als drei Millionen Touristen jährlich das Fürstentum. Der Fürstenpalast auf der Felsenhalbinsel Le Rocher mit der

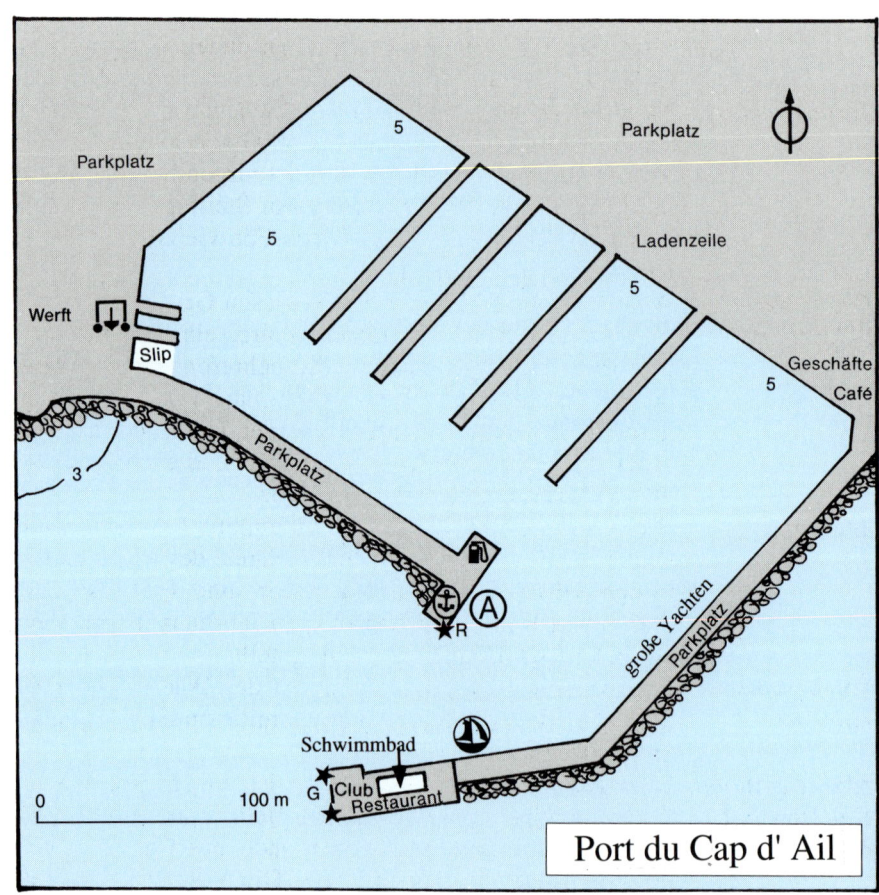

Casino

mittäglichen Wachablösung, ein Bummel durch die Altstadt verbunden mit einer Besichtigung des Musée Océanographique gehören ebenso zum absoluten Muß jedes Besuchers wie ein Abstecher in das weltberühmte Spielcasino (der Eintritt ist nur in korrekter Kleidung gestattet – geschlossene Schuhe, Anzug und Krawatte, mindestens aber lange Hose und Hemd für die Herren). Neben dem Casino steht das sehenswerte „Hotel de Paris" und etwas unterhalb das mindestens genauso bewundernswerte Hotel „Eremitage". Ein Bummel durch den Park vor dem Casino führt zu einer der Haupteinkaufsstraßen Monte Carlos mit vornehmen Schmuckgeschäften und Edelboutiquen.

Gegenüber dem Casino, am Anfang des Parks, ist ein großes Café-Restaurant, wo man unbedingt einmal an einem lauen Sommerabend draußen bei einer Tasse Kaffee das Treiben vor dem Casino beobachten sollte: die Anfahrt der großen Luxuslimousinen, denen der Geldadel und was sich dafür hält entsteigt, um gelassenen Schrittes unter den bewundernden Blicken der sich allabendlich einfindenden Zuschauer die Stufen zum Casino emporzusteigen. Manchmal sieht man dabei auch prominente Gesichter aus Film, Fernsehen oder Showbusiness.

Jardin exotique

Monaco hat aber auch ruhigere Sehenswürdigkeiten zu bieten, wie den Jardin exotique mit seinen über 6000 verschiedenen seltenen Kakteen und exotischen Pflanzen, die man sonst nirgendwo in Europa in solcher Pracht bewundern kann. Er liegt an einem Steilhang oberhalb Monte Carlos und ist vom Yachthafen aus (auch von Fontvieille oder Cap d'Ail) bequem mit dem Autobus zu erreichen.

Grotte de l'Observatoire

Wenn man die 558 Stufen durch diesen Garten hinabgestiegen ist, gelangt man zu der Grotte de l'Observatoire, einer märchenhaften, phantastisch beleuchteten Tropfsteinhöhle. In mehreren übereinanderliegenden Räumen der gut erschlossenen Höhle kann man wundervolle Stalagmiten und Stalaktiten bewundern. Im Eingang der Höhle wurden Knochen prähistorischer Tiere und Werkzeuge gefunden, die belegen, daß hier schon vor 200 000 Jahren Menschen wohnten.

Museum

Diese und weitere Funde von Mammut-, Rentier- und Höhlenbärknochen sind in dem ebenfalls auf dem Gelände des Jardin exotique stehenden Anthropologischen Museums für Vor- und Frühgeschichte zu bewundern. Dort ist auch der Ende des vorigen Jahrhunderts im Viertel La Condamine gefundene punische Schatz ausgestellt.

Wachsfiguren-kabinett

Eine weitere Sehenswürdigkeit ist das Wachsfigurenkabinett, in dem die heutigen Mitglieder der Fürstenfamilie und ihre Vorfahren in Lebensgröße naturgetreu wiedergegeben sind.

Musée National Collection de Galéa

Eine ganz besondere Attraktion ist das Musée National Collection de Galéa in einer wunderschonen Belle-Époque-Villa, die von demselben Architekten erbaut wurde, der auch das Casino baute – von ihm stammt übrigens auch die Pariser Oper. Die Villa steht in einem prächtigen, mit

Skulpturen geschmückten Rosengarten, in dem bereits die ersten Puppen und Musikautomaten den Besucher empfangen, handelt es sich hier doch um eine einmalige Sammlung von Musikautomaten in Form von musizierenden Figuren, die Madame Madeleine de Galéa auf ihren zahlreichen Reisen erworben hat und die ihre Enkel dem monegassischen Fürstentum schenkten. Neben einer Sammlung von über 100 Spieldosen aus dem vorigen Jahrhundert sind zahlreiche Musikantengruppen bis hin zum großen Orchester zu bewundern, die mit ungeheurer Perfektion aufeinander abgestimmt zusammen musizieren. Für den Musikfreund ist dieses Museum ein absolutes Muß.

Veranstaltungen An Veranstaltungen kultureller und sonstiger Art mangelt es in Monaco das ganz Jahr über nicht, von der berühmten „Rallye Monte Carlo" über das „Zirkusfestival", Konzert- und Ballettveranstaltungen mit den bekanntesten Künstlern aus aller Welt bis zu den Auftritten der Großen der Popmusikszene im Casino und im Sporting Club reicht die Palette.

Baie de St. Laurent Nach dem Trubel und den überwältigenden Eindrücken Monacos findet man Ruhe und Beschaulichkeit in der Baie de St. Laurent, wo man etwa 50 m vor dem Strand geschützt vor Winden aus West über Nord bis Südost auf 4 bis 5 m Wassertiefe über gut haltendem Sandgrund ankern kann. Ein Imbiß am Strand sowie ein Hotel mit gutem Restaurant sind weitere Gründe, hier bei ruhigem Wetter einmal eine Nacht zu verbringen, zumal man in dem recht sauberen Wasser auch ruhig mal eine Runde schwimmen kann.

Mer d'Eze Zwischen der Pointe de Cabuel und dem Cap Roux erhebt sich in knapp 430 m Höhe oberhalb der Mer d'Eze genannten Bucht in einzigartig schöner Lage auf einem schroffen Felsen das Dorf *Eze* mit seinen aus dem 14. Jahrhundert stammenden Umfassungsmauern und Wehrtürmen, das schon immer Maler, Kunsthandwerker und Schriftsteller in seinen Bann gezogen hat, darunter auch Friedrich Nietzsche, der hier sein Meisterwerk „Also sprach Zarathustra" vollendete. So malerisch der Ort auch ist, der Aufstieg von der Küste über den nach Nietzsche benannten Weg dauert mindestens eine Stunde und ist nur etwas für Leute, die gut zu Fuß sind. Unterhalb des Dorfes teilt ein kleiner Felsvorsprung die Küste in zwei Buchten, in denen man bei ruhigem Wetter ankern kann, um diesen Aufstieg zu wagen, der allerdings mit einer herrlichen Panoramasicht belohnt wird – bei Mistral kann man bis zur Nordküste Korsikas sehen.

Silva Maris ist ein kleiner privater Yachthafen an der Ostseite des *Cap Roux* mit etwa 70 Liegeplätzen für Boote bis maximal 1,50 m Tiefgang, die zu dem Gebäudekomplex mit Eigentumswohnungen gehören. Gastliegeplätze gibt es hier keine.

Beaulieu-sur-Mer „Schöner Ort" nannte Napoleon die Ansammlung von Häusern, die
43° 42'N   seither diesen Namen trägt und wegen des ausgeglichenen Klimas ein
007° 20'E   beliebtes Seebad geworden ist. Ausgesprochen reizvoll sind die mit
Bäumen und verschiedenartigen Blumen bestandenen Anlagen an der
Baie de Fourmis.

Der Yachthafen von Beaulieu-sur-Mer ist einer der am besten geschützten
der Riviera und im Sommer regelmäßig voll belegt, so daß es kaum möglich ist, einen freien Liegeplatz zu finden.

Ansteuerung (Seekarten: D 598 und 484, BA 2167, F 6952 und 6863, CG 500 und 501, I 1): Vor
der eigentlichen Hafeneinfahrt liegt ein etwa 300 m langer Wellenbrecher, der den Hafen
vor jeglichem Schwell schützt und eine nördliche und eine südliche Einfahrt offen läßt. Die

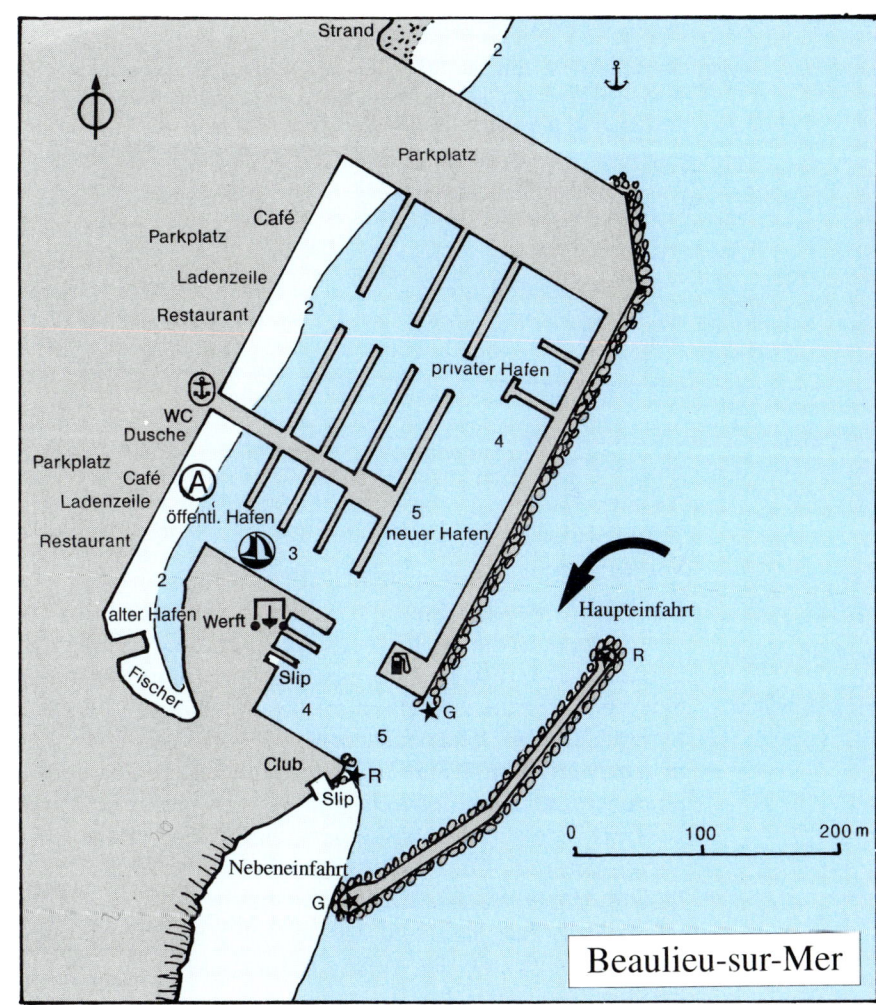

südliche Zufahrt kann nur von Yachten mit maximal 1,50 m Tiefgang benutzt werden, während die nördliche auch für größere Yachten ausreichend tief ist.

Außer bei starkem Ostwind bereitet die Ansteuerung beider Zufahrten keinerlei Schwierigkeiten. Sowohl die Enden des abgesetzten Wellenbrechers als auch die eigentliche Hafeneinfahrt sind befeuert.

Liegeplatz: Der gut ausgestattete Yachthafen verfügt über 800 Liegeplätze für Yachten bis 30 m Länge und 3,50 m Tiefgang, davon 150 für Gäste. Die Gastliegeplätze sind einlaufend an Backbord in dem ersten Becken, und zwar vor der Yachtwerft, an dem letzten Steg gegenüber der Werft und dem stadtseitigen Kai. Alle Liegeplätze sind mit Strom- und Wasseranschlüssen sowie Grundleinen versehen. Duschen und Toiletten sind neben dem Büro des Hafenmeisters. Kraftstoff erhält man an der Hafentankstelle.

Hafenmeister: M. J. Raymond, Tel. 93 01 10 49. Im Hafenbüro werden regelmäßig die neuesten Wetterberichte ausgehängt. Der Anmeldekai ist einlaufend an Backbord in dem ersten Becken. Das Büro des Hafenmeisters ist über UKW-Kanal 9 zu erreichen.

Reparaturmöglichkeiten: Auf dem Quai Sud in dem ersten Hafenbecken ist ein großer Werftbetrieb, in dem Reparaturen aller Art ausgeführt werden können. In der Geschäftszeile hinter dem stadtseitigen Kai sind zahlreiche Schiffsausrüster.

Versorgung: Hinter dem stadtseitigen Kai ist eine Ladenzeile mit Cafés, Restaurants und Boutiquen. Weitere Einkaufsmöglichkeiten im Ort – vor allem an der etwa 50 m parallel zum Hafen verlaufenden Route National.

Bademöglichkeiten: Nördlich an den Hafen schließt sich ein geschützter Strand an, der allerdings im Sommer hoffnungslos überfüllt ist.

Entfernung von San Remo 20 sm, Monaco 8 sm, Saint-Jean-Cap-Ferrat 3 sm, Calvi (Korsika) 92 sm.

Port de Fourmis ist ein kleiner Yacht- und Fischerhafen unmittelbar westlich des gleichnamigen Landvorsprungs Pointe des Fourmis, dessen 260 Liegeplätze für Yachten bis 9 m Länge und 1 m Tiefgang fast ausschließlich an einheimische Bootseigner und Fischer vergeben sind – 10 Plätze sollen für Gäste vorgesehen sein.

43° 42'N
007° 20'E

Ein Besuch ist unbedingt empfehlenswert – man kann etwa 200 m südlich des Hafens auf 4–5 m Wassertiefe ankern und mit dem Beiboot den Hafen anlaufen, über dem wie aus einer fremden Welt der originalgetreue Nachbau eines griechischen Hauses, die Villa Kerylos, thront. Der Standort sollte ihren Erbauer, den Archäologen Théodore Reinach, an seine heißgeliebte Ägäis erinnern – heute ist das Gebäude ein Museum. Die bewundernswerten Fresken im Inneren sind Kopien griechischer Vorbilder, die Einrichtung wurde nach Abbildungen auf antiken griechischen Vasen und Mosaiken gefertigt. Die ausgestellten Gebrauchs- und Dekorationsgegenstände wie Amphoren, Gefäße, Mosaiken und Büsten sind Originalstücke. Aus den Fenstern der Villa und von dem parkähnlichen Garten bieten sich herrliche Ausblicke auf das Meer, die Baie de Fourmis, das Cap Ferrat und bis hinüber zum Cap d'Ail.

Villa Kerylos

Saint-Jean-Cap-Ferrat Das einstmals verschlafene Fischerdorf hat sich dank seiner ein-
43° 41'N   maligen Lage an der Halbinsel Cap Ferrat zu einem der beliebtesten
007° 20'E   Seebäder der Côte d'Azur entwickelt und dabei seine familiäre
Atmosphäre bewahren können, die sich auch auf den Yachthafen übertra-
gen hat, in dem man ausgesprochen ruhig und angenehm liegt.

*Ansteuerung (Seekarten: D 598 und 597, BA 2167, F 6952 und 6863, CG 500 und 501, I 1): Die
Ansteuerung der nach Norden offenen Einfahrt bereitet außer bei sehr starken Winden aus
östlichen Richtungen keinerlei Schwierigkeiten. Die Molenköpfe sind befeuert.*

*Liegeplatz: Aus dem alten Fischerhafen ist ein moderner Yachthafen mit 560 Liegeplätzen für
Yachten bis 28 m Länge und 3,50 m Tiefgang geworden, davon etwa 30 Plätze für Gäste.
Alle Liegeplätze sind mit Strom- und Wasseranschlüssen sowie Grundleinen versehen. Du-*

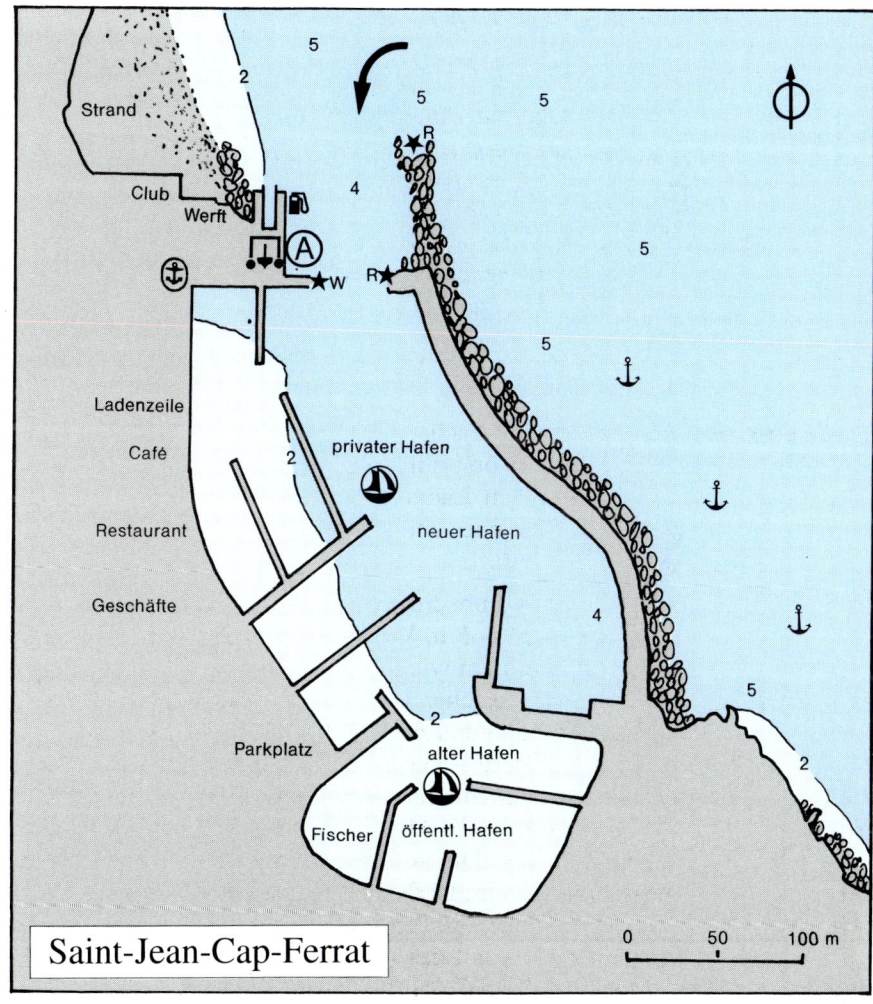

63

schen und Toiletten sind neben dem Büro des Hafenmeisters. Kraftstoff erhält man an der Hafentankstelle.

Hafenmeister: M. Christian Chauvet, Tel. 93 76 04 56. Im Hafenbüro werden regelmäßig die neuesten Wetterberichte ausgehängt. Der Anmeldekai ist einlaufend an Steuerbord hinter der Tankstelle. Das Büro des Hafenmeisters ist über UKW-Kanal 9 zu erreichen.

Reparaturmöglichkeiten: Hinter der Tankstelle an dem ersten Hafenbecken liegt ein großer Werftbetrieb, der Reparaturen aller Art ausführen kann. In der Geschäftszeile auf dem stadtseitigen Kai gibt es mehrere gutsortierte Schiffsausrüster.

Versorgung: Hinter dem stadtseitigen Kai ist eine Ladenzeile mit Cafés, Restaurants und Boutiquen. Weitere Einkaufsmöglichkeiten wie Lebensmittelgeschäfte, Bäcker, Tabak und Zeitschriften im Ort – vor allem an der etwa 70 m parallel zum Hafen verlaufenden Avenue Jean Mermoz.

Bademöglichkeiten: Nördlich an den Hafen schließt sich ein kleiner Strand an, der meist überfüllt ist.

Entfernung von San Remo 24 sm, Beaulieu-sur-Mer 3 sm, Villefranche-sur-Mer 3 sm, Nizza 4 sm, Calvi (Korsika) 92 sm.

Obwohl die Halbinsel Saint-Jean-Cap-Ferrat mit großzügigen Villen und kleinen Palästen auf parkähnlichen Grundstücken übersät ist, trifft man in dem Ort nicht auf die zu erwartenden reichen, distinguierten älteren Herrschaften, die zu diesen Gebäuden passen würden, sondern vornehmlich auf junge Besucher.

Musée Île-de-France
Einer dieser Paläste auf einem 7 ha großen Grundstück ist die Villa Ephrussi de Rothschild mit dem Musée Île-de-France. Zu Beginn dieses Jahrhunderts ließ die Kunstliebhaberin Baronin Béatrice Ephrussi de Rothschild das Gebäude im Stil eines italienischen Palastes errichten. Vor 60 Jahren schenkte sie den Palast mitsamt Inhalt dem Institut de France Académie des Beaux Arts. Den Besucher erwarten eine exklusive Porzellansammlung aus Sèvre, Vincennes und Meißen, prächtige Tapisserien der bekanntesten französischen Manufakturen, wunderschöne Möbelstücke aus dem ausgehenden Mittelalter und der Renaissance, Bilder flämischer Meister und impressionistische Landschaftsdarstellungen von Monet und anderen. Das große, parkähnliche Grundstück ist in Gärten verschiedener Stilrichtungen gegliedert – ein französischer, ein spanischer, ein florentinischer und ein japanischer Garten verzaubern den Gast. Der Park mit der Villa gehört zum Schönsten, was die Riviera zu bieten hat.

Baie des Fossettes und **Baie des Fosses** sind zwei beliebte, von einer nach Süden vorspringenden Landzunge getrennte Ankerbuchten an der Ostseite des Cap Ferrat unterhalb der Halbinsel Saint-Hospice. Die Baie des Fosses (die westliche Bucht) ist die geräumigere und besser geschützte. Wenn der Wind nicht gerade aus Südost oder Süd weht, stellen diese Ankerplätze eine gute Alternative zu den meist überfüllten Häfen von Beaulieu-sur-Mer und Saint-Jean-Cap-Ferrat dar. Größere Yachten sollten wegen der größeren Wassertiefe in der Baie des Fossettes ankern. Von hier aus erreicht man nach wenigen Minuten Fußweg die Rückseite der Villa Ephrussi de Rothschild und den wunderschönen Park.

Auf der Südspitze der Halbinsel Cap Ferrat steht der Leuchtturm mit seinem 25 sm weit scheinenden Feuer. Oberhalb des Leuchtturmes steht auf der höchsten Erhebung der Halbinsel weithin sichtbar der Semaphor als Navigationshilfe.

Westlich des Cap Ferrat öffnet sich eine der schönsten Buchten des Mittelmeeres, die

Rade de Villefranche Umgeben von bewaldeten Hängen, schneidet die eine halbe Seemeile breite Bucht etwa 1,5 sm tief in die Berge ein. Nicht nur den Ligurern, Griechen, Römern und Sarazenen diente sie als natürlicher Hafen, auch die französische Marine nutzte sie bis zum Bau des Hafens von Nizza, wovon noch heute das Trockendock und die daneben stehenden Ausrüstungshallen beredtes Zeugnis ablegen.

In der Nordwestecke der Bucht liegt das bekannte Seebad

Villefranche-sur-Mer das dem Yachttouristen zwei Häfen bietet – einen kleinen Fischerhafen und einen Yachthafen, der vor dem Trockendock der französischen Marine aus der Zeit der Napoleonischen Kriege entstanden ist (Plan siehe nächste Seite). Der Fischerhafen liegt zu Füßen der Altstadt mit ihren bunten Fassaden und einem Gewirr malerisch enger Gassen.

43° 42'N
007° 18'E

Ansteuerung (Seekarten: D 598 und 597, BA 2167, F 6952 und 6863, CG 500 und 501, I 1): Je eine Landmarke am westlichen und östlichen Ufer kennzeichnen eine Linie, nördlich derer die Geschwindigkeit für alle Wasserfahrzeuge auf 4 kn begrenzt ist. Am westlichen Ufer erhebt sich nördlich des Yachthafens weithin sichtbar die von den Herzögen von Savoyen im 16. Jahrhundert zum Schutz der Reede erbaute Zitadelle. Auch der quadratische Turm mit dem Einfahrtfeuer am Ende der Außenmole ist eine gute Ansteuerungshilfe. Bei Nacht erleichtern der weiße, 11 sm nach Süden scheinende Sektor des Einfahrtfeuers des Yachthafens und das weittragende Leuchtfeuer des Cap Ferrat die Ansteuerung. Auch das Ende der Außenmole des Fischerhafens ist befeuert.

Liegeplatz: In dem Fischerhafen finden nur kleine Yachten mit geringem Tiefgang Liegemöglichkeiten, ebenso wie vor dem sich anschließenden zum Kai ausgebauten Ufer. Man kann jedoch im gesamten nördlichen und östlichen Teil der Rade de Villefranche auf Wassertiefen von 2 bis 5 m über gut haltendem Sandgrund geschützt ankern.

Der Yachthafen verfügt über 450 Liegeplätze für Yachten bis 30 m Länge und 4 m Tiefgang, davon etwa 100 Plätze für Gastboote (bis 16 m Länge). Alle Liegeplätze sind mit Strom- und Wasseranschlüssen sowie Grundleinen versehen. Duschen und Toiletten befinden sich neben dem Büro des Hafenmeisters. Kraftstoff erhält man an der Hafentankstelle. Die Gastliegeplätze sind einlaufend an Backbord vor der Außenmole.

Hafenmeister: M. L. Quessada, Tel. 93 01 70 70. Im Hafenbüro werden regelmäßig die neuesten Wetterberichte ausgehängt. Der Anmeldekai ist einlaufend un Backbord hinter dem Einfahrtfeuer. Ist er nicht besetzt, macht man provisorisch in der Nähe des Trockendocks fest, um sich im Hafenbüro zu melden. Der Hafenmeister ist über UKW-Kanal 9 zu erreichen.

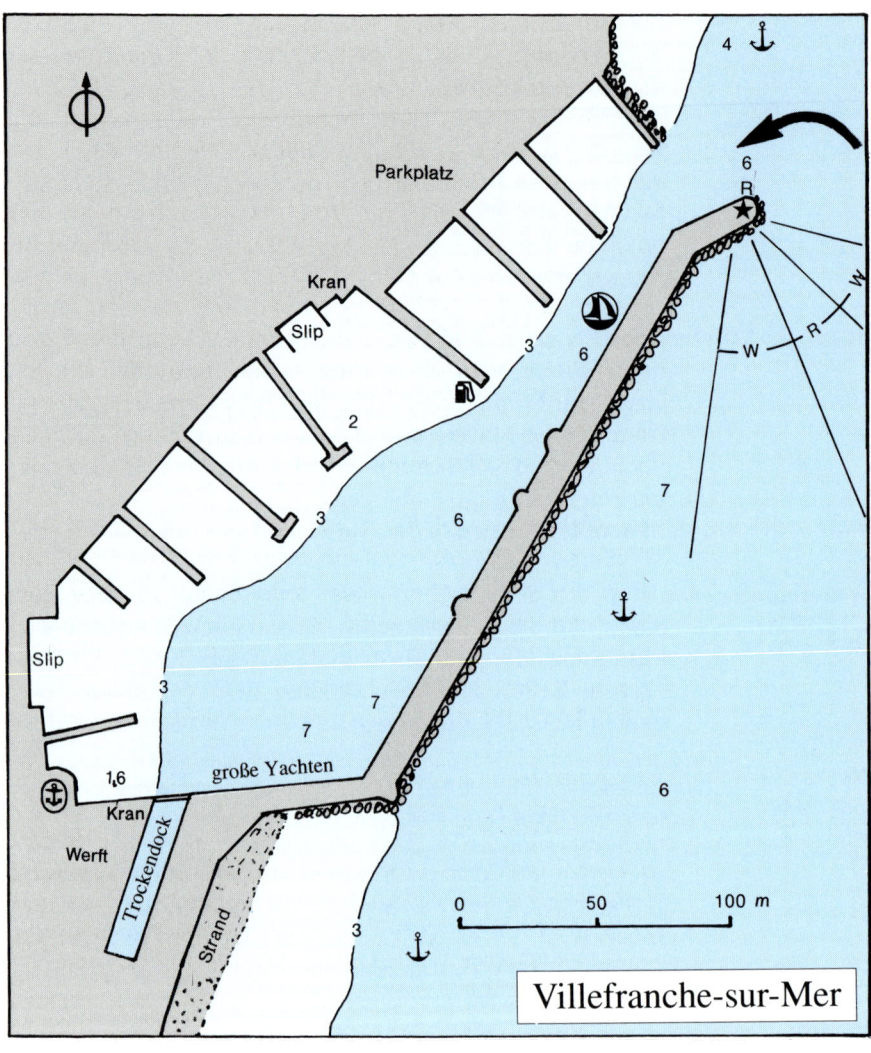

Parkplatz

Kran

Slip

Slip

große Yachten

Kran

Werft

Trockendock

Strand

Villefranche-sur-Mer

0   50   100 *m*

*Reparaturmöglichkeiten: Zwischen dem Trockendock und dem Hafenbüro befindet sich ein Werft-
betrieb, der Reparaturen aller Art ausführen kann. In dem Trockendock können auch Reparaturen an den Rümpfen größter Yachten ausgeführt werden – hier sieht man oft Yachten
von 50 m Länge zur Überholung liegen.*

*Versorgung: In der Nähe des Yachthafens gibt es nur wenige Geschäfte für den täglichen Bedarf,
dagegen liegt der Fischerhafen zu Füßen der Altstadt mit ihren Cafés, Bars, Restaurants
und Geschäften aller Art. Etwa 300 m vom Yachthafen in Richtung Stadt (links ab von der
Hauptstraße in einer Querstraße) ist ein kleines Lebensmittelgeschäft, in dem man sich verproviantieren kann.*

Veranstaltungen: Rosenmontag wird in Villefranche-sur-Mer ganz groß als Fest der Fischer ge-

feiert. Am 15. August (Maria Himmelfahrt) findet ein Korso mit anschließendem großem Feuerwerk statt.

Bademöglichkeiten: Südlich an den Hafen schließt sich ein schöner Strand an, der auch im Sommer selten überfüllt ist.

Entfernung von Menton 12 sm, Monaco 7,5 sm, Beaulieu-sur-Mer 4,5 sm.

Die Altstadt von Villefranche lädt zu einem Bummel durch labyrinthartige enge Gassen wie beispielsweise die fast vollständig überwölbte *Rue obscure* oder einem Besuch der Kapelle *St-Pierre* am Fischerhafen ein. Die leerstehende und als Aufbewahrungsort für die Netze der Fischer dienende Kapelle wurde 1957 von dem bekannten Maler Jean Cocteau renoviert und kunstvoll mit Motiven aus dem Leben der Fischer ausgemalt.

Vom Cap Ferrat bis zum Cap d'Antibes erstreckt sich die weite, von endlosem Strand gesäumte und nur von der riesigen Anlage des Flughafens Nizza-Côte d'Azur unterbrochene

Baie des Anges (Engelsbucht) mit Nizza als Hauptort und Verwaltungsmetropole des Départements Var. Besteht der Strand bei Nizza noch aus schwarzen Kieselsteinen, wird er bis Antibes immer feiner und heller. Die Engelsbucht ist eines der größten Tourismuszentren der Côte d'Azur mit ehrwürdigen Hotelpalästen wie dem „Negresco" in Nizza und modernen Hochhäusern mit Hunderten von Ferienwohnungen, wie den geschwungenen 17stöckigen Pyramidenhäusern in Marina Baie des Anges.

Nizza
43° 42'N
007° 17'E

vom griechischen „Nikaia", die Göttin, die den Sieg verleiht, war vom 6. vorchristlichen Jahrhundert an ein griechischer Handelsort, später eine römische Siedlung und seit dem 14. Jahrhundert eine provenzalische Stadt im Besitz der Herzöge von Savoyen. Erst 1860 kam die Stadt durch einen Volksentscheid zu Frankreich. Ihr touristischer Aufschwung wurde wie beinahe überall an der Riviera von den Engländern gefördert – Hochwürden Lewis Way ließ 1824 einen Weg am Ufer anlegen, die heutige *Promenade des Anglais*. Sie ist neben der *Croisette* in Cannes die bekannteste Uferpromenade des Mittelmeeres.

Gemessen an der Größe und Bedeutung Nizzas als Fähr- und Handelshafen, bietet es dem Yachtbesucher eher mittelmäßige Liegemöglichkeiten im hinteren Teil des Hafens, dem *Bassin Lympia*, das seinem Namen „klares Wasser" keine Ehre macht. Die wenigen Gastliegeplätze sind im Sommer meistens belegt. (Plan siehe nächste Seite.)

Ansteuerung (Seekarten: D 597 und 484, BA 2167, F 6952 und 7200, CG 500 und 501, I 1): Da der Hafen auf die Bedürfnisse der Berufsschiffahrt eingerichtet ist, bereitet seine Ansteuerung außer bei schwerem Sturm aus Südwesten keinerlei Schwierigkeiten. Das Leuchtfeuer auf der Außenmole mit 20 sm Tragweite erleichtert die nächtliche Ansteuerung. Darüber hinaus wird der Hafen nachts von zahlreichen starken Scheinwerfern hell erleuchtet. In einem Viertelkreis mit 1 sm Schenkellänge vor der Hafeneinfahrt haben ein- und auslaufende

Schiffe über 50 m Länge grundsätzlich Vorfahrt. Bei Tage ist der 22 m hohe Leuchtturm am Ende der Außenmole gut auszumachen, ebenso wie die am Fuße des Schloßbergs in den Felsen eingelassene Apsis mit der riesigen Marienstatue.

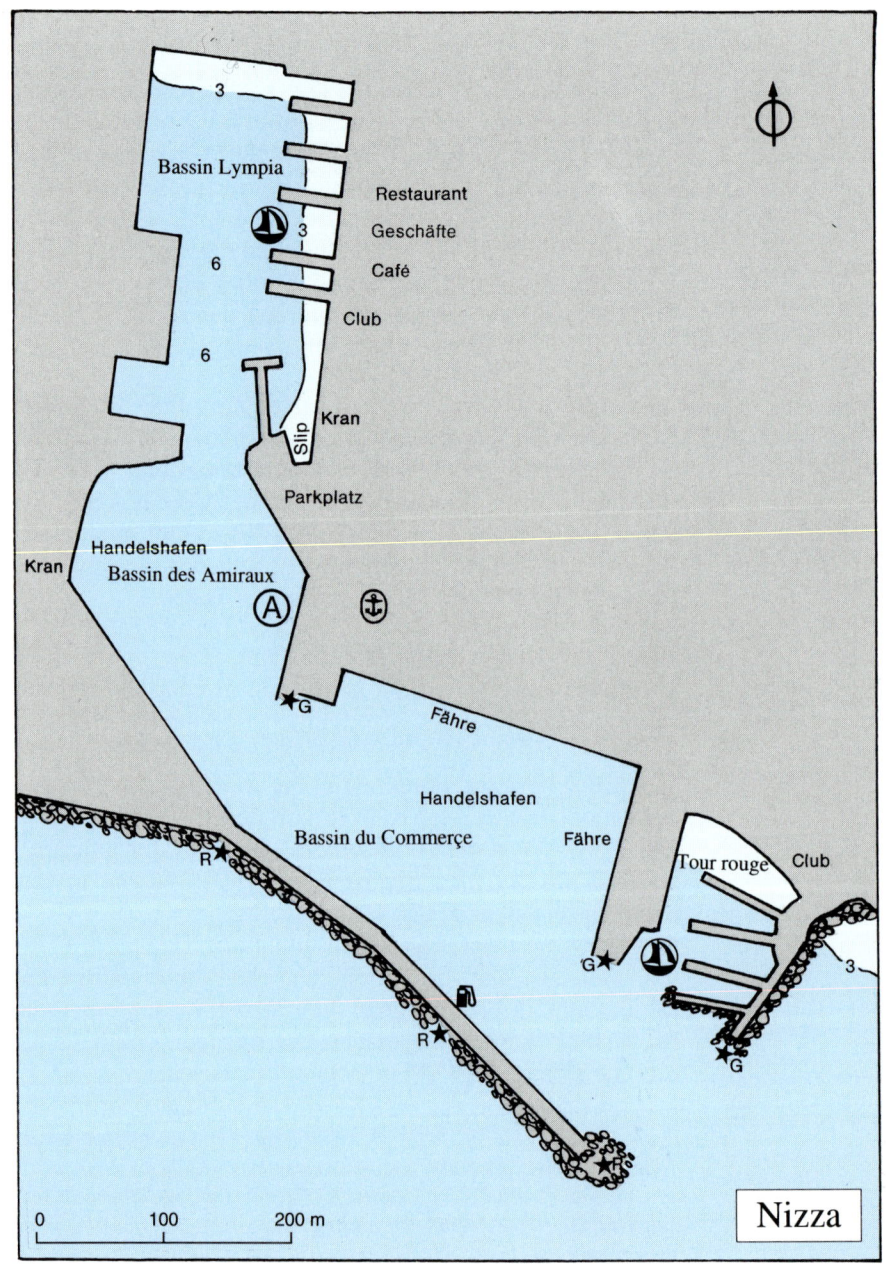

Liegeplatz: In dem Yachthafen des Club Nautique de Nice „Tour rouge" direkt an Steuerbord hinter der Hafeneinfahrt gibt es offiziell keine Gastliegeplätze, jedoch finden kleinere Yachten hier im Sommer häufig ein freies Plätzchen. Im inneren Hafenbecken „Bassin Lympia", in dem auch Fähr- und Frachtschiffe anlegen, sind sechs Stege eingerichtet worden mit 470 Liegeplätzen, davon 20 für Gäste. Die Liegeplätze sind mit Strom- und Wasseranschlüssen sowie Auslegerstegen versehen. Weitere Liegemöglichkeiten bietet der stadtseitige Quai Cassini – hier allerdings vor Buganker, Heck zum Kai.

Hafenmeister: M. Guivarch, Tel. 93 89 50 85. Im Hafenbüro werden regelmäßig die neuesten Wetterberichte ausgehängt. Man legt zunächst im „Bassin des Amiraux" einlaufend an Steuerbord vor dem Hafenbüro an und meldet sich in der Capitainerie, wo ein Liegeplatz zugewiesen wird. Das Büro des Hafenmeisters ist über UKW-Kanal 16 zu erreichen.

Reparaturmöglichkeiten: Gemessen an der Größe und Bedeutung Nizzas als Fähr- und Handelshafen sind diese eher bescheiden. Zwar gibt es rund um den Hafen zahlreiche Schiffszubehörhändler, Segelmacher und kleinere Betriebe, die Reparaturen an Bootsmotoren ausführen, jedoch keine regelrechte Yachtwerft.

Versorgung: Cafés, Restaurants, Supermarkt, Schiffszubehörhändler sind rund um den Hafen in großer Zahl zu finden. Darüber hinaus gibt es im Zentrum und in der Altstadt von Nizza alle nur denkbaren Versorgungsmöglichkeiten.

Veranstaltungen: Die größte und bekannteste ist der Karneval von Nizza, der zwei Wochen vor Faschingsdienstag mit dem Einzug der symbolischen Figur des Prinzen Karneval beginnt und in der Nacht zum Aschermittwoch mit seiner Verbrennung ausklingt.
Im Frühjahr und im Sommer findet jeweils ein farbenprächtiger und sehenswerter Blumenkorso auf der Promenade des Anglais statt – wenn wir in der Nähe sind, lassen wir uns dieses grandiose Spektakel nicht entgehen.
Sehr bekannt ist auch das Jazzfestival „Grande Parade du Jazz". Daneben bietet die Stadt selbstverständlich zahlreiche kulturelle Veranstaltungen wie Opern- und Konzertaufführungen und die jährlich im Mai stattfindende französische Buchmesse.

Bademöglichkeiten: Der weite Kiesstrand vor der Promenade des Anglais ist sicher nicht jedermanns Sache, aber dagewesen sein muß man.

Entfernung von Menton 13 sm, Villefranche 2,5 sm, Saint-Laurent-du-Var 6 sm, Saint-Raphaël 29 sm, Marseille 112 sm.

Nizza ist die fünftgrößte Stadt Frankreichs und nach Marseille die zweitgrößte der französischen Mittelmeerküste. Mit ihrer Universität, den Hochschulen für Musik und bildende Künste und ihren zahlreichen Museen und Theatern ist die Stadt kulturelles Zentrum der französischen Riviera.

Mit dem Flughafen Nizza–Côte d'Azur am westlichen Rand der Stadt neben der Mündung des Flusses Le Var verfügt die Stadt über einen wichtigen Verkehrsanschluß, landen hier doch Flugzeuge aus aller Welt. Für den regionalen Verkehr gibt es regelmäßige Helikopterverbindungen mit Monaco und Saint-Tropez.

In unmittelbarer Nähe des Flughafens Nizza-Côte d'Azur liegt der vor einigen Jahren errichtete Yachthafen

Saint-Laurent-du-Var Der Ort ist das Handels- und Dienstleistungszentrum Nizzas mit
43° 39'N
007° 11'E
riesigen Geschäftszentren, Bürohochhäusern und kleinen bis mittleren Industriebetrieben an seiner Peripherie. Der Hafen ist eine völlig künstliche Angelegenheit und rein auf die Bedürfnisse des Yachttourismus ausgelegt, ohne jegliche Atmosphäre. Zum Ausgleich bietet er die schnellste Möglichkeit, von Deutschland zu seiner Yacht an der französischen Mittelmeerküste zu gelangen – auf dem einen Kilometer entfernten Flugplatz landen regelmäßig Maschinen aus Hamburg, Düsseldorf, Köln, Frankfurt und München.

Ansteuerung (Seekarten: D 597 und 484, BA 2167, F 6952 und 7200, CG 501, I 1): Die Ansteuerung der nach Westen offenen Hafeneinfahrt bereitet außer bei sehr starken Winden aus südlichen Richtungen keinerlei Probleme. Der Flughafen mit dem weithin sichtbaren Kontrollturm stellt bei Tage eine gute Orientierungshilfe dar. Die Ansteuerung hat aus Süd bis Südwest zu erfolgen, da in Verlängerung des Flughafens nach Westen in einem etwa tausend Meter breiten Streifen als Anflugschneise die Durchfahrt für Schiffe mit mehr als 4 m Höhe über der Wasserfläche – also auch Segelyachten – verboten ist. Bei Nacht halte man sich an den 11 sm weit scheinenden weißen Sektor des Einfahrtfeuers, das auf dem westlichen Ende der Außenmole steht. Die etwas zurückgesetzte Einfahrt ist zusätzlich befeuert.

Liegeplatz: Der Yachthafen verfügt über 1100 Liegeplätze für Yachten bis 23 m Länge und maximal 3,50 m Tiefgang, davon 210 für Gäste. Alle Liegeplätze sind mit Strom- und Wasseranschlüssen versehen. Duschen und Toiletten befinden sich neben dem Büro des Hafenmeisters. Kraftstoff erhält man an der Hafentankstelle. Hier ist auch im Sommer fast immer ein Liegeplatz zu erhalten, wobei die Liegegebühren zu den niedrigsten an der französischen Mittelmeerküste zählen.

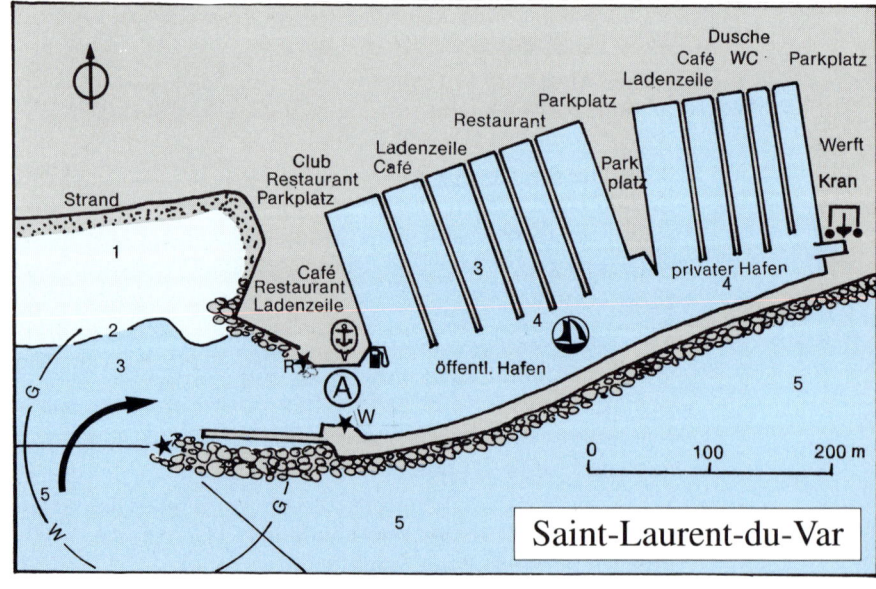

Hafenmeister: M. Eric Rahyr, Tel. 93 07 12 70. Im Hafenbüro werden regelmäßig die neuesten Wetterberichte ausgehängt. Der Anmeldekai ist einlaufend an Backbord direkt hinter dem Einfahrtfeuer. Das Büro des Hafenmeisters ist über UKW-Kanal 9 zu erreichen.

Reparaturmöglichkeiten: Der große Werftbetrieb im hinteren Teil des Hafens führt Reparaturen aller Art aus. In der Geschäftszeile hinter dem stadtseitigen Kai sind mehrere Schiffszubehörgeschäfte.

Versorgung: Hinter dem stadtseitigen Kai ist eine Ladenzeile mit Cafés, Restaurants und Boutiquen. Weitere Einkaufsmöglichkeiten im Ort – das nächste Lebensmittelgeschäft ist etwa 500 m in Richtung Stadtzentrum von dem westlichen Ausgang des Hafens entfernt.

Bademöglichkeiten: Östlich und westlich schließt sich an den Hafen der weite Strand der Engelsbucht an, der hier wegen der Nähe zum Flughafen allerdings weniger einladend ist.

Entfernung von Nizza 6 sm, Marina Baie des Anges 2,5 sm, Calvi (Korsika) 98 sm.

Cros-de-Cagnes
43° 39'N
007° 10'E

ist ein kleiner Hafen, der als Basis für den Seenotrettungsdienst des nahe gelegenen Flughafens Nizza–Côte d'Azur dient. Zahlreiche Fischerboote und einheimische Yachten liegen dort – Gastliegeplätze gibt es keine, doch kann man westlich der Hafeneinfahrt auf 3 bis 10 m Wassertiefe ankern, um den im Sommer pausenlos startenden und landenden Maschinen zuzusehen.

Aber auch der Ort lohnt einen Besuch, gibt es doch an der Uferstraße neben einem lebhaften täglichen Fischmarkt einige auf Fischgerichte spezialisierte Restaurants mit hervorragender Küche. Sehr schön und urgemütlich ist die „Auberge du Port", das wahrscheinlich älteste Haus des Ortes aus dem 16. Jahrhundert. In einem kleinen Raum mit dunkler Balkendecke werden die Fische über dem offenen Kaminfeuer gegrillt, wobei der Duft aromatischer Kräuter durch den ganzen Raum zieht – man kann sein Essen schon schnuppern, noch bevor es auf dem Tisch steht.

Marina Baie des Anges
43° 38'N
007° 08'E

Das Wahrzeichen von Marina Baie des Anges sind die vier riesigen, elegant geschwungenen, 17stöckigen Pyramidenhäuser, die schon von weitem gut auszumachen sind. Sie sind neben dem gut ausgestatteten Yachthafen das einzige, was der Ort zu bieten hat.

Hafenplan siehe nächste Seite.

Ansteuerung (Seekarten: D 597 und 598, BA 2167, F 6952 und 7200, CG 501): Bei starken Winden aus Ost und Südost ist die Ansteuerung der dicht unter Land liegenden, nach Südwesten offenen Hafeneinfahrt problematisch, vor allem für schwach motorisierte Yachten. Die vier riesigen, 17stöckigen Pyramidenhäuser sind bei Tage eine gute Ansteuerungshilfe. Die Molenköpfe sind befeuert, wobei das grüne Einfahrtfeuer mit 9 sm Tragweite früh genug auszumachen ist.

Liegeplatz: Der gut ausgestattete Yachthafen verfügt über 530 Liegeplätze für Yachten bis 30 m Länge und 3 m Tiefgang, davon 53 für Gäste. Die Gastliegeplätze (bis 18 m Länge) sind einlaufend an Steuerbord vor der Außenmole. Alle Liegeplätze sind mit Strom- und Wasseranschlüssen sowie Grundleinen versehen. Duschen und Toiletten befinden sich neben dem Büro des Hafenmeisters. Kraftstoff erhält man an der Hafentankstelle.

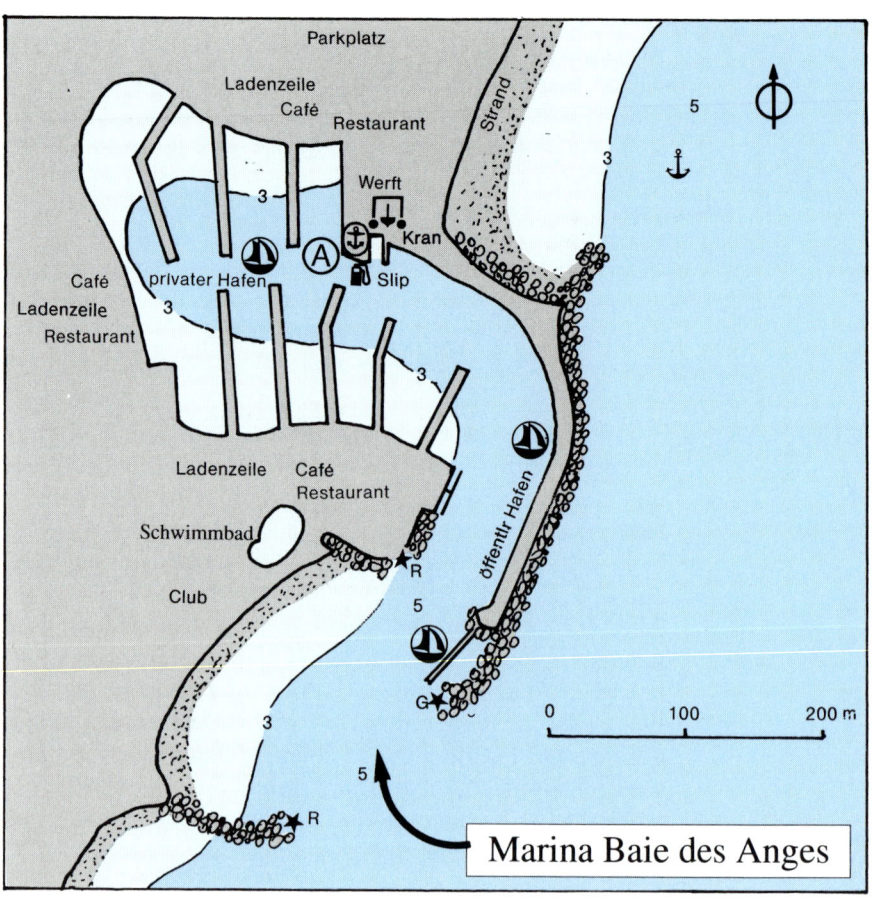

Marina Baie des Anges

Hafenmeister: M. J. Larivière, Tel. 93 22 10 22. Im Hafenbüro werden regelmäßig die neuesten Wetterberichte ausgehängt. Der Anmeldekai ist bei der Tankstelle und dem Werftbetrieb vor dem Hafenbüro. Dieses ist über UKW-Kanal 9 zu erreichen.

Reparaturmöglichkeiten: Neben dem Hafenbüro ist ein Werftbetrieb, der in der Lage ist, Reparaturen aller Art auszuführen. In den Gebäuden um den Hafen sind verschiedene Schiffszubehörgeschäfte.

Versorgung: Im Erdgeschoß der vier 17stöckigen Pyramidenhäuser sind Restaurants, Cafés und Geschäfte aller Art.

Bademöglichkeiten: Zu beiden Seiten des Hafens schließt sich der weite Strand der Baie des Anges an, der mit seinem feinen Sand zum Baden einlädt.

Entfernung von Menton 20 sm, Villefranche 10 sm, Antibes 3,5 sm, Île de Porquerolles 60 sm.

Marina Baie des Anges ist die am Meer gelegene „Sommerdependence" der 3,5 km weiter landeinwärts liegenden Ortschaft *Villeneuve–Loubet*, einer hübschen und sehenswerten Kleinstadt, deren Besuch für jeden Feinschmecker ein unbedingtes Muß ist. Villeneuve-Loubet ist der Geburtsort des Begründers der Haute-Cuisine Frankreichs, Auguste Escoffier. Ihm ist das in Frankreich wohl einzigartige „Musée d'Art Culinaire" gewidmet, direkt hinter dem Bürgermeisteramt. In dem Museum sind neben wertvollem Porzellan und Tafelbesteck eine Sammlung von rund 15 000 verschiedenen Gerichten mit dazugehörigen Erläuterungen und Illustrationen zu sehen und die Nachbildung einer echt provenzalischen Küche.

Nur 3,5 sm weiter liegt einer der populärsten Yachthäfen der Riviera, der vor allem von den ganz großen Yachten hochgeschätzte

Antibes-Port Vauban Der von vornehmer Zurückhaltung geprägte Badeort erscheint dem Yachtbesucher zunächst wie eine uneinnehmbare Festung aus vergangenen Zeiten, sind doch von See aus zunächst nur die mächtigen Festungsbauten rechts und links des Hafens, *Bastion des Cinq Cents Francs* und das *Fort Carré,* zu sehen. Nach dem Passieren der Hafeneinfahrt hat man die große Stadtmauer der Altstadt mit ihren wenigen Toren vor sich.

43° 35'N
007° 08'E

Bereits 530 v. Chr. gründeten griechische Händler aus Massalia, dem heutigen Marseille, dort einen Handelshafen, den sie „Antipolis" nannten, den Ort „gegenüber" Nikaia, dem jetzigen Nizza. Den Griechen folgten wie überall in der Region die Römer, die Antibes zu einem wichtigen Handelsstützpunkt ausbauten. Mit dem Untergang des Römischen Reiches ging es auch mit der Bedeutung von Antibes zu Ende. Nach einer Interimsherrschaft der Grimaldis aus Monaco erwarb der französische König Heinrich IV. Ende des 16. Jahrhunderts den seiner Meinung nach strategisch günstig an der Grenze zum damaligen Erzfeind Savoyen gelegenen Hafenort für Frankreich. Die bereits von den Grimaldis begonnenen Festungsanlagen wurden in der Folgezeit von den französischen Königen weiter ausgebaut, bis schließlich Vauban, der Festungsbaumeister Ludwigs XIV., die Anlagen vollendete. Der Hafen verdankt seinen Namen diesem genialen Baumeister.

Mächtige Festungsanlagen

Von See aus erinnert Antibes sehr an toskanische Städte mit ihren Türmen, die wie die Geschlechtertürme in Siena und anderen Orten der Toskana auf den Betrachter wirken. (Plan siehe nächste Seite.)

Ansteuerung (Seekarten: D 597 und 484, BA 2167, F 6954, CG 501): Die Ansteuerung des zwischen der „Bastion des Cinq Cents Francs", die ein Teil der Außenmole ist, und der mächtigen Befestigungsanlage „Fort Carré" gelegenen Hafens bereitet bei allen Wind- und Wetterverhältnissen keinerlei Schwierigkeiten. Die Einfahrt liegt unterhalb des Fort Carré, wobei die grüne Leuchttonne bei der Einsteuerung an Steuerbord zu lassen ist.

Liegeplatz: Der in den letzten Jahren erheblich erweiterte Yachthafen bietet mehr als 1500 Liegeplätze für Yachten aller Größenordnungen, darunter allein 20 Liegeplätze, die für Yachten über 50 m Länge reserviert sind und über einen eigenen Hubschrauberlandeplatz verfügen.

Diese Anlage für Superyachten ist die wohl größte im gesamten Mittelmeerraum und in ganz Europa einmalig. Die großen Yachten legen mit dem Heck zur Außenmole vor riesigen Festmachetonnen an.

Da die Kapazität des Hafens längst nicht ausreicht, wird ständig an seiner Erweiterung gebaut. Alle Liegeplätze sind mit Strom- und Wasseranschlüssen sowie Grundleinen versehen. Die Plätze für die größeren Yachten verfügen zusätzlich über Fernseh- und Telefonanschlüsse. Duschen und Toiletten sind an verschiedenen Stellen im Hafen. Kraftstoff erhält

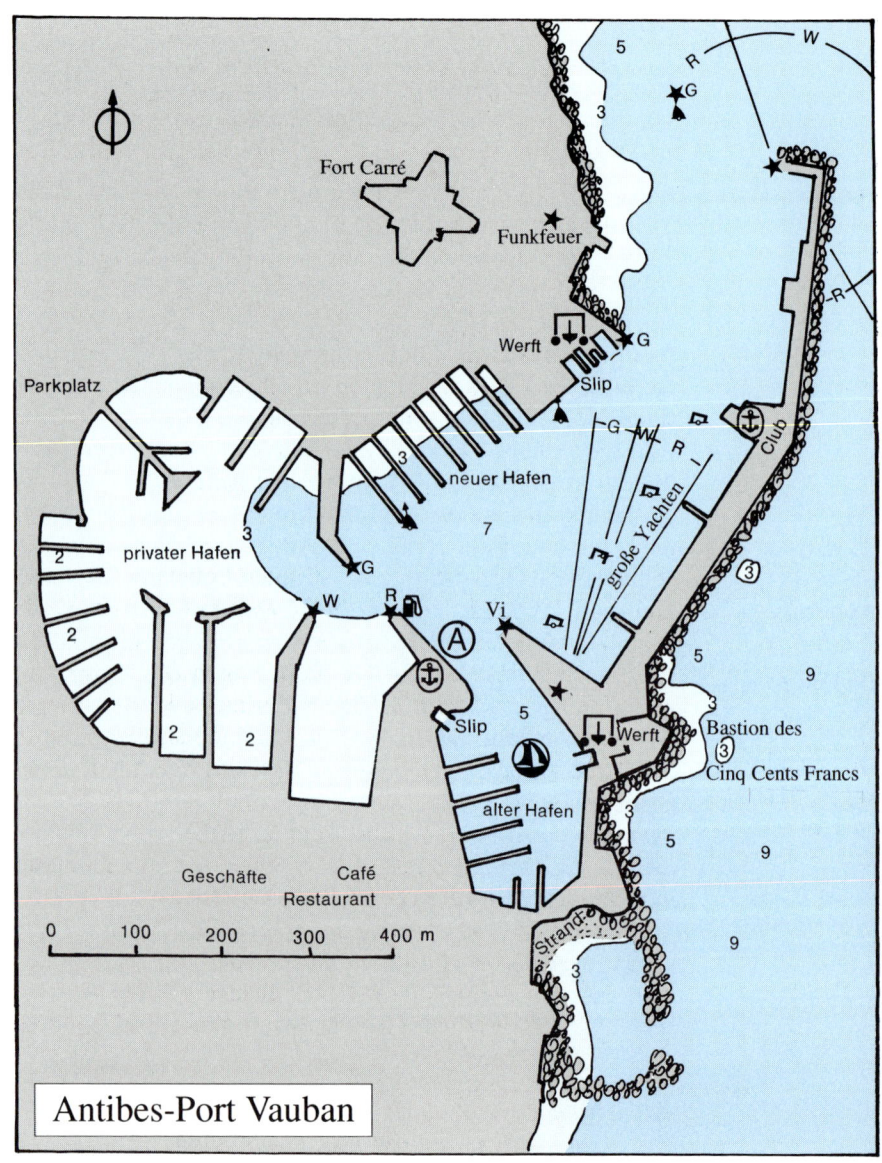

Antibes-Port Vauban

man an der Tankstelle an der Einfahrt in den alten Hafen bei dem Gebäude des für die Yachten unter 50 m Länge zuständigen Hafenmeisters. Liegeplätze für Gastyachten bis 20 m Länge sind hauptsächlich im alten Hafen, mit dem Vorteil, daß man dicht bei der Altstadt liegt und sie in 5 Minuten Fußweg erreicht.

Hafenmeister: M. G. Angelico, Tel. 93 34 74 00. Im Hafenbüro werden regelmäßig die neuesten Wetterberichte ausgehängt. Der Anmeldekai und das Hafenbüro sind bei der Tankstelle an der Einfahrt in den alten Hafen. Der Hafenmeister ist über UKW-Kanal 9 zu erreichen. Der Bereich der Superyachten hat sein eigenes Hafenbüro.

Reparaturmöglichkeiten: Mehrere Werftbetriebe rund um den Hafen und vor allem die Firma „Antibes Marine Chantier-Tréhard" an Steuerbord direkt hinter der Hafeneinfahrt mit ihren riesigen Kränen und Travelliften gewährleisten die fachmännische Ausführung von Reparaturen jeder Art, auch an den größten Yachten. Schiffe bis 120 t Verdrängung können aus dem Wasser genommen werden. In der Straße hinter der alten Stadtmauer sind mehrere gut sortierte Schiffsausrüster.

Versorgung: In der sich direkt an den alten Hafen anschließenden Altstadt, die man durch ein großes Tor in der Stadtmauer betritt, gibt es alles, was das Herz eines Besuchers höher schlagen läßt: einen quirligen Markt in überdachten, an den Seiten offenen Hallen, Cafés, Bars, Restaurants, Lebensmittelgeschäfte, Boutiquen und alles, was zum Leben in einer lebendigen Stadt gehört.

Bademöglichkeiten: Die Bademöglichkeiten in der Nähe des Hafens sind eher bescheiden – südlich an den Hafen schließt sich ein von zwei Steinschüttungen geschützter Ministrand an. Zum Baden sollte man entweder nördlich des Hafens vor dem Strand ankern oder südlich in die Anse de la Salis verholen.

Entfernung von Menton 23,5 sm, Juan-les-Pins 8 sm, Calvi (Korsika) 95 sm, Ibiza (Balearen) 390 sm.

Antibes ist eine Stadt voller quirligen Lebens, in der vor allem im Sommer immer etwas los ist – und sei es auch nur, daß Straßenmusikanten vor einem der zahllosen Cafés aufspielen.

Die Sehenswürdigkeiten der Stadt liegen fast ausnahmslos an der südlich des Hafens parallel zum Meer verlaufenden *Avenue Amiral de Grasse*, die auf den Resten der dem Meer zugewandten Stadtmauer entlangführt.

Picasso-Museum Wichtigste Sehenswürdigkeit ist hier das Schloß der Grimaldis mit dem Picasso-Museum. 1946 stellte die Stadt Antibes Picasso einen Teil des Schlosses als Atelier zur Verfügung, wofür dieser sich nach einem Jahr bedankte, indem er der Stadt die während seines Aufenthaltes in den ehrwürdigen Gemäuern entstandenen Werke schenkte – sie stellen heute ein unermeßliches Vermögen dar. Die riesigen Tafelbilder, Lithografien, Zeichnungen mit vorwiegend antiken Elementen wie tanzenden oder musizierenden Satiren oder Szenen aus der griechischen Mythologie wie „Odysseus und die Sirenen" zeugen von der gewaltigen Schaffenskraft des Meisters der modernen Malerei.

Am südlichen Ende der Stadt Antibes liegt an der Nordseite der Halbinsel Cap d'Antibes der Fischer- und Yachthafen

Port de la Salis mit etwa 200 Liegeplätzen für
43° 34'N
007° 08'E
Yachten bis 8 m Länge und maximal 1,40 m Tiefgang. Die Plätze
am landseitigen Kai sind zum
größten Teil von Fischern belegt.
Die **Anse de la Salis** zwischen
dem Hafen Port Vauban und den
Klippen La Grenille ist ein beliebter Ankerplatz mit hervorragen-
dem Schutz vor Mistral. Bei Winden aus Nordost bis Südost ist die
Bucht allerdings nicht zu empfehlen.
Ein ebenfalls beliebter Ankerplatz
ist die südlich der Anse de la Salis
zwischen der Pointe Bacon und
dem Cap Gros gelegene **Anse de
la Garoupe** mit dem Vorteil, daß
man wegen der größeren Wassertiefen dichter unter Land ankern
kann, und dem Nachteil, weiter
von der Stadt entfernt zu sein.
Die über 100 m hohe Felsenhalbinsel *Cap d'Antibes* trennt die

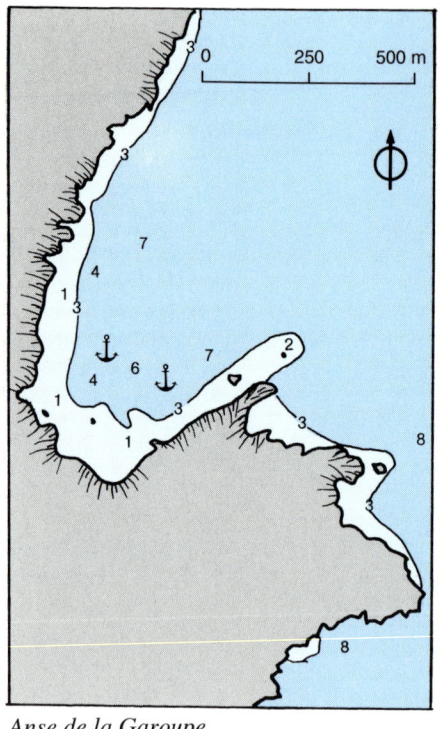

Anse de la Garoupe

Baie des Anges (Engelsbucht) vom Golfe Juan. Auf der höchsten Erhebung des Caps steht der Leuchtturm *La Garoupe* mit seinem weittragenden
Leuchtfeuer und einem für die Navigation im westlichen Mittelmeer wichtigen Funkfeuer. An der *Pointe de l'Îlette* steht ein weiteres Leuchtfeuer,
dessen roter Sektor die Untiefen im Golfe Juan abdeckt.

Gut geschützt im Osten durch die weit vorspringende Halbinsel Cap d'Antibes und im Westen durch das Cap Croisette und die Îles de Lérins, ist der

Golfe Juan eines der beliebtesten Wassersportreviere der Côte d'Azur. Der Golf bietet
vor allen Winden, außer aus südlichen Richtungen, hervorragenden
Schutz. Er wird vor allen Dingen von Wasserskiläufern sehr geschätzt. Die
großen und kleinen Yachthäfen an seinen Ufern sind bei Seglern und Mo-
torbootfahrern gleichermaßen beliebt – Port de l'Olivette, Port du Crouton
und Port du Mouré Rouge für die kleinen Yachten; Port Gallice und der
große Yachthafen von Golfe-Juan mit seinen zwei Hafenbecken für die
größeren Yachten.
Die sanften, von den Blüten der Orangenbäume und Mimosen beherrsch-
ten Hänge bei Vallauris im Hintergrund des Golfes und die mit üppigen

Grünanlagen bestandene Halbinsel Cap d'Antibes ziehen jeden Besucher in ihren Bann, gleich ob er per Schiff oder auf dem Landwege diesen paradiesischen Flecken besucht.

Nach dem Runden der Pointe de l'Îlette bietet der **Port de l'Olivette** bei ruhigem Wetter einen hübschen Ankerplatz auf 3 m Wassertiefe etwa 50 bis 100 m vom Ufer. Da es dort im Sommer meist sehr voll ist, kann man aber auch etwas weiter nördlich vor dem Strand ankern. Der Platz ist allerdings nichts für Langschläfer, da morgens ab 8.00 Uhr die ersten Wasserskiläufer die Gegend unsicher machen.

Juan-les-Pins Das bekannte und beliebte Seebad in der Nordostecke des Golfe Juan geht praktisch nahtlos in die Nachbarorte Antibes im Osten und Golfe-Juan im

77

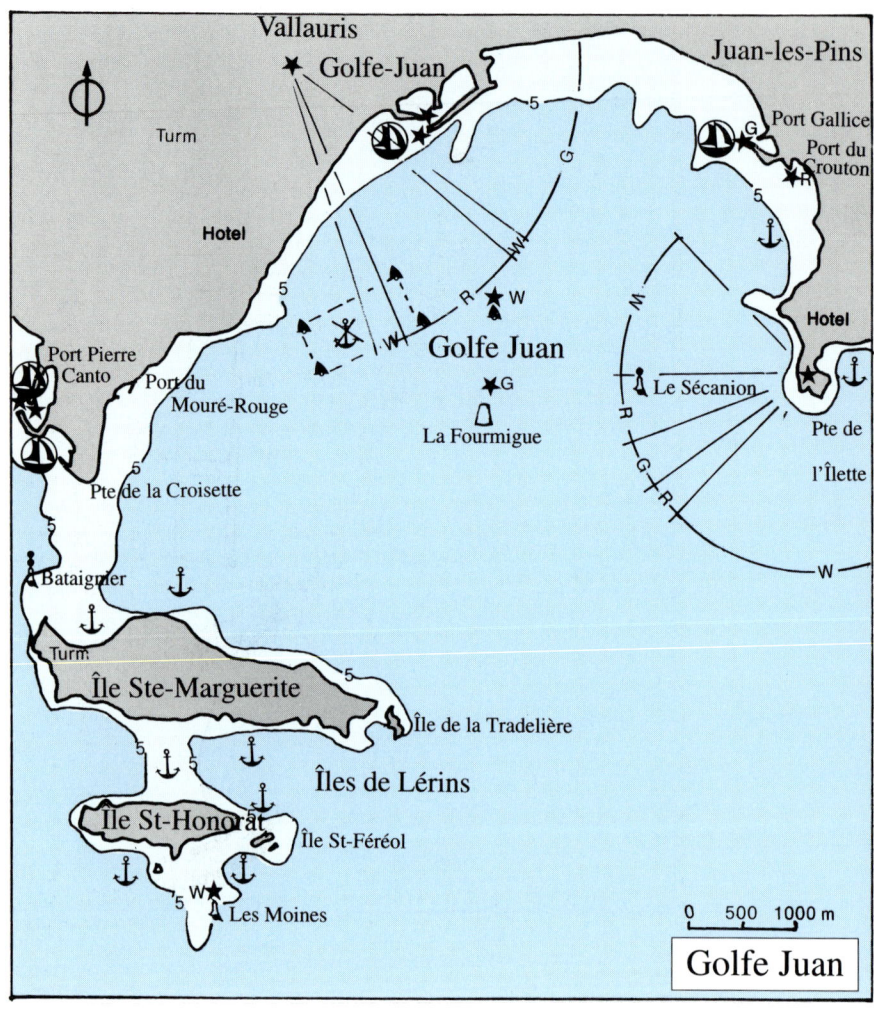

Golfe Juan

Westen über. Es bietet dem Yachtbesucher am südlichen Stadtrand zwei Yachthäfen an, den

Port du Crouton einen kleinen Jollen- und Fischerhafen dicht südlich des eigentlichen Yachthafens von Juan-les-Pins, der fast ausschließlich von einheimischen Yachten belegt wird, in dem aber kleinere Yachten auch im Sommer schon mal einen freien Liegeplatz finden, und den Yachthafen

Port Gallice
43° 43'N
007° 07'E

Port Gallice ist ein ausgesprochen ruhiger und gemütlicher Hafen vor einer Kulisse von herrschaftlichen Villen und kleinen Palästen inmitten von üppigen Gärten und Grünanlagen.

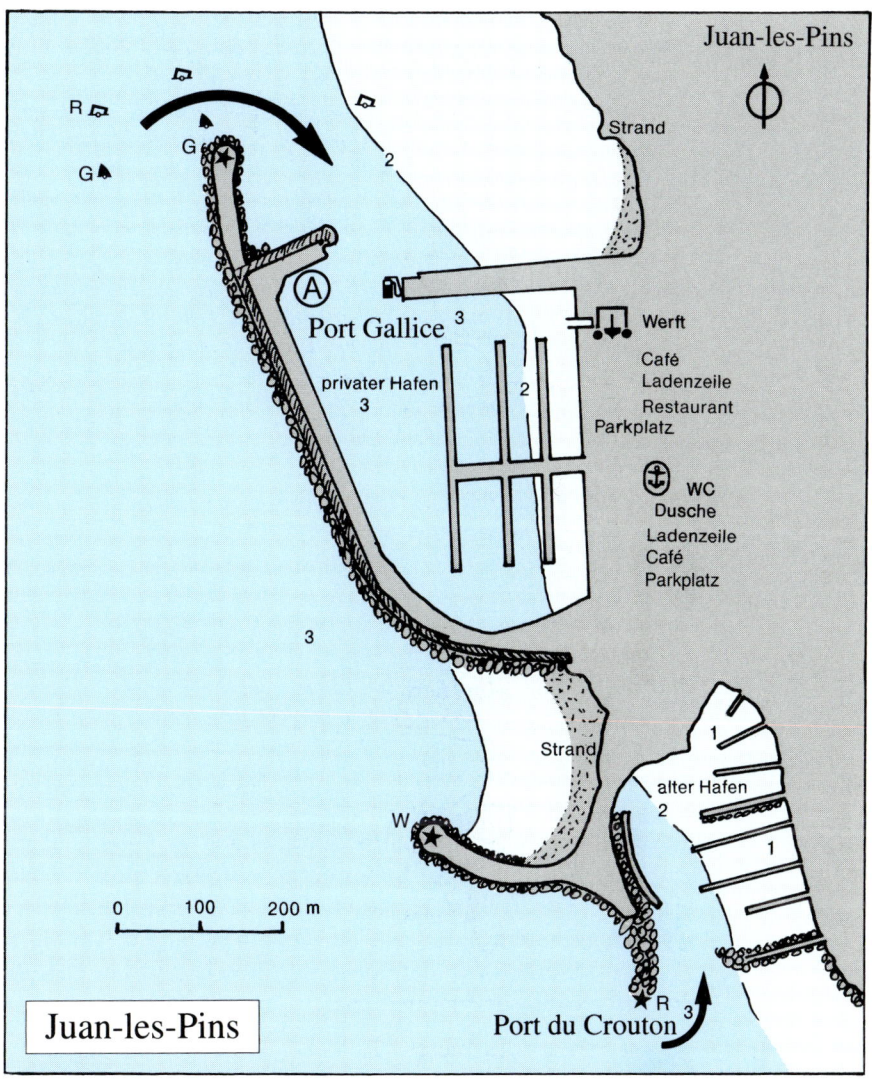

Juan-les-Pins

Strand

Ⓐ Port Gallice 3

privater Hafen
3

2

Werft
Café
Ladenzeile
Restaurant
Parkplatz

⚓ WC
Dusche
Ladenzeile
Café
Parkplatz

3

3

Strand

alter Hafen
2

1

1

W

0   100   200 m

Juan-les-Pins

Port du Crouton 3

Ansteuerung (Seekarten: D 597 und 484, BA 2167, F 6954 und 7205, CG 501): Drei rote und zwei grüne Tonnen markieren das in den Hafen führende Fahrwasser. Dieses ist bei der Einsteuerung unbedingt einzuhalten, da vor allem außerhalb der letzten roten Tonne nur noch zwischen 1,00 und 1,50 m Wassertiefe vorhanden sind und die Tiefen zum Ufer hin rasch abnehmen.

Bei der nächtlichen Ansteuerung halte man sich zunächst an den weißen Sektor des Leuchtfeuers von Vallauris in 170 m Höhe am Hang etwa in der Mitte des Golfe Juan; dann an den weißen Sektor des Leuchtfeuers an der Pointe de l'Îlette, bis dieses ausgewandert ist. Nun kann man auf das erste befeuerte Tonnenpaar des Fahrwassers zuhalten. Achtung! Al-

le Molenenden und auch die Außenmole des Port du Crouton sind befeuert (insgesamt fünf Molenfeuer und zwei Leuchttonnen), so daß man man darauf achten muß, die verschiedenen Feuer nicht zu verwechseln.

Liegeplatz: Der über allen Komfort verfügende Hafen bietet 526 Yachten Platz. Gastliegeplätze gibt es nur wenige und auch nur für kleinere Yachten. Alle Liegeplätze sind mit Strom- und Wasseranschlüssen sowie Grundleinen versehen. Duschen und Toiletten sind neben dem Büro des Hafenmeisters. Kraftstoff erhält man an der Hafentankstelle. Während der Sommermonate gibt es zusätzliche Gastliegeplätze an der Innenseite der Verlängerung der Außenmole an einem Schwimmsteg.

Hafenmeister: M. J. Rohrbach, Tel. 93 61 28 64. Im Hafenbüro an der Südostseite des Hafens werden regelmäßig die neuesten Wetterberichte ausgehängt. Als Anmeldekai fungiert der kurze Molenstummel, der von der Außenmole in die Hafeneinfahrt ragt. Das Büro des Hafenmeisters ist über UKW-Kanal 9 zu erreichen.

Reparaturmöglichkeiten: In der nördlichen Ecke des Hafens ist der Werftbetrieb „Frayssinet Yachting" in der Lage, Reparaturen aller Art auszuführen. In der Nähe des Hafens sind mehrere Schiffszubehörgeschäfte.

Versorgung: Restaurants, Cafés und Lebensmittelgeschäfte finden sich in dem etwa 1 km entfernten Zentrum von Juan-les-Pins.

Veranstaltungen: Zu den bekanntesten Veranstaltungen an der gesamten Côte d'Azur gehört das internationale Jazzfestival von Juan-les-Pins, das mit Freiluftkonzerten in dem hübschen Pinienhain zwischen dem Stadtzentrum und dem Hafen Port Gallice und Veranstaltungen im Kongreßpalast aufwartet.

Bademöglichkeiten: Zwischen dem Port Gallice und dem Port du Crouton ist ein kleiner Strand. Nordwestlich an den Port Gallice schließt sich der herrliche, bis zum Hafen von Golfe-Juan reichende Strand an, der den gleichnamigen Golf so beliebt gemacht hat.

Entfernung von Antibes–Port Vauban 7 sm, Golfe-Juan 2 sm, Porquerolles 53 sm.

Abends erwachen die Strandpromenade und das Stadtzentrum von Juan-les-Pins zu quirligem Leben in den Straßencafés, Restaurants und Diskotheken. Die Touristen, die in den zwischen reichlichem Grün versteckten Pensionen und Hotels auf der Halbinsel Cap d'Antibes wohnen, kommen ebenso hierher wie die Gäste der Hotels und Ferienwohnungen zwischen Juan-les-Pins und Golfe-Juan.

Golfe-Juan
43° 34'N
007° 05'E

Hier landete Napoleon 1815 bei seiner Rückkehr aus Elba mit seiner Brigg „L'Inconstant" und seiner 1100 Mann zählenden Garde, um nach einem triumphalen Marsch quer durch Frankreich nach Paris als Kaiser zurückzukehren. Die „Route Napoléon" beginnt an der Gedenktafel am Hafen.

Ansteuerung (Seekarten: D 597 und 484, BA 2167, F 6954 und 7205, CG 501): Der Hafen liegt im Scheitel des Golfe Juan etwa in der Mitte zwischen der Pointe de l'Îlette und der Pointe de la Croisette. Ziemlich genau im Zentrum des Golfe Juan liegen die Untiefen „Basses de la Fourmigue", die durch eine grüne gemauerte Turmbake von 17 m Höhe gekennzeichnet sind. Bei der Ansteuerung sollte man mindestens 100 m Abstand von der Turmbake halten.

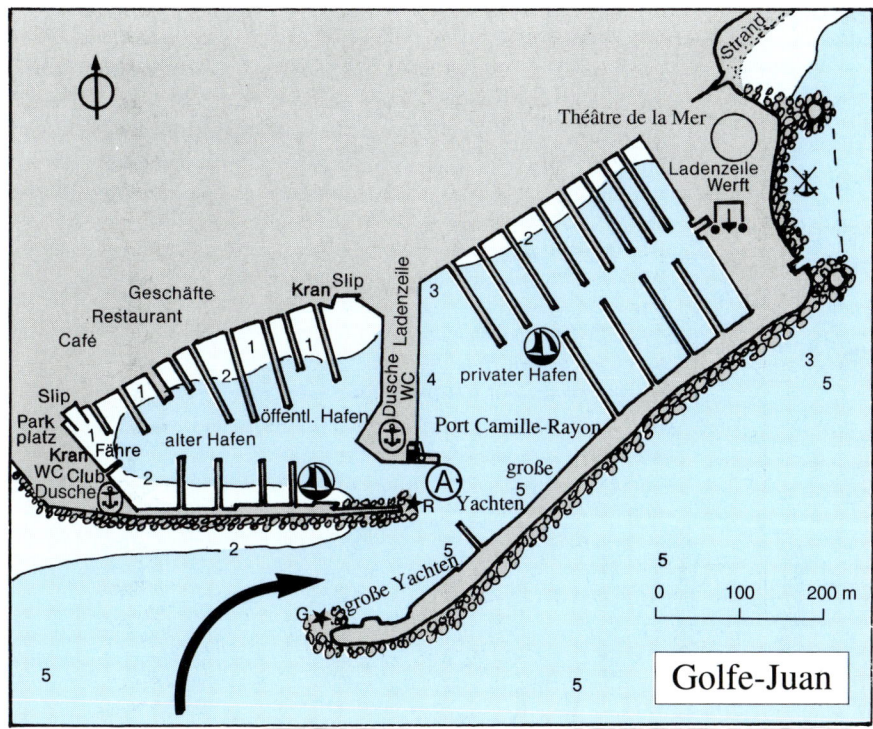

Etwa 1 sm östlich liegt die rote Tonne „Le Sécanion", die eine 5-m-Flachstelle kennzeich-
net. Bei der nächtlichen Ansteuerung halte man sich streng an die weißen Sektoren des
Leuchtfeuers von Vallauris in 170 m Höhe am Hang etwa in der Mitte des Golfe Juan; von
Osten kommend, führt der weiße Sektor direkt vor die nach Westen offene Hafeneinfahrt.
Von Westen kommend, kann man in Höhe der Untiefenbake „La Fourmigue" auf Nordkurs
schwenken, der vor die Einfahrt führt.

Liegeplatz: Der erst kürzlich erheblich erweiterte Yachthafen verfügt nun in zwei großen Hafenbecken (Port Camille-Rayon – der neue private Yachthafen – und Port de Golfe-Juan – der
alte öffentliche Hafen) über etwa 1700 Liegeplätze für Yachten bis 75 m Länge und 3,00 m
Tiefgang, davon 255 für Gäste. In beiden Häfen gibt es Gastliegeplätze – im alten Port de
Golfe-Juan einlaufend an Backbord am ersten Steg. Alle Liegeplätze sind mit Strom- und
Wasseranschlüssen sowie Grundleinen versehen. Duschen und Toiletten sind jeweils neben
dem Büro des Hafenmeisters. Kraftstoff erhält man an der Hafentankstelle.

Hafenmeister: Beide Häfen haben ein eigenes Hafenbüro. Das des Port Camille-Rayon liegt am
Kopf der großen Mole, die die beiden Hafenbecken voneinander trennt, hinter der Tankstelle, das neu errichtete Büro des alten öffentlichen Hafens am westlichen Ende des Hafenbeckens.

Hafenmeister des öffentlichen Hafens ist M. M. Bily, Tel. 93 63 96 25. Im Hafenbüro werden regelmäßig die neuesten Wetterberichte ausgehängt. Einen offiziellen Anmeldekai gibt
es im öffentlichen Hafen nicht – man meldet sich über UKW-Kanal 12 und läßt sich einen
Platz an dem für Gäste vorgesehenen Steg „N" zuweisen. Das Hafenbüro ist auch im Som-

mer nur bis 20.00 Uhr besetzt; läuft man danach ein, so sucht man sich an dem Steg einen freien Platz und meldet sich am nächsten Tag beim Hafenmeister.

Der Anmeldekai für den Port Camille-Rayon ist direkt vor dem Hafenbüro neben der Tankstelle. Hafenmeister ist M. J.-C. Louis, Tel. 93 63 30 30. Im Hafenbüro werden regelmäßig die neuesten Wetterberichte ausgehängt. Das Büro des Hafenmeisters ist über UKW-Kanal 9 zu erreichen.

Reparaturmöglichkeiten: In der nordwestlichen Ecke des öffentlichen Hafens sind eine Slipbahn und ein stationärer Kran, um kleine Yachten zu Wasser zu lassen. In der nordöstlichen Ecke befindet sich ein Werftbetrieb, der auch Reparaturen ausführt.

Auf der östlichen Außenmole des Port Camille-Rayon ist ein großer Werftbetrieb für alle Arten von Überholungs- und Reparaturarbeiten, auch an großen Yachten. Schiffszubehörgeschäfte befinden sich auf dem nördlichen Kai des Port Camille-Rayon und der Mole zwischen den beiden Hafenbecken. Weitere Zubehörgeschäfte findet man an der parallel zum Hafen verlaufenden Uferpromenade.

Versorgung: An der Uferpromenade sind im Bereich des öffentlichen Hafens zahlreiche Restaurants und Cafés, die eigentlich alle empfehlenswert sind – besondere Erwähnung verdient vielleicht das Restaurant „Chez Bruno", wo man an Sommerabenden bei Lifemusik ohne Aufpreis hervorragend speist. Weitere Cafés, Restaurants und Lebensmittelgeschäfte sind an der „Route Napoléon", die hier Avenue de la Gare heißt. Das eigentliche Ortszentrum liegt hinter der Bahnunterführung und bietet alle Arten von Geschäften, unter anderem auch einen hervorragenden Weinkeller.

Veranstaltungen: In dem nach dem Vorbild der antiken Amphitheater neu errichteten „Théâtre de la Mer" auf der breiten Ostmole des Port Camille-Rayon finden regelmäßig Konzerte und Theateraufführungen statt.

Bademöglichkeiten: Östlich der Hafenanlagen schließt sich ein einladender und bis zum Hafen von Juan-les-Pins reichender Strand an, westlich der schöne, bis zur Pointe de la Croisette reichende Strand.

Entfernung von Menton 25 sm, Nizza 17 sm, Antibes 14 sm, Saint-Raphaël 19 sm, Calvi (Korsika) 96 sm.

Die wunderschöne, von Platanen gesäumte Uferpromenade, unterbrochen von Rabatten mit exotischen Stauden und Strandcafés, lädt zum Spaziergang bis zum Théâtre de la Mer ein.

Picassos Vallauris

Der am Hang oberhalb von Golfe-Juan gelegene Ort Vallauris zehrt noch heute von dem Ruhm seines prominentesten Bewohners Pablo Picasso, der hier mehrere Jahre wirkte und der Töpferkunst in dieser Zeit zu neuen Impulsen verhalf. Heute werden Replikate seiner damaligen Schöpfungen als Massenware zu größtenteils überhöhten Preisen angeboten.

Eingerahmt im Osten von den Îles de Lérins und im Westen von den feuerroten Porphyrfelsen des Gebirgsmassivs Estérel, liegt eine der beliebtesten Buchten des Mittelmeeres, der

Golf von La Napoule dessen nördlicher Teil von dem Ort der alljährlichen internationalen Filmfestspiele, Cannes, eingenommen wird und der dem Yachttouristen neben einigen gut ausgestatteten Häfen auch reizvolle Ankerplätze zu bieten hat, wie beispielsweise zwischen den

Îles de Lérins die sich bis etwa 1000 m südlich der Pointe de la Croisette erstrecken und den Golfe Juan vom Golf von La Napoule trennen. Die Inseln sind unter-

83

einander und mit dem Festland durch eine Barre verbunden, die sich unter Wasser südlich der *Île Saint-Honorat* noch eine halbe Seemeile weiter fortsetzt. Auf ihrem südlichen Ende steht die gemauerte Turmbake *Les Moines*. Diese sollte man in weitem Bogen runden, da die Wassertiefen um die befeuerte Bake herum nur langsam zunehmen.

Sowohl zwischen der Pointe de la Croisette und der Île Sainte-Marguerite als auch zwischen dieser und der Île Saint-Honorat gibt es Durchfahrten mit drei Meter Wassertiefe. Ihre Benutzung sollte aber nur bei ruhigem Wetter unter Zuhilfenahme einer großmaßstäblichen Karte erfolgen. Im Sommer wird die Durchfahrt zwischen den Inseln etwa 200 m südlich der Île Sainte-Marguerite meist durch Hunderte dort ankernder Yachten vereitelt. Zwischen den Inseln ist die Höchstgeschwindigkeit für alle Schiffe auf 5 kn festgelegt.

Lero und Lerina   Funde auf der Île Sainte-Marguerite belegen, daß die Inseln bereits um 3000 v. Chr. besiedelt waren. Die Griechen nannten sie Lero und Lerina, wovon sich der Name Îles de Lérins herleitet. Die heutigen Namen erhielten sie von den Geschwistern Marguerita und Honoratius, die Ende des vierten Jahrhunderts auf den Inseln landeten und auf jeder ein Kloster gründeten. Die Mönche von Lérins waren sehr fleißig und gründeten über 60 Klöster an der Côte d'Azur. Ihr Einfluß erstreckte sich im Mittelalter über weite Bereiche der französischen Mittelmeerküste; sogar die Stadt Cannes gehörte einst den Mönchen von Lérins.

Île Sainte-Marguerite ist die nördliche und größere der Îles de Lérins. Sie ist in Staatsbesitz und als Naturschutzgebiet ausgewiesen. Auf dem nördlichsten Punkt der Insel steht das von Ludwig XIII. errichtete weithin sichtbare Fort Royale, das man besichtigen kann und in dem ein meereskundliches Museum untergebracht ist. Die Insel ist mit dichten Eukalyptus- und Pinienwäldern bestanden, durch die malerische Spazierwege führen. An der befestigten Straße oberhalb der Anlegestelle gibt es mehrere Restaurants und Cafés.

Westlich der Festung sind einige Stege, die den regelmäßig zwischen den Inseln und dem Festland verkehrenden Ausflugschiffen vorbehalten sind. An einem der Stege können Besucheryachten auf Wassertiefen von 2 m am Kopf, zum Ufer hin schnell abnehmend, vor Buganker, Heck zum Steg anlegen. Die Ansteuerung ist nicht ganz einfach und sollte nur mit einer großmaßstäblichen Karte erfolgen. Etwa 500 m nordwestlich der Pointe Batéguier steht eine gemauerte Untiefenbake mit Westtoppzeichen, die das Ende einer Klippenreihe mit nur geringer Wassertiefe markiert.

Unterhalb der Festung ist ein Werftbetrieb mit drei großen Slipanlagen, der in der Lage ist, auch große Yachten für Reparatur- und Überholungsarbeiten aus dem Wasser zu nehmen.

Île Saint-Honorat ist die südliche und kleinere der Îles de Lérins. Die Insel ist Privatbesitz des Klosters Saint-Honorat, in dem heute Zisterziensermönche leben, die die Insel landwirtschaftlich nutzen und unterhalten. Zu ihren Haupteinnahmequellen gehört der Verkauf ihres selbstgemachten Likörs „Lérina" und auf der Insel angebauten Weines.

Die Insel ist mit mächtigen Eukalyptusbäumen, Pinien und Zypressen bewachsen. Rund um die Klosteranlagen führt ein schöner Spazierweg – die Hinweisschilder mit der Bitte, die klösterliche Ruhe zu respektieren, sollten selbstverständlich von jedem Besucher beachtet werden. An der Nordseite der Insel ist ein kleiner Hafen, dessen Einfahrt 1,80 m Wassertiefe aufweist. Er ist Privatbesitz und darf nicht ohne Genehmigung angelaufen werden, darüber hinaus ist der Hafen im Sommer stets voll. Etwa ein Dutzend kleinere Yachten finden hier einen ruhigen Liegeplatz, gut geschützt vor allen Wind- und Wetterverhältnissen. Westlich des kleinen Hafens ist die Anlegestelle für die regelmäßig zwischen den Inseln und dem Festland verkehrenden Ausflugsschiffe. Zwischen den Inseln ankern im Sommer meist mehrere Hundert Yachten östlich und westlich der die Inseln verbindenden Barre auf Wassertiefen zwischen 2 und 10 m.

Kloster-festung Vor dem südlichsten Zipfel der Insel steht durch eine Brücke verbunden die Klosterfestung mit einem wunderschönen Innenhof und einer Dachterrasse mit herrlicher Aussicht auf das Cap d'Antibes und das Massif de l'Estérel. Die mit Zinnen und Pechnasen bestückte Anlage wurde im 15. Jahrhundert zum Schutz vor den ständigen Angriffen von Seeräubern und Sarazenen errichtet und konnte angeblich alle Klosterinsassen gleichzeitig aufnehmen, was bei der Größe der Festung zweifelhaft ist, schließlich lebten auf der Insel zeitweise um die tausend Mönche.

Cannes verdankt seine Beliebtheit der wunderschönen und zugleich gut geschützten Lage in der nordöstlichen Ecke des Golfe de La Napoule. Das milde, ausgeglichene Klima, bedingt durch das Meer vor der Tür und das Estérel-Massiv im Hinterland, hat den Ort zu einem Treffpunkt der High-Society werden lassen, wozu natürlich besonders die internationalen Veranstaltungen beigetragen haben wie das alljährlich im Mai stattfindende Filmfestival – das berühmteste seiner Art –, im Januar der Schallplatten- und Musikmarkt MIDEM und das Mimosenfest im Februar, wobei Tonnen von Schnittblumen die Stadt in ein Blumenmeer verwandeln.

Cannes verfügt über mehrere Yachthäfen:

Port du Mouré-Rouge ist ein Hafen mit etwa 400 Liegeplätzen für Yachten bis 8 m Länge und 1 m Tiefgang an der Ostseite der Pointe de la Croisette. Da fast alle Plätze an einheimische Bootseigner vergeben sind, gibt es kaum Liegeplätze für Gäste.

Direkt nach dem Runden der Pointe de la Croisette liegen an ihrer Westseite die beiden kleinen Häfen **Port de Palm Beach** und **Port Bijou,** von denen der erstgenannte als Jollenhafen des exklusiven Yachtclubs von Cannes bekannt ist.

Dicht nördlich der beiden kleinen Häfen finden wir den ersten von privaten Investoren errichteten Yachthafen Frankreichs, der zum Vorbild für viele hundert andere Hafenanlagen geworden ist, den

Port Pierre Canto dessen Wahrzeichen die großen Motoryachten im Vorhafen sind.

43° 32'N
007° 02'E

Ansteuerung (Seekarten: D 597 und 484, BA 2167, F 6954 und 7205, CG 501): Die Ansteuerung der nach Nordwesten offenen Hafeneinfahrt bereitet außer bei heftigem Mistral keinerlei Schwierigkeiten. Die Einfahrt liegt knapp ein halbe Seemeile nördlich der Pointe de la Croisette und ist für die nächtliche Ansteuerung befeuert, wobei man sich bei der Ansteuerung zunächst an den weißen Sektor des Molenfeuers halte, der direkt vor die Hafeneinfahrt leitet (siehe Plan Seite 87).

Liegeplatz: Der gut ausgestattete Yachthafen verfügt über 650 Liegeplätze für Yachten bis 70 m Länge, davon 100 für Gäste. Die Gastliegeplätze befinden sich im vorderen Teil des inneren Hafens. Alle Liegeplätze sind mit Strom- und Wasseranschlüssen sowie Grundleinen versehen. Duschen und Toiletten sind neben dem Büro des Hafenmeisters. Kraftstoff erhält man an der Hafentankstelle. Die Liegeplätze für die ganz großen Yachten sind im Vorhafen.

Hafenmeister: M. Hilt, Tel. 93 43 48 66. Im Hafenbüro werden regelmäßig die neuesten Wetterberichte ausgehängt. Der Anmeldekai ist im inneren Hafenbecken neben der Tankstelle. Das Büro des Hafenmeisters ist über UKW-Kanal 9 zu erreichen.

Reparaturmöglichkeiten: Neben dem Gebäude der Capitainerie ist ein großer Werftbetrieb, in dem Reparaturen aller Art ausgeführt werden können. In der Nähe des Hafens sind zahlreiche Schiffsausrüster.

Versorgung: Hinter dem stadtseitigen Kai ist eine Ladenzeile, in der alle denkbaren Versorgungsmöglichkeiten wie Supermarkt, Café und Restaurant vorhanden sind.

Bademöglichkeiten: Östlich und westlich des Hafens liegen die wunderschönen Strände von Cannes.

Entfernung von Monaco 22 sm, Nizza 16 sm, Saint-Tropez 24 sm.

Cannes-Vieux Port Der alte Hafen am Fuße der Altstadt ist nach wie vor das Herz des ehemaligen Fischerdorfes, allerdings überwiegen heute hier die Superyachten der Ölscheichs vom Persischen Golf und der Exil-Libanesen neben Segelyachten aus aller Welt. (Plan siehe Seite 88.)

43° 33'N
007° 01'E

Ansteuerung (Seekarten: D 597 und 484, BA 2167, F 6954 und 7205, CG 501): Die Ansteuerung des in der nordöstlichen Ecke des Golfes von La Napoule gelegenen Hafens bereitet bei allen Wind- und Wetterverhältnissen keinerlei Schwierigkeiten. Die Untiefenbake „Le Sécant" ist nach dem Runden des Molenkopfes der südlichen Außenmole unbedingt an Steuerbord zu lassen. Der Molenkopf und die Untiefenbake sind befeuert, wobei das rote Feuer des Molenkopfes eine Tragweite von 8 sm hat, so daß es schon aus ausreichender Entfernung zu identifizieren ist.

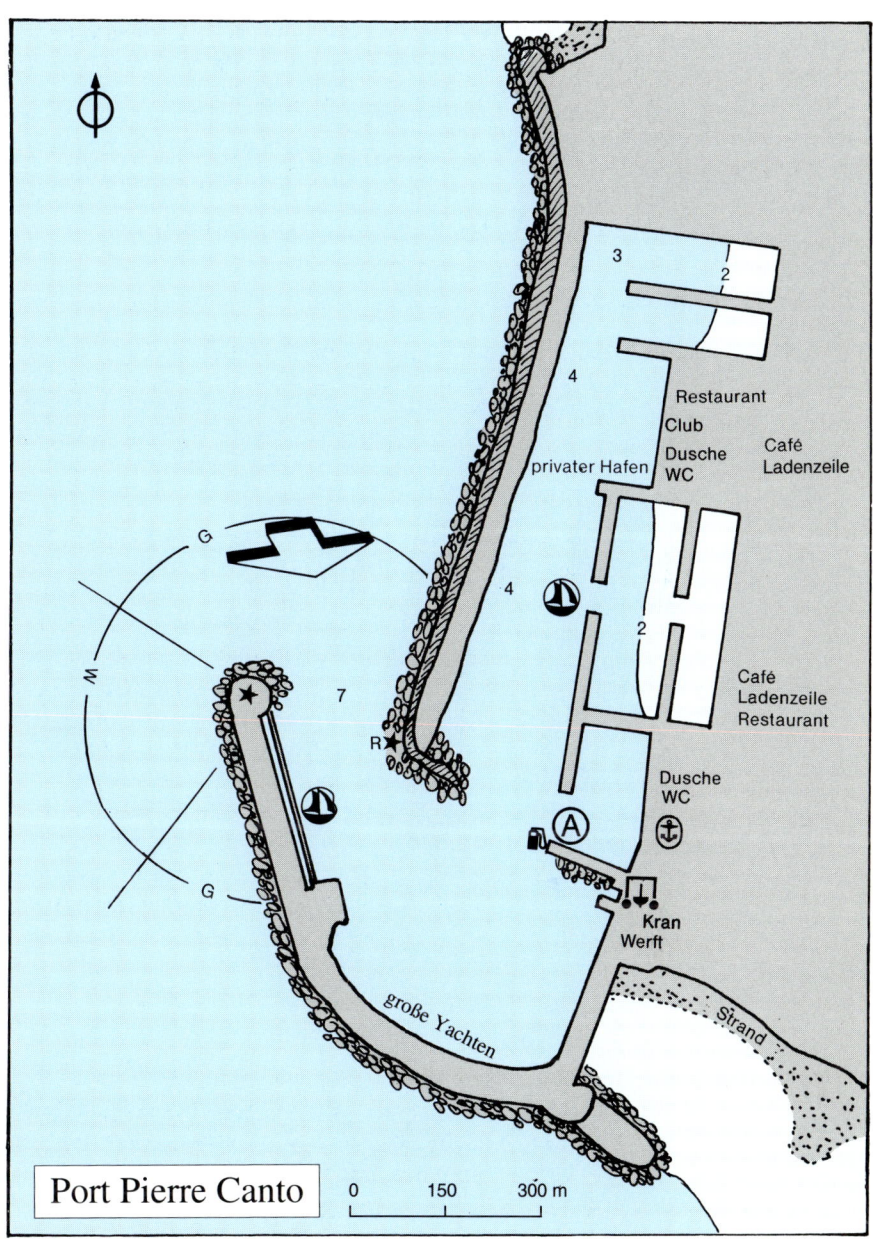

Port Pierre Canto

| 0 | 150 | 300 m |

Liegeplatz: Der Hafen im Zentrum der Stadt verfügt über etwa 840 Llegeplätze für Yachten bis 60 m Länge an den Stegen und Kais. Der größte Teil des Hafenbeckens ist 4 bis 5 m tief, so daß auch Yachten mit größerem Tiefgang keine Probleme haben. Alle Liegeplätze sind mit

87

Strom- und Wasseranschlüssen sowie Grundleinen versehen. Duschen und Toiletten sind in dem Gebäude des Hafenamtes sowie an zwei weiteren Stellen um den Hafen. Kraftstoff erhält man an der Hafentankstelle. Die Liegeplätze für die großen Yachten sind an dem östlichen Kai (Jetée Albert-Edouard). Besondere Liegeplätze für Gäste gibt es nicht, jedoch werden alle gerade freien Liegeplätze an Besucheryachten vergeben.

Hafenmeister: M. A. Gonon, Tel. 93 39 94 24. Im Hafenbüro werden regelmäßig die neuesten Wetterberichte ausgehängt. Einen Anmeldekai gibt es nicht; man macht kurzfristig in der nordöstlichen Ecke des Hafens, dem Gare Maritime, von dem aus die Ausflugsdampfer verkeh-

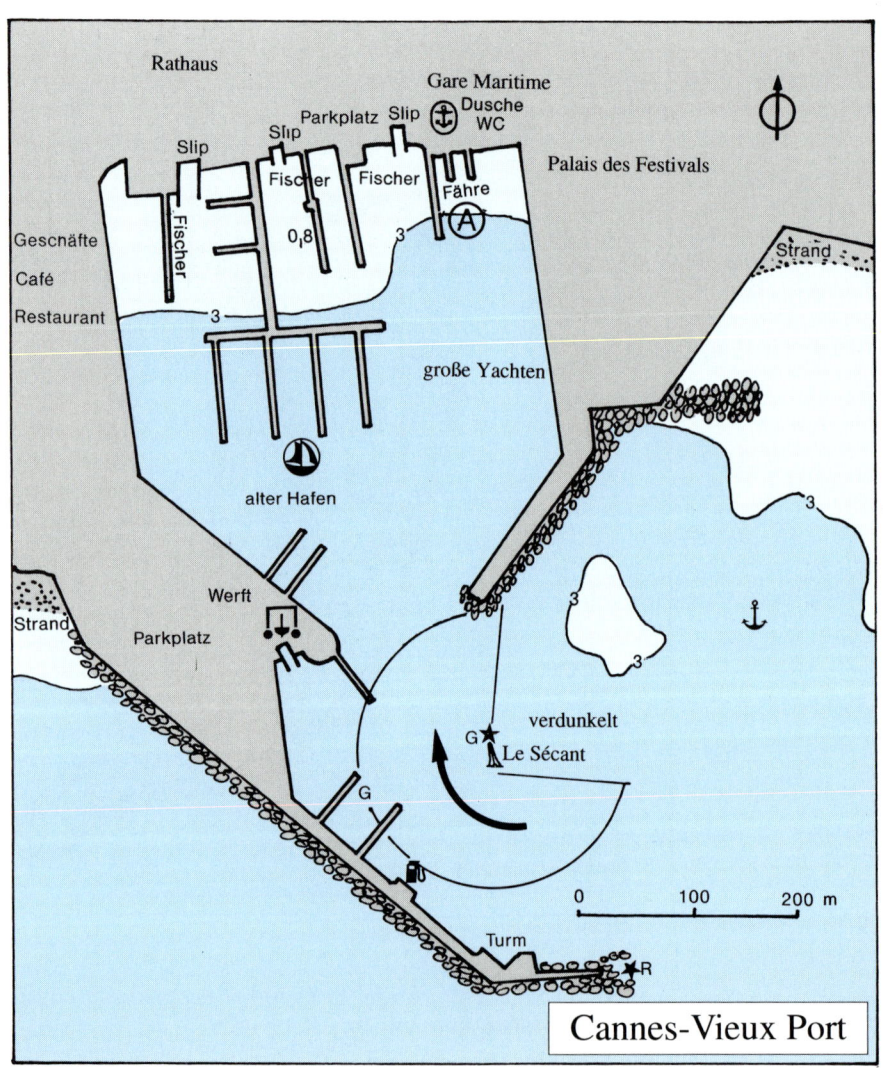

Cannes-Vieux Port

8

8 Die Rade de Villefranche mit dem
kleinen Fischerhafen. Hier lagen
früher die Fregatten der französischen
Marine auf Reede

9

10

11

9 Das Flachwassergebiet zwischen den Îles de Lérins mit Île Saint-Honorat und dem kleinen Hafen

10 Die Rade d'Agay ist im Sommer ein beliebter Ankerplatz mit Blick auf das Massif d'Estérel

11 Die roten Porphyrfelsen des Massif d'Estérel

12 Die Île d'Or mit dem charakteristischen quadratischen Wachturm

13

14

13 Port Grimaud – die Kirche liegt im
    Zentrum der Lagunenstadt

14 Eine Motoryacht auf dem Wege in den
    privaten Teil von Marines de Cogolin

ren, fest, um sich im Hafenbüro einen Platz zuweisen zu lassen. Da vor allem im Sommer immer nur wenige Plätze frei sind, sollte man sich tunlichst vorher über UKW-Kanal 12 informieren, ob Plätze frei sind, bevor man dieses Manöver unternimmt, da zeitweise pausenlos Ausflugsdampfer an- und ablegen und wegen ihrer einzuhaltenden Fahrpläne keine Rücksicht auf Yachten nehmen und durchaus schon mal damit drohen, die Leinen einer Yacht loszuwerfen, die ihren Anlegeplatz blockiert.

Reparaturmöglichkeiten: Auf der südwestlichen Außenmole, dem „Quai Max Laubeuf", ist ein Werftbetrieb, der in der Lage ist, alle anfallenden Überholungs- und Reparaturarbeiten auszuführen. Auf dem westlichen Kai „Quai St. Pierre" sind mehrere gut sortierte Schiffszubehörgeschäfte.

Versorgung: In dem sich nördlich an den Hafen anschließenden Stadtzentrum gibt es unzählige Restaurants, Cafés und Lebensmittelgeschäfte, aber auch zahlreiche Boutiquen und Schmuckgeschäfte, so daß kaum ein Wunsch unerfüllt bleiben muß.

Bademöglichkeiten: Östlich an den Hafen schließt der Strand vor der bekanntesten Uferpromenade des Mittelmeeres, der „Croisette", an; westlich beginnt die bis zum Hafen von Mandelieu-La-Napoule reichende „Plage du Midi".

Entfernung von Nizza 19 sm, Saint-Tropez 24 sm, Porquerolles 50 sm, Calvi (Korsika) 96 sm.

So mondän die Prachtstraße *Promenade de la Croisette* mit ihrer doppelten Palmenreihe nur wenige Meter vom Meer entfernt, mit den Luxushotels im Stil der Belle Époque und modernen Appartementhäusern, Restaurants und todschicken Boutiquen auf der Landseite erscheint, so malerisch und meist kleinbürgerlich sind die dahinter liegenden Gassen der Altstadt. Cannes macht auf den Besucher beim ersten flüchtigen Augenschein eher den Eindruck einer geschäftigen Kleinstadt als eines mondänen Badeortes – besucht man Cannes im Winter, so wird dieser Eindruck durchaus Realität. Dann findet beispielsweise im „Palais des Festivals" neben dem alten Hafen eine biedere Ausstellung *Heim und Hobby* statt.

Ein Fischerdorf wird mondänes Seebad Dabei verdankt Cannes seinen guten Ruf als Seebad eher einem Mißgeschick. Der reiche englische Politiker Lord Brougham versprach sich heilsame Wirkung für seine kränkelnde Tochter von dem angenehmen Klima des damals schon bekannten Nizza, wohin er im Jahre 1831 auf dem Landwege unterwegs war. Er wurde aber von einer in der Provinz ausgebrochenen Choleraepidemie aufgehalten, da der Gouverneur von Nizza, das damals zum Königreich Sardinien gehörte, die Grenze zu Frankreich gesperrt hatte und niemanden über den Grenzfluß Le Var ließ. Lord Brougham wartete die Aufhebung der Grenzsperre in dem damals noch kleinen und unbedeutenden Fischerdorf Cannes ab. Als sich die Wartezeit länger als erwartet hinzog und seiner Lordschaft die Unterkunft in der einfachen Poststation des Dorfes zu unbequem wurde, ließ er sich ein standesgemäßes Haus bauen und verbrachte fortan die Winter statt im kalten, nebligen London in seinem Feriendomizil in Cannes. Seinem Beispiel folgten bald weitere wohlhabende englische Politiker und begründeten damit den Aufstieg des Fischerdorfes Cannes zum mondänen Seebad.

Cannes-La Bocca ist das Industriegebiet von Cannes. Hier sind mehrere größere Werftbetriebe angesiedelt mit eigenen Steganlagen, bei denen man Reparaturen aller Art auch an größeren Yachten ausführen lassen kann. Nach Absprache mit den Werften kann man hier auch schon mal eine Nacht liegen.

Beal ist ein kleiner Yachthafen für Schiffe bis 8,00 m Länge und 0,80 m Tiefgang mit etwa 120 Liegeplätzen an der Mündung des gleichnamigen Flusses. Weitere Liegeplätze für kleine Motoryachten mit weniger als 0,50 m Tiefgang an dem befestigten Flußufer hinter der Straßenbrücke vor dem Werftbetrieb.

Cannes Inland Marina/Port de la Siagne ist eine aus den Vereinigten Staaten übernommene Marinaform, in der kleinere Yachten – vor allem Motoryachten – in Hochregallagern flächensparend an Land, meist in der Nähe von Flüssen oder Kanälen, überwintern und auf Wunsch der Eigner jeweils zu Wasser gelassen werden. Der Port de la Siagne verfügt über 800 Plätze für Boote bis 8,50 m Länge, einen Mobilkran mit 16 t Tragfähigkeit, einen Kai mit 2,00 m Wassertiefe, Werftbetrieb, Schiffszubehörhändler usw. Die maximale Zufahrtshöhe beträgt 4 m, die Wassertiefe in dem Flüßchen Siagne je nach Wasserstand maximal 1,50 m.
43° 31'N
006° 56'E

Inzwischen gibt es im Hinterland der französischen Mittelmeerküste zahlreiche kleinere und größere Anlagen dieser Art. Auch mehrere Werftbetriebe bieten einen solchen Service, wie z. B. die Yachtwerft „Laurent Marine" in Marines de Cogolin mit etwa 300 Plätzen in einem eigens zu diesem Zweck errichteten Hochregallager.

Cannes Marina ist nicht, wie der Name vermuten läßt, der Yachthafen von Cannes, sondern ein Motorboothafen nördlich von Mandelieu-La-Napoule am Fluß Siagne, etwa eine knappe Seemeile vom Meer entfernt. In den vier Hafenbecken „A", „B", „C" und „D" stehen 1700 Liegeplätze für Yachten bis 12 m Länge und 1,50 m Tiefgang zur Verfügung. Die Becken werden von drei charakteristischen viertelkreisförmigen Hochhäusern mit Ferienappartements überragt. Der größte Teil der Liegeplätze ist Bestandteil der Ferienwohnungen, so daß für Gäste kaum Plätze frei sind. Die maximale Zufahrtshöhe beträgt 4,00 m, die Wassertiefe in dem Fluß Siagne je nach Wasserstand maximal 1,50 m.
43° 32'N
006° 57'E

Dieser Art Hafenanlagen gehört offensichtlich die Zukunft, sind doch zahlreiche solcher Projekte in Planung, wie beispielsweise in St. Maxime im Golf von Saint-Tropez und in Fréjus.

Mandelieu-La-Napoule ist ein gemütlicher Badeort am Westufer des Golfes von La Napoule mit einem sehenswerten Schloß direkt neben dem modernen Yachthafen. 1919 kaufte der amerikanische Bildhauer, Maler und Millionär
43° 31'N
006° 57'E

Henry-Clews-
Museum

Henry Clews das Bilderbuchschloß als Ruine und ließ es stilgerecht wie-
deraufbauen. Heute dient es als Museum für seine Skulpturen und Gemäl-
de und ist durchaus einen Besuch wert.

Der gemütliche Teil des Ortes versteckt sich hinter der Bahnunterführung
mit einem hübschen, baumbestandenen Platz, umrahmt von Cafés und Restaurants.

Ansteuerung (Seekarten: D 597 und 484, BA 2166, F 6954 und 7205, CG 501): Aus größerer Ent-
fernung ist der Hafen an der Westseite des Golfes von La Napoule nicht so ohne weiteres
auszumachen. Als Ansteuerungshilfe kann der 130 m hohe, kegelförmige Mont San Peyre
direkt hinter dem Hafen dienen, der sich ganz gut von der Gebirgskette des Hinterlandes
abhebt. Aber auch einige helle, kubische, 8geschossige Wohnblocks nördlich des Hafens
erleichtern bei Tage die Identifizierung. Sobald man näher kommt, ist das Schloß südlich
neben dem Hafen eine gute Ansteuerungshilfe. Bei Nacht sind die Molenköpfe befeuert, wo-

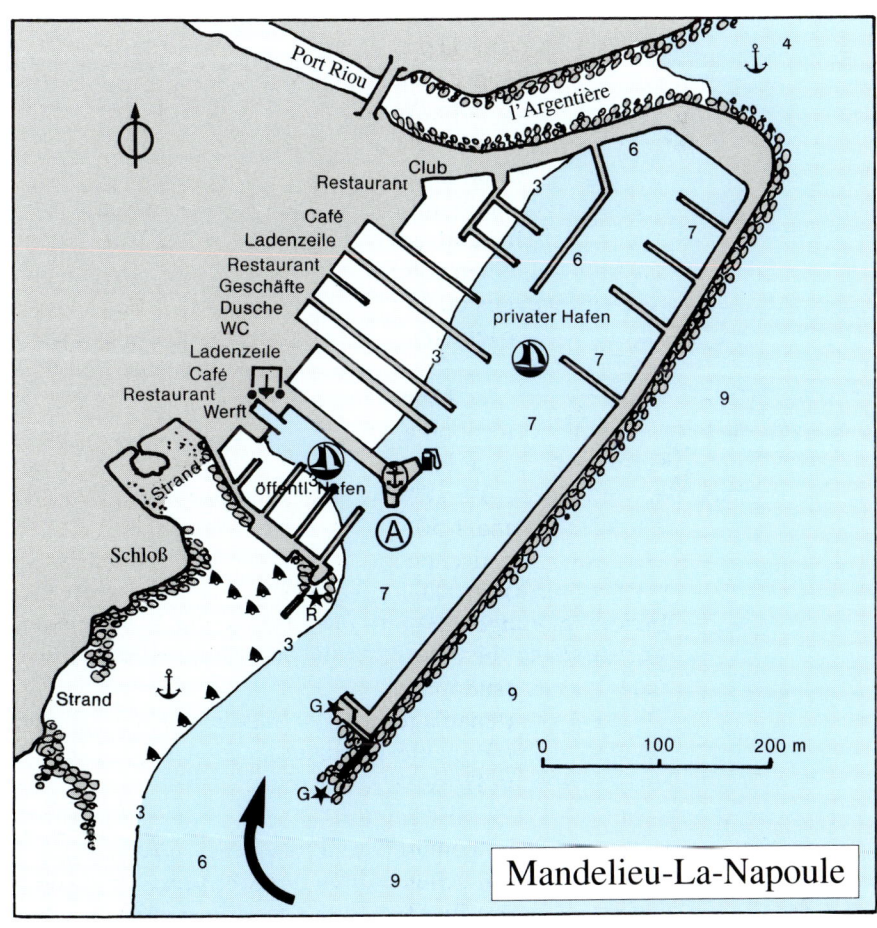

bei man darauf achten muß, die Einfahrtfeuer der drei dicht beieinanderliegenden Häfen Mandelieu-La-Napoule, Port de La Rague und Théoule-sur-Mer nicht zu verwechseln, da alle drei zwischen 9 und 10 sm Tragweite haben:
Mandelieu-La-Napoule Fl(3) G. 12s 10M
Port de La Rague Iso. G. 4s 10M
Théoule-sur-Mer Oc(2) WR. 6s 9/6M

Bei starken östlichen und südöstlichen Winden ist die Einsteuerung in die dicht unter Land nach Südwesten offene Einfahrt problematisch. Die Bojen an der Landseite sind bei der Ansteuerung an Backbord zu lassen, da es dahinter flach wird.

Liegeplatz: Der gut ausgestattete Yachthafen verfügt über etwa 1100 Liegeplätze für Yachten bis 35 m Länge und 5,00 m Tiefgang, davon 200 im öffentlichen Teil. Die Gastliegeplätze sind einlaufend an Steuerbord vor der Außenmole und an der großen Pier mit Hafenbüro und Tankstelle, die den privaten von dem öffentlichen Hafen trennt. Alle Liegeplätze sind mit Strom- und Wasseranschlüssen sowie Grundleinen versehen. Duschen und Toiletten sind neben dem Büro des Hafenmeisters. Kraftstoff erhält man an der Hafentankstelle.
Findet man im Hafen keinen Platz, so kann man bei ruhigem Wetter nördlich des Hafens in der Mündung des Flusses L'Argentière auf 4 m Wassertiefe oder vor der Hafeneinfahrt unmittelbar hinter den Bojen ankern, die die Zufahrt zum Hafen markieren.

Hafenmeister: M. A. Ducros, Tel. 93 93 36 15. Im Hafenbüro werden regelmäßig die neuesten Wetterberichte ausgehängt. Einlaufend an Backbord am Kopf der großen Pier mit Hafenbüro liegen Schwimmpontons als Anmeldekai. Diese Pier teilt den Hafen in öffentlichen und privaten Bereich. Das Büro des Hafenmeisters ist über UKW-Kanal 9 zu erreichen.

Reparaturmöglichkeiten: Am Fuß der großen Pier im Bereich des öffentlichen Hafens unterhält die bekannte Firma „Arie de Boom Marine" einen Werftbetrieb, in dem Reparaturen aller Art ausgeführt werden können. In der Ladenzeile auf dem stadtseitigen Kai sind mehrere gut sortierte Schiffsausrüster.

Versorgung: Am Hafen gibt es einen kleinen Supermarkt für den täglichen Bedarf sowie mehrere Cafés und Restaurants. Weitere Geschäfte und Restaurants finden sich in der Altstadt auf der anderen Seite der Bahnlinie.

Bademöglichkeiten: Zwischen dem Hafen und dem Schloß liegt ein kleiner, im Sommer vielbesuchter Strand.

Entfernung von Monaco 27 sm, Cannes 4 sm, Saint-Tropez 24 sm, Calvi (Korsika) 98 sm, Bonifacio (Korsika) 167 sm.

Für kleine Motoryachten gibt es in der Mündung des Flusses L'Argentière hinter der Straßenbrücke einen Hafen mit über hundert Liegeplätzen an den beiden zum Kai ausgebauten Ufern, den **Port Riou**.

Nur eine Seemeile südlich von Mandelieu-La-Napoule liegt der nächste Yachthafen, der

Port de La Rague in einem Felseinschnitt des Massif de l'Estérel. Auch hier wird der Hafen von einem Schloß beherrscht, das nördlich des Yachthafens majestätisch am Hang thront. Außer den Gebäuden um den Hafen herum hat La Rague nichts zu bieten, was einen Besuch wert wäre. Die Ruhe und

43° 31'N
006° 56'E

Abgeschiedenheit des Hafens wird leider durch die häufig über die Eisenbahnbrücke donnernden Züge gestört.

Ansteuerung (Seekarten: D 597 und 484, BA 2166, F 6954 und 7205, CG 501): Aus größerer Entfernung ist der Hafen an der Westseite des Golfes von La Napoule nicht so ohne weiteres auszumachen. Beim Näherkommen sind die sechs Bögen der aus roten Ziegelsteinen gemauerten Eisenbahnbrücke bereits aus zwei Seemeilen Entfernung gut zu erkennen (von Juni bis Ende August wird die Brücke von starken Scheinwerfern angestrahlt). Bei Nacht sind die Molenköpfe befeuert, wobei man darauf achten muß, die Einfahrtfeuer der drei dicht beieinanderliegenden Häfen Mandelieu-La-Napoule, Port de La Rague und Théoule-sur-Mer nicht zu verwechseln. Bei starken östlichen und südöstlichen Winden ist die Einsteuerung in die dicht unter Land nach Südwesten offene Einfahrt problematisch. Die Bojen an der Landseite im Inneren des Hafens sind an Backbord zu lassen, da es dahinter sehr schnell flach wird.

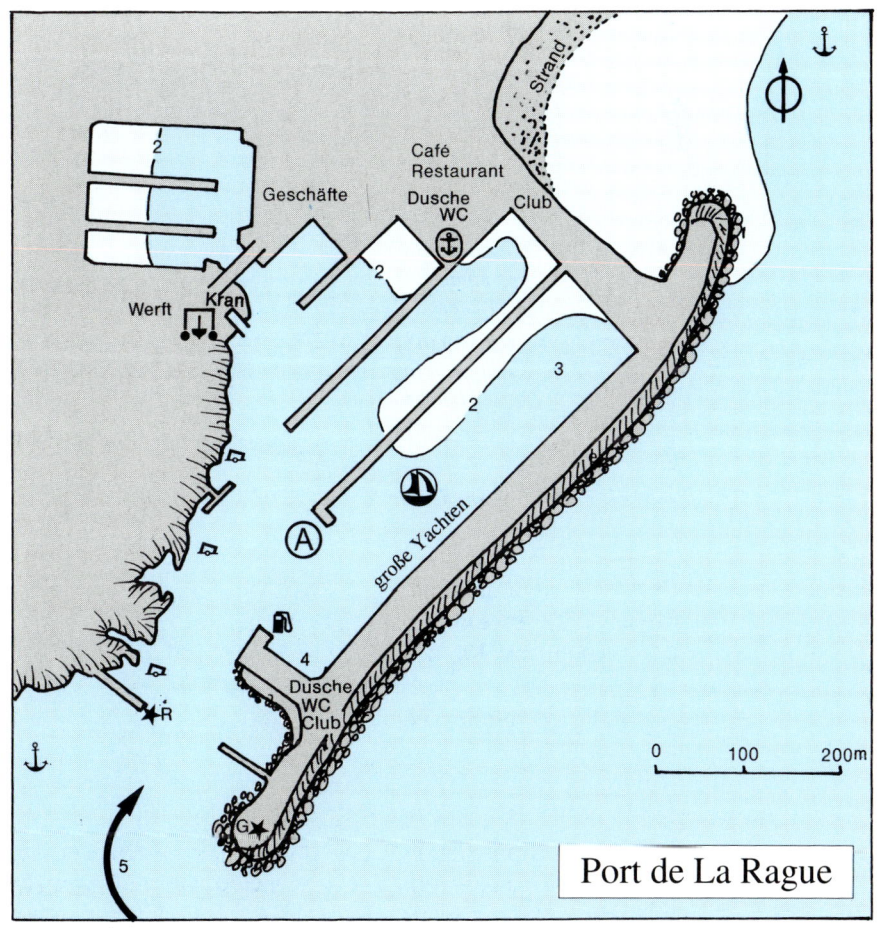

93

Liegeplatz: In den zwei durch die Eisenbahnbrücke getrennten Hafenbecken gibt es etwa 530 Liegeplätze für Yachten bis 30 m Länge (in dem Becken hinter der Brücke bis 8 m Länge). Die Gastliegeplätze sind einlaufend an Steuerbord vor der Außenmole. Alle Liegeplätze sind mit Strom- und Wasseranschlüssen sowie Grundleinen versehen. Duschen und Toiletten sind neben dem Büro des Hafenmeisters. Kraftstoff erhält man an der Hafentankstelle direkt an der Einfahrt.

Hafenmeister: M. Garamond, Tel. 93 49 81 55. Im Hafenbüro werden regelmäßig die neuesten Wetterberichte ausgehängt. Den Anmeldekai kann man beim Einlaufen nicht verfehlen – es ist der Kopf des ersten Steges parallel zur Außenmole. Das Hafenbüro ist am Fuß des zweiten Steges und über UKW-Kanal 9 zu erreichen.

Reparaturmöglichkeiten: An der linken Seite der Eisenbahnbrücke ist ein Travellift mit 30 t Tragfähigkeit, der zu dem Werftbetrieb der renommierten Firma „Arie de Boom Marine" gehört, der neben dem kleinen Becken hinter der Brücke liegt und Reparaturen jeder Art ausführt. Bei Arie de Boom Marine erhält man auch alles erdenkliche Schiffszubehör.

Versorgung: Restaurant, Café und ein kleines Lebensmittelgeschäft sind an der Nordseite des Hafens.

Bademöglichkeiten: Nördlich des Hafens ist ein von mehreren Steinschüttungen geschützter Strand, der zum Baden einlädt.

Entfernung von Monaco 27 sm, Cannes 5 sm, Saint-Tropez 24 sm, Calvi (Korsika) 98 sm, Bonifacio (Korsika) 167 sm.

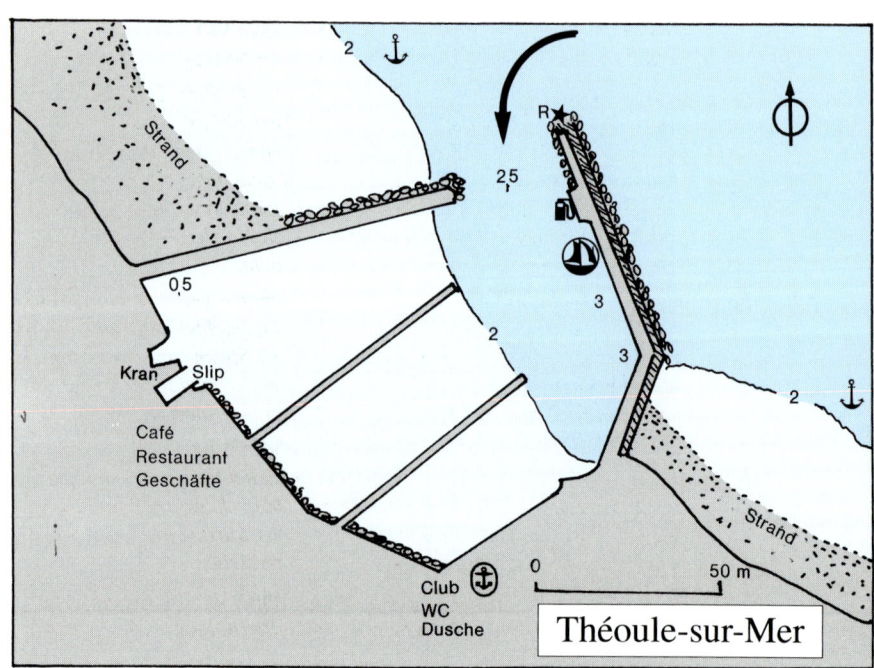

Bis Saint-Raphaël folgen eine Reihe kleinerer, gemütlicher Yachthäfen, die allerdings im Sommer regelmäßig überfüllt sind und wegen der geringen Tiefe auch nur Liegemöglichkeiten für kleinere Yachten bieten, wie der anheimelnde Fischer- und Yachthafen

Théoule-sur-Mer mit seinen etwa 180 Liegeplätzen für Yachten bis maximal 13,00 m
43° 31'N   Länge. Die Wassertiefen variieren von 0,50 m in der nordwestlichen
006° 56'E   Hafenecke bis zu 3,00 m an der östlichen Außenmole, an der die Yachten über 10 m Länge festmachen (siehe Plan Seite 94).

Aus dem Fischerdorf Théoule-sur-Mer aus dem 17. Jahrhundert ist ein hübsches Seebad mit ganz persönlichem Flair geworden, das durchaus einen Besuch lohnt.

Yachten, die im Hafen keinen Platz finden, können östlich des Hafens vor der wilden Steilküste auf Wassertiefen um 5 m ankern, um den Ort zu besuchen. Im Sommer liegen regelmäßig zahlreiche Yachten zwischen dem Hafen und der Pointe de l'Aguille vor Anker.

Etwa eine halbe Seemeile südlich der Pointe de l'Aguille liegt der vor einigen Jahren im Zusammenhang mit einer modernen Feriensiedlung errichtete Yachthafen

Port La Galère an der Ostseite des Massif de l'Estérel. Außer einer architektonisch
43° 30'N   interessanten Feriensiedlung und einem Schwimmbad wird dem Besucher
006° 57'E   nichts geboten – vor allem außerhalb der Saison scheint alles Leben hier erstorben zu sein (Plan siehe nächste Seite).

Ansteuerung (Seekarten: D 597, BA 2166, F 6954, CG 501): Die Lage des Hafens ist ganz gut an den teilweise ungewöhnlich geformten Ferienhäusern an den Hängen der Pointe Saint-Marc und der Pointe de La Galère zu erkennen. Der Kopf der östlichen Außenmole ist befeuert. Die vor der Hafeneinfahrt unter Land liegenden grünen Tonnen sind bei der Ansteuerung unbedingt an Steuerbord zu lassen, da es dahinter sehr schnell flach wird. Bei starkem Ostwind steht vor der engen, nach Norden offenen Einfahrt erheblicher Schwell, der das Anlaufen des Hafens unmöglich macht.

Liegeplatz: Der ausgesprochen komfortable Yachthafen verfügt über 220 Liegeplätze für Yachten bis 12 m Länge, von denen 20 Plätze für Gastyachten sein sollen und die im Sommer regelmäßig belegt sind. Alle Liegeplätze sind mit Strom- und Wasseranschlüssen sowie Grundleinen versehen. Die meisten Plätze verfügen zusätzlich noch über Telefon- und Fernsehanschlüsse. Duschen und Toiletten sind beim Hafenbüro und Yachtclub. Kraftstoff erhält man an der Hafentankstelle in der Nähe der Einfahrt.

Hafenmeister: M. J. Dubois, Tel. 93 75 41 74. Im Hafenbüro werden regelmäßig die neuesten Wetterberichte ausgehängt. Um sich anzumelden, kann man kurzzeitig an der Tankstelle am Kopf des ersten Quersteges festmachen. Das Büro des Hafenmeisters liegt im hinteren Teil des Hafens und ist über UKW-Kanal 9 zu erreichen.

Reparaturmöglichkeiten: Direkt an Steuerbord hinter der Hafeneinfahrt ist ein kleiner Werftbetrieb, der in der Lage ist, Reparatur- und Überholungsarbeiten an kleinen und mittelgroßen Yachten auszuführen.

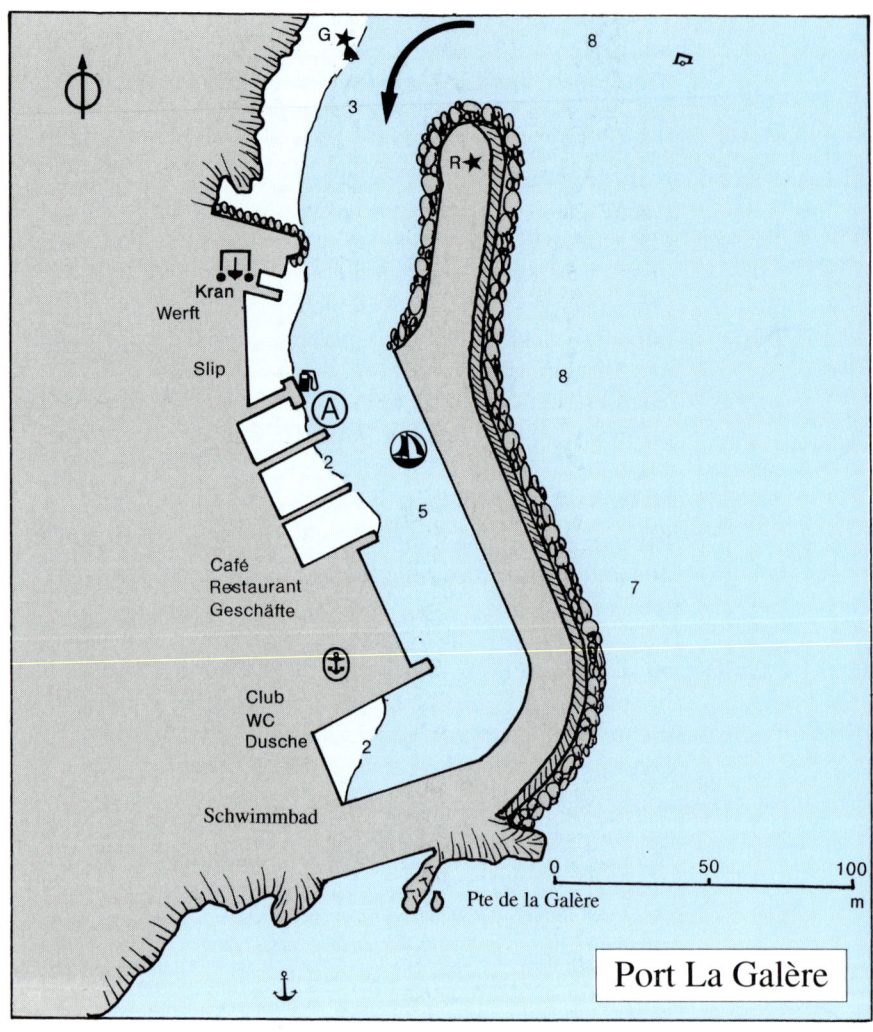

Port La Galère

Versorgung: Ein Restaurant, ein Café und ein kleines Lebensmittelgeschäft befinden sich in der Feriensiedlung.

Entfernung von Théoule-sur-Mer 1,5 sm, Cannes 5 sm, Saint-Tropez 23 sm.

Ankerplätze Westlich der *Pointe de La Galère* kann man dicht unter Land gut geschützt vor Mistral auf 5 bis 8 m Wassertiefe ankern.

Ein weiterer hübscher Ankerplatz ist direkt nördlich des *Cap de l'Esquillon,* der ebenfalls bei westlichen bis nordwestlichen Winden guten Schutz bietet. Wegen einer vorgelagerten Untiefe sollte man beim Runden des Cap de l'Esquillon mindestens 100 m Abstand halten.

Zwischen dem Cap de l'Esquillon und der Pointe de la Paume liegt etwa 0,3 sm vor der Küste die von einer Untiefenbake gekennzeichnete überspülte Klippe „La Vaquette". Bei ruhigem Wetter kann man problemlos zwischen der Küste und der Klippe durchfahren.

Etwa 3 sm nördlich des Cap Roux, an der Nordseite der größten Einbuchtung in der Corniche de l'Estérel, der Baie de Figueirette, ist aus dem ehemaligen Hafen der Thunfischfänger die moderne Yachtmarina

Figueirette-Miramar entstanden, in der man auch im Sommer meist noch einen freien Platz findet – vorausgesetzt, die Yacht ist nicht länger als 10 m und der Tiefgang beträgt nicht mehr als 1,80 m.

43° 29'N
006° 56'E

Ansteuerung (Seekarten: D 597, BA 2166, F 6954 und 6873, CG 501): Der Hafen liegt in der nordwestlichen Ecke der Baie de Figueirette, wobei die Einfahrt nach Westen offen ist. Der Kopf der südlichen Außenmole ist befeuert. Außer bei starken südlichen Winden ist die Ansteuerung des Hafens problemlos.

Liegeplatz: Der moderne Yachthafen verfügt über 235 Liegeplätze für Yachten bis 15 m Länge an den Stegen und Kais, davon etwa 20 Plätze für Gäste. Alle Liegeplätze sind mit Strom- und Wasseranschlüssen sowie Grundleinen versehen. Duschen und Toiletten sind beim Hafenbüro und Yachtclub. Kraftstoff erhält man an der Hafentankstelle an der Backbordseite der Hafeneinfahrt.

Hafenmeister: M. J.-C. Petit, Tel. 93 75 41 00. Im Hafenbüro werden regelmäßig die neuesten Wetterberichte ausgehängt. Als Anmeldekai fungiert ein Schwimmsteg an der Backbordseite

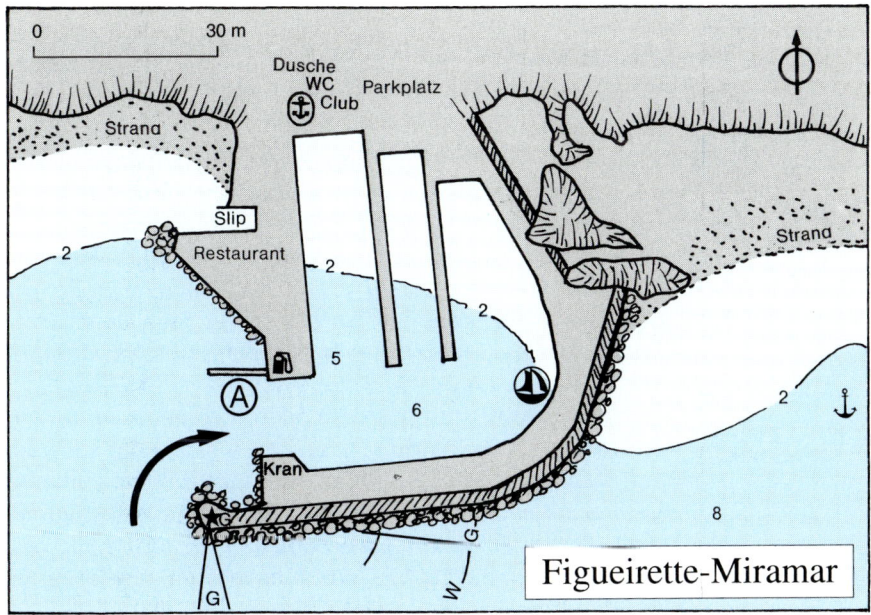

97

der Hafeneinfahrt vor der Tankstelle. Das Büro des Hafenmeisters ist über UKW-Kanal 9 zu erreichen.

Versorgung: Auf der westlichen Außenmole ist ein nettes Restaurant; ansonsten gibt es am Hafen keinerlei Versorgungsmöglichkeiten.

Bademöglichkeiten: Westlich des Hafens liegt ein kleiner, im Sommer vielbesuchter Strand.

Entfernung von Port La Galère 2 sm, Saint-Tropez 21 sm.

Die Küste südlich der Baie de Figueirette – bekannt als Corniche de l'Estérel – wartet mit mehreren kleinen Ankerplätzen auf. Wegen der zahllosen Klippen und überspülten Steine vor der Küste ist hier allerdings mit größter Vorsicht zu navigieren. Etwa 3 kbl südlich der Pointe d'Anthéor steht die gemauerte Untiefenbake „La Chrétienne", die das Ende der vorgelagerten Klippenreihe markiert. Auch bei ruhigem Wetter sollte man diese unbedingt außen herum passieren.

Zwischen der Pointe de la Baumette und dem Cap de Drammont schneidet die

Rade d'Agay
43° 26'N
006° 52'E

fast 1 sm tief in das rote Porphyrgestein des Massif d'Estérel nach Norden ein. In der nordwestlichen Ecke der Bucht liegt das hübsche Seebad Agay vor den steil aufragenden Gebirgswänden des *Rastel d'Agay* mit einem weiten, halbkreisförmigen Sandstrand, der bei dem kleinen Hafen **Port de la Chapelle** vor der Ortschaft beginnt und bis zu den zwei Stegen in der nordöstlichen Ecke der Bucht reicht.

Historischer Ankerplatz

Schon die Griechen, Ligurer und Römer nutzten die tiefe Bucht als Ankerplatz, wovon die zahlreichen Amphoren zeugen, die hier auf dem Grund gefunden wurden. Bedeutendster Fund ist das gut erhaltene Wrack eines römischen Frachtschiffes, das vor rund 2000 Jahren in der Rade d'Agay gesunken ist.

Im Sommer liegen regelmäßig einige hundert Yachten in der Rade d'Agay vor Anker und an den zahlreichen Bojen östlich des kleinen Hafens, in dem nur Boote bis maximal 1,00 m Tiefgang anlegen können. Je nach vorherrschender Windrichtung ankere man vor dem West- oder Ostufer.

Das auf der *Pointe de la Baumette* stehende große Hotel erleichert bei Tage die Ansteuerung – nachts brennt auf dem Kap ein Leuchtfeuer, dessen weißer Sektor an den Klippen am Cap Drammont vorbei in die Bucht führt.

Das über 100 m steil aus dem Meer ragende *Cap de Drammont* wird beherrscht von dem weithin sichtbaren weißen Gebäude des Semaphors. Vor dem Cap liegen einige Klippen und eine 1,80-m-Untiefe, so daß man mindestens 2 Kabellängen Abstand halten sollte. Westlich des Caps de Drammont liegt das kleine, von einem quadratischen Wachturm überragte Felseneiland *Île d'Or*, das durch eine Klippenreihe mit dem Festland verbunden ist.

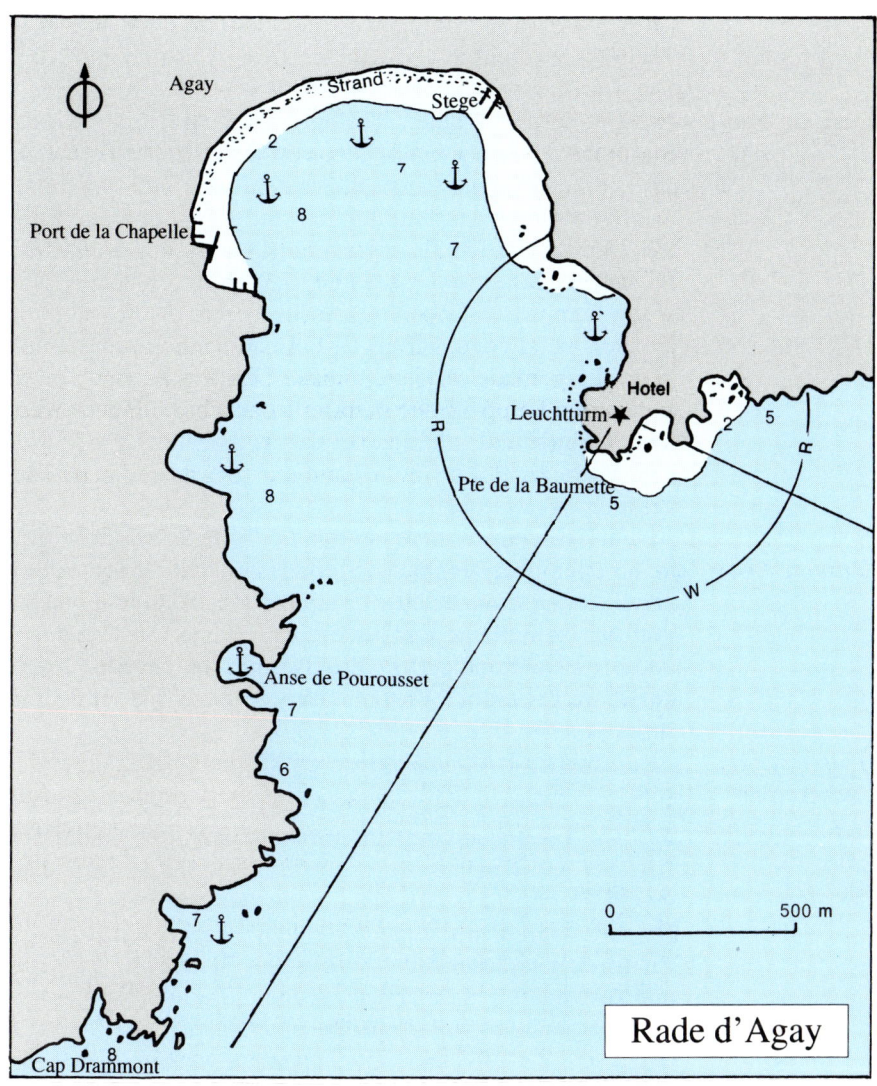

Etwas nördlich der Île d'Or liegt der kleine Fischer- und Yachthafen

Port de Poussail der einigen kleinen Yachten bis 1 m Tiefgang guten Schutz bietet. Größe-
43° 25'N re Yachten ankern bei ruhigem Wetter in der Nähe der Außenmole auf
006° 51'E etwa 5,00 m Wassertiefe, um an dem einladenden Strand westlich des Hafens eine Badepause einzulegen oder einen Spaziergang zu dem Semaphor
zu unternehmen und die herrliche Aussicht von dort oben auf das östliche
Estérel zu genießen.

Zwei Seemeilen weiter westlich liegt der nächste kleine Fischer- und Yachthafen inmitten von wunderschönen Gärten und Kiefernwäldchen,

Port de Boulouris der einigen kleinen Yachten bis 1 m Tiefgang guten Schutz bietet.
43° 25'N
006° 48'E

Boulouris ist heute ein Vorort von Saint-Raphaël, konnte sich aber trotzdem seinen eigenen Charakter als ruhiger und anheimelnder Badeort bewahren. Bei der Ansteuerung der nur gut 10 m breiten Einfahrt sind die roten Tonnen unbedingt an Backbord zu lassen, da es dahinter sehr schnell flach wird.

Der Golf von Fréjus hat sich in den letzten 10 Jahren zu einem sehr beliebten Wassersportrevier entwickelt, wozu vor allen Dingen der Bau der Riesenmarina Port Santa Lucia im Süden von Saint-Raphaël, die Erweiterung des Hafens von Saint-Aygulf und der Neubau des Yachthafens von Fréjus beigetragen haben. Dadurch gibt es in diesem Golf inzwischen etwa 3400 Liegeplätze für Yachten jeder Größe.

An der östlichen Einfahrt in den Golf liegen vor der Pointe des Lions einige Klippen und überspülte Steine sowie die beiden Felseilande *Le Lion de Terre* und *Le Lion de Mer*. Lion de Terre liegt dicht unter Land vor der Einfahrt in das südliche Becken des Port Santa Lucia und ist mit dem Festland durch eine Klippenreihe verbunden. Lion de Mer trägt ein Leuchtfeuer, dessen roter Sektor Lion de Terre und die Klippen vor der Pointe des Lions abdeckt.

Am östlichen Ufer des Golfes von Fréjus liegt

Saint-Raphaël das dem Besucher zwei Häfen bietet, den alten Stadthafen im Zentrum der
43° 25'N
006° 47'E

Altstadt und den aus zwei großen, getrennten Hafenbecken bestehenden *Port Santa Lucia* (siehe Pläne Seite 101 und 103).

Der alte Hafen mit seinen wenigen Plätzen bietet den Vorteil, mitten im Zentrum des Geschehens, nur einen Steinwurf vom Casino entfernt und am Anfang der palmenbestandenen Strandpromenade zu liegen, die an Sommerabenden voller quirligen Lebens ist. Die Stände der Maler, Kunsthandwerker, Gold- und Silberschmiede stehen dicht gedrängt nebeneinander und verlocken mit ihren Angeboten zum Kauf.

Der Port Santa Lucia dagegen liegt über einen Kilometer vom Ortszentrum entfernt und damit abseits vom Betrieb dieser lebhaften Stadt, dafür aber auch entsprechend ruhiger und mit der Sicherheit, einen freien Liegeplatz zu finden.

Ansteuerung (Seekarten: D 597, BA 2166, F 6873 und 6838, CG 501 und 502): **Stadthafen:** *Die nach Westen offene Einfahrt liegt in der nordöstlichen Ecke des Golfes von Fréjus und ist die letzte an der Ostseite des Golfes. Ihre Ansteuerung bereitet außer bei starkem Mistral keinerlei Schwierigkeiten. Der Molenkopf der breiten südlichen Außenmole ist befeuert, man muß allerdings darauf achten, das Feuer (Fl(3) G. 12s 10M) nicht mit dem Einfahrt-*

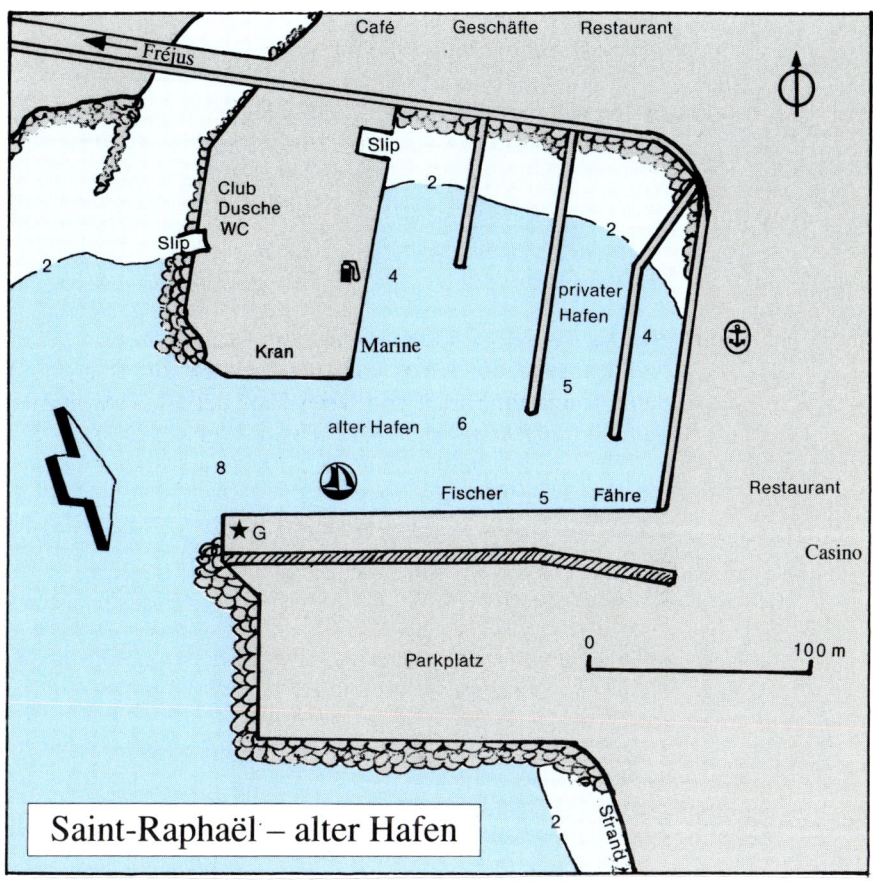

Saint-Raphaël – alter Hafen

feuer in das nördliche Becken des Port Santa Lucia (Fl. G. 4s 9M) eine knappe Seemeile weiter südlich zu verwechseln.

Port Santa Lucia nördliches Becken: *Die nach Nordwesten offene Einfahrt liegt etwa in der Mitte des Ostufers des Golfes von Fréjus. Ihre Ansteuerung bereitet außer bei starkem Mistral keinerlei Schwierigkeiten. Der Kopf der Außenmole ist befeuert.*

Port Santa Lucia südliches Becken: *Die Ansteuerung der nach Süden offenen Einfahrt ist bei allen Winden aus Süd über West bis Nord eine äußerst delikate Angelegenheit. Kommt man beispielsweise von Osten im Schutz des Massif de l'Estérel vor Ponente und Mistral, so schlagen einem beim Passieren des kleinen vorgelagerten Felseneilands Lion de Terre diese Winde mit voller Wucht entgegen, so daß man es kaum wagt, den schützenden Hafen im Anblick der engen Hafeneinfahrt dicht unter Land in unmittelbarer Nähe des Felsenei-landes anzulaufen. Für eine Segelyacht gibt es dann nur eines – Segel herunter und mit voller Motorkraft in den Hafen einlaufen. Dabei zunächst noch etwas nach Norden halten,*

101

damit die Yacht nicht auf Lion de Terre gedrückt wird. Beide Molenköpfe sind befeuert, wobei das Leuchtfeuer auf Lion de Mer 400 m südwestlich eine gute Hilfe bei der Ansteuerung bietet.

*Liegeplatz: Der alte **Stadthafen** verfügt über 250 Liegeplätze für Schiffe bis 60 m Länge, von denen 10 für Gäste sein sollen. Allerdings werden die für Gäste vorgesehenen Liegeplätze an der südlichen Außenmole, dem „Quai Amiral Nomy", meistens von Fischern und Ausflugsbooten belegt, so daß selten mehr als zwei oder drei Yachten dort längsseits gehen können. Wegen der ständig an- und ablegenden Ausflugsboote und Wassertaxis – im Sommer gibt es regelmäßige Verbindungen mit Saint-Tropez und Sainte-Maxime – sind die Plätze bis spät abends ausgesprochen unruhig. Die Stege gehören dem Yachtclub und verfügen über keine Gastliegeplätze. Manchmal findet sich auch auf der Backbordseite an der breiten westlichen Außenmole in der Nähe der Tankstelle ein freier Platz.*

*Der **Port Santa Lucia** bietet in seinen zwei Hafenbecken etwa 1600 Liegeplätze, wovon auch in der Hochsaison immer noch Plätze für Gäste frei sind. Duschen und Toiletten sind beim Hafenbüro und an jedem der beiden Becken auf dem Kai. Kraftstoff erhält man an der Hafentankstelle an dem einlaufend ersten Steg im südlichen Hafenbecken.*

*Hafenmeister: **Stadthafen:** M. J. Lelay, Tel. 94 95 11 19. Im Hafenbüro werden regelmäßig die neuesten Wetterberichte ausgehängt. Einen Anmeldekai gibt es nicht – man geht einlaufend an Steuerbord an einem freien Platz längsseits und meldet sich im Hafenbüro, das etwa in der Mitte des östlichen Kais, dem „Qaui Albert 1er", liegt.*

__Port Santa Lucia:__ M. Braun, Tel. 94 95 34 30. Im Hafenbüro, das zwischen den beiden Hafenbecken, Bassin Nord und Bassin Sud, liegt, werden regelmäßig die neuesten Wetterberichte ausgehängt. Anmeldekai ist in beiden Becken jeweils die Außenmole, wo man im Sommer bis 20.00 Uhr in der Regel von einem Mitarbeiter des Hafenbüros empfangen und wo ein Liegeplatz zugewiesen wird. Das Büro des Hafenmeisters ist über UKW-Kanal 9 zu erreichen – nach 20.00 Uhr wird ein freier Liegeplatz über UKW-Sprechfunk mitgeteilt.

Reparaturmöglichkeiten: An beiden Hafenbecken gibt es große und kleinere Werftbetriebe, die Reparaturen jeder Art ausführen. Schiffszubehörgeschäfte, Segelmachereien und Fachgeschäfte für elektronische Geräte sind reichlich um die beiden Hafenbecken gruppiert.

Versorgung: Restaurants, Cafés, Bistros, Snackbars, Bäckereien, Wäscherei und Lebensmittelgeschäft sind in dem kleinen urbanen Zentrum zwischen den beiden Häfen anzutreffen.

Bademöglichkeiten: 200 m nördlich des Bassin Nord beginnt der beliebte Strand von Saint-Raphaël.

Entfernung von Théoule-sur-Mer 14 sm, Sainte-Maxime 11 sm, Porquerolles 40 sm, Calvi (Korsika) 100 sm.

Kirche der Tempelritter   Dort, wo heute das Casino von Saint-Raphaël steht, gründeten einst die Römer einen Kurort für ihre gestreßten Kaufleute und Marineoffiziere aus dem benachbarten Fréjus, wo sie einen wichtigen Kriegs- und Handelshafen unterhielten. Im 12. Jahrhundert errichteten die Tempelritter die noch heute zu bewundernde, festungsartige, weithin sichtbare Église Saint-Raphaël.

Bekannt wurde der Fischerort durch Napoleon Bonaparte, der hier bei seiner Rückkehr vom Ägypten-Feldzug im Oktober 1799 landete, woran die Pyramide in der Nordecke des Hafens erinnert. Am 28. April des Jahres

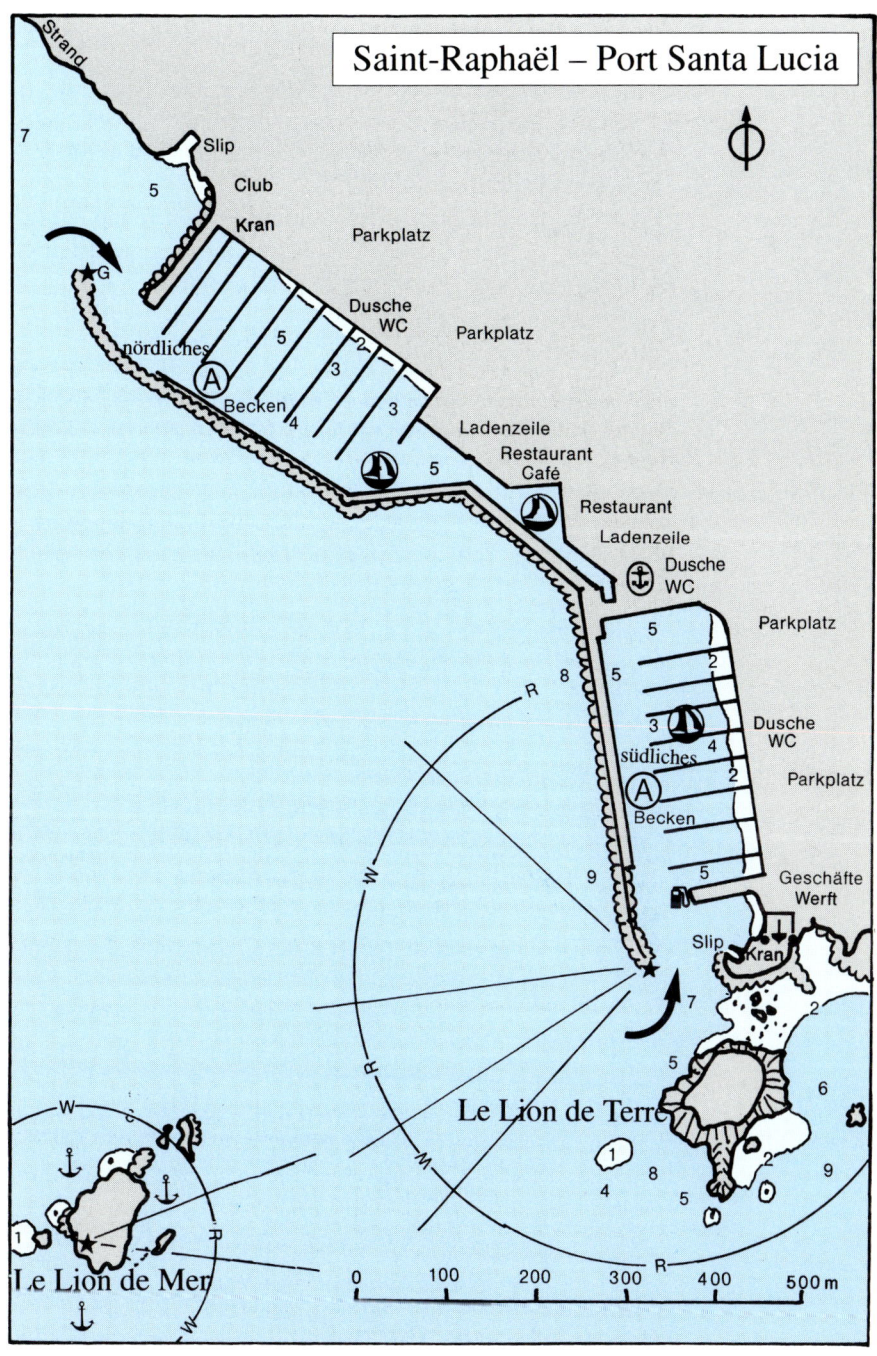

Saint-Raphaël – Port Santa Lucia

1814 brach Napoleon von hier aus zu seinem selbstgewählten Exil auf der Insel Elba auf.

Seinen heutigen Ruf als Seebad der Künstler begründeten in Saint-Raphaël in der zweiten Hälfte des vorigen Jahrhunderts bekannte Schriftsteller wie Alexandre Dumas und Guy de Maupassant sowie die Komponisten Hector Berlioz und Charles Gounod.

Die beiden Städte Saint-Raphaël und Fréjus gehen nahtlos ineinander über, wobei die Brücke über den Fluß La Garonne westlich des Stadthafens die Grenze zwischen den beiden Städten darstellt.

Etwas mehr als eine halbe Seemeile westlich des Stadthafens von Saint-Raphaël ist als Ersatz für den alten römischen Galeerenhafen, dessen verschüttete Kaimauern durch Versandung der Küste inzwischen etwa eininhalb Kilometer landeinwärts liegen, der moderne Yachthafen

Fréjus
43° 25'N
006° 45'E

entstanden. Teile des Zufahrtkanals aus römischer Zeit sind bereits als Erweiterung des Hafens freigelegt und ausgebaggert worden, der Rest einschließlich des römischen Hafens wird in den nächsten Jahren folgen.

Ansteuerung (Seekarten: D 597, BA 2166, F 6873 und 6838, CG 501 und 502): Die Ansteuerung der in der nordöstlichen Ecke des Golfes von Fréjus liegenden, nach Nordosten offenen Hafeneinfahrt bereitet außer bei starken südlichen Winden keinerlei Schwierigkeiten. Die Molenköpfe sind befeuert. Bei Tage ist die Lage des Hafens an den fünf- bis siebenstöckigen Neubauten rund um das Hafenbecken gut zu erkennen.

Liegeplatz: Der neu errichtete Yachthafen verfügt über 730 gut ausgestattete Liegeplätze für Yachten bis 30 m Länge und 3,00 m Tiefgang, davon 30 für Gäste. Die Gastliegeplätze (bis 30 m Länge) sind einlaufend an Backbord vor der Außenmole. Alle Liegeplätze sind mit Strom- und Wasseranschlüssen sowie Grundleinen versehen. Duschen und Toiletten sind neben dem Büro des Hafenmeisters. Kraftstoff erhält man an der Hafentankstelle neben der Yachtwerft.

Hafenmeister: M. J. Marie Garnier, Tel. 94 82 63 00. Im Hafenbüro werden regelmäßig die neuesten Wetterberichte ausgehängt. Der Anmeldekai ist einlaufend an Backbord gegenüber der Tankstelle. Das Büro des Hafenmeisters ist über UKW-Kanal 9 zu erreichen.

Reparaturmöglichkeiten: Neben der Tankstelle ist ein großer Werftbetrieb, in dem Reparaturen aller Art ausgeführt werden können. In den Neubauten um das Hafenbecken herum sind mehrere Schiffsausrüster.

Versorgung: In den Neubauten um den Hafen gibt es Restaurants, Cafés und Lebensmittelgeschäfte – weitere Versorgungsmöglichkeiten an der sich an den Hafen in östlicher Richtung anschließenden Strandpromenade und deren Querstraßen.

Bademöglichkeiten: Nordöstlich und südwestlich schließen sich schöne Sandstrände an den Hafen an, wobei der in südwestlicher Richtung allerdings schon sehr bald durch einen Zaun begrenzt wird, hinter dem der Strand der französischen Luftwaffe liegt, die hier in unmittelbarer Küstennähe einen Flugplatz unterhält. Die startenden und landenden Jagdflugzeuge stören die Ruhe und Idylle des Golfes, vor allem außerhalb der Saison, nicht unerheblich, während der Saison hält sich das Militär mit seinen Übungsflügen etwas zurück.

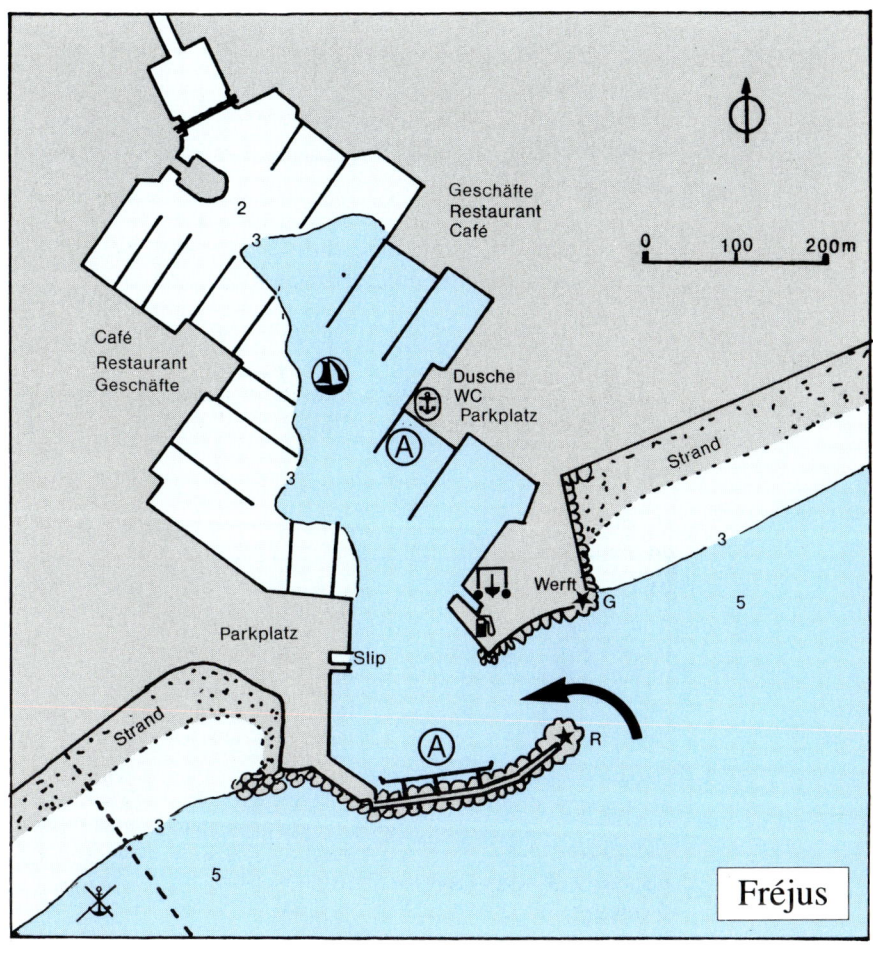

Entfernung von Saint-Tropez 12 sm, Porquerolles 40 sm, Calvi (Korsika) 102 sm.

Forum Julii

Fréjus ist ein ausgesprochen geschichtsträchtiger Ort – allenthalben sind die Reste des von Julius Cäsar gegründeten und später von Kaiser Augustus zu einem der wichtigsten römischen Kriegshäfen ausgebauten *Forum Julii* freigelegt worden. Der Hafen besaß eine auch für heutige Verhältnisse stattliche Größe mit 22 ha Wasserfläche und 2 km Kaianlagen. Er war durch einen 30 m breiten und 500 m langen Kanal mit dem Meer verbunden. Mit dem Untergang des Römischen Reiches sank auch Fréjus zur Bedeutungslosigkeit herab; der Hafen versandete, und regelmäßige Sarazenenüberfälle sorgten dafür, daß zu Beginn des 10. Jahrhunderts von der einst blühenden Stadt so gut wie nichts mehr übrigblieb. 990 n. Chr. wurde

105

die Stadt als einer der frühesten französischen Bischofssitze wiederaufgebaut – der ehemalige bischöfliche Palast dient heute als Gerichtsgebäude und Rathaus.

Südwestlich an den Hafen schließt sich an Land ein umfangreiches Militärgebiet an, vor dem einige große Festmachetonnen für Marinefahrzeuge liegen.

Gut eineinhalb Seemeilen südwestlich von Fréjus liegt am Ende eines schönen und sehr beliebten Strandes der Yachthafen

Saint-Aygulf
43° 23'N
006° 43'E

der aus dem kleinen Schutzhafen für einige Fischerboote an dem gleichnamigen Kap entstanden ist. Der Ort mit seinen kleinen Hotels und Pensionen gehört zu den Geheimtips für Urlauber in dieser Region.

Ansteuerung (Seekarten: D 597, BA 2166, F 6873 und 6838, CG 502): Die Ansteuerung der fast in der Mitte der Westseite des Golfes von Fréjus liegenden und nach Norden offenen Hafen-

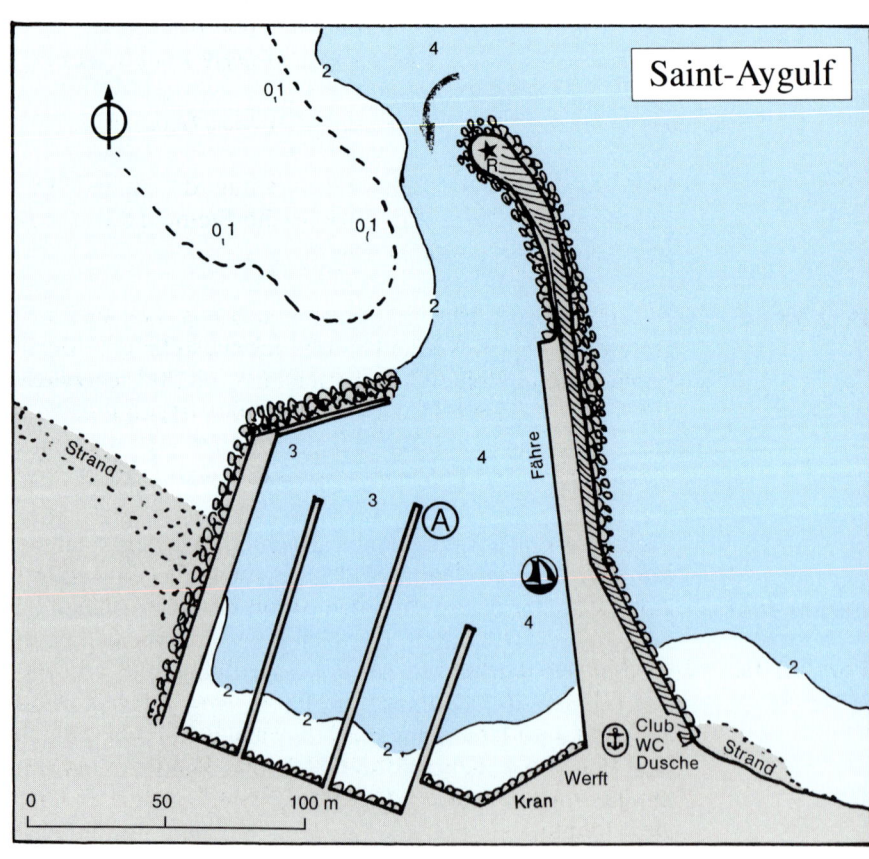

einfahrt bereitet außer bei starkem Mistral keinerlei Schwierigkeiten. Die Lage des Hafens ist bei Tage an der südlich davon liegenden Ortschaft Saint-Aygulf auszumachen und an der nördlich davon in eine flache Ebene übergehenden Küstenlinie, vor der sich etwa 400 m nördlich ein großer heller Hotelkomplex abhebt. Der Hafen liegt direkt westlich der Pointe de Saint-Aygulf. Die nächtliche Ansteuerung wird durch den befeuerten Molenkopf erleichtert.

Liegeplatz: Der neu errichtete Yachthafen verfügt über 240 gut ausgestattete Liegeplätze für Yachten bis 15 m Länge und 2,50 m Tiefgang, davon 20 für Gäste. Alle Liegeplätze sind mit Strom- und Wasseranschlüssen sowie Grundleinen versehen. Duschen und Toiletten sind neben dem Büro des Hafenmeisters. Kraftstoff erhält man an der Hafentankstelle beim Büro des Hafenmeisters.

Hafenmeister: M. S. Fraïoli, Tel. 94 81 15 65. Im Hafenbüro werden regelmäßig die neuesten Wetterberichte ausgehängt. Anmeldekai ist der Kopf des mittleren Steges. Das Büro des Hafenmeisters ist über UKW-Kanal 9 zu erreichen.

Reparaturmöglichkeiten: Ein kleiner Werftbetrieb beim Hafenbüro ist in der Lage, Reparatur- und Überholungsarbeiten an kleinen und mittelgroßen Yachten auszuführen. Ein kleines Schiffszubehörgeschäft ist am Hafen.

Versorgung: Eine Snackbar ist direkt beim Hafen; Restaurants, Cafés und Lebensmittelgeschäfte finden sich in der Ortschaft einige hundert Meter vom Hafen.

Bademöglichkeiten: Nordwestlich an den Hafen schließt sich der bis zum Hafen von Fréjus reichende, beliebte Sandstrand an.

Entfernung von Cannes 19 sm, Saint-Raphaël 3 sm, Saint-Tropez 10 sm.

Vor der Felsküste südlich der Pointe de Saint-Aygulf sind zahlreiche Flachstellen, Klippen und überspülte Steine, so daß man ausreichend Abstand von der Küste halten sollte.

Port Tonic ist ein kleiner, in einer Felseinbuchtung der Petits-Maures versteckter Hafen mit einem Verkaufs- und Servicestützpunkt der Firma „Rio" – bekannt für ihre kleinen Motoryachten – mit 20 Liegeplätzen, davon zwei für Gäste, die die erste Nacht dort kostenlos liegen können. Im Herbst werden alle Boote aus dem Wasser genommen, da bei starken östlichen und südöstlichen Winden gefährlicher Schwell in dem kleinen Hafenbecken steht.

Etwa zwei Seemeilen südlich von Saint-Aygulf liegt an der wunderschönen Küste des Massif des Petits-Maures der Yachthafen

Port des Issambres-Ferréol der bei Mistral hervorragenden Schutz bietet, bei östlichen und
43° 21'N   südöstlichen Winden allerdings voll dem Seegang ausgesetzt ist, der sich
006° 43'E   auch noch im Inneren des Hafens unangenehm bemerkbar macht.
Der sich an der Küstenstraße entlangziehende Ort Les Issambres hat außer einigen Geschäften des täglichen Bedarfs nichts zu bieten, was einen Besuch lohnte.

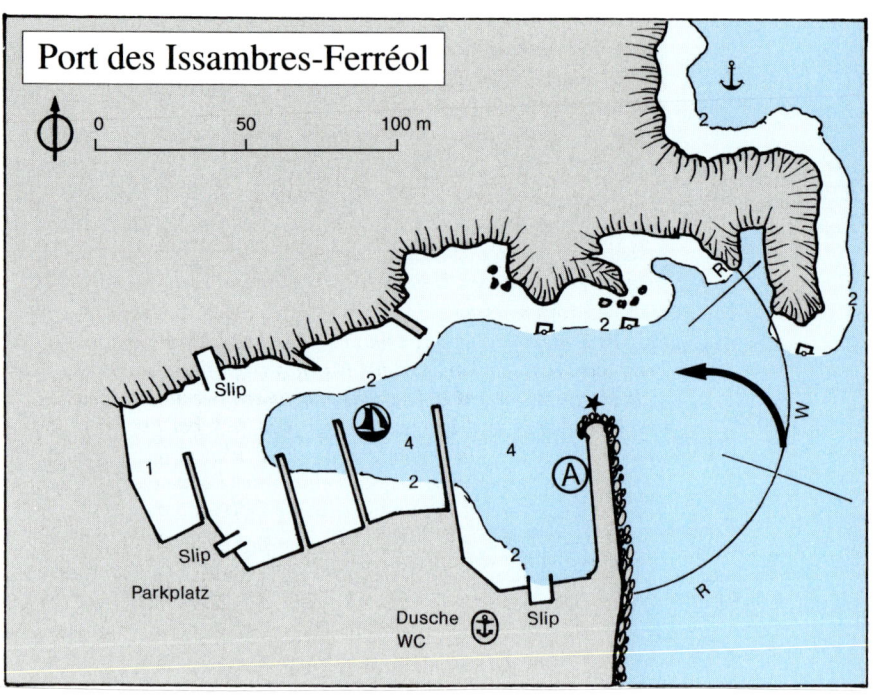

Ansteuerung *(Seekarten: D 597, BA 2166, F 6873 und 6838, CG 502): Der in einer Felseinbuchtung der Petits-Maures gelegene Hafen ist aus größerer Entfernung nicht auszumachen. Man kann ihn nur finden, wenn man ziemlich dicht unter Land fährt. Die Steuerbordseite der schmalen Einfahrt wird im Sommer von drei weißen Bojen markiert, an Backbord brennt ein Feuer auf dem Molenkopf mit einem weißen und einem roten Sektor. Bei starken Winden aus Ost bis Südost ist wegen des heftigen Schwells von einer Ansteuerung des Hafens abzuraten.*

Liegeplatz: *Der kleine und äußerst gemütliche Yachthafen verfügt über 135 Liegeplätze für Yachten bis 12 m Länge, davon ein Dutzend für Gäste, die allerdings meistens belegt sind. Alle Liegeplätze sind mit Strom- und Wasseranschlüssen sowie Grundleinen versehen. Duschen und Toiletten sind neben dem Büro des Hafenmeisters.*

Hafenmeister: *M. C. Casteu, Tel. 94 49 51 56. Im Hafenbüro werden regelmäßig die neuesten Wetterberichte ausgehängt. Der Anmeldekai ist einlaufend an Backbord hinter dem Molenfeuer.*

Versorgung: *Restaurants, Cafés und kleine Lebensmittelgeschäfte finden sich in der näheren Umgebung des Hafens.*

Entfernung von Saint-Raphaël 6 sm, Sainte-Maxime 6 sm.

An der Westseite der *Pointe de La Garonne*, von der man wegen vorgelagerter Untiefen ausreichend Abstand halten sollte, befindet sich eine kurze Mole, deren Innenseite zum Kai ausgebaut ist. Hier und an dem vom

Strand ausgehenden Schwimmsteg können nur einige kleinere Yachten bis etwa 7 m Länge anlegen.

Etwa 200 m weiter liegt vor einer wunderschön bewaldeten Kulisse der Yachthafen

San-Peïre Les Issambres der bei allen Wind- und Wetterbedingungen guten Schutz sowie
43° 20'N   Ruhe und Abgeschiedenheit bietet. Außer den Gebäuden um die
006° 41'E   Capitainerie mit Restaurant, Café und einigen kleinen Geschäften gibt es hier nichts.

Ansteuerung (Seekarten: D 597, BA 2166, F 6873, CG 502): Der Hafen liegt an der Nordseite der Baie de Bougnon dicht westlich der Pointe de La Garonne in der Nähe der Ortschaft San-Peïre-sur-Mer. Bei Tage ist der Hafen aus größerer Entfernung vor der niedrigen Küste nicht auszumachen. Man kann ihn nur finden, wenn man ziemlich dicht unter Land fährt. Die Molenköpfe sind befeuert, wobei man sich bei der nächtlichen Ansteuerung an den weißen Sektor des Molenfeuers hält. Die beiden grünen Sektoren decken die Untiefen an der Pointe de la Garonne und die weit vor der Pointe des Sardinaux liegenden Klippen und Untiefen „Les Sardinaux" und „La Sèche à l'Huile" ab.

Liegeplatz: Der gut ausgestattete Yachthafen verfügt über 440 Liegeplätze für Yachten bis 15 m Länge, wovon 100 für Gäste reserviert sein sollen, die aber in der Saison meist alle belegt sind. Die Gastliegeplätze sind einlaufend an Steuerbord vor der Außenmole. Alle Liegeplätze sind mit Strom- und Wasseranschlüssen sowie Grundleinen versehen. Duschen und Toi-

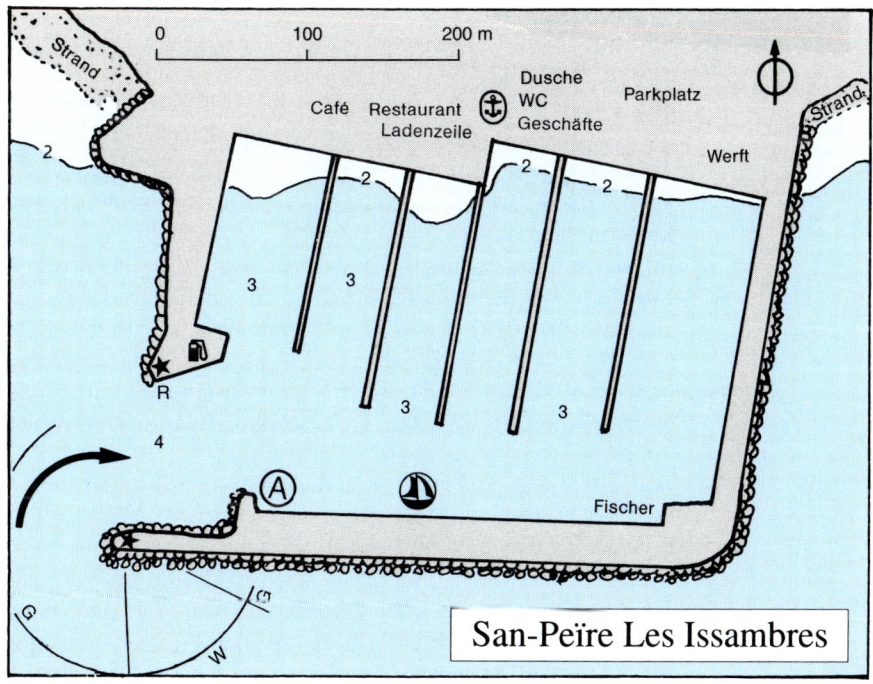

San-Peïre Les Issambres

letten sind in dem Gebäude des Hafenbüros. Kraftstoff erhält man an der Hafentankstelle auf dem Kopf der westlichen Außenmole.

Hafenmeister: M. M. Colombier, Tel. 94 49 40 29. Im Hafenbüro werden regelmäßig die neuesten Wetterberichte ausgehängt. Der Anmeldekai ist einlaufend an Steuerbord am Anfang der südlichen Außenmole (nur in der Saison). Ist dort niemand, legt man provisorisch in der Nähe der Tankstelle an und meldet sich im Hafenbüro. Das Büro des Hafenmeisters ist über UKW-Kanal 9 zu erreichen.

Reparaturmöglichkeiten: Ein kleiner Werftbetrieb in der nordöstlichen Ecke des Hafens ist in der Lage, Reparatur- und Überholungsarbeiten an kleinen und mittelgroßen Yachten – hauptsächlich Motorbooten – auszuführen. Hier erhält man auch Schiffszubehör in bescheidenem Rahmen.

Versorgung: In dem Gebäudekomplex um das Hafenbüro herum befinden sich ein Restaurant, ein Café und ein kleines Lebensmittelgeschäft für den täglichen Bedarf.

Bademöglichkeiten: Westlich an den Hafen schließt sich ein im Sommer vielbesuchter Badestrand an.

Entfernung von Cannes 20 sm, Sainte-Maxime 4 sm.

Südlich der Untiefen und Klippen vor der Pointe des Sardinaux, *Les Sardinaux* und *La Sèche à l'Huile*, die jeweils mit einer befeuerten Untiefenbake markiert sind, öffnet sich der weit nach Westen einschneidende

Golf von Saint-Tropez der nicht umsonst eines der beliebtesten Wassersportreviere der französischen Mittelmeerküste ist, liegen hier doch so wohlklingende Hafenorte wie Sainte-Maxime, Port Grimaud, Marines de Cogolin und vor allem der Jet-set-Hafen Saint-Tropez, die insgesamt etwa 5000 Yachten beherbergen können.

Aus dem Golf von Fréjus kommend, sollte man die Untiefenbake *Les Sardinaux* mindestens 100 m an Steuerbord lassen, ebenso den gemauerten Turm der Untiefenbake *La Sèche à l'Huile*. Es gibt zwar eine für Yachten ausreichend tiefe Durchfahrt zwischen der Pointe des Sardinaux und den Untiefenbaken, jedoch sollte man diese nur bei ruhigem Wetter unter Zuhilfenahme einer entsprechend großmaßstäblichen Karte benutzen.

Für den Golf von Saint-Tropez gelten umfangreiche Vorschriften zur Geschwindigkeitsbeschränkung für alle Wasserfahrzeuge und Einschränkungen für das Wasserskilaufen. Die genauen Begrenzungen und Einschränkungen sind in den Hafenbüros aller Häfen im Golf ausgehängt.

Zwei Seemeilen westlich der Untiefenbaken liegt der beliebte Badeort

Sainte-Maxime malerisch am Nordufer des Golfes von Saint-Tropez. Der Hafen wird
43° 18'N
006° 38'E
beherrscht von dem wuchtigen viereckigen Wehrturm, den die Mönche von Lérins hier errichtet haben. Er wirkt heute zwischen den achtstöckigen Wohnblocks an der Uferstraße wie ein Relikt aus vergangener Zeit. An die Uferstraße schließt sich die Altstadt an, die im Sommer für jeglichen Autoverkehr gesperrt ist. Ein Spaziergang durch die engen und verwinkelten Gassen lohnt sich.

Ansteuerung (Seekarten: D 597, BA 2166, F 6873 und 7267, CG 502): Die Ansteuerung der nach Westen offenen Einfahrt bereitet außer bei starkem Mistral keinerlei Schwierigkeiten. Die Lage des Hafens ist bei Tage an dem großen weißen, achtstöckigen Wohngebäude hinter dem Hafen und der Bogenbrücke über den Fluß Le Préconil gut zu erkennen. Bei Nacht sind die Feuer auf den Molenköpfen vor der hell erleuchteten Ortschaft nur schwer auszumachen und erst beim Näherkommen zu identifizieren.
Achtung! Etwa 1000 m östlich vor dem Hafen liegt eine einsame Klippe etwa 100 m vor der Felsküste.

Liegeplatz: Die moderne Yachtmarina verfügt in den zwei Hafenbecken, dem öffentlichen und dem privaten Hafen, über 765 Liegeplätze für Yachten bis 15 m Länge und 4,20 m Breite, davon etwa ein Dutzend für Gäste. Die Gastliegeplätze sind einlaufend an der Backbordseite der großen Mole mit Hafenbüro und Tankstelle, welche die beiden Hafenbecken trennt. Alle Liegeplätze sind mit Strom- und Wasseranschlüssen sowie Grundleinen versehen – in dem privaten Teil des Hafens zusätzlich mit Telefon- und Fernsehanschlüssen. Duschen und Toiletten sind bei dem Büro des Hafenmeisters und beim Yachtclub. Kraftstoff erhält man an der Hafentankstelle auf dem Kopf der großen Pier.

Hafenmeister: Öffentlicher Hafen: M. R. Aue et G. Ollivier, Tel. 94 96 74 25. Im Hafenbüro werden regelmäßig die neuesten Wetterberichte ausgehängt. Als Anmeldekai fungiert der Bereich am Kopf der breiten Pier neben der Tankstelle. Das Büro des Hafenmeisters ist über UKW-Kanal 9 zu erreichen.
Privater Hafen: M. Toucas, Tel. 94 96 05 12. Auch hier werden regelmäßig die neuesten Wetterberichte ausgehängt. Beide Hafenbüros liegen am Kopf der Geschäftszeile nebeneinander.

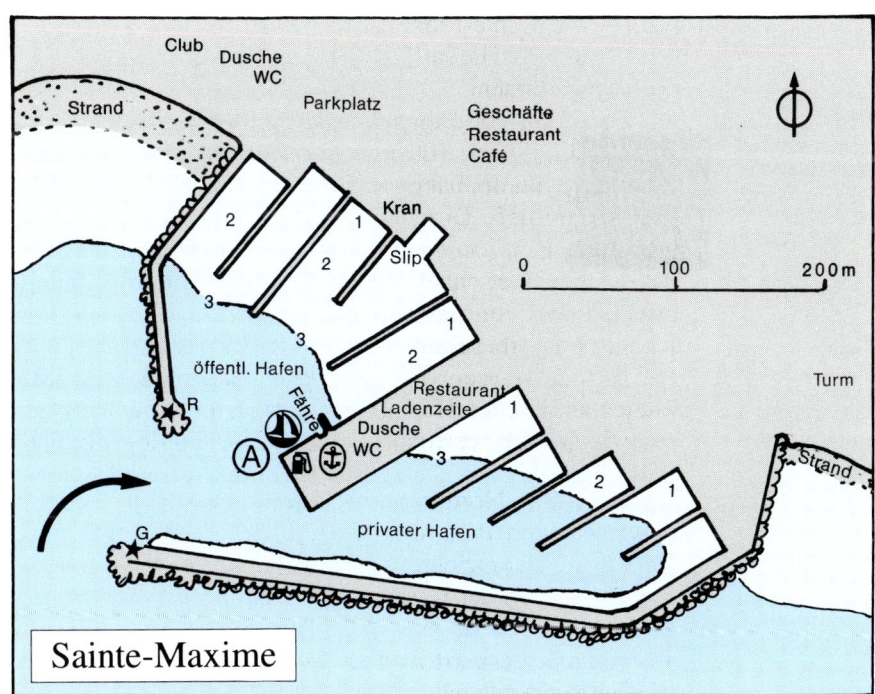

Reparaturmöglichkeiten: An beiden Hafenbecken sind Werftbetriebe, die in der Lage sind, Reparaturen aller Art auszuführen und in dem Hafen überwinternde Yachten zu warten. Ein großes Schiffszubehörgeschäft befindet sich in der Ladenzeile. Weitere Zubehörgeschäfte sind in der Nähe des Hafens.

Versorgung: Das Stadtzentrum liegt auf der anderen Straßenseite des Boulevard de la République, der hinter dem Hafen entlangführt. Hier gibt es zahlreiche Restaurants, Cafés und Lebensmittelgeschäfte. Vor allem am Boulevard direkt gegenüber dem Hafen reiht sich ein Café und Restaurant neben das andere.

Bademöglichkeiten: Die nächste Möglichkeit ist der Strand westlich des Hafens bis zur Mündung des Flusses Préconil. Hinter der Flußmündung beginnt der weite, im Sommer stets gut besuchte Strand der Nordseite des Golfes von Saint-Tropez, der sich mit kleinen Unterbrechungen bis Port Grimaud hinzieht.
Wer etwas auf sich hält, fährt allerdings zum Baden mit seiner Yacht quer über den Golf zur Plage de Pampelonne, wo sich im Sommer die internationale Gesellschaft ein Stelldichein gibt.

Entfernung von Saint-Raphaël 11 sm, Saint-Tropez 2,5 sm, Port Grimaud 4 sm, Calvi (Korsika) 105 sm, Bonifacio (Korsika) 165 sm.

Sainte-Maxime ist eine Stadt voller quirligen Lebens, in der vor allem im Sommer immer etwas los ist – und sei es auch nur, daß Straßenmusikanten vor einem der zahllosen Cafés oder Restaurants an der Promenade spielen. Die Stadt ist vor allem bei jungen Leuten sehr beliebt, die auf einem der zahlreichen Campingplätze am Nordufer des Golfes von Saint-Tropez ihre Ferien verbringen.

Port Grimaud
43° 16'N
006° 35'E

Die erste künstliche Lagunenstadt an der französischen Mittelmeerküste ist zum Vorbild für zahlreiche ähnliche Anlagen im Languedoc-Roussillon geworden, die aber allesamt sehr viel steriler und gekünstelter wirken als das im pseudoprovenzalischen Stil von dem inzwischen weltbekannt gewordenen Architekten Spoerry geschaffene Port Grimaud. Das Konzept des Liegeplatzes vor der Haustür der Ferienwohnung hat sich in den letzten Jahren immer mehr durchgesetzt.

Bunte Lagunenstadt

Kleine, bunt getünchte, meist dreigeschossige Häuser reihen sich um von Brücken überspannte Kanäle und Wasserflächen. Dazwischen Straßen, Fußwege und Parkplätze. Die Anlage war von Anfang an so erfolgreich, daß sie ständig erweitert worden ist und inzwischen aus drei großen, selbständigen Bereichen besteht – Port Grimaud I (der nördliche Teil), Port Grimaud II (der südliche Teil, auch Marina Port Grimaud genannt) und Port Grimaud III (der westliche Teil).

Ansteuerung (Seekarten: D 597, BA 2166, F 6873 und 7267, CG 502): Die Ansteuerung der tief im Golf von Saint-Tropez liegenden, nach Osten offenen Einfahrt bereitet bei allen Wind- und Wetterverhältnissen keinerlei Schwierigkeiten, man muß nur darauf achten, die drei dicht nebeneinanderliegenden Einfahrten nach „Port Grimaud" (Steuerbord), „Port Cogolin" (Mitte) und „Marines de Cogolin" (Backbord) nicht zu verwechseln. Bei der nächtlichen

Ansteuerung hilft zunächst das weiße, 9 sm weit scheinende Funkelfeuer an der Backbordseite der Einfahrt in den Fluß La Giscle, der nach Port Cogolin führt. Dieses Feuer ist bereits bei der Einsteuerung in den Golf von Saint-Tropez mit etwas Aufmerksamkeit auszumachen. Hält man darauf zu, landet man automatisch vor der Einfahrt nach Port Grimaud, wo an der Steuerbordseite rechtzeitig ein grünes Feuer sichtbar wird. Der Hafen ist nachts so gut beleuchtet, daß eine nächtliche Ansteuerung keine Probleme bereitet. Generell halte man bei der Einsteuerung in den Golf von Saint-Tropez – gleich aus welcher Richtung – sich zunächst an den weißen Sektor des Molenfeuers von Saint-Tropez (Oc (2) WR. 6s 13/9M), dann an den weißen Sektor des Feuers Pointe de Bertaud auf dem Torpedoübungsschießstand der französischen Marine (Iso. WRG. 4s 9/6/6M), bis man Saint-Tropez passiert hat und auf das erwähnte Funkelfeuer zuhalten kann. Auf diese Weise geht man allen Untiefen und Klippen aus dem Weg.

Liegeplatz: Die aus den drei eigenständigen Bereichen Port Grimaud I (der nördliche Teil), Port Grimaud II (der südliche Teil – auch Marina Port Grimaud genannt) und Port Grimaud III (der westliche öffentliche Teil) bestehende Anlage verfügt über insgesamt etwa 1800 Liegeplätze für Yachten bis 55 m Länge und davon 350 für Gäste. Die Gastliegeplätze in Port Grimaud I sind einlaufend an Steuerbord im Vorhafen beim Hafenbüro, an der gegenüberliegenden Seite bei der Tankstelle, vor der Außenmole, rund um die Kirche und an dem von der Kircheninsel ausgehenden Steg; westlich gegenüber der Kirche ist ein kleiner Bereich für Gäste und im Canal occidental, dem westlichen Kanal. Weitere Gastliegeplätze sind in dem öffentlichen Bereich (Port Grimaud III) und einige wenige in Port Grimaud II. Alle Liegeplätze sind mit Strom- und Wasseranschlüssen sowie Grundleinen versehen. Duschen und Toiletten sind bei den verschiedenen Hafenbüros sowie an anderen Stellen der weitläufigen Anlage. Kraftstoff erhält man an der Hafentankstelle bei der Einfahrt.

Hafenmeister: Port Grimaud I: M. G. Brabant, Tel. 94 56 29 88
            Port Grimaud II: M. R. Poste, Tel. 94 56 11 15
            Port Grimaud III: M. G. Cazalas, Tel. 94 56 02 45
In den Hafenbüros werden regelmäßig die neuesten Wetterberichte ausgehängt. Der Anmeldekai ist einlaufend an Steuerbord gegenüber der Tankstelle. Das Büro des Hafenmeisters ist über UKW-Kanal 9 zu erreichen.

Reparaturmöglichkeiten: Verschiedene Werftbetriebe, vor allem in Port Grimaud II (Marina), sind in der Lage, Reparaturen aller Art auszuführen und in dem Hafen überwinternde Yachten zu warten. In der weitläufigen Anlage finden sich auch zahlreiche Schiffszubehörgeschäfte.

Versorgung: Überall im Hafengebiet gibt es Restaurants, Cafés und Lebensmittelgeschäfte mit einem vielfältigen Angebot. Die Restaurants am Hafen sind alle empfehlenswert – leider sind die meisten nur im Sommer geöffnet.

Bademöglichkeiten: Ein kleiner Strand liegt zwischen der Hafeneinfahrt und der Mündung des Flusses La Giscle. Nördlich der Hafeneinfahrt beginnt der weite Strand der Nordseite des Golfes von Saint-Tropez, der sich mit kleinen Unterbrechungen bis Sainte-Maxime erstreckt.

Entfernung von Saint-Raphaël 13 sm, Sainte-Maxime 3,5 sm, Saint-Tropez 2,5 sm, Bonifacio (Korsika) 167 sm.

Knapp eine halbe Seemeile La Giscle flußaufwärts liegt die neue Ferienanlage

Port Cogolin
43° 16'N
006° 35'E

mit einem Flußhafen in dem Nebenarm La Gisclette und einem kleinen Hafenbecken, das von dem Fluß La Giscle abzweigt. Hier gibt es etwa 100 Liegeplätze auf 2,50 m Wassertiefe, von denen aber nur wenige für Gäste vorgesehen sind. Wegen der bequemen Versorgungsmöglichkeiten bei kurzen Wegen kann es sich durchaus lohnen, hier einmal festzumachen. Ansonsten hat die sterile Neubausiedlung aber nichts zu bieten, was einen Aufenthalt wert wäre.

Motoryachten können noch weiter flußaufwärts fahren, wo sie hinter der Straßenbrücke einen weiteren Flußhafen finden, dessen Liegeplätze zu einem Werftbetrieb gehören.

Auf der anderen Seite der Flußmündung liegt die Einfahrt zu

Marines de Cogolin
43° 16'N
006° 35'E

dem größten Yachthafen im Golf von Saint-Tropez, der zugleich weit und breit die sichersten und ruhigsten Liegeplätze bietet. Selbst mitten in der Saison, wenn in Saint-Tropez, Saint-Maxime und Port Grimaud kein Platz mehr frei ist, findet man hier fast immer noch einen freien Liegeplatz – allerdings ohne den Rummel, den die anderen Häfen bieten. Hier geht es eher etwas vornehm zurückhaltend zu.

Ansteuerung (Seekarten: D 597, BA 2166, F 6873 und 6838, CG 502): Die Ansteuerung der tief im Golf von Saint-Tropez liegenden, nach Norden offenen Einfahrt bereitet bei allen Wind- und Wetterverhältnissen keinerlei Schwierigkeiten; man muß nur darauf achten, die drei dicht nebeneinanderliegenden Einfahrten nach „Port Grimaud" (Steuerbord), „Port Cogolin" (Mitte) und „Marines de Cogolin" (Backbord) nicht zu verwechseln. Bei der nächtlichen Ansteuerung hilft zunächst das weiße, 9 sm weit scheinende Funkelfeuer an der Backbordseite der Einfahrt in den Fluß La Giscle, der nach Port Cogolin führt. Dieses Feuer ist bereits bei der Einsteuerung in den Golf von Saint-Tropez mit etwas Aufmerksamkeit auszumachen. Hält man darauf zu, landet man automatisch vor der Einfahrt in die Marines de Cogolin, wo an der Backbordseite rechtzeitig ein rotes Feuer sichtbar wird. Erst nach dem Runden der Außenmole sieht man das kleine grüne Steuerbordfeuer. Der Hafen ist nachts dank der kräftigen Strahler am Hafenbüro so gut ausgeleuchtet, daß die Liegeplätze ohne Schwierigkeiten zu finden sind.

Liegeplatz: In den vier Becken des mit allem Komfort versehenen Yachthafens gibt es insgesamt 1550 Liegeplätze für Yachten bis 35 m Länge und 4,00 m Tiefgang, davon 270 für Gäste. Die Gastliegeplätze sind vornehmlich im Bereich des öffentlichen Hafens einlaufend an Backbord vor der Außenmole und an den Stegen parallel zur Außenmole bis zum Hafenbüro. Alle Liegeplätze sind mit Strom- und Wasseranschlüssen sowie Grundleinen versehen. Duschen und Toiletten sind an fünf verschiedenen Stellen über das Hafengebiet verstreut. Kraftstoff erhält man an der Hafentankstelle vor dem Hafenbüro.

Hafenmeister: M. Castro, Tel. 94 56 07 31, 94 56 10 32, 94 56 18 83. Im Hafenbüro und an den fünf Sanitärgebäuden werden regelmäßig die neuesten Wetterberichte ausgehängt. Der Anmeldekai ist gegenüber der Einfahrt vor dem Hafenbüro unweit der Tankstelle. Das Büro des Hafenmeisters ist über UKW-Kanal 9 zu erreichen.

Reparaturmöglichkeiten: Die Yachtwerft „Laurent Marine" gehört zu den besten und renommiertesten Werften an der französischen Mittelmeerküste. Nicht umsonst liegen hier regelmäßig

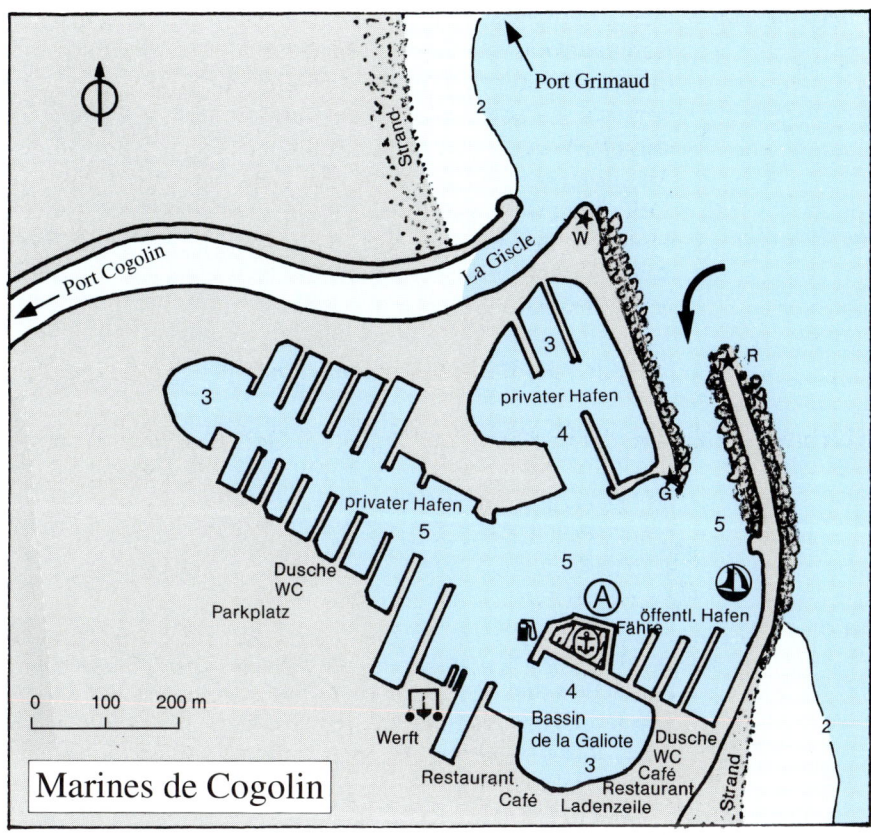

Maxi-Racer und America's-Cup-Yachten zur Überholung. Bei unserem ersten Besuch in Marines de Cogolin lag hier der Maxi-Racer „Helisara V" des inzwischen verstorbenen Dirigenten Herbert von Karajan. Aber auch kleine und mittelgroße Yachten werden prompt und zuverlässig repariert und gewartet. Die Werft verfügt über eigene Liegeplätze vor der Einfahrt in den privaten Teil des Hafens. Für kleine Motoryachten steht ein eigenes Hochregallager zur Verfügung. Ein gut sortiertes Schiffszubehörgeschäft ist an die Werft angeschlossen. Rund um das Becken „Bassin de la Galiote" sind noch einige kleinere Werftbetriebe, die in der Hauptsache auf die Wartung von hier überwinternden Yachten spezialisiert sind und bei denen ebenfalls Schiffszubehör in bescheidenem Umfang erhältlich ist.

Versorgung: Rund um das Becken „Bassin de la Galiote" sind mehrere Cafés, Restaurants, Bäckerei und ein Lebensmittelgeschäft (nur im Sommer). Für größere Einkäufe lohnt es, die etwa 500 m vom Hafen zu dem nahe gelegenen Einkaufszentrum „Gassin de la Four" zu gehen. Dort gibt es neben dem Supermarkt „Géant Casino" Banken, Wechselstube, Boutiquen, Bäcker, Apotheke und ein Café. Die Restaurants am Hafen sind allesamt empfehlenswert und bieten jedes seine Spezialitäten, wie beispielsweise „Le Zebulon" mit hervorragenden „Moules Sauce Paulette" oder „Le Relais Marin" mit „Waterzooi" – der Chef ist Belgier, daher der seltsam klingende Name seiner Spezialität.

115

Bademöglichkeiten: Südöstlich an den Hafen schließt ein im Sommer stets überfüllter Badestrand an. Normalerweise fährt man zum Baden mit dem Schiff aus dem Golf heraus um das Cap de Saint-Tropez herum zur Plage de Pampelonne.

Entfernung von Saint-Raphaël 13 sm, Sainte-Maxime 3,5 sm, Saint-Tropez 2,5 sm, Bonifacio (Korsika) 167 sm.

Liegeplatz vor der Haustür   Auch hier wurde das Konzept des Liegeplatzes vor der Haustür der Ferienwohnung verwirklicht, aber in einer ganz anderen architektonischen Weise als in Port Grimaud. Die Wohnungen sind als ein- und zweigeschossige Reihenhäuser in meist fünf- und sechsgeschossigen Terrassenhäusern mit mehreren inneren Erschließungswegen untergebracht – eine ausgesprochen reizvolle und wertvolles Bauland sparende Lösung.

Das felsige Südufer des Golfes von Saint-Tropez ist gespickt mit überspülten Steinen und Untiefen, an denen schon manches Schiff gescheitert ist. Es vergeht kaum ein Jahr, ohne daß dort eine Yacht auf Grund läuft. Etwa auf halbem Wege zwischen Marines de Cogolin und Saint-Tropez liegt ein Wrack bei einer 0,60-m-Untiefe etwa 2 kbl vor dem Ufer.

Saint-Tropez
43° 16'N
006° 38'E
ist der bekannteste Ort an der gesamten Côte d'Azur. Nirgendwo sonst an der Riviera trifft man im Sommer so viele Prominente aus Film, Funk, Fernsehen und Popmusik wie hier. Dabei war der Ort bis zum Ende des vorigen Jahrhunderts ein verschlafenes Fischerdorf, das kaum jemand beim Namen kannte. Als sich impressionistische Maler wie Paul Signac, Pierre Bonnard und Henri Matisse mit ihrem Gefolge hier niederließen, begann der Aufstieg von Saint-Tropez zu einem der bekanntesten Ferienorte. Die ganz große Berühmtheit erlangte der Ort allerdings erst in den sechziger Jahren, als Frankreichs damals bekannteste Filmschauspielerin Brigitte Bardot ihr Domizil hierher verlegte.

Der Name Saint-Tropez geht auf eine alte Legende zurück: Auf Befehl des römischen Kaisers Nero wurde der später heilig gesprochene Torpes im Jahre 68 enthauptet und angeblich zusammen mit einem Hund und einem Hahn in einem Boot ausgesetzt. Der Legende nach soll das Boot mit seiner seltsamen Besatzung an der Stelle des heutigen Saint-Tropez gelandet sein.

Ansteuerung (Seekarten: D 597, BA 2166, F 6873 und 7267, CG 502): Der Hafen liegt am Südufer des Golfes von Saint-Tropez, genau gegenüber von Sainte-Maxime. Die Einsteuerung in die nach Westen offene Einfahrt bereitet außer bei starkem Mistral keinerlei Schwierigkeiten. Das Anlaufen des Anmeldekais ist bei Mistral kaum möglich. Beim Anlaufen aus östlichen Richtungen versteckt sich der Hafen hinter der mächtigen Zitadelle von Saint-Tropez. Erst beim Näherkommen ist die von dem großen runden Wachturm am Hafen ausgehende Außenmole zu erkennen. Der Leuchtturm, der früher das Ende der nördlichen Außenmole markierte, steht nach der Erweiterung des Hafens jetzt fast genau in der Mitte der Mole und ist außer Funktion. Die neuen Molenköpfe sind befeuert. Der Hafen ist nachts so gut beleuchtet, daß eine nächtliche Ansteuerung keine Probleme bereitet. Generell halte man

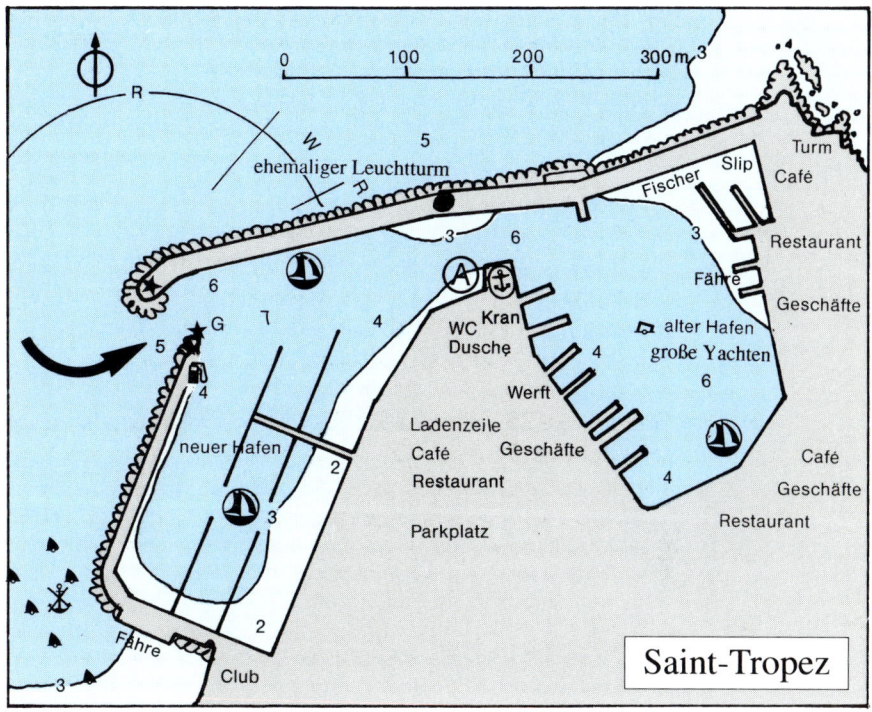

bei der Einsteuerung in den Golf von Saint-Tropez – gleich aus welcher Richtung – sich zunächst an den weißen Sektor des Molenfeuers von Saint-Tropez (Oc (2) WR. 6s 13/9M), dann an den weißen Sektor des Feuers Pointe de Bertaud auf dem Torpedoübungsschießstand der französischen Marine (Iso. WRG. 4s 9/6/6M), und zwar bis zum Ende der nördlichen Außenmole. Der neue Yachthafen liegt an Steuerbord hinter der Hafeneinfahrt, der alte Hafen öffnet sich hinter dem Anmeldekai mit dem Hafenbüro.

Liegeplatz: Der vor einigen Jahren erheblich erweiterte Yachthafen verfügt über etwa 900 Liegeplätze für Yachten bis 70 m Länge und 4,80 m Tiefgang, davon 150 für Gäste. Die Gastliegeplätze für kleinere und mittelgroße Yachten bis 15 m Länge sind einlaufend an Steuerbord in dem neuen Yachthafen, für große Yachten ab 20 m Länge in dem alten Hafen – dem hinteren Hafenbecken. Die nordöstliche Ecke des alten Hafens ist für die Fischer- und Ausflugsboote reserviert; die Stege vor dem westlichen Kai gehören den Werftbetrieben und Charterfirmen für Motoryachten, die letzten beiden der Handelsmarine und der Marine Nationale.

Die Liegeplätze in dem neuen Yachthafen sind mit Strom- und Wasseranschlüssen sowie Grundleinen versehen, die Liegeplätze im alten Hafen mit Strom-, Wasser-, Telefon- und Kabelfernsehanschlüssen (die entsprechenden Anschlüsse werden von einer Spezialfirma im Auftrage des Hafenbüros hergestellt). Duschen und Toiletten befinden sich in dem Gebäude des Hafenbüros. Kraftstoff erhält man an der Hafentankstelle am Kopf der westlichen Außenmole.

Die Liegegebühren sind die wohl höchsten an der gesamten französischen Mittelmeerküste, wobei im alten Hafen vor der malerischen Kulisse der ockerfarbenen Häuser mit den be-

117

kannten Restaurants im Erdgeschoß sogar noch ein etwa 50%iger Zuschlag erhoben wird. Trotz der hohen Liegegebühren ist der Hafen im Sommer regelmäßig überfüllt, und bereits gegen 16.30 Uhr heißt es meistens „tout complet" – schließlich muß man ja einmal im Leben in Saint-Tropez angelegt haben. Im alten Hafen kommt man sich mit einer Segelyacht unter 20 m Länge oder einer Motoryacht unter 25 m Länge verloren und vor allem völlig fehl am Platze vor. Man legt hier vor eigenem Anker, Heck zum Kai an.

Findet man keinen Platz im Hafen, so bietet die weite Bucht westlich der Hafeneinfahrt auf 10 bis 20 m Wassertiefe Ankermöglichkeiten für mehrere hundert Yachten – je weiter von der Hafeneinfahrt entfernt, um so ruhiger.

Hafenmeister: M. Letailleur, Tel. 94 97 40 55. Im Hafenbüro werden regelmäßig die neuesten Wetterberichte ausgehängt. Der Anmeldekai ist einlaufend an Steuerbord an der Einfahrt in den alten Hafen. Das Büro des Hafenmeisters ist über UKW-Kanal 9 zu erreichen.

Reparaturmöglichkeiten: An dem westlichen Kai des alten Hafens sind mehrere Werftbetriebe mit Kränen und Slipbahnen, die Reparaturen aller Art ausführen. Hinter dem westlichen Kai sowie in der Ladenzeile am neuen Yachthafen gibt es zahlreiche Schiffszubehörgeschäfte.

Versorgung: Rund um den Hafen, in der Ladenzeile am neuen Yachthafen und in der sich unmittelbar an den Hafen anschließenden Stadt gibt es unzählige Restaurants, Cafés, Lebensmittelgeschäfte, Boutiquen, Juweliere – überhaupt alles, wovon das Herz des mehr oder minder betuchten Besuchers nur träumen kann. Die Restaurants und Cafés am alten Hafen sind entsprechend ihrer exponierten Lage unverhältnismäßig teuer – weiter im Inneren des Ortes, beispielsweise in der Nähe der Kirche oder des Marktplatzes, sind die Preise schon etwas ziviler, aber im Vergleich zur übrigen französischen Mittelmeerküste immer noch sehr hoch. Wer sich nur verproviantieren will, sollte besser Marines de Cogalin anlaufen, um in dem Einkaufszentrum „Gassin de la Four" seine Besorgungen zu machen – auch die Einwohner von Saint-Tropez fahren dorthin zum Einkaufen.

Veranstaltungen: Alljährlich finden zwei „Bravades" – folkloristische Umzüge – statt. Die erste am 16., 17. und 18. Mai, wobei eine vergoldete Holzbüste des heiligen Torpes vom Bürgermeister durch die Straßen der Stadt getragen wird. Ihm folgt das sogenannte Bravade-Corps, vergleichbar mit deutschen Schützengilden, das aus der ehemaligen Bürgerwehr der Stadt hervorgegangen ist. Die zweite Bravade findet am 15. Juni zur Erinnerung an den Sieg der Bürgerwehr über eine Flotte spanischer Galeeren im Jahre 1637 statt.

Bademöglichkeiten: Der Ort Saint-Tropez selbst besitzt nur einen etwa 50 m langen Sandstrand westlich des Hafens; die berühmten Strände liegen auf dem Gebiet der Nachbargemeinde Ramatuelle, südwestlich des Caps de Saint-Tropez in der Baie de Pampelonne. Hierhin gelangt man als Yachttourist am besten auf eigenem Kiel, was sehr viel preiswerter ist, als am Hafen eigens ein Auto zu mieten, denn das bedeutet endlose Autoschlangen, hohe Parkgebühren und Eintrittspreise zu den Stränden.

Entfernung von Cannes 24 sm, Cavalaire 20 sm, Bastia (Korsika) 145 sm, Calvi (Korsika) 105 sm.

Ramatuelle und Gassin Ein Besuch der Nachbargemeinden *Ramatuelle* und *Gassin* ist durchaus die Investition in einen Leihwagen wert, liegen sie doch malerisch in etwa 200 m Höhe und bieten eine herrliche Aussicht auf den Golf von Saint-Tropez, die Baie de Pampelonne, die Baie de Bon-Porté und die Baie de Cavalaire. Bei guter Fernsicht zeichnen sich im Nordosten die Îles de Lérins und im Südwesten die Îles d'Hyères klar vom Horizont ab.

Östlich von Saint-Tropez, zwischen der Zitadelle und der Pointe de Rabiou, liegt die fast eine halbe Seemeile tiefe und eine Seemeile breite

Anse des Canebiers Sie ist vor allem im Sommer ein beliebter Ankerplatz für die Hunderte von Yachten, die im Hafen von Saint-Tropez keinen Platz gefunden haben oder die hohen Liegegebühren sparen wollen. Im südlichsten Teil der Bucht sind einige Werftbetriebe mit eigenen Stegen und Slipanlagen. An den Stegen sind meist um die zwei Meter Wassertiefe. Viele Besucher kommen auch nur hierher, um die Villa „La Madrague", das Haus von Brigitte Bardot, mit dem Fernglas zu beobachten.

Am südlichen Ausgang des Golfes von Saint-Tropez markiert die unbeleuchtete gemauerte Untiefenbake *Basse Rabiou* eine 6-m-Flachstelle nordöstlich der Pointe de Rabiou. Bei ruhigem Wetter kann man problemlos zwischen dem Kap und der Untiefenbake hindurchfahren. Eine halbe Seemeile südwestlich davon kennzeichnen die Überreste einer Untiefenbake die 0,4 sm vor der Küste liegende Klippe *Rocher de l'Ay*. Achtung! Die Reste der Bake sind nur schwer auszumachen. Die Passage zwischen der Küste und der Klippe ist 5,00 m tief, so daß man auch hier bequem durchfahren kann, was beim nächsten Kap, dem Cap de Saint-Tropez, nicht mehr so ganz leicht ist. Vor dem Kap erstreckt sich eine Klippenreihe in nordöstlicher Richtung mit einem vorgelagerten Flachwassergebiet, das im Nordosten von der gemauerten Turmbake *La Moutte* mit einem Leuchtfeuer von 9 sm Tragweite begrenzt wird. In der Mitte zwischen den Klippen und der Untiefenbake ist das Wasser knapp drei Meter tief. Nachts sollte man unbedingt den Weg außen herum um die Untiefenbaken nehmen, der von dem weißen Sektor des Feuers beschienen wird. Der rote Sektor deckt die Untiefenbake Basse Rabiou und die eine halbe Seemeile vor der Küste liegende Klippenreihe *Teste de Can* ab. Zwischen einigen vorgelagerten Klippen und den Klippen Teste de Can ist eine 6,00 m tiefe Durchfahrt.

PROVENCE

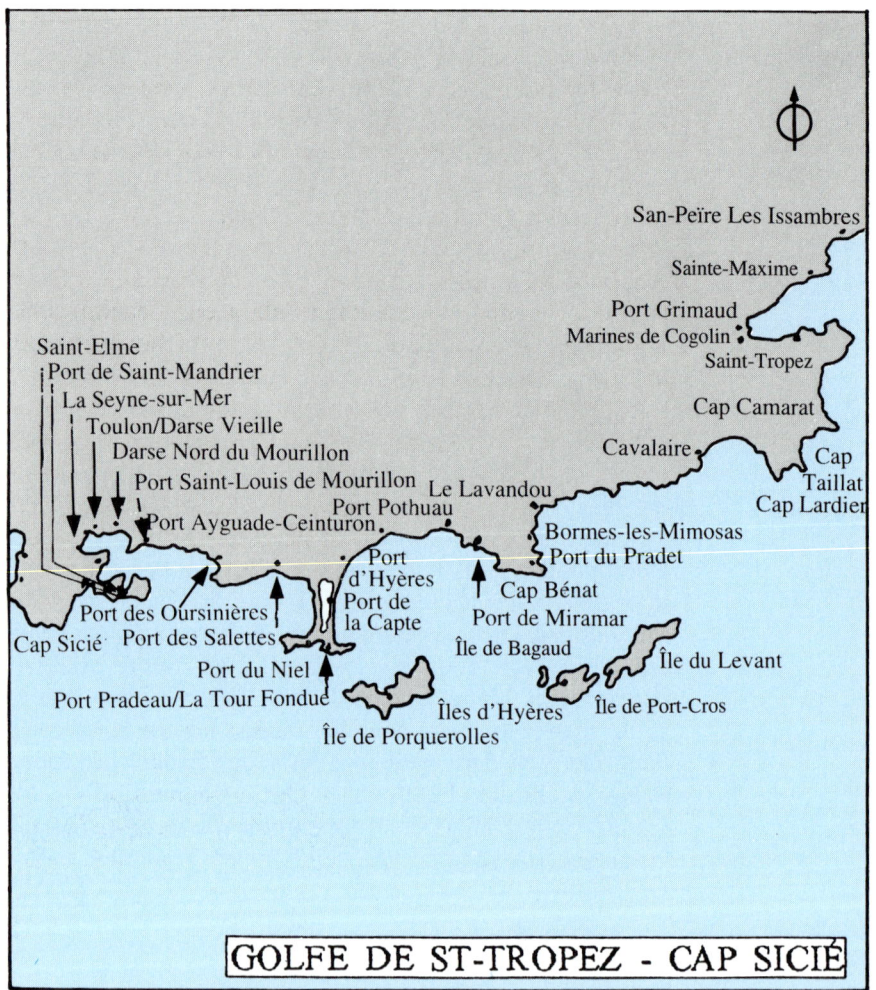

Saint-Elme
Port de Saint-Mandrier
La Seyne-sur-Mer
Toulon/Darse Vieille
Darse Nord du Mourillon
Port Saint-Louis de Mourillon
Port Pothuau
Port Ayguade-Ceinturon
Port des Oursinières
Cap Sicié
Port des Salettes
Port du Niel
Port Pradeau/La Tour Fondue
Île de Porquerolles

San-Peïre Les Issambres
Sainte-Maxime
Port Grimaud
Marines de Cogolin
Saint-Tropez
Cap Camarat
Cavalaire
Cap Taillat
Cap Lardier

Le Lavandou
Bormes-les-Mimosas
Port du Pradet
Port d'Hyères
Port de la Capte
Cap Bénat
Port de Miramar
Île de Bagaud
Île du Levant
Îles d'Hyères
Île de Port-Cros

GOLFE DE ST-TROPEZ - CAP SICIÉ

Zwischen dem *Cap de Saint-Tropez* und dem von einem in 130 m Höhe thronenden Leuchtturm mit einem Feuer von 26 sm Tragweite überragten *Cap Camarat* liegt die Baie de Pampelonne mit dem weltberühmten Strand von Saint-Tropez, der *Plage de Pampelonne,* an dem sich im Sommer französische und internationale Prominenz ein Stelldichein geben. In den Seekarten heißt der nördliche Teil des Strandes Plage du Tahiti und der südliche Plage de Pampelonne. Im gesamten nördlichen Teil der Bucht reiht sich ein Privatstrand an den anderen, von denen der bekannteste die

Plage du Tahiti

Plage du Tahiti ist. Die Sonnenschirme und Strandkörbe jedes Strandes haben eine andere Farbkombination. In den Sommermonaten liegen hier regelmäßig einige hundert Yachten vor Anker, die morgens aus den Häfen Sainte-Maxime, Port Grimaud, Marines de Cogolin und Saint-Tropez kommen.

Im nördlichen Teil der Plage de Pampelonne liegt direkt an der 5-m-Tiefenlinie eine tückische Untiefe mit 0,40 m Wasser darüber, die *Sèche Salagru*. Im Sommer kann man sie meist daran erkennen, daß einige Badegäste auf ihr herumstehen.

Vor dem Cap Camarat, das von einem weithin sichtbaren Semaphor und dem Leuchtturm überragt wird, erstrecken sich eine halbe Seemeile weit Klippen in östlicher Richtung, um die man einen großen Bogen machen sollte. Sie liegen in dem roten Sektor des Leuchtfeuers der Untiefenbake *La Moutte* vor dem Cap de Saint-Tropez. Südwestlich des Kaps öffnet sich die

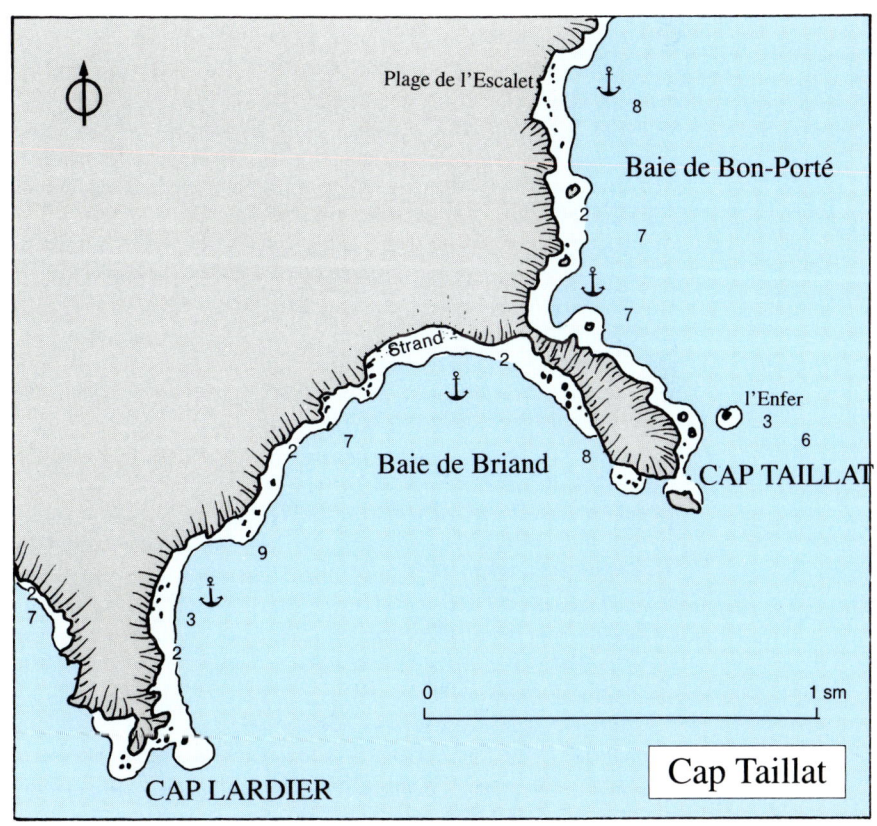

Baie de Bon-Porté mit mehreren hübschen Ankerplätzen zwischen den die Küste säumenden Klippen. Die beliebtesten Plätze sind vor der *Plage de l'Escalet* und die Bucht im Süden vor der schmalen Landzunge zwischen dem Festland und dem als Insel erscheinenden *Cap Taillat*. Auch vor diesem Kap liegen einige Klippen, so daß man es in großem Bogen runden sollte.
Zwischen dem Cap Taillat und dem Cap Lardier liegt die

Baie de Briand mit einem wunderschönen Ankerplatz im nördlichen Scheitel der Bucht, wo man auf Wassertiefen zwischen 3 und 5 m etwa 50 bis 100 m vor einem wenig frequentierten Strand ankert.

Zwischen Cap Lardier im Osten und Cap de Cavalaire im Westen liegt die weite *Baie de Cavalaire* mit dem am westlichen Ende der Bucht direkt nördlich der Pointe de Cavalaire gelegenen Yachthafen von

Cavalaire
43° 10'N
006° 32'E

Der von den hohen Bergen des Massif des Maures vor nördlichen und nordwestlichen Winden geschützte Ort hat sich in den letzten Jahren zu einem beliebten Seebad entwickelt, weshalb der Hafen vor einigen Jahren um einige hundert Liegeplätze erweitert worden ist.

Ansteuerung (Seekarten: D 597, BA 2165, F 6873, 6616 und 5329, CG 502 und 503): Die Ansteuerung der nach Norden offenen Einfahrt bereitet bei allen Wind- und Wetterverhältnissen keinerlei Schwierigkeiten, lediglich außergewöhnlich heftiger Scirocco kann mit seinem Schwell die Einsteuerung etwas erschweren. Der Hafen liegt gut eine halbe Seemeile nördlich von Cap Cavalaire am westlichen Ende der Baie de Cavalaire. Insgesamt vier Molenfeuer erleichtern die nächtliche Ansteuerung, wobei man zunächst auf das weiße Funkelfeuer auf dem mittleren Molenkopf zuhält, um dann entweder in den öffentlichen Hafen (nach Steuerbord) oder den privaten Hafen (nach Backbord) einzuschwenken.

Liegeplatz: Der Yachthafen verfügt in zwei großen Becken (Port Privé und Port Public) über etwa 1235 Liegeplätze, davon etwa 70 für Gäste. Alle Liegeplätze sind mit Strom- und Wasseranschlüssen sowie Grundleinen versehen. Duschen und Toiletten befinden sich jeweils bei dem Büro des Hafenmeisters. Kraftstoff erhält man an der Hafentankstelle in der Einfahrt in den privaten Hafen (Port Privé).

Hafenmeister: Privater Hafen: Mme. A. Roussilhon, Tel. 94 64 16 01
   Öffentlicher Hafen: M. R. Drouin, Tel. 94 64 17 81
In beiden Hafenbüros werden regelmäßig die neuesten Wetterberichte ausgehängt. Beim Einlaufen in den öffentlichen Hafen fährt man direkt auf den Anmeldekai zu. Das Büro des Hafenmeisters ist über UKW-Kanal 9 zu erreichen.

Reparaturmöglichkeiten: In der südwestlichen Ecke des privaten Hafens ein Werftbetrieb, der Reparaturen jeder Art ausführt und mit Hilfe eines Travelliftes Yachten bis 20 t Verdrängung aus dem Wasser hebt. Mehrere gut sortierte Schiffszubehörgeschäfte rund um den Hafen.

Versorgung: Sowohl direkt am Hafen als auch in der sich unmittelbar an den Hafen anschließenden Ortschaft gibt es zahlreiche Restaurants, Cafés und Lebensmittelgeschäfte. Von den Restaurants ist das „La Pergola" mit seiner schattigen Gartenterrasse zu empfehlen.

Bademöglichkeiten: Nördlich an den Hafen schließt sich der 1,5 sm lange Strand bis zur Pointe de la Cuisse an, der sich im Sommer regen Zuspruchs erfreut.

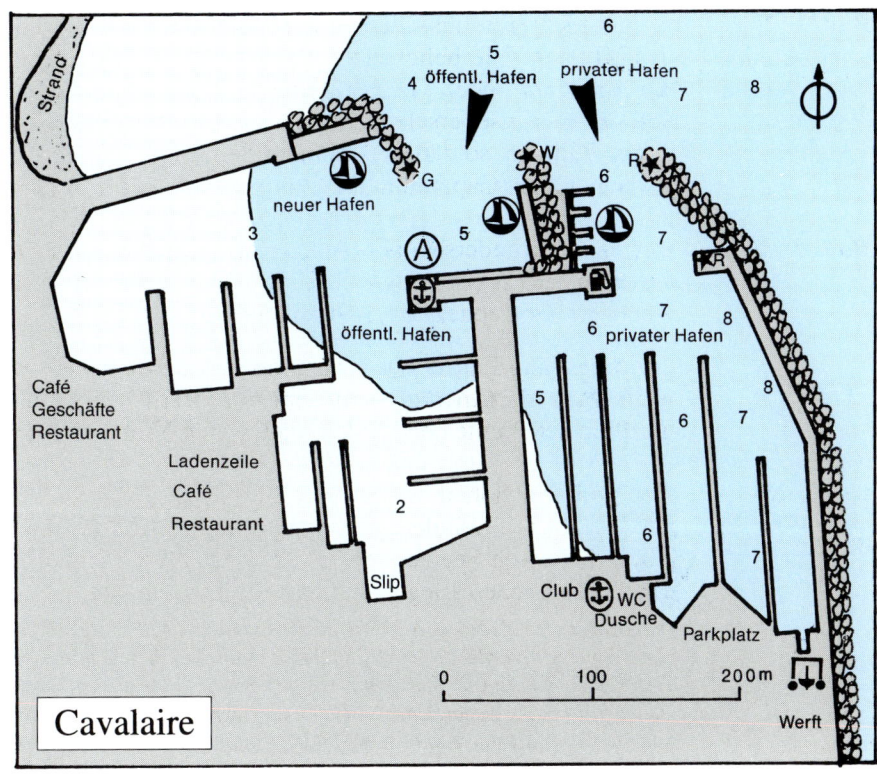

Cavalaire

Entfernung von Saint-Tropez 20 sm, Le Lavandou 10 sm, Porquerolles 20 sm, St. Florent (Korsika) 126 sm, Ajaccio (Korsika) 132 sm.

Malerische Strandbuchten

Die Küste zwischen Cavalaire und Le Lavandou ist nur wenig erschlossen – hier und da fallen auf den von dichtem Grün bewachsenen Felsen die Ferienvillen wie weiße Farbkleckse auf. Zwischen den Felsen liegen einige malerische Strandbuchten, die bei ruhigem Wetter einen angenehmen Aufenthalt versprechen. Die erste hübsche Bucht öffnet sich zwischen der *Pointe de la Chappe* und der *Pointe du Trésor,* wo man auf etwa 5,00 m Wassertiefe einen außer vor südlichen Winden gut geschützten Ankerplatz vorfindet mit einem herrlichen, zum Baden einladenden Strand.

Etwa eine halbe Seemeile nordwestlich der Pointe du Trésor liegt der nächste Badestrand, östlich der *Pointe de Malpague* mit ihrer vorgelagerten Klippe *Rocher de Malpague.* Die Klippe liegt etwa 200 m vor dem Kap und ist durch eine Barre mit nur wenig Wasser darüber mit dem Festland verbunden.

Westlich des weit vorspringenden *Cap Nègre* öffnet sich die weite Bucht *Anse de Cavalière* mit einem herrlichen Sandstrand, vor dem es sich lohnt, für einen Badeaufenthalt zu ankern.

123

Zweieinhalb Seemeilen weiter liegt das aufstrebende Seebad

Le Lavandou
43° 08'N
006° 22'E

mit seinem Fischer- und Yachthafen, dem es gelungen ist, etwas von seinem provenzalischen Charakter und Charme zu bewahren. Le Lavandou ist Fährhafen für die *Île du Levant* und die *Île de Port-Cros*, was zu regem Verkehrsaufkommen in dem Hafen geführt hat.

Ansteuerung (Seekarten: D 596, BA 2165, F 5329 und 6616, CG 503): Die Ansteuerung der nach Südwesten offenen Einfahrt bereitet außer bei starkem Scirocco keinerlei Probleme. Die Einfahrten in den alten Hafen und in das Becken 3 liegen nördlich des neuen Hafens. Die Molenköpfe des neuen Hafens sind befeuert. Bei der nächtlichen Ansteuerung halte man sich an den weißen Sektor des Molenfeuers – die grünen Sektoren decken die Klippen am Cap Nègre, die von einer befeuerten Untiefenbake gekennzeichnete Klippe „La Fourmigue" und die vorgelagerten Felsen am Cap Bénat ab. Das 21 sm weit tragende Leuchtfeuer auf dem Cap Bénat erleichtert die nächtliche Orientierung.

Liegeplatz: Nachdem vor einigen Jahren der alte Fischer- und Yachthafen um den neuen Yachthafen erweitert wurde, ist inzwischen westlich des alten Hafens ein drittes Hafenbecken hinzugekommen. Dadurch verfügt der gut ausgestattete Yachthafen inzwischen über etwa 1040 Liegeplätze für Yachten bis 24 m Länge, davon 100 für Gäste. Gastliegeplätze sind einlaufend an Steuerbord vor der Außenmole des neuen Yachthafens, einlaufend an Steuerbord an der Außenmole des alten Hafens und an der Backbordseite der Einfahrt in den neuen Hafen vor der Außenmole des alten Hafens, die die beiden Hafenbecken trennt. Alle Liegeplätze sind mit Strom- und Wasseranschlüssen sowie Grundleinen versehen. Duschen und Toiletten sind an drei Stellen im Hafengebiet (neben dem Büro des Hafenmeisters, in der östlichen Ecke des neuen Hafens bei den Geschäften und auf der breiten Pier zwischen dem alten Hafen und dem Becken 3). Kraftstoff erhält man an der Hafentankstelle.

Hafenmeister: M. A. Le Guellec, Tel. 94 71 08 73. Im Hafenbüro werden regelmäßig die neuesten Wetterberichte ausgehängt. Der Anmeldekai ist einlaufend in den neuen Yachthafen an Backbord am Fuße des Gebäudes der Capitainerie. Das Büro des Hafenmeisters ist über UKW-Kanal 9 zu erreichen.

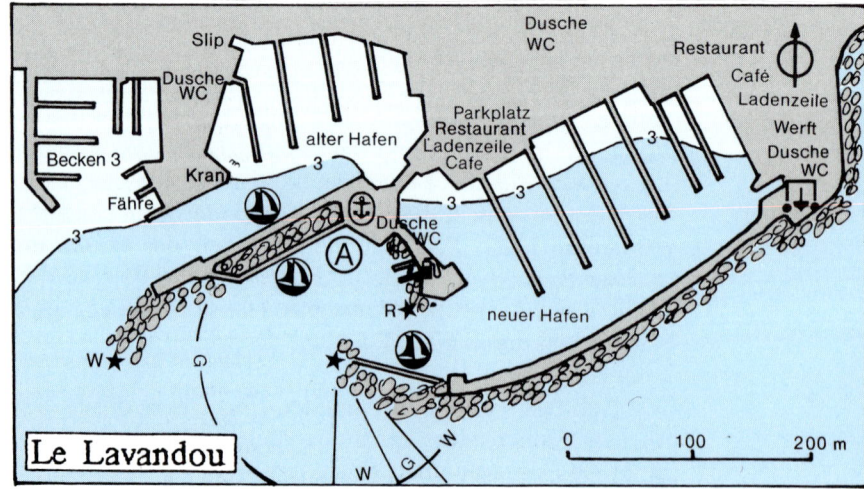

Reparaturmöglichkeiten: Auf der Ostmole des neuen Hafens ist ein Werftbetrieb, der in der Lage ist, Reparaturen jeder Art auszuführen. Mehrere gut sortierte Schiffszubehörgeschäfte, Segelmacherei und Motorenwerkstätten sind rund um den Hafen und neben der Werft.

Versorgung: Am neuen Hafen ist ein kleines Geschäftszentrum mit Restaurants, Cafés, Boutiquen und Geschäften des täglichen Bedarfs entstanden. Weitere Versorgungsmöglichkeiten bestehen in der sich an den alten Hafen anschließenden Ortschaft.

Bademöglichkeiten: Südwestlich an den Hafen schließt ein schöner, bis Bormes-les-Mimosas reichender Strand an, der sich im Sommer regen Zuspruchs erfreut. Schöner und weitaus ruhiger ist der Strand in der Baie de St.-Clair nordöstlich des Hafens – ein empfehlenswerter Tagesankerplatz nördlich der Klippen vor der Pointe de Nard Viou, die durch eine Bake markiert sind. Man ankere auf 3 bis 5 m Wassertiefe etwa 100 m vor dem Strand.

Entfernung von Antibes 48 sm, Saint-Tropez 25 sm, Porquerolles 12 sm, Toulon 28 sm.

Der Name Le Lavandou erinnert an die Wäscherinnen (*laver* = waschen), die früher am Ufer des südlich der Ortschaft mündenden Flusses Batailler wuschen.

Von den Straßencafés an der Place Ernest-Reyer mit ihren gepflegten Grünanlagen hat man einen herrlichen Ausblick auf das Meer mit den Îles d'Hyères im Hintergrund.

Das während der Sommermonate geöffnete Musée de la Mer lohnt einen Besuch.

Nur eine Seemeile südlich von Le Lavandou liegt der Yachthafen von

Bormes-les-Mimosas
43° 07'N
006° 22'E

Der Ort selbst liegt einige Kilometer landeinwärts nordwestlich von Le Lavandou. Eine lebhafte Kleinstadt mit einem typisch provenzalischen Stadtkern voller enger, gepflasterter Gassen. Außer den Gebäuden mit Ferienwohnungen um die Hafenbecken herum, in denen es Restaurants, Cafés und einige Geschäfte gibt, bietet der Hafen Ruhe und Abgeschiedenheit. (Plan siehe nächste Seite.)

Ansteuerung (Seekarten: D 596, BA 2165, F 5329 und 6616, CG 503): Die Ansteuerung der engen, nach Norden offenen und dicht unter Land liegenden Einfahrt ist bei starken östlichen Winden ausgesprochen schwierig. Das betonnte Fahrwasser ist bei der Einsteuerung unbedingt einzuhalten. Das nördliche Ende der Außenmole und die erste Steuerbordtonne des Fahrwassers sind befeuert. Auf dem südlichen Ende der Außenmole brennt ein violettes Feuer. Das 21 sm weit tragende Leuchtfeuer auf dem Cap Bénat erleichtert die nächtliche Orientierung.

Liegeplatz: Der moderne Yachthafen verfügt in seinem vorderen öffentlichen und dem hinteren privaten Teil über 950 Liegeplätze für Yachten bis 20 m Länge, von denen etwa 320 für Gäste vorgesehen sind. Die Gastliegeplätze sind einlaufend an Backbord im vorderen öffentlichen Teil des Hafens. Sie sind im Sommer meist belegt, so daß für durchreisende Yachten selten ein Platz frei ist. Außerdem ist das Anlegen an diesen Plätzen wegen der beengten Verhältnisse bei etwas Wind nicht ganz einfach. Die Liegeplätze im privaten Hafen sind da schon sehr viel angenehmer und vor allem viel besser geschützt – hier erhält man allerdings nur einen Liegeplatz, wenn sich ein Eigentümer eines Platzes für einige Tage abgemeldet hat.

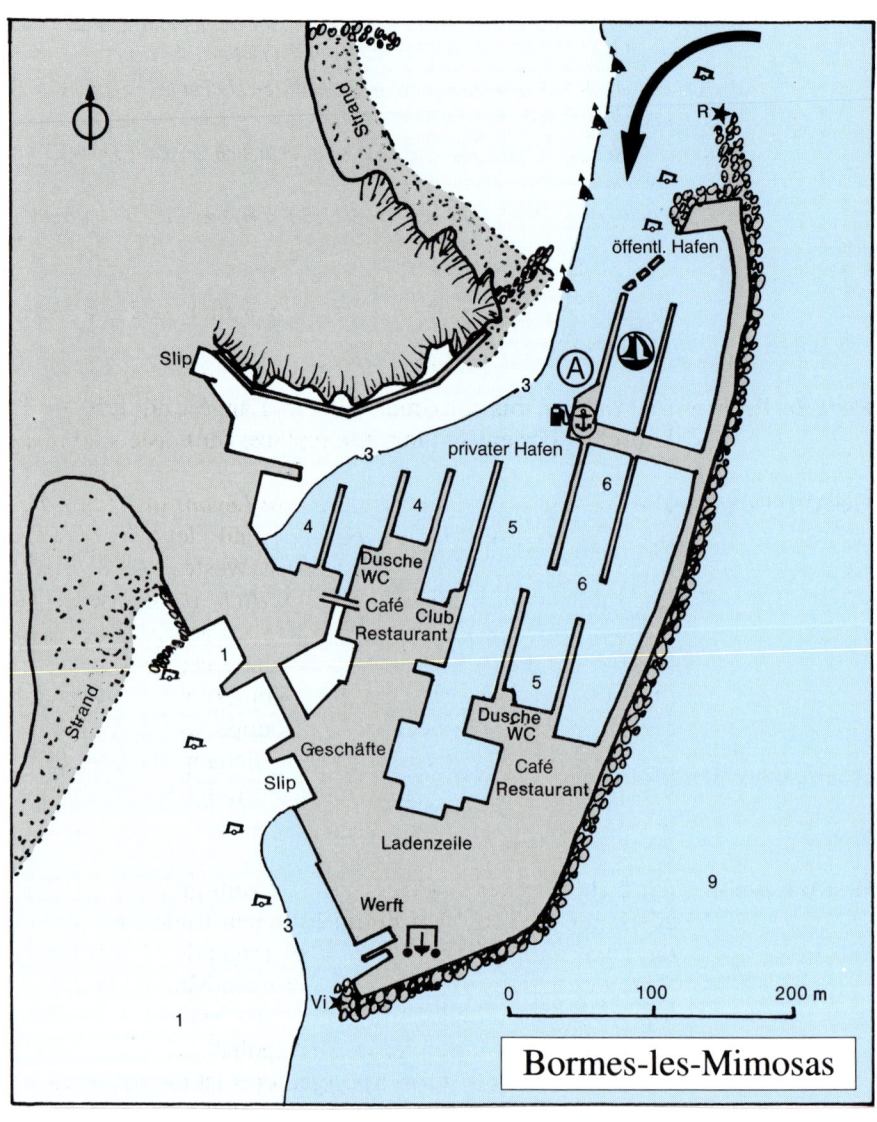

Bormes-les-Mimosas

Alle Liegeplätze sind mit Strom- und Wasseranschlüssen sowie Grundleinen versehen. Duschen und Toiletten sind an drei Stellen in dem Hafengebiet. Kraftstoff erhält man an der Hafentankstelle bei dem Büro des Hafenmeisters.

Hafenmeister: M. C. Lisot, Tel. 94 71 04 28. Im Hafenbüro werden regelmäßig die neuesten Wetterberichte ausgehängt. Anmeldekai ist einlaufend an Backbord der vom Hafenbüro ausgehende Steg. Das Büro des Hafenmeisters ist über UKW-Kanal 9 zu erreichen.

Reparaturmöglichkeiten: Auf dem südlichen Ende der Außenmole ist ein großer Werftbetrieb, der in der Lage ist, Reparaturen jeder Art auszuführen. Er ist auf dem Wasserweg allerdings

> *nur von außen zu erreichen. Mehrere gut sortierte Schiffszubehörgeschäfte, Segelmacherei und Motorenwerkstätten sind rund um den Hafen.*
>
> *Versorgung: In den Gebäuden um die verschiedenen Hafenbecken sind mehrere Restaurants, Cafés und ein Lebensmittelgeschäft.*
>
> *Bademöglichkeiten: Nördlich an den Hafen schließt sich der eine Seemeile lange Strand „Plage du Lavandou" an.*
>
> *Entfernung von Antibes 48 sm, Saint-Tropez 25 sm, Hyères 11,5 sm, Porquerolles 11 sm, Port-Cros 7,5 sm.*

In einer malerischen Felsenbucht nördlich von *Cap Bénat* liegt der kleine Privathafen

Port du Pradet für Yachten bis maximal 8,00 m Länge und 1,50 m Tiefgang vor einer hübschen Feriensiedlung. Liegeplätze für Gäste sind nicht vorgesehen.

Îles d'Hyères Die aus den drei Hauptinseln *Île du Levant* im Osten, *Île de Port-Cros* mit der kleinen Insel *Île de Bagaud* und der *Île de Porquerolles* mit der Leuchtturminsel *Grand Ribaud* im Westen bestehende Inselgruppe heißt im örtlichen Sprachgebrauch *Îles d'Or* (Goldinseln). Diesen Namen zusammen mit einer römischen Ziffer tragen auch die Ausflugs- und Fährschiffe, die die Inseln mit dem Festland verbinden.

Die von den Ligurern, Griechen, Römern und im Mittelalter von den Mönchen von Lérins besiedelte Inselgruppe war dank ihrer strategisch günstigen Lage vor der Küste oft genug Schauplatz kriegerischer Auseinandersetzungen, woran die zahlreichen Festungsbauten auf den Inseln noch heute erinnern.

Île du Levant die östlichste der Îles d'Hyères, ist zum größten Teil Sperrgebiet der französischen Marine. Auf ihrem östlichen Ende steht der Leuchtturm „Phare du Titan" mit seinem 28 sm weit tragenden Feuer, das für die nächtliche Ansteuerung des größten französischen Marinehafens im Mittelmeer, Toulon, von großer Bedeutung ist. Sie ist bekannt geworden durch das älteste FKK-Zentrum Frankreichs, „Heliopolis".

Wegen des militärischen Sperrgebietes ist ein nur etwa 1,5 sm langer Streifen an der Westküste der Insel zugänglich. Hier liegt auch der kleine Hafen

Port de l'Ayguade dessen Stege für die Fährschiffe reserviert sind. Yachten ankern süd-
43° 01'N westlich der Stege auf 5 bis 10 m Wassertiefe – allerdings recht ungemüt-
006° 26'E lich, da in der Passage zwischen der Île du Levant und der Île de Port-Cros fast immer ein unangenehmer Schwell steht.

Das militärische Sperrgebiet wird von der französischen Marine streng überwacht, weshalb sich eine Annäherung vor allem an die hübschen Buchten im Süden von selbst verbietet. Auf der Nordseite der Insel hat die

127

Marine einen kleinen, hinter einem Wrack versteckten Hafen, den **Port de l'Avis,** der von Yachten nicht angelaufen werden darf. Rund um die Insel liegen zahlreiche große Festmachetonnen für Kriegsschiffe. Küstenwachboote patroullieren regelmäßig um die Insel und kontrollieren auch hier und da mal Yachten, die die Durchfahrt Passe des Grottes zwischen den Inseln Île du Levant und Île de Port-Cros benutzen, wobei sie Yachten mit Flaggensignal zum Stoppen auffordern und dann mit einem Schlauchboot längsseits kommen, um die Personalpapiere der Crew zu überprüfen.

In der Durchfahrt Passe des Grottes zwischen den Inseln Île du Levant und Île de Port-Cros markiert die Untiefenbake *La Dame* die einzig gefährliche Stelle. Man kann aber problemlos zwischen ihr und der Ostküste der Île de Port-Cros durchfahren.

Île de Port-Cros ist die drittgrößte Insel des Archipels und steht zum größten Teil unter Naturschutz. In dem Gebiet eine halbe Seemeile um die Inseln Port-Cros und Bagaud gelten erhebliche Einschränkungen bezüglich Geschwindigkeit, Fischfang, Unterwasserjagd und Ankern. So besteht an der ganzen Nordseite von Port-Cros zwischen der *Pointe du Moulin à Vent* unterhalb des Schlosses im Norden des Hafens bis zur *Pointe de la Galère* absolutes Ankerverbot, worauf auch mehrere Schilder am Ufer hinweisen. Die Höchstgeschwindigkeit ist für alle Wasserfahrzeuge auf 5 kn begrenzt.

Die Île de Bagaud im Nordwesten von Port-Cros ist Vogelschutzgebiet und ihr Betreten streng verboten.

An der Nordwestseite der Insel liegt an der Rade de Port-Cros in einer 200 m tiefen Einbuchtung der Hafen

Port de Port-Cros geschützt vor nordwestlichen Winden durch die *Île de Bagaud.* Die vom
43° 01'N
006° 23'E
Nordufer ausgehenden Stege sind den Fährschiffen und Ausflugsdampfern vorbehalten – die beiden längeren vom Westufer ausgehenden Stege sind für Besucheryachten. Südlich der betonnten Zufahrt für die Fähr- und Ausflugsschiffe ist ein für Besucher vorgesehenes Bojenfeld.

Da die Plätze im Sommer meist alle belegt sind, bleibt dem Besucher nur, in den kleinen Buchten südlich des Hafens zu ankern. Weitere hübsche Ankerplätze sind an der Südseite der Insel nordwestlich und nordöstlich des vorgelagerten Eilandes *Îlot de la Gabinière* sowie die beliebte Ankerbucht

Anse de Port Man die im Nordosten der Insel etwa 400 m tief in die Felsen einschneidet. Hier liegen im Sommer auf Wassertiefen zwischen 2 und 20 m regelmäßig zahlreiche Yachten vor Anker – die große Festmachetonne liegt bei ungefähr 20 m Wassertiefe. Die 5-m-Tiefenlinie verläuft keine 50 m vom Ufer, so daß man ziemlich weit in die Bucht hineinfahren muß, um dort zu ankern, es sei denn, man verfügt über Unmengen an Ankerkette. Die Yachten

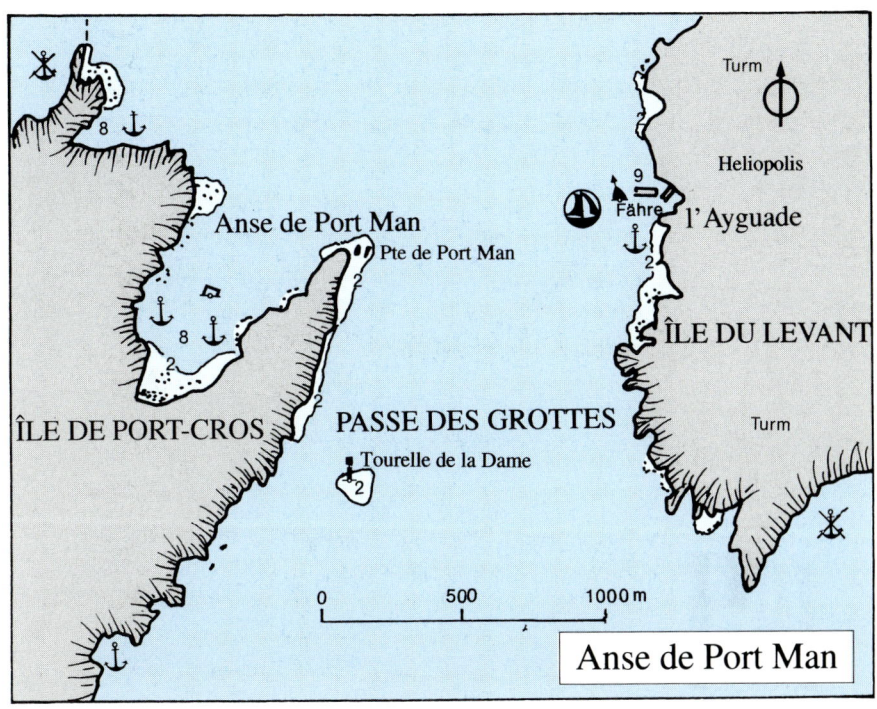

Anse de Port Man

ankern hier so dicht beieinander, daß es sich unbedingt empfiehlt, Fender auszubringen, um bei einer Winddrehung die Zusammenstöße mit den Nachbaryachten zu dämpfen.

Île de Porquerolles ist die größte und landschaftlich interessanteste der Îles d'Hyères. Sie ist Naturschutzgebiet; daher ist das Mitbringen von Autos und Motorrädern auf die Insel verboten. Genehmigungen für neue Ferienhäuser werden nicht erteilt, lediglich die vorhandenen alten Fischerhäuser dürfen renoviert werden. Die von Kiefern, duftender Myrthe und Heidekraut gesäumten Strände liegen allesamt auf der Nordseite der Insel, wohingegen der Süden der Insel mit seiner Felsküste fast 100 m steil aus dem Meer aufsteigt. Nur ein kleiner Teil des Inselinneren wird landwirtschaftlich genutzt, der größte Teil ist wilde, unberührte Natur, in der sich herrliche Kiefernwälder mit subtropischer Vegetation abwechseln.

An der Nordseite der Insel liegt an einer breiten Bucht der bei Yachttouristen ungemein beliebte

Port de Porquerolles das touristische Zentrum dieser paradiesischen Ferieninsel. Das
43° 00'N   etwa 100 m vom Hafen entfernt gelegene Fischerdorf, das Mitte des 19.
006° 12'E   Jahrhunderts auf Veranlassung der damaligen Militärverwaltung erbaut

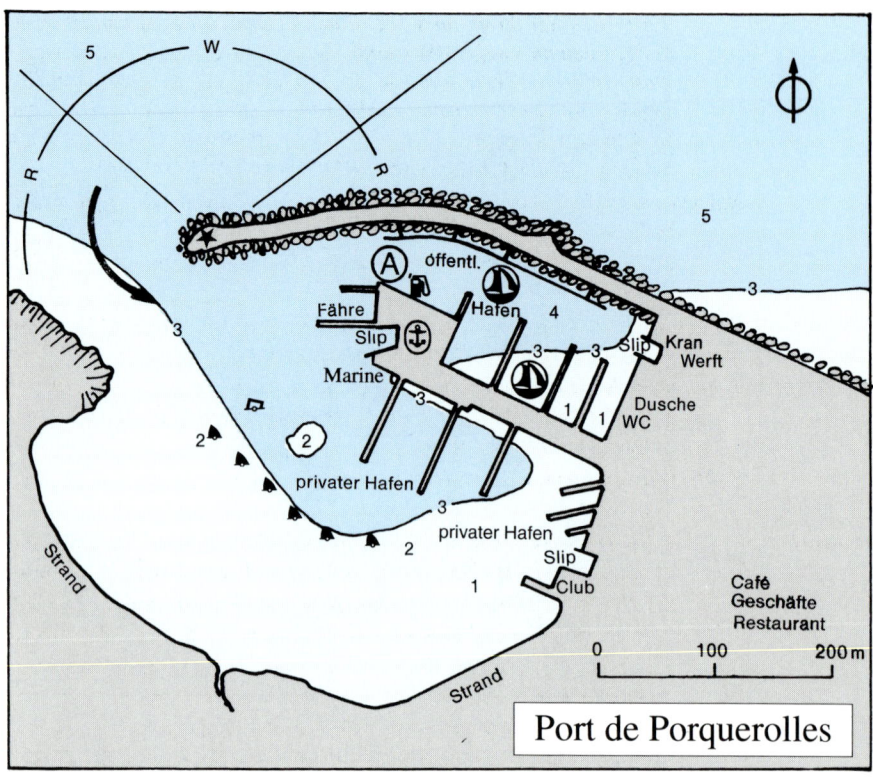

Port de Porquerolles

wurde, schart sich um den ehemaligen Exerzierplatz – Place d'Armes –, auf dem man tagsüber den Einheimischen beim Boulespielen zusehen kann. Abends ist er voller Leben, da sich rechts und links ein Restaurant an das andere reiht.

Ansteuerung (Seekarten: D 596, BA 2165, F 5329, 5151 und 6951, CG 503): Die Ansteuerung der nach Nordwesten offenen Einfahrt bereitet außer bei starken nordwestlichen bis nördlichen Winden keinerlei Probleme. Bei Nacht ist der Kopf der Außenmole befeuert. Die nächtliche Orientierung wird durch zahlreiche Feuer in der Umgebung erleichtert; diese sind von Ost nach West:

Cap Bénat auf dem Festland	*Fl. R. 5s 21M*
Cap d'Armes im Süden der Insel	*Fl(2) 10s 29M*
Port de Porquerolles	*Oc(2) WR. 2s 13/10M*
Île du Grand Ribaud	*Fl(4) 15s 15M*

Bei der nächtlichen Ansteuerung halte man sich an das Leuchtfeuer Cap d'Armes im Süden der Insel, das weit über die Rade d'Hyères hinwegscheint, und den weißen Sektor des Molenfeuers von Porquerolles, das direkt vor die Hafeneinfahrt führt.

Liegeplatz: Der Hafen von Porquerolles bietet etwa 500 Liegeplätze für Yachten bis 20 m Länge und maximal 3,00 m Tiefgang, davon 200 für Gäste. Die Gastliegeplätze sind einlaufend an Backbord vor der Außenmole und an den Stegen im nördlichen Hafenbecken. Alle Liege-

plätze sind mit Strom- und Wasseranschlüssen sowie Grundleinen versehen – das Wasser darf im Sommer wegen Wassermangels allerdings nur als Trinkwasser verwendet werden. Duschen und Toiletten sind auf dem östlichen Kai des nördlichen Hafenbeckens. Kraftstoff erhält man an der Hafentankstelle neben dem Anmeldekai. Die Stege an der Südseite der großen Mittelmole sind nicht für Gäste vorgesehen, ebenso wie die übrigen Stege in dem südlichen Hafenbecken, die dem örtlichen Yachtclub gehören.

Hafenmeister: M. Sadon, Tel. 94 58 30 72. Im Hafenbüro werden regelmäßig die neuesten Wetterberichte ausgehängt. Der Anmeldekai ist einlaufend an Steuerbord neben der Tankstelle gegenüber der Außenmole. Das Büro des Hafenmeisters ist über UKW-Kanal 9 zu erreichen.

Reparaturmöglichkeiten: Auf dem östlichen Kai ist ein Werftbetrieb, der in der Lage ist, kleinere Reparaturen auszuführen und kleine bis mittlere Yachten aus dem Wasser zu heben.

Versorgung: Rund um die Place d'Armes, das etwa 100 m vom Hafen entfernte Ortszentrum, gibt es Restaurants, Cafés, Boutiquen, Lebensmittelgeschäft, eine Bäckerei und einen Schnellimbiß auf dem Weg zu Hafen.

Entfernung von Cannes 50 sm, Fréjus 40 sm, Bormes-les-Mimosas 11sm, Port d'Hyères 5,5 sm.

Ankerplätze Da der Hafen im Sommer meist überfüllt ist, muß man mit einem der zahlreichen Ankerplätze rund um die Insel vorliebnehmen. Die beliebteste Bucht ist die *Anse du Bon-Renaud* westlich des Hafens vor dem feinen Sand der *Plage d'Argent.* Hier liegen in den Sommermonaten oft so viele Yachten vor Anker, daß man sie bei der Annäherung leicht mit dem Hafen verwechselt.

Auch die *Baie du Langoustier* im Nordwesten der Insel ist ein vielbesuchter Ankerplatz, malerisch zwischen der von einem alten Fort überragten Halbinsel *Grand Langoustier* und dem Felseiland *Petit Langoustier* gelegen. Auch auf dem Eiland stehen mächtige Festungsanlagen, galt es doch früher, von hier aus die westliche Einfahrt in die Rade d'Hyères zu schützen. Die befeuerte Untiefenbake *La Jeaune Garde* nördlich des Felseilandes markiert das Ende der Untiefen und Klippen vor Petit Langoustier.

Südlich der Halbinsel Grand Langoustier liegt die kleine Bucht *Anse du Parfait,* die bei schönem Wetter einen hübschen Ankerplatz abgibt.

Die übrige, 100 m steil aus dem Meer aufsteigende Südküste ist nirgendwo zugänglich. Einzige Ankermöglichkeit ist die *Grande Cale* genannte Einbuchtung am Ausgang einer Schlucht neben der *Pointe de l'Oustaou-de-Diou.* Sie liegt etwa 1500 m nordöstlich von Cap d'Armes, auf dem ein weithin sichtbarer Leuchtturm mit einem Feuer von 29 sm Tragweite brennt. Hier zogen früher bei Mistral die Fischer ihre Boote an Land.

Die ebenfalls felsige Küste der Ostseite bietet in der *Anse de la Galère* eine kleine Ankerbucht vor einem nur wenige Meter breiten Strand. Zwischen den vor der Südostecke liegenden Felseilanden *Gros Sarranier* und *Petit Sarranier* kann man bei ruhigem Wetter problemlos durchfahren, was zwischen den Felsnadeln *Rochers des Mèdes* vor dem Cap des Mèdes im Nordosten der Insel nicht versucht werden sollte.

131

Südwestlich von Cap des Mèdes öffnet sich vor dem Strand *Plage Notre-Dame* die weite *Baie d'Alicastre* als weiterer beliebter Ankerplatz an der Nordküste von Porquerolles.

Westlich von *Cap Bénat* öffnet sich die weite

Rade d'Hyères die im Süden von der Île de Porquerolles und im Westen von der Halbinsel *Giens* begrenzt wird. Nordwestlich von *Cap de Brégançon* treten die Berge des Massif des Maures von der Küste zurück und lassen Platz für schöne weite Sandstrände, hinter denen bei Hyères sogar riesige Salinen liegen. Anheimelnde Ankerbuchten im östlichen und mehrere kleinere und größere Yachthäfen im westlichen Teil der Bucht machen sie zu einem beliebten Wassersportrevier.

Gleich der erste kleine Hafen, **Port de la Reine Jeanne,** ist allerdings für Yachten tabu – hier liegen die Wachboote der französischen Gendarmerie, um die Sommerresidenz des französischen Staatspräsidenten am *Cap de Brégançon* zu bewachen. Im Sommer, wenn über der Festung auf dem Cap die Trikolore weht, ist der Hafen voller Schiffe der Marine und der Gendarmerie.

Ein Gebiet mit einem Radius von 400 m um das Cap de Brégançon darf aus Sicherheitsgründen nicht befahren werden.

Ankerplätze Direkt nördlich dieser Verbotszone liegt südöstlich der *Pointe de la Vignasse* ein vor östlichen Winden gut geschützter Ankerplatz vor einem herrlichen Strand, der zum Baden einlädt. An der Pointe de la Vignasse stehen einige Fischerhütten mit kleinen Stegen davor. Nordwestlich der Pointe de la Vignasse liegt die nächste, etwas kleinere Ankerbucht.

Zwischen den Klippen *Îlots de l'Espagnol* und der *Pointe de Léoube* sowie zwischen dem im Wasser stehenden Turm „Batterie des Maures" und der Klippe *Îlot de Léoube* liegen weitere hübsche Ankerplätze – der erstgenannte mit Wassertiefen von 4 m, der letztgenannte mit Wassertiefen von 2 m.

Westlich der Mündung des Flusses *La Maravenne*, dessen Ufer teilweise zu Liegeplätzen für kleinere Yachten ausgebaut sind, liegt der erheblich erweiterte Yachthafen

Port de Miramar mit annähernd 900 Liegeplätzen für Yachten bis maximal 9,00 m Länge
43° 07'N und 1,50 m Tiefgang mit allem Komfort einer modernen Marina einschließlich Tankstelle, Werftbetrieb und Einkaufszentrum. Die Molenköpfe und das Ende der Steinschüttung zum Schutz der Flußmündung sind befeuert.
006° 15'E

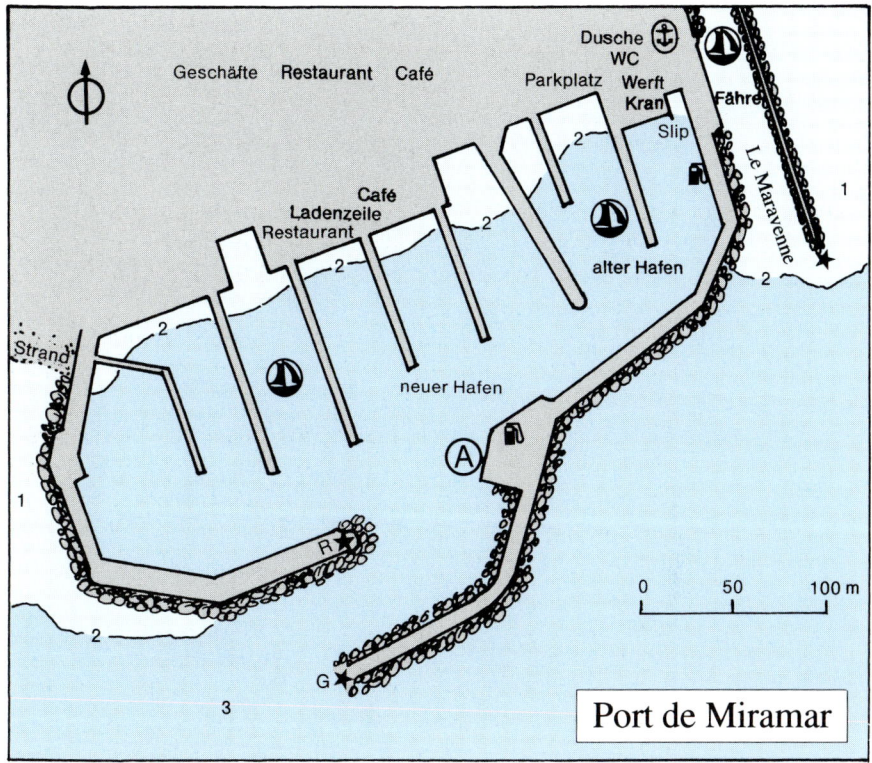

Port de Miramar

Zwei Seemeilen weiter westlich liegt an einem kleinen Verbindungskanal zu den Salines d'Hyères der 1,80 m tiefe Fischerhafen

Port Pothuau
43° 07'N
006° 12'E

in dem auch schon mal die eine oder andere Yacht einen Liegeplatz findet. Der größte Teil des Hafens ist für die französische Marine reserviert, die von hier aus ihre Verbindungen zu der Île de Levant unterhält.

Neben einem weithin sichtbaren Hochhaus bietet

Berriau Plage
43° 07'N
006° 12'E

in einer zur Versandung neigenden Flußmündung kleinen Yachten und Motorbooten Liegemöglichkeiten an den zum Kai ausgebauten Ufern.
Hinter der Straßen- und Eisenbahnbrücke liegt der **Port du Gapeau,** ein Motorboothafen für die Landlagerung von kleinen Motoryachten ähnlich dem Hafen Cannes-Port Inland.

Port Ayguade-Ceinturon ist ein weiterer Kleinhafen in der Mündung des Flusses La Lone
43° 06'N
006° 10'E

mit Wassertiefen um 1,00 m. Zwei ins Meer hinausgebaute Molen schützen die Flußmündung, von denen der Kopf der Steuerbordmole befeuert ist.

133

***Der größte
Yachthafen
an der
Rade d'Hyères***

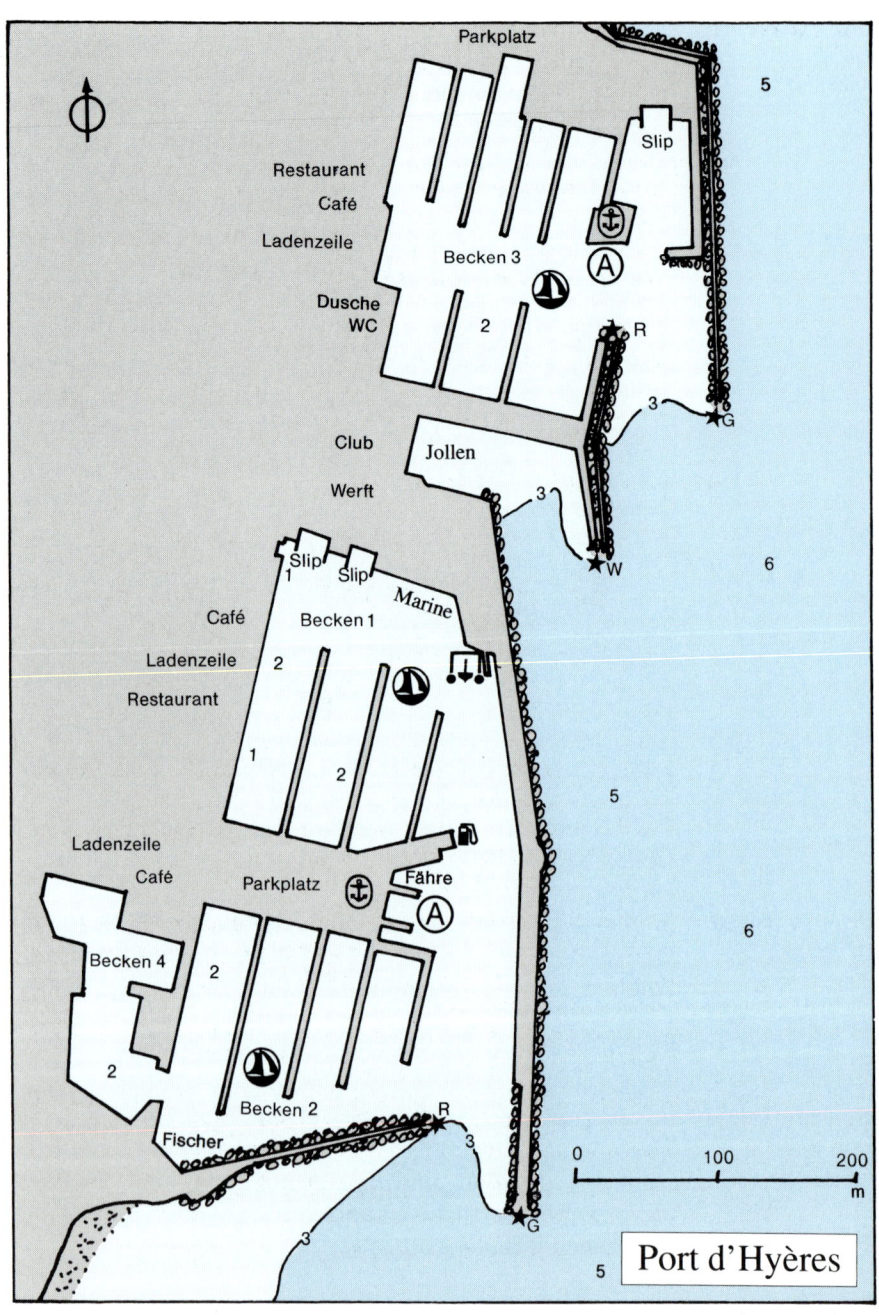

Parkplatz

Slip

5

Restaurant

Café

Ladenzeile

Becken 3

A

Dusche
WC

2

R

3

G

Club

Jollen

Werft

3

6

W

Slip

Slip

1

Marine

Café

Becken 1

2

Ladenzeile

Restaurant

1

2

5

Ladenzeile

Café

Parkplatz

Fähre

A

6

Becken 4

2

2

Becken 2

R

3

Fischer

G

3

0   100   200
m

5

Port d'Hyères

Port d'Hyères
43° 05'N
006° 10'E

ist Yachthafen und Sommerfrische der etwa 5 km landeinwärts liegenden Kleinstadt Hyères. Die riesige Hafenanlage ist im Sommer voller Leben – außerhalb der Saison wirkt sie bis auf die Betriebsamkeit bei den Werften wie ausgestorben.

Ansteuerung (Seekarten: D 596, BA 2165, F 5329 und 6616, CG 503): Der Hafen liegt etwa in der Mitte des Westufers der Rade d'Hyères vor der aus Lagunen und Salinen bestehenden Verbindung vom Festland zur Halbinsel Giens. Die hinter dem Hafen stehenden Hochhausblöcke sind schon von weitem vor der flachen Küste gut auszumachen. Die Einfahrt in die nach Süden offenen Einfahrten – die nördliche in das „Becken 3" und die südliche in die „Becken 1", „2" und „4" – bereitet bei allen Wind- und Wetterverhältnissen keinerlei Schwierigkeiten. Bei der Ansteuerung der nördlichen Einfahrt ist darauf zu achten, die dicht beieinanderliegenden Einfahrten in den Jollenhafen und in das Becken 3 nicht zu verwechseln. Der Jollenhafen liegt zwischen den Becken 1 und 3. Alle Molenköpfe sind befeuert – insgesamt fünf Molenfeuer, die bei der nächtlichen Ansteuerung auseinanderzuhalten sind.

Liegeplatz: Der größte Yachthafen in der Rade d'Hyères verfügt in seinen vier Hafenbecken über etwa 1350 Liegeplätze für Yachten bis 16 m Länge auf 2 m Wassertiefe, davon 120 für Gäste. Alle Liegeplätze sind mit Strom- und Wasseranschlüssen sowie Grundleinen versehen. Duschen und Toiletten sind bei den Hafenbüros und dem Yachtclub und an weiteren Stellen rund um die Hafenbecken. Kraftstoff erhält man an der Hafentankstelle an der Einfahrt in das Becken 1. Die südliche Ecke des Beckens 2 ist für Fischer, die nordöstliche Ecke des Beckens 1 ist für die französische Marine reserviert. Die beiden von dem Kopf der breiten Pier zwischen den Becken 2 und 1 ausgehenden Stege dienen den Fähr- und Ausflugsschiffen als Anleger.

Hafenmeister: MM. Audibert, Jaillet, Tessore, Tel. 94 57 58 22. In den Hafenbüros werden regelmäßig die neuesten Wetterberichte ausgehängt. Der Anmeldekai für die Becken 1, 2 und 4 ist einlaufend an Backbord am Kopf der großen Pier, die die Becken 2 und 1 trennt. Auf den Anmeldekai für Becken 3 fährt man bei der Ansteuerung direkt zu. Er ist am Kopf des ersten Steges vor dem für dieses Becken zuständigen Hafenbüro. Das Büro des Hafenmeisters ist über UKW-Kanal 9 zu erreichen.

Reparaturmöglichkeiten: Um die verschiedenen Hafenbecken herum gibt es mehrere Werftbetriebe, die in der Lage sind, Reparaturen jeder Art auszuführen, darunter auch eine bekannte Segelmacherei. In den Ladenzeilen an den Becken 1 und 3 reiht sich ein Schiffszubehörgeschäft, Charterunternehmen, Schiffselektonikhändler und Schiffsmakler an den anderen – auch bekannte Werften haben hier ihre Niederlassung, wie beispielsweise die Firma „Amel" mit einem Verkaufsstützpunkt .

Versorgung: Cafés, Restaurants, Lebensmittelgeschäfte finden sich in den Ladenzeilen um die Hafenbecken. Weitere Versorgungsmöglichkeiten finden sich in dem Ferienort Saint Pierre de Hyères hinter dem Hafen.

Bademöglichkeiten: Nördlich und südlich schließen sich die weiten Strände an, die dem Ferienort zu seiner Beliebtheit verholfen haben.

Entfernung von Bormes-les-Mimosas 11,5 sm, Porquerolles 5,5 sm, Toulon 17 sm.

Port de la Capte
43° 04'N
006° 09'E

ist ein kleiner Hafen etwa eine Seemeile südlich des Hafens Port d'Hyères an der Halbinsel Giens an der Mündung zweier Kanäle der Salines des Pesquiers mit einer nur 10 m breiten Einfahrt und etwa 130 Liege-

135

plätzen für Yachten bis 8 m Länge und 0,80 m Tiefgang, von denen auch einige für Gäste vorgesehen sind.

An der Südostseite der Halbinsel Giens liegen mehrere kleine Häfen, wie der

Port Pradeau/La Tour Fondue an der Pointe de la Tour Fondue, der als Fährhafen für die
43° 02'N Insel Porquerolles dient. Die östlich und westlich des Kaps liegenden
006° 09'E Hafenanlagen sind den Fährschiffen vorbehalten. Yachten können lediglich in dem westlichen Teil vor dem Strand auf 2 bis 3 m Wassertiefe ankern, wobei darauf zu achten ist, daß der Fährverkehr nicht behindert wird.

Am südlichsten Punkt der Halbinsel Giens gibt es drei Durchfahrten zwischen Giens und der Île de Porquerolles: die nördlichste, kleinste und schwierigste dicht unter Land zwischen der *Pointe de Terre Rouge* und der Klippe *Le Ribaudon* ungefähr 100 m breit und 8 m tief, eine mittlere zwischen der Klippe *Île du Petit Ribaud* und der Insel *Grand Ribaud* etwa 2 kbl breit und ebenfalls 8 m tief sowie den über eine halbe Seemeile breiten *Petite Passe* zwischen der *Île du Grand Ribaud* und der Untiefenbake *La Jeaune-Garde* nordwestlich von Porquerolles. Die beiden Erstgenannten sollten nur bei absolut ruhiger See benutzt werden, wohingegen die Durchfahrt *Petite Passe* bei allen Wind- und Wetterverhältnissen befahrbar ist.

200 m nordwestlich der Pointe de Terre Rouge liegt der kleine private Hafen

Port Augier mit Wassertiefen um 1 m und einem kleinen Steg für etwa 80
43° 02'N Yachten von entsprechend geringem Tiefgang. Liegeplätze für Gäste gibt
006° 09'E es hier nicht.

Auch der am Westufer der Baie du Niel gelegene kleine Hafen

Port du Niel bietet nur Liegeplätze für kleine Yachten mit geringem Tiefgang, wovon
43° 02'N die meisten von einheimischen Fischerbooten belegt sind. Besucher
006° 08'E können südlich und südwestlich der Außenmole auf Wassertiefen um 3 m
ankern.

Vor dem westlichen Ende der Halbinsel Giens liegen mehrere Klippen, um die man einen weiten Bogen machen sollte. Eine Seemeile westlich dieser Klippen ragen einsam 14,00 m und 6,50 m hoch aus dem Wasser die Klippen *Les Fourmigues,* an denen man nachts leicht anstoßen kann. Hält man sich bei der Fahrt in Richtung Westen nachts strikt an das Leuchtfeuer des

15 Blick auf Saint-Tropez
16 Ankerbucht mit türkisfarbenem
  Wasser an der Nordseite der Île de
  Porquerolles

17

18

19

Der Hafen von Porquerolles an der
Nordseite der Insel ist im Sommer
stets überfüllt

Die Île des Embiez mit Port Saint-
Pierre und Port des Jeunes; im Hintergrund die meeresbiologischen Anlagen

Die Rade de Marseille mit dem Port du
Frioul und der Felsinsel mit dem
Château d'If

Der Vieux-Port im Herzen von
Marseille mit über 3200 Liegeplätzen

21 Die Petit Rhône schlängelt sich durch
die Lagunenlandschaft der Camargue

Cap d'Armes im Süden von Porquerolles, so führt der Kurs knapp südlich an ihnen vorbei.

Am Nordufer der Baie de Giens liegt unterhalb der Ortschaft Carqueiranne der Yachthafen

Port des Salettes mit 360 Liegeplätzen für Yachten bis 9,50 m Länge und maximal 1,50 m
43° 05'N Tiefgang. Die meisten Liegeplätze verfügen allerdings nur über einen Me-
006° 09'E ter Wassertiefe. Der Hafen bietet allen Komfort einer modernen Marina einschließlich Tankstelle, Strom- und Wasseranschlüssen an den Liegeplätzen und Grundleinen. Die Molenköpfe und die Verlängerung der südlichen Außenmole sind befeuert. Der Anmeldekai ist einlaufend an Backbord hinter dem kleinen Backbordmolenstummel. Das Büro des Hafenmeisters ist über UKW-Kanal 9 zu erreichen.

Der weitere Ausbau des Hafens ist geplant, damit auch größere Yachten dort anlegen können. Ausgehend von der Pointe Peno soll eine große, in östlicher Richtung verlaufende Mole gebaut werden, hinter der eine ausgewachsene Yachtmarina entstehen soll.

Weiter nach Westen macht sich der Einfluß des größten französischen Kriegshafens im Mittelmeer, der Rade du Toulon, an den zahlreichen Fe-

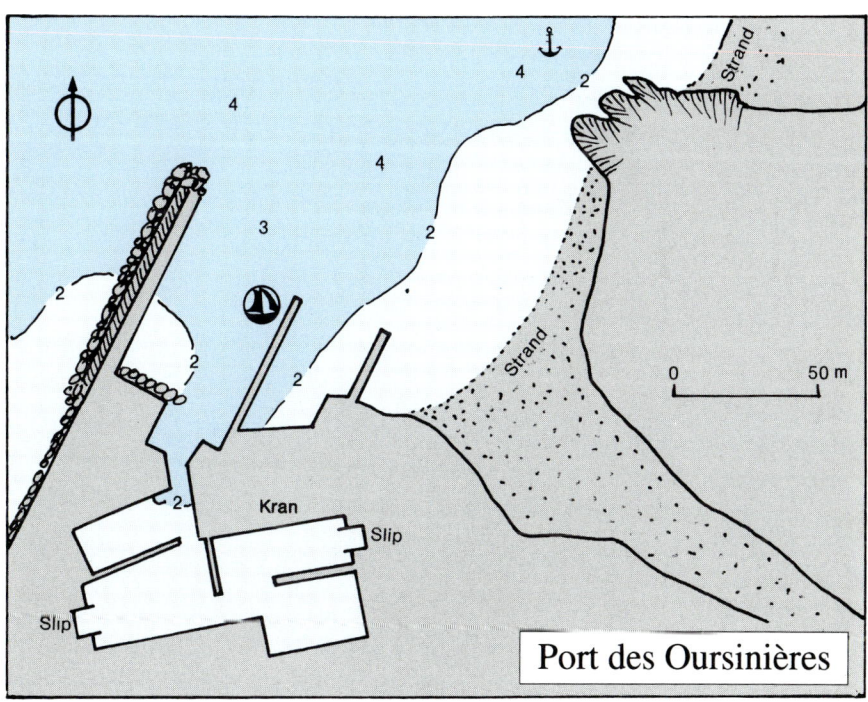

Port des Oursinières

137

stungsbauten an den Küstenhängen bemerkbar. Bereits an der *Pointe de Carqueiranne* liegen zahlreiche große Festmachetonnen der Marine, an denen man manchmal Flugzeugträger oder Schlachtschiffe liegen sieht.

Dicht nördlich der Pointe de Carqueiranne liegt in einer malerischen Bucht der kleine Hafen

Port des Oursinières mit etwa 230 Plätzen für Fischer und kleine Yachten bis 1,50 m Tiefgang. Größere Yachten ankern in der Umgebung des Hafens auf 4 bis 5 m Wassertiefe über gut haltendem Sandgrund (siehe Plan Seite 137).

43° 05'N
006° 01'E

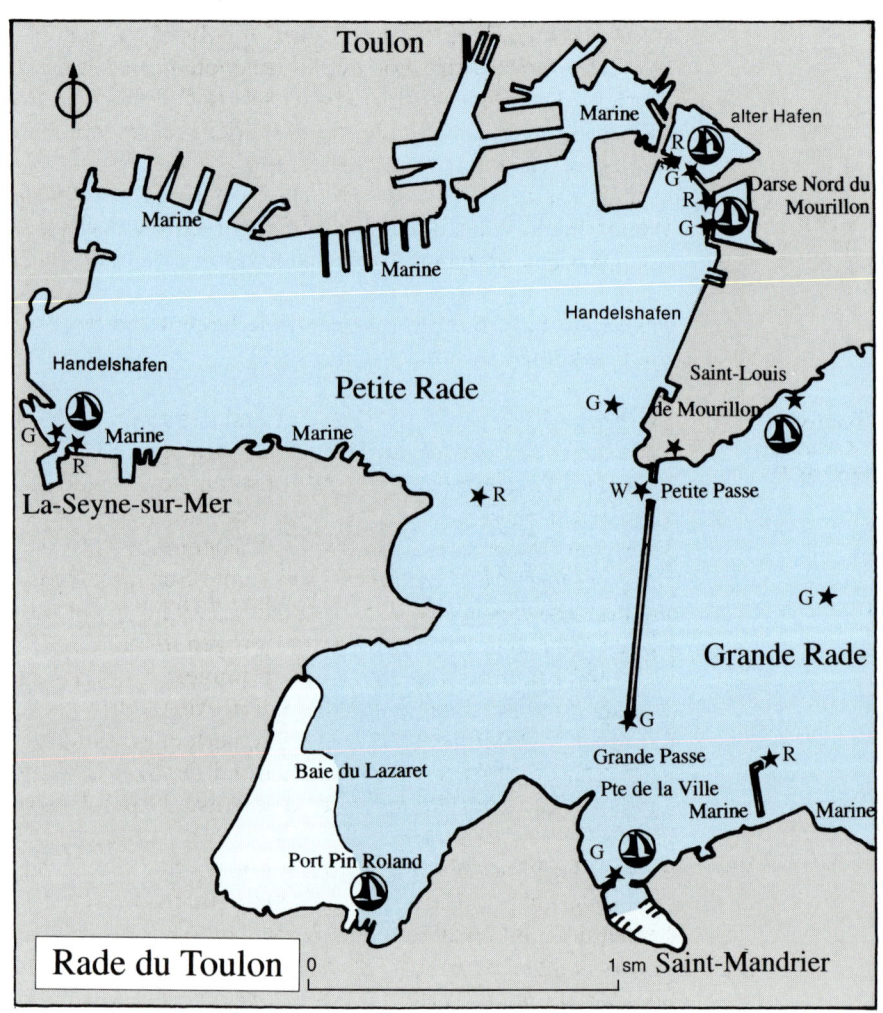

Westlich der Pointe de Carqueiranne beginnt die

Rade du Toulon der größte und sicherste Naturhafen des gesamten Mittelmeerraumes. Der äußere Teil – *Grande Rade* genannt – reicht von der Pointe de Carqueiranne im Osten bis zum *Cap Cépet* auf der Halbinsel Saint-Mandrier im Südwesten und der großen Außenmole, die den inneren Teil – *Petite Rade* genannt – im Westen abschließt. Das in weiten Bereichen felsige Nordufer der Grande Rade weist einige kleine Buchten, Miniaturanlegestellen vor Fischerhütten und mehrere bei den Bewohnern von Toulon sehr beliebte Strände auf.

Wegen der vielen militärischen Einrichtungen gelten in der Rade du Toulon zahlreiche Verkehrseinschränkungen, Anker- und Durchfahrtverbote. Im Bereich der Petite Rade haben Segelyachten gegenüber Motorschiffen keine Vorfahrt. Kurz vor der nördlichen *Petite Passe* genannten Durchfahrt in den inneren Teil der Rade du Toulon liegt im Schutz des Fort Saint-Louis aus dem 17. Jahrhundert der kleine Hafen

Port Saint-Louis de Mourillon   In dem zwischen 0,50 und 1,50 m tiefen Hafenbecken
43° 06'N   liegen die kleinen Yachten vor Bojen, am landseitigen Kai und der von
006° 56'E   dem Fort ausgehenden Außenmole.

Hinter der 0,7 sm langen Außenmole liegt an der Nordseite der Petite Rade die Großstadt

Toulon   mit ihrem Handels- und Fährhafen und dem größten französischen Marine-
43° 07'N   stützpunkt im Mittelmeer. Die große strategische Bedeutung Toulons läßt
005° 56'E   sich an den zahlreichen Festungsbauten vor allem in der Nähe der Einfahrt in die Petite Rade erkennen. Der alte Hafen wurde 1610 auf Anweisung von Richelieu gebaut, um die Galeeren des Königs aufzunehmen. In der Vergangenheit war Toulon oft genug Schauplatz kriegerischer Auseinandersetzungen. Nachdem die Stadt 1793 im Handstreich von der vereinigten spanisch-englischen Flotte eingenommen worden war, wurde sie anschließend von dem damals noch jungen Artilleriehauptmann Napoleon Bonaparte sechs Monate lang belagert. Als im Zweiten Weltkrieg deutsche Truppen in Südfrankreich einmarschierten, versenkten sich 60 französische Kriegsschiffe im Hafen. Während der Jahreswende 1943/44 wurden große Teile des Hafens und der Altstadt durch alliierte Luftangriffe zerstört.

Toulon ist gleichzeitig aber auch ein wichtiges Zentrum des Yachtsports am Mittelmeer. In den verschiedenen Hafenanlagen stehen ungefähr 3000 Liegeplätze für Yachten aller Größen zur Verfügung.

Ansteuerung (Seekarten: D 596, BA 2165, F 5325 und 7091, CG 503 und 504): Für das Anlaufen des alten Hafens im Zentrum der Stadt empfiehlt sich die nördliche Durchfahrt an der

Galeerenhafen von 1610

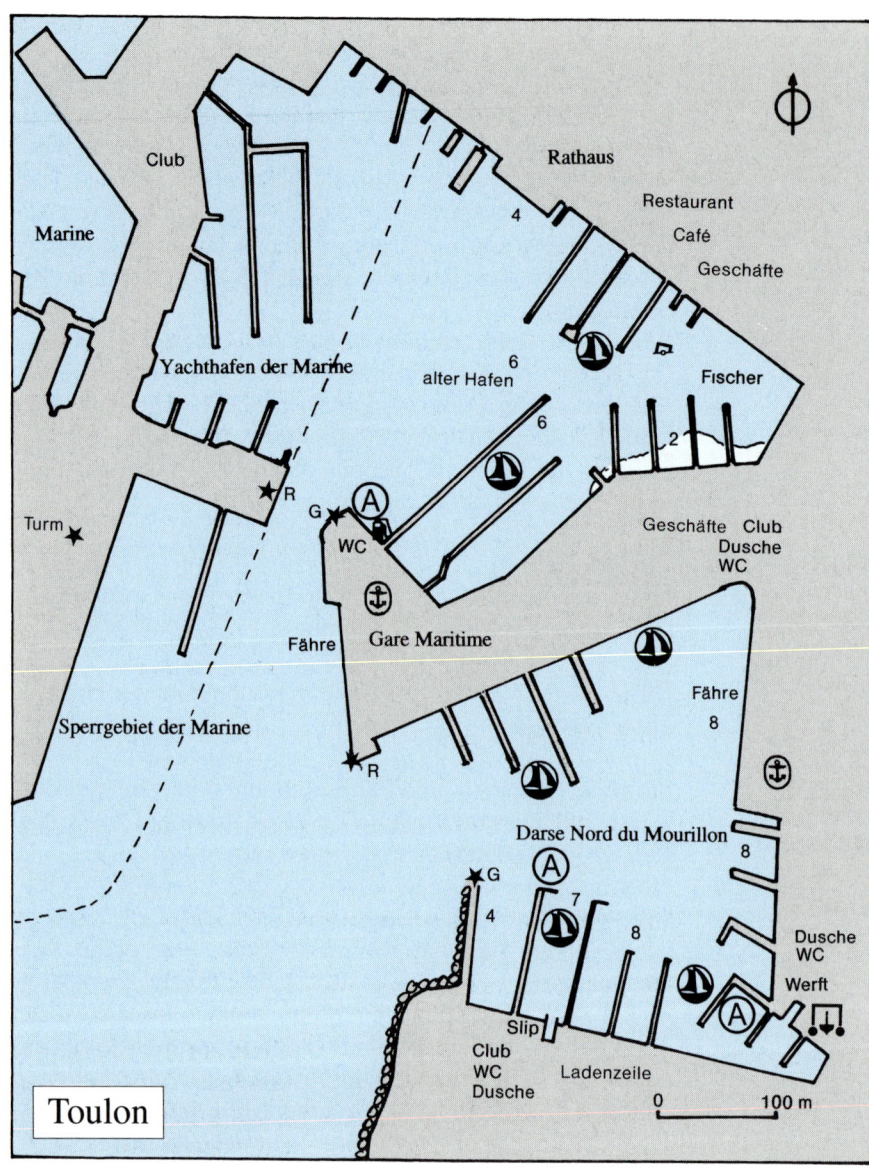

Toulon

Pointe de la Grosse Tour. Hundert Meter westlich der Pointe de la Grosse Tour steht eine befeuerte Untiefenbake, die man unbedingt an Steuerbord lassen muß. Kurs 030° führt nach der Untiefenbake vor die Einfahrt in den alten Hafen „Darse Vieille" mit den Liege-plätzen für Yachten. Man kann auch 200 m vorher in die „Darse Nord du Mourillon" ein-biegen, die ebenfalls Liegeplätze für Yachten bietet. Mehrere Hochhäuser um das Hafen-becken herum erleichtern die Orientierung. Die nächtliche Ansteuerung wird durch das Leuchtfeuer am Cap Cépet mit 21 sm Tragweite erleichtert – die zahlreichen Feuer in der

Rade du Toulon sind allerdings nicht ganz einfach auseinanderzuhalten, wozu noch erschwerend die großzügige Beleuchtung des gesamten Hafengebietes hinzukommt, die das Erkennen der einzelnen Leuchtfeuer beeinträchtigt.

Liegeplatz: In den Hafenbecken Darse Vieille (alter Hafen) und Darse Nord du Mourillon (Handelshafen) stehen zusammen etwa 1500 Liegeplätze für Yachten bis 40 m Länge auf Wassertiefen von 2,00 bis 6,00 m zur Verfügung, davon etwa ein Viertel für Gäste, die allerdings im Sommer häufig genug belegt sind. Fast alle Liegeplätze sind mit Strom- und Wasseranschlüssen sowie Grundleinen versehen. Duschen und Toiletten sind bei den Hafenbüros, den Yachtclubs und an weiteren Stellen rund um die Hafenbecken. Kraftstoff erhält man an der Hafentankstelle einlaufend an Steuerbord direkt hinter der Einfahrt in die Darse Vieille.

Der westliche Teil der Darse Vieille ist für die Yachten des Yachtclubs der französischen Marine reserviert. Die östliche Ecke der Darse Vieille ist den Fischern vorbehalten. Der einstige Handelshafen, Darse Nord du Mourillon, ist jetzt Yachthafen. Die Liegeplätze an den Stegen im Südteil werden von der Société des Regates de Toulon und mehreren Yachtclubs verwaltet.

Hafenmeister: M. Christian Curdy, Tel. 94 42 27 65. Im Hafenbüro und den Yachtclubs werden regelmäßig die neuesten Wetterberichte ausgehängt. Der Anmeldekai ist einlaufend in den alten Hafen an Steuerbord direkt neben der Tankstelle. Das Büro des Hafenmeisters ist über UKW-Kanal 9 zu erreichen.

Reparaturmöglichkeiten: Um die Hafenbecken herum gibt es mehrere Werftbetriebe, die in der Lage sind, Reparaturen jeder Art auszuführen. Zahlreiche Schiffszubehörgeschäfte, Charterunternehmen, Schiffselektronikhändler und Schiffsmakler sind um die beiden Hafenbecken zu finden.

Versorgung: Da die beiden Hafenbecken im Zentrum der Großstadt liegen, sind alle nur denkbaren Versorgungsmöglichkeiten wie Cafés, Restaurants und Lebensmittelgeschäfte in unmittelbarer Nähe.

Entfernung von Porquerolles 15 sm, Île des Embiez 15 sm, La Ciotat 23 sm, Bonifacio (Korsika) 180 sm.

Die gesamte Petite Rade westlich der Darse Vieille ist Marine- und Handelshafen. In der südwestlichen Ecke liegt versteckt zwischen großen Werftanlagen hinter einer Klappbrücke der Yachthafen

La Seyne-sur-Mer vor der gleichnamigen Ortschaft. Früher reiner Werft- und Ausrüstungshafen, ist er heute der gemütlichste Yachthafen der Rade du Toulon. Er bietet an den Kais und den beiden großen Stegen 340 Liegeplätze für Yachten bis 12 m Länge. Das Hafenbecken ist überall 5,00 m tief, mit Ausnahme einiger Stellen vor den Kais, wo nur 1,00 bis 1,50 m Wassertiefe vorhanden sind. Die Liegeplätze sind mit Strom- und Wasseranschlüssen sowie Grundleinen versehen. Duschen und Toiletten sind beim Hafenbüro und dem Yachtclub. Schiffszubehörgeschäfte, Yachtwerften und Segelmacherei sind direkt am Hafen, Cafés, Restaurants und Lebensmittelgeschäfte in dem sich an den Hafen anschließenden Zentrum von La Seyne-sur-Mer. (Plan siehe nächste Seite.)

43° 06'N
005° 53'E

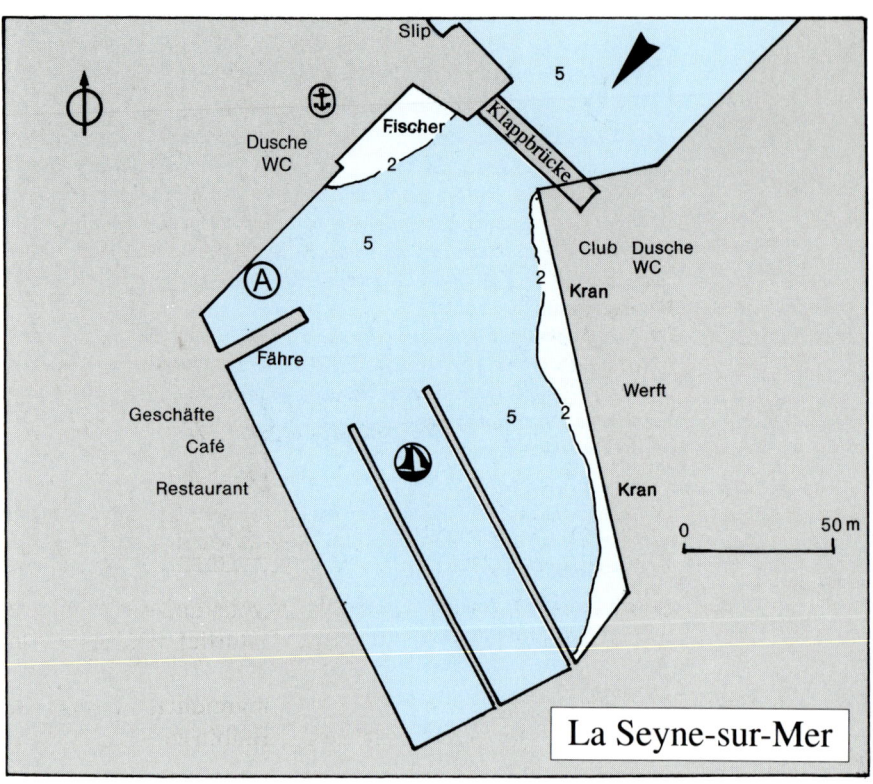

La Seyne-sur-Mer

Der größte Teil der *Baie du Lazaret* wird von Muschelzuchtanlagen eingenommen. An ihrem Westufer liegen einige kleine Hafenanlagen, die größtenteils von Fischern und kleinen Yachten frequentiert werden. Im Südosten der Bucht liegt der private Yachthafen

Port Pin Roland der bekannten gleichnamigen Yachtwerft. Für die Ansteuerung aus der
43° 05'N   Grande Rade empfiehlt sich die südliche, *Grande Passe* genannte Durch-
005° 54'E   fahrt. Vorbei an den Marineanlagen vor der Nordwestküste der Halbinsel
Saint-Mandrier, läßt man die Muschelzuchtbänke an Steuerbord, an deren
südlichem Ende der Hafen liegt.
Der mit allem Komfort ausgestattete Yachthafen verfügt über 400 Liegeplätze an den Kais und Stegen sowie etwa 200 Plätze für die Landlagerung. Die Liegeplätze sind mit Strom- und Wasseranschlüssen sowie
Grundleinen versehen. Duschen und Toiletten sind bei dem Werftbetrieb.
Port Pin Roland ist sehr beliebt für die Winterlagerung und Überholung
von Yachten, da die Werft in der Lage ist, alle vorkommenden Arbeiten
auf qualitativ hohem Niveau auszuführen. Versorgungsmöglichkeiten bestehen in unmittelbarer Nähe des Hafens nicht.

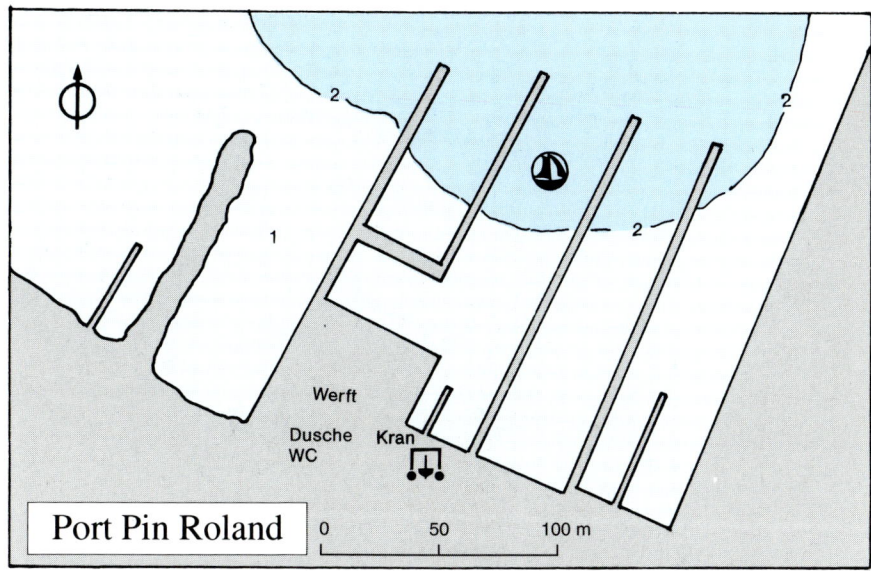

Port Pin Roland

0   50   100 m

Südlich der Pointe de la Vieille, bereits außerhalb der Petite Rade, liegt – siehe Plan auf Seite 144 – in einer natürlichen Einbuchtung der Yachthafen

Port de Saint-Mandrier gleich neben den umfangreichen Anlagen der französischen Marine, die die östliche Hälfte der Halbinsel Saint-Mandrier einnehmen.

43° 05'N
005° 56'E

Ansteuerung (Seekarten: D 596 und 483, BA 2165, F 7091 und 5325, CG 503 und 504): Die Ansteuerung der nach Norden offenen Einfahrt bereitet bei allen Wind- und Wetterverhältnissen keinerlei Schwierigkeiten. Von den militärischen Einrichtungen ist ein Abstand von mindestens 100 m einzuhalten. Bei Nacht weisen zahlreiche Feuer im Südteil der Rade du Toulon den Weg in den Hafen.

Liegeplatz: Der gut ausgestattete Yachthafen verfügt über 600 Liegeplätze für Yachten bis 15 m Länge, davon 20 für Gäste. Alle Liegeplätze sind mit Strom- und Wasseranschlüssen sowie Grundleinen versehen. Duschen und Toiletten sind neben dem Büro des Hafenmeisters. Kraftstoff erhält man an der Hafentankstelle.

Hafenmeister: M. J. Castillo, Tel. 94 63 97 39. Im Hafenbüro werden regelmäßig die neuesten Wetterberichte ausgehängt. Der Anmeldekai ist einlaufend an Steuerbord am Kopf des ersten Steges. Das Büro des Hafenmeisters ist über UKW-Kanal 9 zu erreichen.

Reparaturmöglichkeiten: Die Yachtwerft A.C.S.M. ist in der Lage, Reparaturen jeder Art prompt und zuverlässig auszuführen. Gut sortierte Schiffszubehörgeschäfte sind am Hafen zu finden.

Versorgung: Cafés, Restaurants und Lebensmittelgeschäfte sind rund um das Hafenbecken und in dem sich an den Hafen anschließenden Zentrum von Saint-Mandrier-sur-Mer.

Bademöglichkeiten: Vor der nördlichen Außenmole und bei der Pointe de la Vieille sind beliebte Badestrände.

Entfernung von Porquerolles 14 sm, Île des Embiez 14 sm, Bandol 16 sm, La Ciotat 21 sm.

143

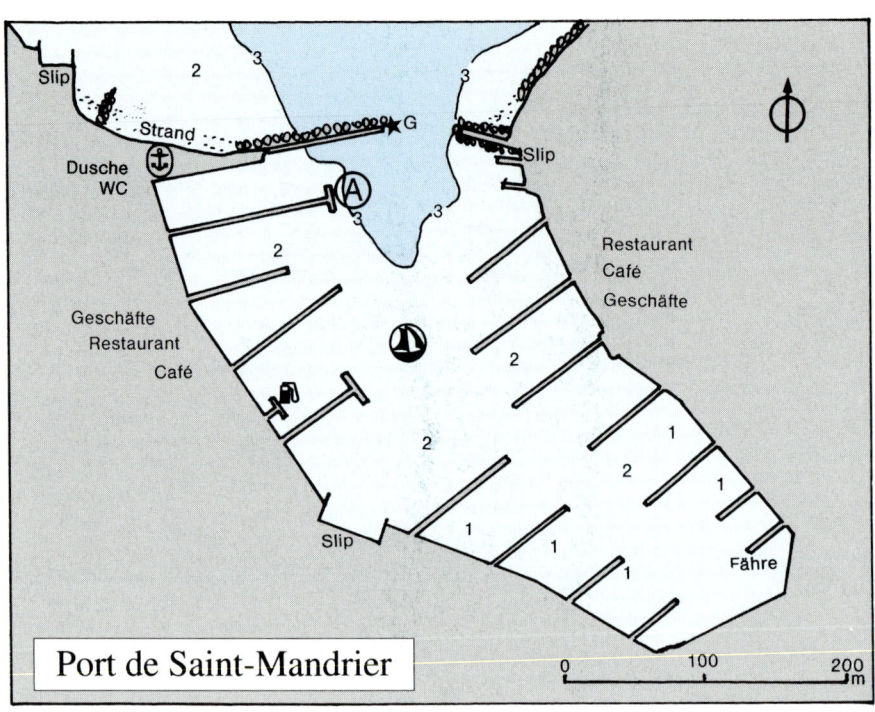

Port de Saint-Mandrier

Vor der Südostküste der Halbinsel Saint-Mandrier liegen zahlreiche große, unbeleuchtete Festmachetonnen, so daß es ratsam ist, einen großen Bogen um diesen Küstenabschnitt zu machen.

Die felsige Südküste der Halbinsel Saint-Mandrier ist in ihrem östlichen Teil noch militärisches Sperrgebiet, aber auch im westlichen Abschnitt bis Saint-Elme lohnt es nirgendwo, die Küste anzulaufen.

Saint-Elme
43° 04'N
005° 54'E

ist ein kleiner Fischer- und Yachthafen an der Westseite der Halbinsel Saint-Mandrier nördlich der Pointe de Saint-Elme mit etwa 110 Liegeplätzen für kleine Motorboote und Jollen bis 0,50 m Tiefgang. Yachten ankern neben dem Hafen vor dem Strand in der Anse des Sablettes.

Östlich vor dem steil aus dem Meer aufragenden *Cap Sicié* mit seinem Leuchtturm und dem in 300 m Höhe thronenden Semaphor liegen die beiden Klippen *Les Deux Frères*. Südlich des Kaps ist eine 5-m-Untiefe. Schon bei mittlerem Wind aus Ost oder Nordwest ist das Meer in der Nähe des Kaps ausgesprochen unruhig, und es baut sich schnell eine kabbelige See auf, die erst in etwa einer Seemeile Abstand von der Küste ruhiger wird.

ÎLE DES EMBIEZ - GOLFE DE FOS

Île des Embiez
43° 05'N
005° 47'E
Die Insel ist Privatbesitz des bekannten Pastisfabrikanten Paul Ricard, der hier ein paradiesisches Ferienzentrum unterhält – etwas steril, aber ausgesprochen sauber und gepflegt, man sieht überall die planende Handschrift der Architekten; nichts ist gewachsen, sondern sorgfältig und mit viel Liebe zum Detail angelegt. Yachten finden angenehme Liegemöglichkeiten in dem Hafen

Port Saint-Pierre-des-Embiez an der Nordostseite der Insel, gut geschützt vor allen Winden.

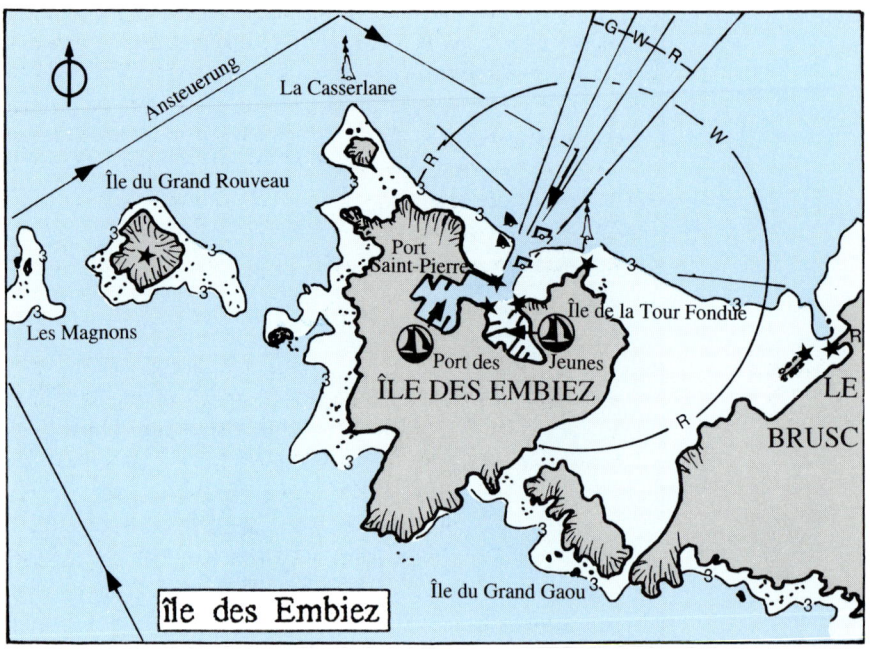

Île des Embiez

Ansteuerung (Seekarten: D 596 und 483, BA 2165, F 5325 und 6610, CG 504): Klippen, Felseilande und Flachwassergebiete erfordern sorgfältige Navigation bei der Ansteuerung. Von Osten kommend, steuert man zunächst mit westnordwestlichem Kurs an der Île des Embiez und der von einem Leuchtturm überragten Île du Grand Rouveau vorbei, um die Untiefenbake „Les Magnons" außen herum zu runden. Kurs Nordost führt dann zu der Untiefenbake „La Casserlane"; nach einer halben Seemeile mit Kurs 120° findet man das erste Tonnenpaar des in den Hafen führenden Fahrwassers. Das betonnte, auf 3,00 m Wassertiefe ausgebaggerte Fahrwasser ist unbedingt einzuhalten; außerhalb des Fahrwassers betragen die Wassertiefen nur 0,40 bis 1,00 m. Von Norden oder Westen kommend, ist die Ansteuerung problemlos – man hält auf die Untiefenbake „La Casserlane" zu und dann weiter wie beschrieben.

Das 15 sm weit scheinende Leuchtfeuer auf der Île du Grand Rouveau erleichtert die nächtliche Ansteuerung. Der rote Sektor des Leuchtfeuers Île de la Tour Fondue deckt die Untiefenbake „La Casserlane" ab. Die Hafeneinfahrt hat ein Richtfeuer, dessen weißer Sektor das betonnte Fahrwasser markiert. Die Einfahrt in die beiden Hafenbecken ist zusätzlich befeuert.

Liegeplatz: Der gut ausgestattete Yachthafen verfügt in zwei Hafenbecken (Port Saint-Pierre und Port des Jeunes) über etwa 650 Liegeplätze für Yachten bis 35 m Länge und maximal 3 m Tiefgang, davon etwa 20 für Gäste. Der Port des Jeunes ist nur für kleinere Segelyachten und in der Hauptsache den Mitgliedern des Yachtclubs des Embiez vorbehalten. Alle Liegeplätze sind mit Strom- und Wasseranschlüssen sowie Grundleinen versehen. Duschen und Toiletten sind beim Büro des Hafenmeisters. Kraftstoff erhält man an der Hafentankstelle neben dem Hafenbüro und Anmeldekai im Port Saint-Pierre.

Hafenmeister: M. J. Mouton, Tel. 94 34 07 51. Im Hafenbüro werden regelmäßig die neuesten Wetterberichte ausgehängt. Beim Einlaufen in den Port Saint-Pierre fährt man direkt auf den Anmeldekai zu. Das Büro des Hafenmeisters ist über UKW-Kanal 9 zu erreichen.

Reparaturmöglichkeiten: Südlich der Tankstelle hinter dem Hafenbüro ist ein Werftbetrieb, der in der Lage ist, Reparaturen aller Art auszuführen und in dem Hafen überwinternde Yachten zu warten. Hier bekommt man auch Schiffszubehör in bescheidenem Umfang.

Versorgung: In der Umgebung des Hafens gibt es Restaurants, Cafés und ein Lebensmittelgeschäft. Das Preisniveau entspricht dem auf dem Festland.

Entfernung von Toulon 15 sm, Saint-Mandrier 14 sm, Sanary 2,5 sm, Bandol 3,5 sm.

Le Brusc
43° 05'N
005° 48'E

ist der Fährhafen für den Verkehr mit der Île des Embiez. Eine 3 m tief ausgebaggerte Fahrrine führt mit Kurs 155° vor die Einfahrt in den Hafen. Sie wird an der Backbordseite durch eine rote Boje markiert. Nur der Bereich um den Anlegesteg der Fährschiffe zur Île des Embiez weist mehr als 2 m Wassertiefe auf; der übrige Hafenbereich ist nur zwischen 0,50 m und 1,50 m tief, auch das gesamte zum Kai ausgebaute landseitige Ufer.

Die fünf für Gäste vorgesehenen Plätze sind im Sommer regelmäßig belegt, so daß man besser gleich vor dem Hafen außerhalb der ausgedehnten Flachwassergebiete vor Anker geht und mit dem Beiboot dem Ort einen Besuch abstattet.

Bei ruhigem Wetter stellt die Ansteuerung des Hafens tagsüber kein Problem dar – von einem nächtlichen Anlaufen ist dringend abzuraten, da die rote Tonne, die das Fahrwasser von dem flachen Wasser trennt, nicht beleuchtet ist. Bei Mistral ist die Ansteuerung so gut wie unmöglich.

Bereits die Griechen hatten hier einen Hafen gegründet, der später von den Römern übernommen und ausgebaut wurde. Die ausgedehnten Untiefen und zahlreichen Klippen in der Rade du Brusc ließen jedoch die weitere Entwicklung des Hafens nicht zu. Erst die Einrichtung der Feriensiedlung und des Meeresbiologischen Instituts auf der Île des Embiez gaben dem Hafen etwas von seiner vorchristlichen Bedeutung zurück.

Dicht südlich der *Pointe Nègre* liegt der

Port de la Coudoulière Dieser einstmals für eine Ziegelei angelegte Hafen ist heute Refugium für etwa 250 Yachten bis 9 m Länge und maximal 1,00 m Tiefgang, die an dem landseitigen Kai und an fünf Bojenreihen festmachen.

Sanary-sur-Mer an der Nordseite der gleichnamigen Bucht gelegen, ist bis jetzt noch ein
43° 07'N
005° 48'E
Geheimtip für Urlauber an der französischen Mittelmeerküste. Eine typisch provenzalische Altstadt mit malerischen Häusern und einer palmenbestandenen Promenade am Hafen machen das alte Fischerstädtchen zu einem gern besuchten Ort.

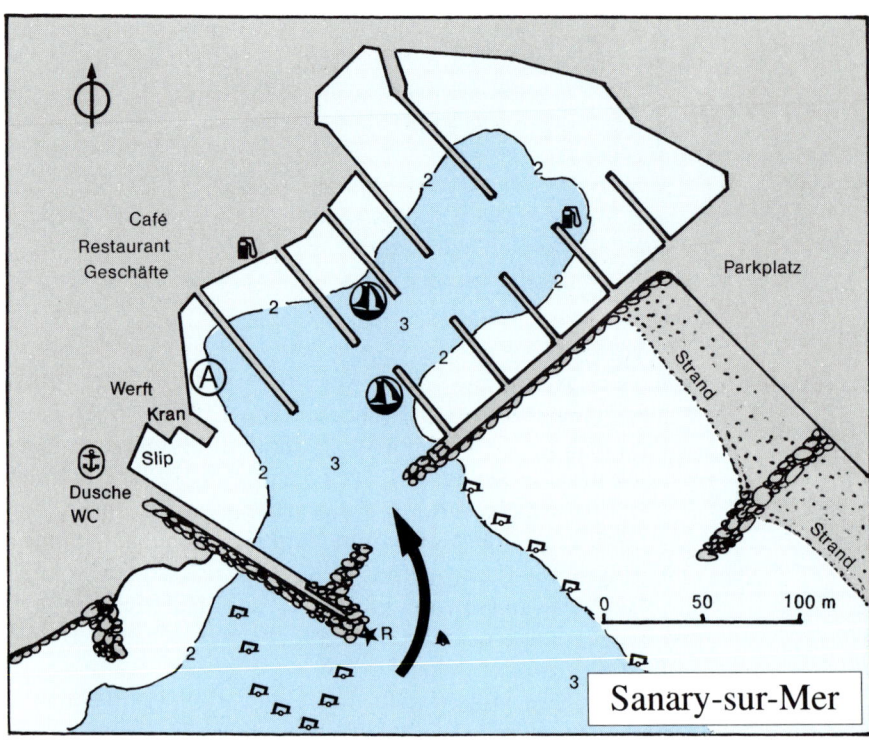

Sanary-sur-Mer

Ansteuerung (Seekarten: D 596 und 483, BA 2165, F 6610 und 5325, CG 504): Die Ansteuerung der nach Südosten offenen Einfahrt bereitet bei allen Wind- und Wetterverhältnissen keinerlei Schwierigkeiten. Die grüne Tonne auf der 3-m-Tiefenlinie vor der Hafeneinfahrt ist unbedingt an Steuerbord zu lassen. Vom Kopf der Ostmole bis zu der ersten Buhne verläuft eine Bojenreihe als Begrenzung des Badestrandes. Der Kopf der Südmole ist befeuert.

Liegeplatz: Der gut ausgestattete Yachthafen verfügt über 550 Liegeplätze für Yachten bis 16 m Länge bei Wassertiefen zwischen 1,50 und 3,00 m, davon 150 für Gäste. Die Gastliegeplätze sind einlaufend an Steuerbord am ersten Steg sowie einlaufend an Backbord am dritten Steg. Alle Liegeplätze sind mit Strom- und Wasseranschlüssen sowie Grundleinen versehen. Duschen und Toiletten sind beim Büro des Hafenmeisters. Kraftstoff erhält man an der Hafentankstelle am Kopf des vierten Steges der Ostmole.

Hafenmeister: M. Arsuffi, Tel. 94 74 20 95. Im Hafenbüro werden regelmäßig die neuesten Wetterberichte ausgehängt. Der Anmeldekai ist einlaufend an Backbord neben dem stationären Kran. Das Büro des Hafenmeisters ist über UKW-Kanal 9 zu erreichen.

Reparaturmöglichkeiten: Der Werftbetrieb am Quai Wilson ist in der Lage, Reparaturen aller Art zuverlässig auszuführen. Gut sortierte Schiffszubehörgeschäfte sind am Hafen zu finden.

Versorgung: An der Promenade am Hafen gibt es zahlreiche Cafés, Restaurants und Lebensmittelgeschäfte. In fast allen Restaurants am Hafen erhält man hervorragende Fischgerichte.

Bademöglichkeiten: Im Südosten schließt sich ein gut 1000 m langer Strand an, der auch im Sommer nicht überlaufen ist.

Entfernung von Porquerolles 22 sm, Île des Embiez 2,5 sm, Bandol 3,5 sm, La Ciotat 9,5 sm.

Die *Pointe de la Cride* mit der Untiefenbake davor ist in weitem Bogen zu runden, bevor man in die *Baie de Bandol* einläuft. Die hübsche, von einem weiten Sandstrand eingerahmte Bucht wird im Westen von der *Île de Bendor* und dem Yachthafen von

Bandol
43° 08'N
005° 45'E

begrenzt. Hier liegen am stadtseitigen Kai immer einige Fischerboote und manchmal auch kleine Trawler, was dem Hafen seinen eigenen Charme gibt. Die Promenade am Hafen mit ihren Palmen, Pinien und duftenden Eukalyptusbäumen ist abends voller Leben, wenn dort Maler, Kunsthandwerker, Gold- und Silberschmiede ihre Stände aufgebaut haben und dicht gedrängt nebeneinander mit ihren Angeboten locken. Der von großen Platanen bestandene Marktplatz mit der Kirche an der oberen Schmalseite bietet jeden Tag reges Treiben.

Ansteuerung (Seekarten: D 596 und 483, BA 2165, F 6610 und 5325, CG 504): Der Hafen liegt eine Seemeile nördlich der Pointe de la Cride. Vor dem Hafen markiert die gemauerte Un-

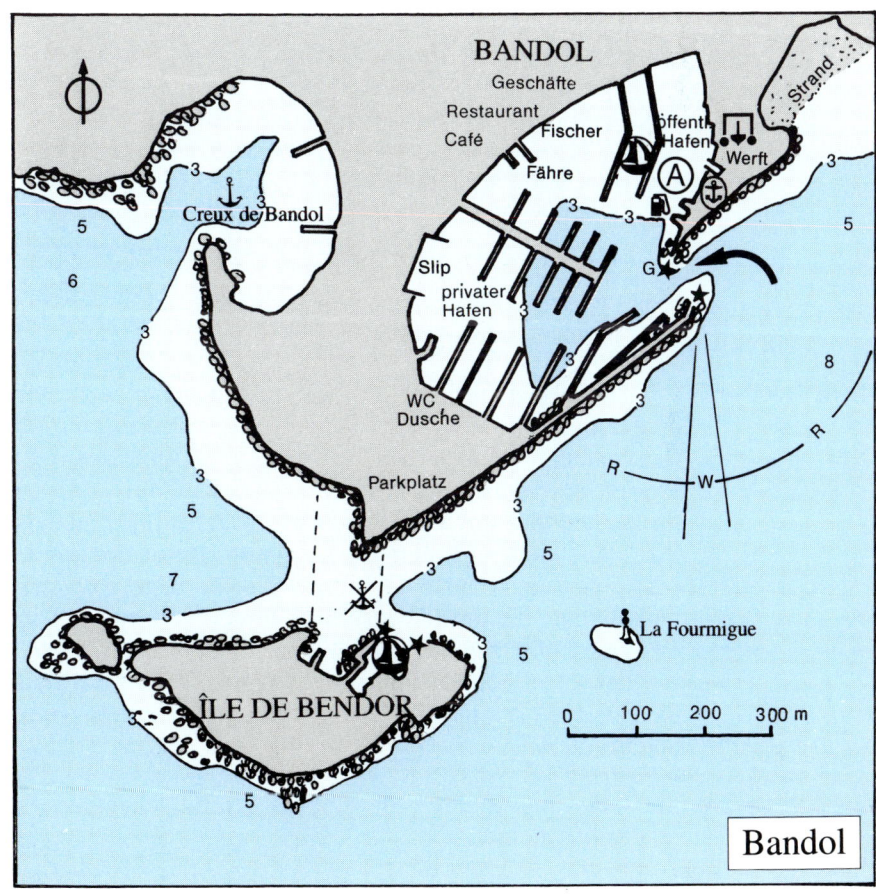

tiefenbake „La Fourmigue" eine einzelne Klippe. Die Ansteuerung der nach Osten offenen Einfahrt bereitet bei allen Wind- und Wetterverhältnissen keinerlei Probleme. Bei der Einsteuerung sollte man sich möglichst in der Mitte der 40 m breiten Einfahrt halten, da die Steinschüttungen der Molenköpfe sich unter Wasser noch einige Meter fortsetzen. Bei der nächtlichen Ansteuerung führt der weiße Sektor des südlichen Molenfeuers vorbei an der Untiefenbake vor die Hafeneinfahrt. Auch der nördliche Molenkopf ist befeuert. Man verwechsle diese Befeuerung nicht mit der des kleinen Hafens auf der Île de Bendor.

Liegeplatz: Der gut ausgestattete Yachthafen verfügt in dem öffentlichen und dem privaten Teil über 1350 Liegeplätze für Yachten bis 30 m Länge und 3,50 m Tiefgang, davon 110 für Gäste. Die Gastliegeplätze sind einlaufend an Steuerbord an den beiden Stegen des öffentlichen Hafens. Alle Liegeplätze sind mit Strom- und Wasseranschlüssen sowie Grundleinen versehen. Duschen und Toiletten sind beim Büro des Hafenmeisters in der nordöstlichen und in der südwestlichen Hafenecke. Kraftstoff erhält man an der Hafentankstelle neben dem Hafenbüro.

Hafenmeister: M. Fraise, Tel. 94 29 42 64. Im Hafenbüro werden regelmäßig die neuesten Wetterberichte ausgehängt. Der Anmeldekai ist einlaufend an Steuerbord der zweite von der Außenmole ausgehende Steg – am ersten Steg ist die Tankstelle. Das Büro des Hafenmeisters ist über UKW-Kanal 9 zu erreichen.

Reparaturmöglichkeiten: Neben dem Hafenbüro ist ein großer Werftbetrieb, der auch Reparaturen ausführt. Ein Schiffszubehörgeschäft findet man an der Hafenpromenade.

Versorgung: An der Hafenpromenade und in den kleinen Gassen dahinter gibt es zahlreiche Cafés, Restaurants und Lebensmittelgeschäfte sowie einen guten Weinkeller.

Bademöglichkeiten: Direkt nordöstlich des Hafens gibt es einen kleinen Strand, der immer gut besucht ist, ebenso wie der Strand westlich des Ortes in der Bucht Creux de Bandol.

Entfernung von Toulon 17 sm, Île des Embiez 3,5 sm, Saint-Cyr-les-Lecques 6 sm, Marseille 27 sm.

Eine etwa 200 m breite und an ihrer flachsten Stelle 1,00 m tiefe Durchfahrt trennt Bandol von der Insel

Île de Bendor Früher ein Unterschlupf für Piraten, gehört sie heute wie die Île des Embiez dem Pastisfabrikanten Paul Ricard, der sie in ein sehr beliebtes Ausflugs- und Ferienzentrum verwandelt hat, mit einem Luxushotel, einem kleinen Zoo und einem kleinen meereskundlichem Museum. Alles sorgfältig geplant und mit viel Liebe zum Detail im provenzalischen Stil gebaut. Von dem kleinen Hafen an der Nordostseite der Insel verkehren regelmäßig Ausflugsschiffe nach Bandol. Die Plätze im Hafen sind den Gästen vorbehalten, die auf der Insel ihre Ferien verbringen – immerhin kommen alljährlich 400 000 Besucher hierher.

Bei der 18 m hohen Klippe *L'Île Rousse* wächst an Land aus den Felsen ein riesiger Gebäudeblock mit Ferienappartements, vor dem in dem kleinen Privathafen

Les Engraviers die Jollen und kleinen Motorboote der Bewohner liegen. Gastliegeplätze
43° 08'N   gibt es hier keine.
005° 44'E

150

Die steile Felsküste nordwestlich von Bandol mit ihrer üppigen Vegetation lädt östlich und westlich des *Cap d'Alon* zum Ankern ein. Die östliche Bucht

Baie de la Moutte bietet mittelmäßigen Schutz auf Wassertiefen von 5,00 bis 8,00 m über gut haltendem Sandgrund. Im Inneren der Bucht erfordern einige überspülte Steine erhöhte Aufmerksamkeit – sie sind dank des klaren Wassers jedoch gut zu erkennen.
Direkt vor dem Cap d'Alon liegen einige Klippen und Steine; etwa 200 m südlich des Kaps befindet sich eine Untiefe mit nur 0,50 m Wassertiefe.

Le Port d'Alon ist ein seewärts von zwei kurzen Molenstummeln geschützter Naturhafen
43° 09'N an der Westseite des Cap d'Alon. Kleine Yachten können hinter den Mo-
005° 43'E len ankern, größere außerhalb auf 3,00 bis 5,00 m Wassertiefe.

La Madrague les Lecques Im Südosten der Baie des Lecques liegt in landschaftlich reiz-
43° 10'N voller Umgebung dieser kleine Hafen, in dem offene Motoryachten und
005° 42'E Jollen an den Kais, dem Schwimmsteg und an Bojen liegen. Die Wasser-
tiefen liegen zwischen 0,50 m im südlichen Teil und 1,00 m im Bereich der Einfahrt. An der Südseite des Hafens ist ein gutes Restaurant, das einen Besuch lohnt.

Am Nordufer der Baie des Lecques liegt der Fischer- und Yachthafen

Saint-Cyr-les-Lecques malerisch von grünen Hügeln eingerahmt. Das aufstrebende
43° 11'N Seebad verwöhnt den Besucher mit einer hübschen Häuserzeile hinter dem
005° 41'E Hafen und zahlreichen Restaurants und Cafés im alten Ortszentrum und einem über einen Kilometer langen feinen Sandstrand.

Ansteuerung (Seekarten: D 596, BA 2165, F 6612 und 5325, CG 504): Die Ansteuerung der nach Westen offenen Einfahrt des neuen Hafens bereitet keinerlei Schwierigkeiten, allerdings steht bei Mistral erheblicher Schwell in der Baie des Lecques und der Hafeneinfahrt, der das Einlaufen ungemein erschwert. Die Molenköpfe des neuen Yachthafens sind befeuert, ebenso der Kopf der Südmole des alten Hafens (siehe Plan Seite 152).

Liegeplatz: Der neue private Yachthafen verfügt über 430 Liegeplätze für Yachten bis 15 m Länge und maximal 3,00 m Tiefgang. Gastliegeplätze gibt es keine, jedoch werden die freien Plätze an Besucher vergeben . Alle Liegeplätze sind mit Strom- und Wasseranschlüssen sowie Grundleinen versehen. Duschen und Toiletten sind in der Nähe des Hafenbüros hinter dem Parkplatz. Kraftstoff erhält man an der Hafentankstelle direkt hinter dem roten Einfahrtfeuer.

Der alte öffentliche Hafen verfügt über 190 Liegeplätze für Yachten bis 8,00 m Länge und 0,50 m Tiefgang, davon ein Dutzend für Gäste. Da das Hafenbecken zur Versandung neigt, sollte man die Tiefenangaben mit Vorsicht betrachten.

Hafenmeister: M. Y. Angioni, Tel. Hafenbüro alter Hafen: 94 26 34 67, neuer Hafen: 94 25 21 98. Als Anmeldekai fungieren einlaufend an Backbord die Köpfe der ersten drei Stege. Das Büro des Hafenmeisters ist über UKW-Kanal 9 zu erreichen.

151

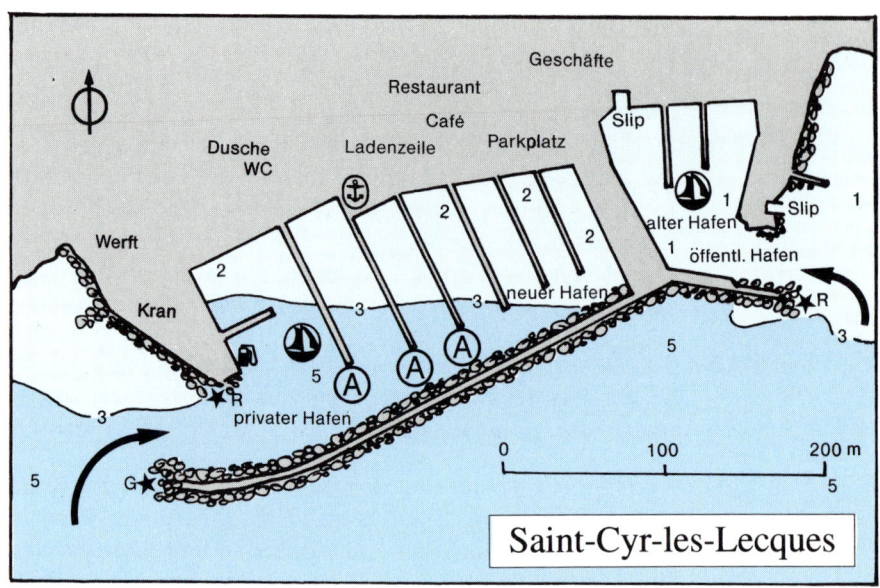

Reparaturmöglichkeiten: Am Fuß der breiten Westpier ist ein Werftbetrieb, der in der Lage ist, Reparaturen aller Art auszuführen. Schiffszubehörgeschäfte sind in der Ladenzeile hinter dem Hafenbüro.

Versorgung: In unmittelbarer Nähe des Hafens gibt es in den Ladenzeilen Cafés, Restaurants und Lebensmittelgeschäfte. Weitere Versorgungsmöglichkeiten sind im Ortszentrum, fünf Minuten Gehweg vom Hafen entfernt.

Bademöglichkeiten: Östlich des Hafens liegt der kilometerlange Strand, der Saint-Cyr-les-Lecques zu einem beliebten Seebad gemacht hat.

Entfernung von Bandol 6 sm, La Ciotat 3,5 sm, Cassis 9 sm.

Am Nordufer der *Baie de la Ciotat*, mitten zwischen ausgedehnten Stränden, liegt vor einem hübschen Pinienwäldchen der Minihafen

Port Saint-Jean
43°11'N
005°38'E

für etwa 50 Boote bis 8,00 m Länge und 0,80 m Tiefgang, mit Werftbetrieb, Yachtclub und Restaurant. Bei ruhigem Wetter lohnt es sich, außerhalb des Hafens für einen Badeaufenthalt zu ankern und vielleicht in dem Restaurant am Hafen zu speisen, ehe man einen Liegeplatz in Saint-Cyr-les-Lecques oder La Ciotat ansteuert.

Bereits aus großer Entfernung sind die imposanten Werftanlagen des Hafens von

La Ciotat
43°10'N
005°37'E

auszumachen, in dessen Docks Schiffe bis zu 300 000 BRT auf Kiel gelegt werden. Neben Umbau-, Überholungs- und Instandsetzungsarbeiten werden auch umfangreiche Ausrüstungsarbeiten hier ausgeführt. Die

152

geschäftige Stadt lebt in der Hauptsache von der Werft und der Fischerei-
flotte. Im alten Hafen im Zentrum der Stadt liegen ständig zahlreiche
Trawler, und eine große Flotte kleinerer Fischerboote hat ihre Liegeplätze
in dem kleinen, von zwei Molen geschützten Becken im Nordteil des alten
Hafens. Um den alten Hafen herum spielt sich das geschäftige Treiben der
Stadt ab. Fischerkneipen, Straßencafés und Restaurants, in denen man
hervorragende Fischgerichte aufgetischt bekommt, schaffen eine gemütliche mediterrane Stimmung, die in krassem Gegensatz zu der nüchternen
Atmosphäre der Kräne und und riesigen Hallen der Werftanlagen steht.

Um der wachsenden Nachfrage an Liegeplätzen für Yachten Rechnung zu
tragen, wurde nördlich des alten Hafens der aus zwei Becken bestehende
neue Yachthafen gebaut. Nördlich des Yachthafens ist noch ein kleiner Privathafen, der **Port des Flots-Bleus** mit etwa 20 Liegeplätzen für Boote bis
8,00 m Länge und 0,80 m Tiefgang. (Plan siehe nächste Seite.)

*Ansteuerung (Seekarten: D 596 und 483, BA 2607, F 6612, 6682 und 5325, CG 504): Die riesigen
Kräne der Werft sind bei Tage eine gute Ansteuerungshilfe des nördlich der Île Verte liegenden Hafens. Die Einfahrt in den alten Hafen liegt direkt nördlich der Werftbecken. Die
zwei Becken des neuen Yachthafens haben getrennte Zufahrten.*

*Die nach Süden offene Einfahrt in das südliche Becken liegt etwa 200 m nördlich der Ein-
fahrt zum alten Hafen. Die Ansteuerung bereitet außer bei starken östlichen Winden keinerlei Schwierigkeiten. Die Einfahrt in das nördliche Becken liegt gut 300 m weiter nördlich;
sie ist nach Nordosten offen. Ihre Ansteuerung bereitet außer bei starken östlichen und
südöstlichen Winden keine Probleme. Die Becken der Werft (zweimal ein rotes Feuer) und
die Hafeneinfahrten sind befeuert: Einfahrt in den alten Hafen ein grünes Feuer, südliches
Becken ein grünes Feuer, nördliches Becken ein rotes Feuer.*

*Liegeplatz: Der moderne Yachthafen verfügt in den beiden Becken „Bassin Berouard" (das südli-
che) und „Bassin des Capucins" (das nördliche) über 650 Liegeplätze für Yachten bis 15 m
Länge im nördlichen Becken, bis 20 m Länge im südlichen Becken und 2,00 m Tiefgang –
an der Innenseite der Außenmolen auch bis 3,00 m –, davon 40 für Gäste an den Innensei-
ten der Außenmolen. Alle Liegeplätze sind mit Strom- und Wasseranschlüssen sowie
Grundleinen versehen. Duschen und Toiletten befinden sich am Fuß der breiten Pier zwischen den beiden Becken. Kraftstoff erhält man an der Hafentankstelle im südlichen
Becken.*

*Im alten Hafen gibt es auch einige Stege für Yachten. Der südliche Kai vor der Werft ist für
Ausrüstungsarbeiten reserviert. So malerisch die Liegeplätze im alten Hafen vor der Kulis-
se alter Häuser und Straßencafés sind, so unangenehm ist schon bei mittleren Winden aus
Ost und Südost der Schwell, der dann in den Hafen steht.*

*Hafenmeister: M. J. Barthe, Tel. 42 08 62 90. Im Hafenbüro werden regelmäßig die neuesten Wet-
terberichte ausgehängt. Der Anmeldekai ist einlaufend in das Bassin Berouard an Steuerbord an der Außenmole. Das Büro des Hafenmeisters liegt auf der breiten Pier zwischen
den beiden Becken und ist über UKW-Kanal 9 zu erreichen.*

*Reparaturmöglichkeiten: In der nordwestlichen Ecke des Bassins des Capucins und am Fuße der
breiten Pier zwischen den beiden Becken sind Werftbetriebe, die Reparaturen aller Art an
Yachten ausführen. Mehrere Schiffszubehörgeschäfte liegen an der Straße hinter dem
Hafen.*

Stimmungsvoll:
der alte Hafen

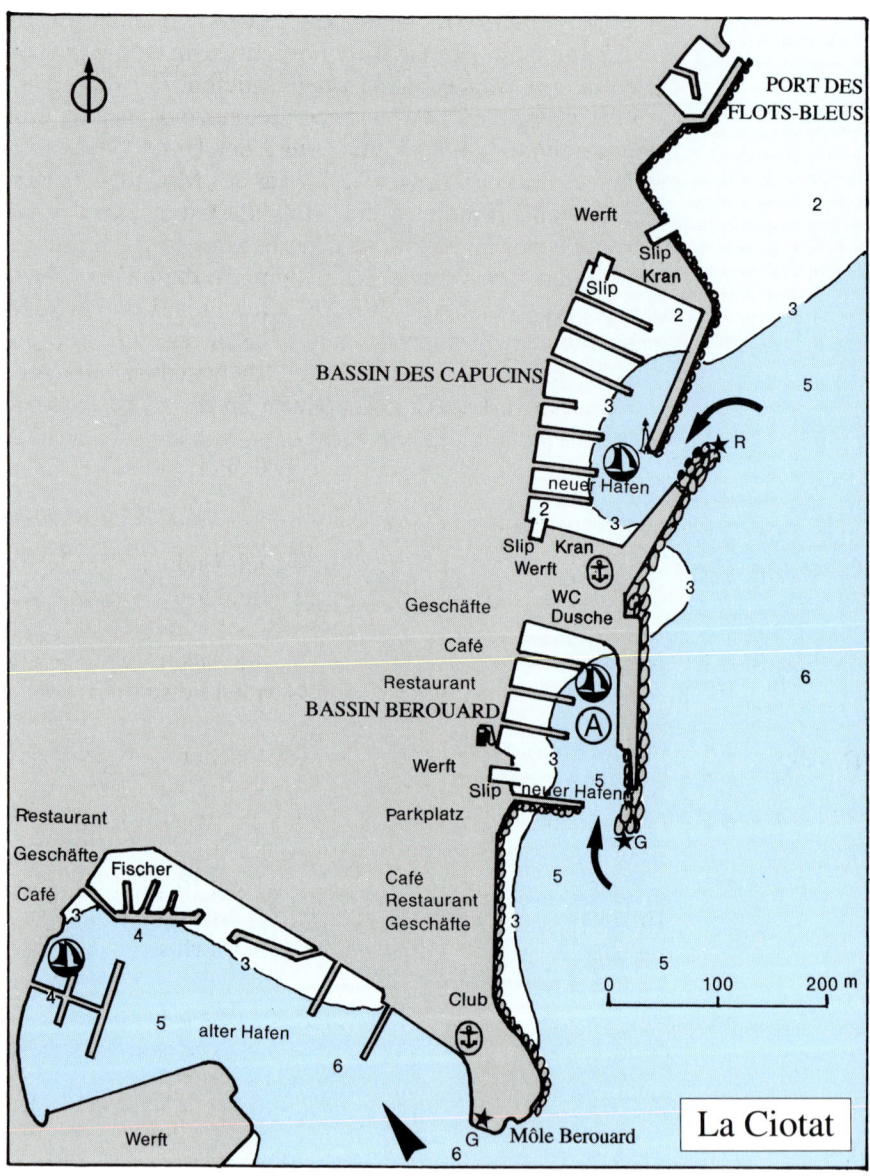

PORT DES
FLOTS-BLEUS

2

Werft

Slip
Kran

Slip

2

BASSIN DES CAPUCINS

3

5

neuer Hafen

★R

2

3

Slip Kran

Werft

3

Geschäfte

WC
Dusche

Café

Restaurant

6

BASSIN BEROUARD

Werft

3

Slip neuer Hafen

5

Restaurant

Parkplatz

★G

Geschäfte

Café Restaurant Geschäfte

Fischer

5

Café

3

4

3

5

4

alter Hafen

5

100 200 m

0

Club

6

3

5

Werft

G Môle Berouard

6

La Ciotat

Versorgung: Die besten Möglichkeiten bieten sich am alten Hafen, liegt er doch mitten im Zentrum der Stadt mit ihren Fischerkneipen, Restaurants und den zahlreichen Lebensmittelgeschäften. In der Nähe des Yachthafens ist die Auswahl an Restaurants und Cafés eher bescheiden.

Entfernung von Sanary-sur-Mer 9,5 sm, Cassis 8 sm, Marseille Vieux-Port 22 sm.

Ungefähr 600 m südöstlich von La Ciotat liegt das unbewohnte Felseiland *Île Verte* mit einem kleinen Fort. Etwa in der Mitte zwischen der Küste und dem Inselchen markiert die Untiefenbake *Canonier du Sud* eine 5-m-Flachstelle. Bei Tage – ruhiges Wetter vorausgesetzt – kann man bequem zwischen dem *Cap de l'Aigle* und der Untiefenbake durchfahren. Nachts liegt die Durchfahrt im roten Sektor des Molenfeuers von La Ciotat.

Der Küstenabschnitt westlich von La Ciotat mit den steil aus dem Meer aufragenden Kalksteinfelsen der *Montagne de la Canaille* gehört zu den einzigartigen Naturschönheiten der französischen Mittelmeerküste. Über 300 m steigen die roten Kalksteinfelsen steil aus dem Meer. Seegang und vor allem der Wind haben sie zu bizarren Gebilden geformt. Gleich am Südausgang der Baie de la Ciotat erhebt sich 155 m hoch der *Bec de l'Aigle* an dem gleichnamigen Kap, dessen Spitze einem Adlerkopf gleicht.

Nur wenige hundert Meter nordwestlich von Cap de l'Aigle liegen zwei fjordartige Einbuchtungen, die

Calanque Figuerolles mit einer kleinen Betonpier am Ende der Bucht, vor der noch knapp 2 m Wassertiefe sind, und einem kleinen Restaurant am Strand, sowie die

Calanque du Canier etwas weiter nordwestlich mit Ankermöglichkeiten auf 5 bis 10 m Wassertiefe zwischen steil aufragenden Felsen.

Cassis
43° 13'N
005° 32'E

Der hübsche Badeort mit seinem Fischer- und Yachthafen liegt im nördlichen Scheitel der Baie de Cassis. Bis zum Anfang dieses Jahrhunderts ein verschlafenes Nest, wurde er mit einem Schlag bekannt, als die impressionistischen Maler von der Côte d'Azur hierher umzogen, denen die Kunstliebhaber unter den Touristen folgten. Der alte Ortskern um den Hafen mit seinen engen, winkligen Gassen und kleinen, niedrigen Häusern hat sich den Charme des alten Fischerdorfes bewahren können.

Ansteuerung (Seekarten: D 596, BA 2164, F 6612, 6882 und 6951, CG 504): Die Ansteuerung der in der nordwestlichsten Ecke der Baie de Cassis gelegenen Hafeneinfahrt bereitet außer bei starken Winden aus südlichen Richtungen keinerlei Schwierigkeiten. Bei auflandigen Winden aus diesen Richtungen baut sich schnell eine gefährliche Kreuzsee auf. Tagsüber ist die Lage des Hafens gut an dem Schloß aus dem 14. Jahrhundert an den Berghängen oberhalb des Hafens und dem großen, weithin sichtbaren Fernsehmast eine Seemeile östlich des Hafens auszumachen. Bei Nacht brennt auf dem südlichen Molenkopf und gegenüber auf dem Felsen „Batterie des Lecques" ein Feuer.

Liegeplatz: Der gut ausgestattete Hafen verfügt über 600 Liegeplätze für Yachten bis 20 m Länge und maximal 2,50 m Tiefgang, davon 30 für Gäste. Die Gastliegeplätze sind einlaufend an Steuerbord im Bereich des Vorhafens und am zweiten Steg an Steuerbord hinter der eigentlichen Hafeneinfahrt sowie an den vom nördlichen Kai ausgehenden Stegen. Die Plätze am Kai in dem hinteren Hafenbecken sind für die Fischer und Ausflugsboote reserviert. Alle

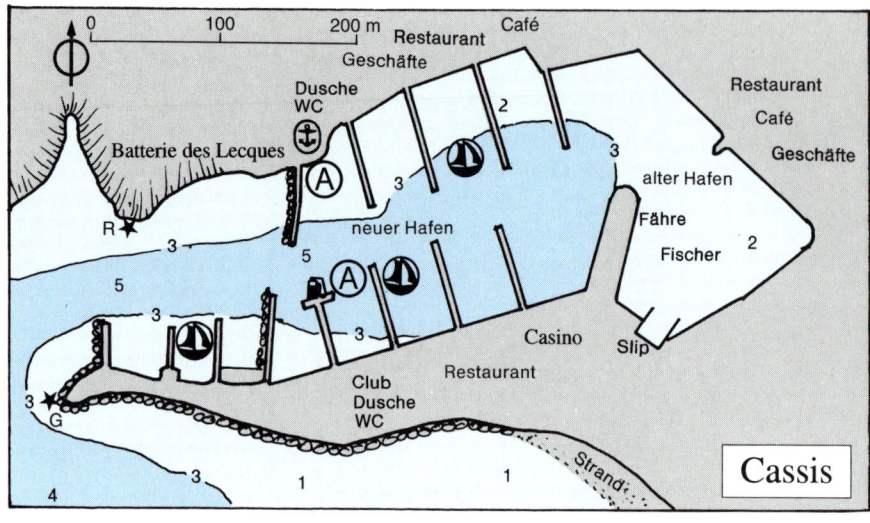

Liegeplätze sind mit Strom- und Wasseranschlüssen sowie Grundleinen versehen. Duschen und Toiletten sind neben dem Büro des Hafenmeisters. Kraftstoff erhält man an der Hafentankstelle einlaufend am Kopf des ersten Steges an Steuerbord.

Hafenmeister: Die Liegeplätze werden vom Cercle Nautique de Cassis, Tel. 42 01 79 04, und der Association Nautique Cassidaire, Tel. 42 01 24 95, verwaltet. In beiden Clubhäusern werden regelmäßig die neuesten Wetterberichte ausgehängt. Der Anmeldekai des Cercle Nautique ist der erste Steg einlaufend an Steuerbord neben der Tankstelle. Der Anmeldekai der Association Nautique ist der erste Steg einlaufend an Backbord. Beide Clubs sind über UKW-Kanal 9 zu erreichen.

Reparaturmöglichkeiten: Neben dem Clubhaus des Cercle Nautique liegt die Yachtwerft „Trapani" mit eigenem Schiffszubehörgeschäft, die in der Lage ist, Reparaturen aller Art an Yachten auszuführen. Weitere Schiffszubehörgeschäfte sind unter den Geschäften um den Hafen.

Versorgung: In der Altstadt rund um den Hafen sind zahlreiche Restaurants, Cafés und Lebensmittelgeschäfte. Von den Restaurants sind das romantisch eingerichtete „Flibustier" und das „Liautaud" zu empfehlen – beide allerdings nicht ganz billig.

Bademöglichkeiten: Östlich des Hafens schließt sich der vielbesuchte Strand von Cassis an. Am Nordufer vor der Hafeneinfahrt liegt vor den steil aufragenden Felsen der wunderschöne Strand der Anse de Betouan.

Entfernung von Porquerolles 35 sm, La Ciotat 6 sm, Marseille-Pointe-Rouge 14 sm.

Ankerplätze   Der Hafen von Cassis ist im Sommer regelmäßig überfüllt. In diesem Fall bieten sich als Ausweichmöglichkeiten bei gutem Wetter die *Anse de la Grande Mer* südlich der Außenmole und des Strandes an, bei schlechterem Wetter der tief in die Felsen einschneidende

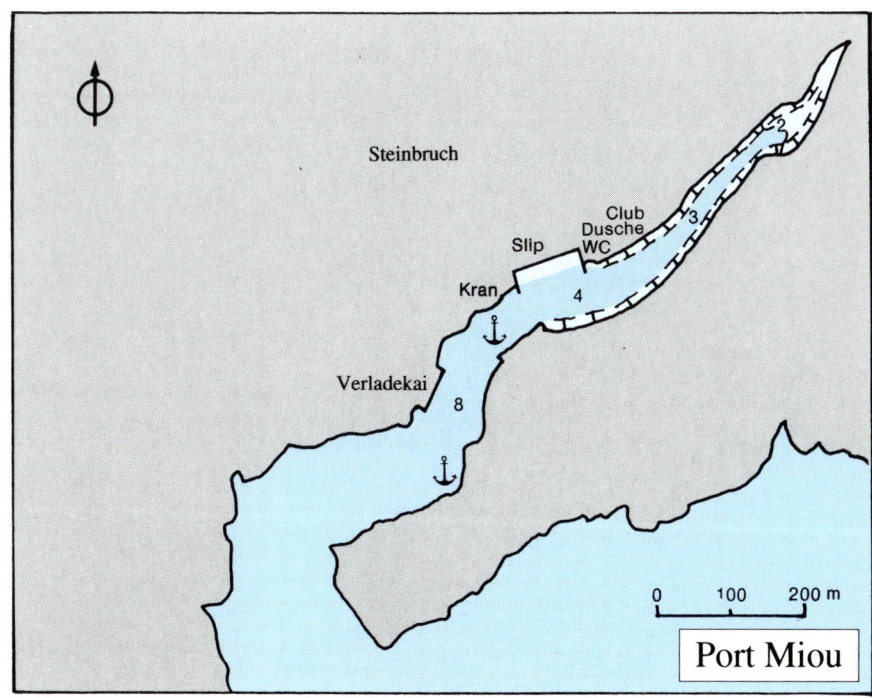

Port Miou
43° 12'N
005° 31'E

Dieser fast eine Seemeile tiefe und nur rund 50 m breite Fjord ist zu einem Yachthafen ausgebaut worden. An den Holzstegen vor beiden Ufern liegen ständig einige hundert Yachten. Die bei allen Wetterbedingungen hervorragenden Schutz bietende Bucht ist verständlicherweise im Sommer regelmäßig überfüllt, so daß man nur noch im vorderen Teil des Fjordes auf Wassertiefen zwischen 8,00 und 12,00 m vor Anker gehen kann.

Am südwestlichen Ende der Baie de Cassis liegt ein weiterer Fjord, die

Calanque de Port Pin
43° 12'N
005° 30'E

die in zwei schmalen Armen – Calanque de Port Pin und Calanque d'en Veau – gut geschützte Ankerplätze auf 5 bis 6 m Wassertiefe wenige Meter vom Ufer bietet. Beides sind bezaubernde Badebuchten, umgeben von steilen Felsen, kleinem Sandstrand mit Kiefern in leuchtendem Grün und dazu das klare blaue Wasser.

Der Küstenabschnitt westlich von Cassis mit den steil aus dem Meer aufragenden Kalksteinfelsen der *Montagne de Marseilleveyre* gehört zu den großartigsten Landschaften der französischen Mittelmeerküste. Bis zu 400 m steigen die Felsen steil aus dem Meer. Wind, Wetter und Seegang haben sie bizarr geformt und tiefe Fjorde – Calanques genannt – in das Gestein

157

geschnitten. Das Wort Calanque kommt aus dem Ligurischen und bedeutet „Schutzbucht". In der Tat bieten die tiefen, fjordartigen Buchten hervorragenden Schutz vor dem in dieser Gegend häufigsten Wind, dem Mistral. Etwas befremdlich wirken die zahlreichen Autowracks an den Steilhängen.

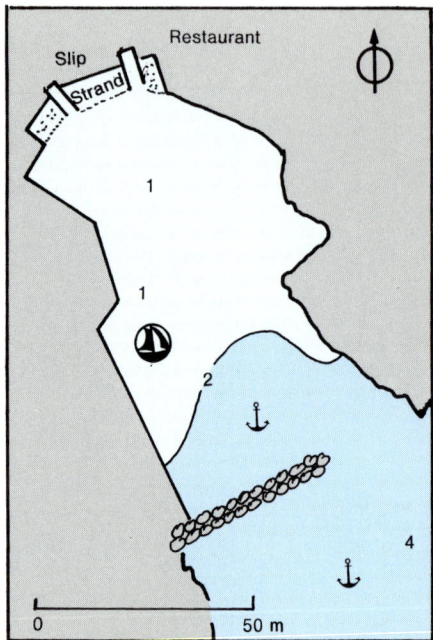

Calanque de Morgiou ist eine tiefe Einbuchtung nördlich des gleichnamigen Kaps.
43° 13'N
005° 27'E
In ihrem Inneren bietet sie einen kleinen, von Molen geschützten Yachthafen für etwa 50 Yachten an den zum Kai ausgebauten Ufern der Bucht. Die Wassertiefen an den Kais betragen allerdings nur etwa 1,00 m, so daß nur entsprechend kleine Boote hier anlegen können. Größere ankern je nach Andrang innerhalb oder außerhalb der Außenmole. Am Ende der Bucht stehen einige Häuser; unter anderem ein hervorragendes Restaurant, weshalb es sich schon lohnt, in der Ruhe und Abgeschiedenheit der Calanque de Morgiou einmal eine Nacht zu verbringen.

Knapp zwei Seemeilen weiter westlich liegt die

Calanque de Sormiou ebenfalls mit einem kleinen Hafen am Ostufer des Fjords. Die steil
43° 13'N
005° 25'E
aufragenden Felsen schützen die enge Bucht, die besonders bei Mistral einen der sichersten Ankerplätze der Gegend darstellt.
In dem von einer kurzen Mole geschützten Hafen liegen einige Fischerboote und Yachten der Einheimischen. Gäste ankern vor dem Hafen oder am westlichen Ufer der Calanque.

Die Fjorde sind auch im Sommer ausgesprochen ruhige Plätze; sie sind auf dem Landweg nur sehr mühsam zu erreichen, da die Straßen zu den Häusern sehr eng und nur für Anlieger frei sind.
Gut eine Seemeile südlich liegen vor der Küste die unbewohnten Felseilande *Île Calseraigne* und *Île Riou,* umgeben von einigen Klippen, die wie Felsnadeln aus dem Meer ragen. Südlich der Île Riou steht eine befeuerte Untiefenbake.

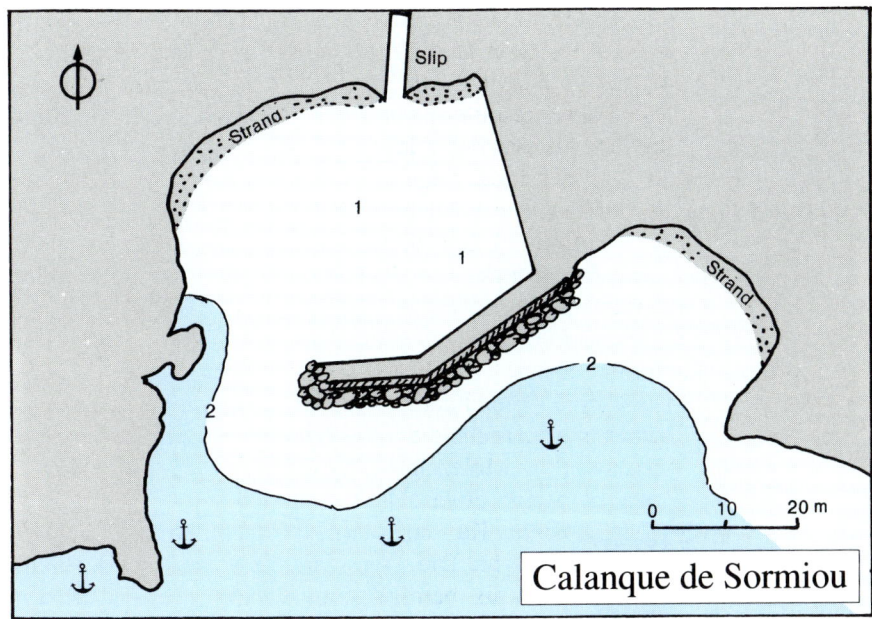

Calanque de Sormiou

Eine halbe Seemeile weiter westlich und nur eine halbe Seemeile vor der Küste liegt das Inselpaar *Île Jarre* (in manchen Seekarten auch Jaïre geschrieben) und *Île de Jarron*. Die Durchfahrt zwischen den Inseln und der Küste bereitet keinerlei Schwierigkeiten. Bei Nacht erleichtert das 26 sm weit scheinende Leuchtfeuer *Îlot de Planier* die Orientierung. Die Felseilande verdecken das Leuchtfeuer. Die Durchfahrt zwischen Île Calseraigne und Île Riou sollte man bei Nacht besser unterlassen: Etwa in der Mitte der Passage befindet sich eine 2,50-m-Untiefe.

Ankerplätze   Die Eilande bieten mehrere Schönwetterankerplätze, teilweise auch mit kleinen Stränden, und erfreuen sich an Sommerwochenenden regen Besuchs aus dem nahen Marseille.

Unterhalb des in 120 m Höhe thronenden alten Semaphors liegt 0,7 sm östlich von Cap Croisette die tief in die nackten Felsen der Montagne de Marseilleveyre einschneidende

Calanque de Callelongue vor einem hübschen Fischerdorf mit einem kleinen Kai, an dem
43° 13'N   Boote bis 1,50 m Tiefgang anlegen können.
005° 21'E

Vor dem Cap Croisette liegen die beiden Inseln *Île Maire* und *Îlot Tiboulen-de-Maire;* letztere mit einem Leuchtfeuer.

159

Die 30 m breite und 3,00 m tiefe Durchfahrt zwischen dem Cap Croisette und der Île Maire sollte man nur bei Tage und ruhiger See benutzen.

Das Cap Croisette mit den vorgelagerten Inseln Île Maire und Îlot Tiboulen-de-Maire ist die südliche Begrenzung der

Rade de Marseille Nirgendwo sonst im Mittelmeerraum gibt es so viele Liegeplätze für Yachten auf engem Raum wie hier – je Seemeile 1000 Plätze und dazu noch den größten französischen Handels- und Passagierhafen am Mittelmeer. Die verschiedenen Yachthäfen der Rade de Marseille verfügen über mehr als 8000 Liegeplätze.

Das *Cap Croisette* springt etwa 600 m von der Küste nach Westen vor. An seiner Nordseite liegt versteckt hinter einem Landvorsprung der kleine Fischer- und Yachthafen

Port des Goudes Die Ansteuerung der nach Norden offenen Einfahrt bereitet außer bei
43° 13'N
005° 21'E
Winden aus Nord über West bis Südwest keinerlei Schwierigkeiten; man muß lediglich die rote Tonne an Backbord lassen, die den unter Wasser liegenden Ausläufer der Mole markiert. Auf dem westlichen Molenkopf brennt ein Feuer. Der Hafen besteht aus einem Vorhafen mit 3 bis 4 m Wassertiefe und einem inneren Hafenbecken mit Wassertiefen zwischen 0,50 m an den Kais und 1,50 m an den Stegen. Im Sommer ist es ausgesprochen schwierig, hier einen freien Platz zu finden. Mit etwas Glück kann man im Vorhafen zwischen 50 anderen Booten ankern oder vor dem Hafen auf 6 bis 10 m Wassertiefe vor Anker gehen. Das gemütliche Fischerdorf mit seinen urigen Fischerkneipen und Restaurants ist auf jeden Fall den Versuch wert, einen Liegeplatz zu finden.

L'Escalette ist der am wenigsten bekannte Hafen der Rade de Marseille, an der Südsei-
43° 14'N
005° 21'E
te des Mont Rose gelegen. Es ist aber auch nicht ganz einfach, die schmale Einfahrt zwischen den Felsen an der Steilküste vom Cap Croisette bis Madrague de Montredon auszumachen. Sie ist nur zu finden, wenn man in weniger als einer halben Seemeile Entfernung an der Küste entlangfährt. Zwischen hoch aufragenden Mauern führt eine schmale Einfahrt nach 50 m in ein fast kreisrundes, ebenfalls von hohen Mauern umgebenes Becken – ein Geheimtip für Eigner kleiner Motoryachten.

Nördlich des *Mont Rose* liegt der Fischer- und Yachthafen

Port de la Madrague de Montredon Ein für die Gegend um Marseille typischer Fischerha-
43° 14'N
005° 21'E
fen mit urigen Cafés und Fischerkneipen rund um den Hafen, in denen stets die dampfende Bouillabaisse auf dem Herd steht. Die Liegeplätze an

den Kais sind für die Fischer reserviert. Die einheimischen Yachten liegen an den beiden Stegen mit Wassertiefen um 2,00 m. Gastliegeplätze gibt es keine, jedoch findet man im Sommer hin und wieder einen freien Platz. Die gemütliche Atmosphäre des Hafens lohnt in jedem Fall einen Versuch.

Eine Seemeile weiter nördlich liegt der wichtigste Hafen im südlichen Teil der Rade de Marseille, der

Port de la Pointe-Rouge vor den ausufernden Vororten von Marseille. Er ist ein beliebter Hafen für die Winterlagerung und Überholung von Yachten. Außer dem Yachthafen gibt es hier nichts, was einen Besuch lohnte.

43° 15'N
005° 22'E

Ansteuerung (Seekarten: D 596, BA 2164, F 6767, CG 504 und 505): Die Ansteuerung der nach Norden offenen Einfahrt bereitet außer bei Mistral keinerlei Schwierigkeiten. Die Manöver zwischen den teilweise sehr eng beieinanderliegenden Stegen werden jedoch erheblich erschwert. Der Kopf der Westmole ist befeuert.
Achtung: Bauarbeiten nördlich des Hafens!

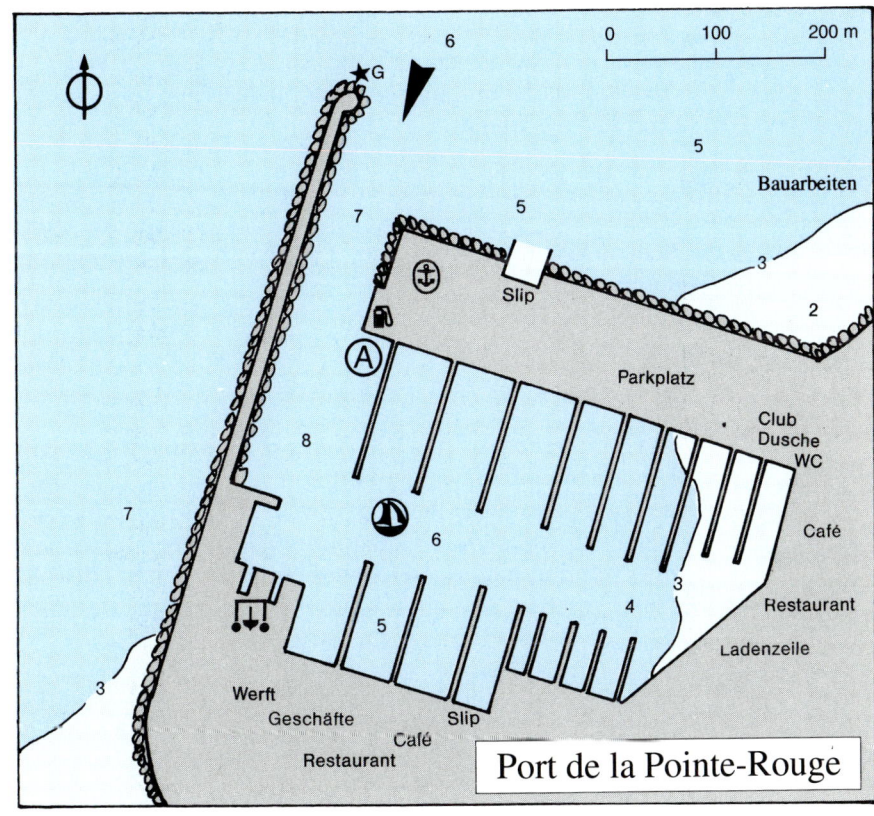

Liegeplatz: Der gut ausgestattete Yachthafen verfügt über 1200 Liegeplätze für Yachten bis 25 m Länge und 4,00 m Tiefgang, davon 10 für Gäste. Alle Liegeplätze sind mit Strom- und Wasseranschlüssen sowie Grundleinen versehen. Duschen und Toiletten sind an verschiedenen Stellen um das Hafenbecken. Kraftstoff erhält man an der Hafentankstelle auf dem Nordkai direkt an der Einfahrt.

Das im Bau befindliche Hafenbecken soll mindestens die gleiche Liegeplatzkapazität haben.

Hafenmeister: M. Le Vaufre, Tel. 91 73 13 21. Im Hafenbüro werden regelmäßig die neuesten Wetterberichte ausgehängt. Der Anmeldekai ist einlaufend an Backbord neben der Tankstelle vor dem Hafenbüro. Dieses ist über UKW-Kanal 9 zu erreichen.

Reparaturmöglichkeiten: Mehrere Werftbetriebe am Hafen sind in der Lage, Reparaturen aller Art auszuführen und in dem Hafen überwinternde Yachten zu warten. In der Nähe der Werften finden sich gut sortierte Schiffszubehörgeschäfte.

Bademöglichkeiten: In der Anse de la Pointe-Rouge ist ein vielbesuchter Strand.

Entfernung von Cassis 16 sm, Port du Frioul 3,5 sm.

Port du Prado
43° 16'N
005° 22'E

Als vor einigen Jahren die U-Bahn in Marseille gebaut wurde, hat man den Aushub dazu genutzt, an der *Pointe du Roucas-Blanc* Gelände für Sportanlagen aufzuschütten und in diesem Zusammenhang den kleinen Jollenhafen Port du Prado gebaut. An dem Steg in Hafenmitte können auch Yachten bis 10 m Länge anlegen, jedoch nur Gäste des Hotels Palm Beach am Fuße des Steges.

Port du Prophète
43° 17'N
005° 21'E

ist ein kleiner Fischer- und Jollenhafen etwa 1,4 sm südöstlich der *Pointe d'Endoume* mit den vorgelagerten Îles d'Endoume. Auf der größeren der beiden Inseln steht ein Fort. Die Durchfahrt zwischen der Küste und den Inseln ist 5,50 m tief.

Eine halbe Seemeile westlich der Pointe d'Endoume stehen die beiden gemauerten Untiefenbaken *Le Canubier* und *Le Sourdaras* – letztere ist befeuert.

Eine Seemeile westlich der Pointe d'Endoume liegt gut eine halbe Seemeile vor der Einfahrt in den Port du Frioul die *Île d'If*. Die im Jahre 1524 auf der Insel errichtete Festung war ab dem 17. Jahrhundert Staatsgefängnis. Der Graf von Monte Christo aus Alexandre Dumas' weltbekanntem Roman soll dort eingesessen haben. In Wirklichkeit hat er die Mauern nie von innen gesehen. Die alten Kerker sind heute zur Besichtigung freigegeben. Nachts wird die Festung angestrahlt.

Îles du Frioul

Mitten in der Rade de Marseille liegen die fast völlig kahlen Felseninseln *Îles du Frioul*. Die Gruppe besteht aus der *Île Ratonneau* im Norden, der *Îlot Tiboulen* im Westen – nicht zu verwechseln mit der Îlot Tiboulen-de-Maire –, der *Île Pomègues* im Süden und der bereits erwähnten *Île d'If*.

Früher waren die Inseln mit Pinien und Korkeichen bewachsen, und erst vor wenigen Jahren ist mit der Wiederaufforstung begonnen worden. Die Ruinen der Befestigungsanlagen zum Schutz der Rade de Marseille begegnen dem Besucher überall auf den Inseln. 1850 wurden die beiden Inseln Pomègues und Ratonneau durch einen Damm mit einer Mauer auf seiner Krone verbunden, wodurch auf seiner Ostseite zwischen den Inseln der *Port du Lazaret* entstanden war. Er löste damals den inzwischen viel zu kleinen Quarantänehafen an der Ostseite der Île Pomègues ab, in dem alle aus dem Vorderen Orient kommenden Schiffe zunächst anlegen mußten – eingedenk der im Jahre 1720 auf einem Schiff aus Syrien eingeschleppten Pest, der 100 000 Bewohner Marseilles zum Opfer fielen.

Inzwischen ist man darangegangen, die Inseln für den Tourismus zu erschließen. Auf Ratonneau sind große Komplexe mit Ferienwohnungen entstanden – viele Bewohner Marseilles haben hier ihren Zweitwohnsitz, in dem sie ihre Wochenenden mit der Yacht vor der Tür verbringen. Der alte römische Tempel ist originalgetreu wiederaufgebaut worden und thront über dem Hafen, und aus dem ehemaligen Quarantänehafen ist der moderne Yachthafen

Port du Frioul
43° 17'N
005° 19'E

entstanden. Ein Teil des Hafens ist für die Lotsenboote reserviert, denn die größeren Schiffe dürfen die Rade de Marseille nur mit Lotsen befahren.

Ansteuerung (Seekarten: D 596 und 437, BA 2164, F 6767, CG 504 und 505): Von Süden kom-

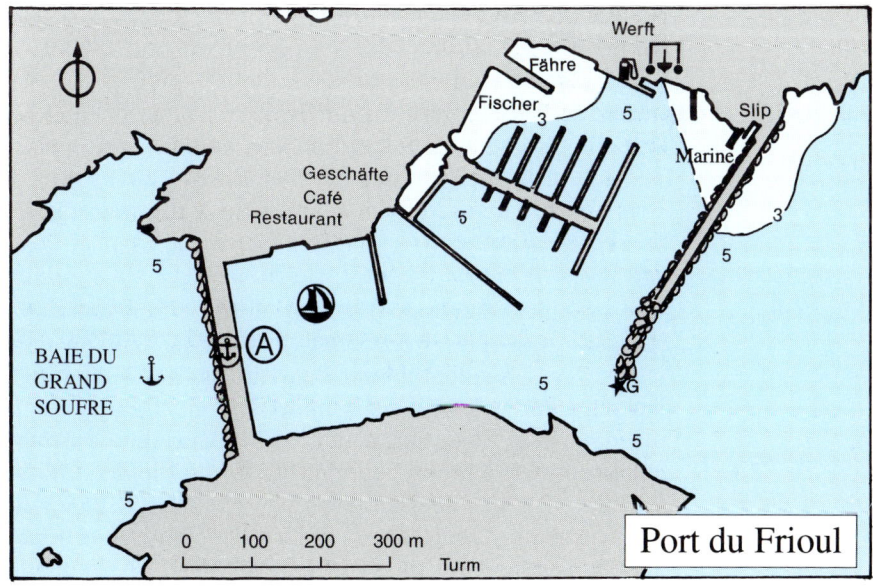

mend, ist die Lage des Hafens leicht an dem großen Fernsehmast auf der Pointe Doriou zu erkennen, hinter der die Einfahrt liegt. Von Marseille aus läßt man die Île d'If an Backbord und die befeuerte Untiefenbake Saint Estève an Steuerbord, wobei man auf die Pointe Doriou zuhält. Bei Nacht erleichtern die zahlreichen Leuchtfeuer in der Rade de Marseille die Orientierung, auf der Südspitze der Île Pomègues steht ein Leuchtfeuer (Iso. 4s 11 M) und eines auf der Île d'If (Fl(2) 6s 11M). Der Kopf der östlichen Außenmole ist befeuert.

Liegeplatz: Der gut ausgestattete Yachthafen verfügt über 1500 Liegeplätze für Yachten bis 20 m Länge und 4,00 m Tiefgang, davon 150 für Gäste. Die Gastliegeplätze sind einlaufend an Backbord in dem freien, fast quadratischen Becken vor dem Hafenbüro. Alle Liegeplätze sind mit Strom- und Wasseranschlüssen versehen. In dem Becken für Gäste legt man mit dem Heck zum Kai an, während für die Bugleinen Bojen ausliegen. Die Liegeplätze an den Steganlagen sind mit Grundleinen ausgestattet. Duschen und Toiletten sind beim Büro des Hafenmeisters. Kraftstoff erhält man an der Hafentankstelle auf dem nördlichen Kai.

Hafenmeister: M. J. Jerisian, Tel. 91 59 01 82. Im Hafenbüro werden regelmäßig die neuesten Wetterberichte ausgehängt. Der Anmeldekai ist einlaufend an Backbord in dem großen Becken vor dem Hafenbüro. Das Büro des Hafenmeisters ist über UKW-Kanal 9 zu erreichen.

Reparaturmöglichkeiten: Die Werft Chantiers Navals Frioul Plaisance neben der Tankstelle auf dem nördlichen Kai führt Reparaturen aller Art aus und wartet in dem Hafen überwinternde Yachten. Ein Schiffszubehörgeschäft ist am Hafen.

Versorgung: In den Gebäuden mit Ferienwohnungen um den Hafen gibt es Cafés, Restaurants und ein Lebensmittelgeschäft – meist nur im Sommer geöffnet. Eine andere Möglichkeit besteht darin, mit einer der regelmäßig (im Sommer fast stündlich) verkehrenden Fähren zum alten Hafen von Marseille zu fahren, wo man alle nur denkbaren Versorgungsmöglichkeiten vorfindet.

Entfernung von Port de la Pointe-Rouge 3,5 sm, Marseille Vieux-Port 2,5 sm.

Wenige hundert Meter nördlich von *Cap d'Endoume* liegt versteckt hinter einer dreibogigen Straßenbrücke der kleine Yachthafen

Les Auffes
43° 17'N
005° 21'E

in dem wegen der Brücke nur Motoryachten anlegen können. Die Plätze sind allerdings in der Regel alle von einheimischen Fischerbooten belegt. Es lohnt sich, im Vorhafen vor der Brücke zu ankern, da in dem kleinen Restaurant „l'Epuisette" an der Nordseite die weit und breit beste Bouillabaisse zubereitet wird.

Marseille

Eine geschichtsträchtige Stadt in einmalig schöner Lage an der Rade de Marseille. Die Häuser der Stadt wachsen die sanft ansteigenden Hügel hinauf und verschwinden hinter den Kuppen des Hinterlandes – ein Anblick, den man nur von See aus genießen kann. Bereits die Ligurer gründeten hier eine erste Siedlung, denen 600 v. Chr. die Griechen folgten und hier den Grundstein für den heutigen Vieux-Port legten. Massilia, wie die Griechen den Ort nannten, entwickelte sich schnell zu einem der wichtigsten Handelsorte im Mittelmeer. Bis zu den Punischen Kriegen war Massilia Hauptkonkurrent Karthagos. Im Jahre 49 v. Chr. wurde die Stadt von Cäsars Feldherrn Treborius unterworfen und der römischen Provinz Gallia Narbonensis – dem heutigen Narbonne – einverleibt.

Mit dem Untergang des Römischen Reiches und den Wirren der Völkerwanderungszeit ging es auch mit Marseille bergab. Erst mit der Zeit der Kreuzzüge gewann der Hafen wieder an Bedeutung und wurde eine mächtige Konkurrenz für Genua und Pisa. Der gesamte französische Handel mit dem Vorderen Orient wurde über Marseille abgewickelt.

Tor zum Orient

Mit der Schaffung der französischen Kolonien in Nordamerika verlor der Hafen abermals an Bedeutung, lagen doch die Häfen an der Atlantikküste sehr viel günstiger. Mit dem Erwerb Korsikas durch Frankreich 1821 und der Kolonisation Nordafrikas um 1830 wurde Marseille Europas Tor zum Orient und endgültig Frankreichs wichtigster Hafen am Mittelmeer. Für die in den letzten Jahren in Mode gekommenen Supertanker ist der Hafen allerdings immer noch zu klein, so daß im *Golfe de Fos* für diese Schiffe riesige Hafenanlagen entstanden sind.

Marseille Vieux-Port   Ehemals Dreh- und Angelpunkt des Orienthandels, ist er heute
43° 18 N
005° 22'E
Drehscheibe des Yachttourismus. 3200 Liegeplätze an über 40 Stegen sind schon eine beachtliche Zahl. Hinzu kommen noch das kleine Becken vor der Einfahrt, **Port de la Réserve,** und das einlaufend an Steuerbord liegende **Bassin de Carénage,** jedes mit weiteren 200 Liegeplätzen, letzteres ein Abfallprodukt des Straßentunnels unter dem Hafen. Die Zufahrt zu dem Bassin de Carénage wird von einer niedrigen Brücke versperrt, so daß nur Motoryachten dieses Becken anlaufen können. (Plan siehe nächste Seite.)

Ansteuerung (Seekarten: D 596 und 437, BA 2164, F 6767, CG 504 und 505): Auf einem 162 m hohen Kalksteinfelsen thront das Wahrzeichen von Marseille, die Kirche „Notre-Dame-de-la-Garde". Die 10 m hohe, vergoldete Marienstatue auf ihrer Spitze signalisiert jedem Seemann, daß sich zu ihren Füßen der Hafen von Marseille befindet. Von Westen kommend, ist die 6 sm lange Außenmole des Handels- und Passagierhafens nicht zu übersehen, an deren südlichem Ende die gemeinsame Einfahrt in den Handelshafen und den als Yachthafen dienenden Vieux-Port liegt. Von Süden kommend, läßt man die Îles d'Endoume an Steuerbord und die beiden gemauerten Untiefenbaken „Le Canubier" und „Le Sourdaras" an Backbord – man kann sie allerdings genausogut auch an Steuerbord lassen. Die weit vor dem Hafen liegende Außenmole „Digue des Catalans" läßt man dabei sinnvollerweise an Steuerbord (es gibt auch eine ausreichend tiefe Durchfahrt unter Land, die man nur bei Tage und ruhiger See benutzen sollte). An der „Pointe de la Désirade" liegt die gemeinsame Einfahrt in den Handelshafen und den Vieux-Port. Vorbei am „Château du Pharo", hoch auf den Felsen an Steuerbord, führt südöstlicher Kurs vor die eigentliche Einfahrt in den Vieux-Port, wobei man an der Zufahrt zu dem Hafen La Réserve vorbeifährt. Die beiden auf Dalben stehenden Untiefenbaken bezeichnen den Verlauf des Straßentunnels unter dem Hafen. Bei Nacht weisen die zahlreichen Feuer der Rade de Marseille und die Feuer am Hafen den Weg in das Becken des Vieux-Port, wobei es nicht ganz einfach ist, die Feuer auseinanderzuhalten. Teilweise sind sie auch in dem Lichtermeer der Großstadt und den mächtigen Strahlern, die das Hafengelände ausleuchten, nicht auszumachen.

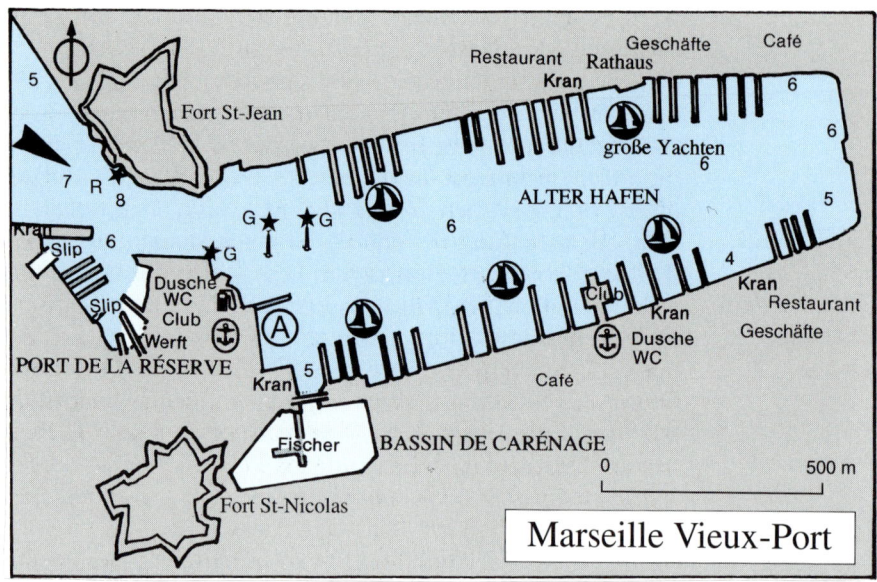

Liegeplatz: Der alte Hafen verfügt über 3200 Liegeplätze für Yachten bis 100 m Länge und 5,50 m
Tiefgang, davon 170 für Gäste. Alle Liegeplätze sind mit Strom- und Wasseranschlüssen
sowie Grundleinen versehen. Die Liegeplätze für die großen Yachten sind im hinteren Drit-
tel des nördlichen Kais vor dem charakteristischen alten Rathaus. Ein großer Teil der Stege
wird von örtlichen Yachtclubs verwaltet, bei deren Büros meist auch sanitäre Einrichtun-
gen sind. Kraftstoff erhält man an der Hafentankstelle einlaufend an Steuerbord hinter dem
grünen Einfahrtfeuer.

Hafenmeister: M. Louis Clemens, Tel. 91 33 25 44 und 91 91 27 95. Im Hafenbüro und den Büros
der verschiedenen Yachtclubs werden regelmäßig die neuesten Wetterberichte ausgehängt.
Als Anmeldekai fungiert der Steg einlaufend an Steuerbord am Fuße des Forts Saint-Nico-
las neben der Tankstelle. Das Büro des Hafenmeisters ist über UKW-Kanal 12 und 16 zu
erreichen. Wenn man bei einem der Yachtclubs anlegen will, empfiehlt es sich, zunächst
provisorisch an einem frei erscheinenden Platz anzulegen und sich im Clubbüro nach ei-
nem freien Platz zu erkundigen – man liegt dort übrigens ausgesprochen preiswert.

Reparaturmöglichkeiten: Kaum zu glauben, aber in dem großen Hafen gibt es keinen auf die Be-
dürfnisse von Yachten eingerichteten Werftbetrieb. Zahlreiche Schiffsausrüster, Motoren-
werkstätten, Segelmachereien, Elektronikhändler usw. sind rund um den Hafen. Eine Werft
für kleinere Yachten befindet sich am Hafen La Réserve und eine auf Fischerboote speziali-
sierte in der Anse du Pharo. Die Dauerlieger im alten Hafen fahren für Überholungs- und
Instandsetzungsarbeiten entweder nach Frioul oder Pointe-Rouge.

Versorgung: In der Großstadt Marseille gibt es selbstredend alle nur denkbaren Versorgungsmög-
lichkeiten, wie einen großen täglichen Markt, Lebensmittelgeschäfte und hinter dem südli-
chen Kai ein Restaurant neben dem anderen. Besonders gute Adressen zum Speisen sind
„Les Catalans" mit der wohl besten Bouillabaisse am Hafen, „Barone", „Chez Angèle",
„Aux deux Soeurs" und „La Charpenterie" – besonders gemütlich ist die „L'Abbaye de la
Commanderie".

Entfernung von Cassis 16 sm, Carry-le-Rouet 9 sm, Calvi (Korsika) 179 sm, Ajaccio (Korsika) 175 sm, Palma de Mallorca (Balearen) 205 sm, Barcelona (Spanien) 130 sm.

Das Panorama des alten Hafens ist faszinierend – die Kais mit ihren Cafés und Restaurants sind Tag und Nacht voller Leben. Am östlichen Kai, dem *Quai des Belges*, steht das „Palais de la Bourse" – früher die Börse von Marseille, heute ein Marinemuseum. Hier beginnt die Prachtstraße von Marseille, *La Cannebière*, die sehr an die *Champs Elysées* in Paris erinnert, mit ihren eleganten Geschäften, Cafés und Restaurants. Nördlich dieser Straße liegen das Quartier Arabe und die ärmeren Stadtviertel. Die besseren Stadtviertel liegen wie fast überall in Mitteleuropa im Süden, das heißt südlich der Prachtstraße La Cannebière und des Hafens.

La Cannebière und Quartier Arabe

Das Quartier Arabe muß man gesehen haben – man fühlt sich nicht mehr in Europa, sondern in den Orient versetzt: In bunte Tücher gehüllte Afrikanerinnen und bärtige Turbanträger bestimmen das Straßenbild. Bei unserem ersten Besuch hier haben wir ganz schnell Portemonnaie und Brieftasche versteckt und uns ganz fest an der Hand genommen, so unheimlich kam uns diese Szenerie vor. Die Straße Cours Belsunce ist ein einziger Bazar, auf dem alles, vom ausgedienten Herrenanzug bis zur kitschigen Öllampe, feilgeboten wird.

Nördlich des Vieux-Port schließen sich die umfangreichen Anlagen des Handels- und Passagierhafens an, dessen in nordwestlicher Richtung verlaufende Außenmole ungefähr 6 sm lang ist. Etwa eine halbe Seemeile nordwestlich der nördlichen Einfahrt in den Handels- und Passagierhafen liegen die Einfahrten in den Trawlerhafen *Bassin de Saumaty* (südöstliche Zufahrt) und den Yachthafen

Ports de L'Estaque (nordwestliche Zufahrt). Hinter der gemeinsamen Einfahrt Passe Plaisance liegen sechs Steganlagen in verschiedenen Becken, die von folgenden Yachtclubs verwaltet werden (siehe Plan nächste Seite):

43°22'N
005°19'E

      1 Société Nautique de l'Estaque
      2 SNEM
      3 Les Pescadous de l'Estaque
      4 Lou Sard
      5 Cercle Aviron de Marseille
      6 Société Nautique de Mourepiane

Liegeplatz: Die verschiedenen Yachtclubs verfügen über insgesamt 1450 Liegeplätze für Yachten bis 20 m Länge auf 2 m Wassertiefe, davon etwa 50 für Gäste. Alle Liegeplätze sind mit Strom- und Wasseranschlüssen sowie Grundleinen versehen. Duschen und Toiletten sind bei den verschiedenen Yachtclubs. Kraftstoff erhält man nur samstags an der Hafentankstelle. Anmeldekai ist die Innenseite der Außenmole des Beckens 6.

167

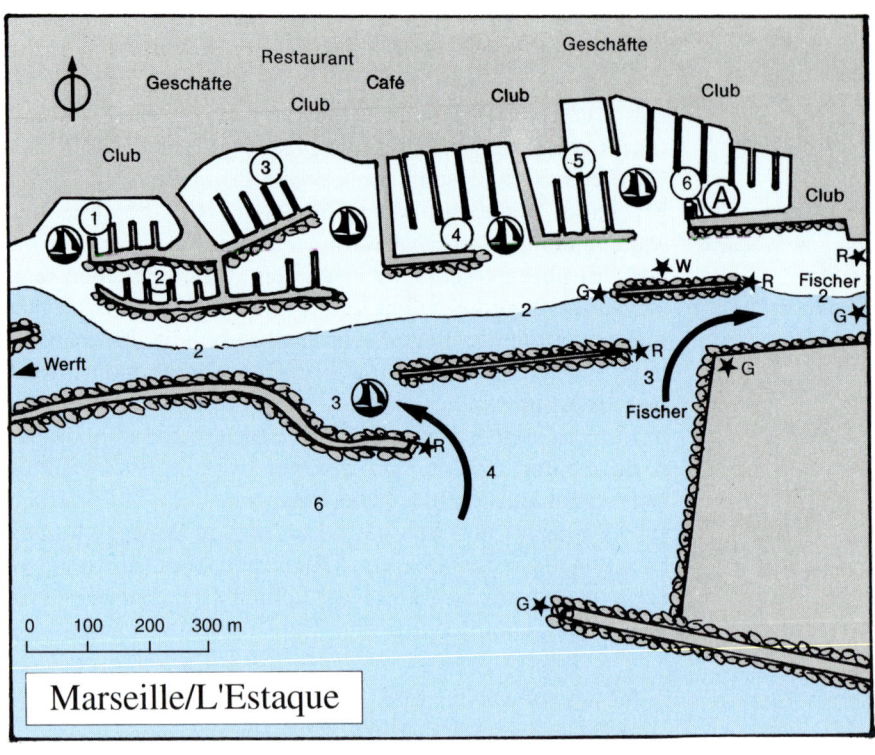

Marseille/L'Estaque

Reparaturmöglichkeiten: Eine Seemeile weiter westlich, wobei man sicher hinter den Außenmolen herfahren kann, liegt an dem Port de la Lave die Yachtwerft MYR, die Yachten bis 18 t aus dem Wasser hebt und alle anfallenden Reparaturen, Instandsetzungs- und Überholungsarbeiten ausführt. Im Port de la Lave gibt es einige Stege, an denen hauptsächlich einheimische Yachten liegen. Die Werft bietet auch für Gäste ausgesprochen ruhige Liegeplätze fernab vom Trubel der Großstadt Marseille.

Die wunderschöne Küste westlich von Marseille, Côte Bleue (Blaue Küste), vor dem Gebirgszug der Chaîne de l'Estaque mit ihren zahlreichen Buchten und vor Mistral geschützten Ankerplätzen bietet dem Yachtbesucher einige gemütliche kleine Häfen, wie den

Port de Niolon
43° 20'N
005° 16'E

Der hübsche Naturhafen wird seewärts von zwei kurzen Molen geschützt, hinter denen die einheimischen Boote ankern. Rund um den Hafen stehen die Sommerhäuser reicher Marseiller Bürger. Da der Hafen meist voll ist, ankert man außerhalb der Molen auf etwa 10 m Wassertiefe. In der Ortschaft gibt es Cafés, Restaurants und Geschäfte des täglichen Bedarfs.

Auf der vorgelagerten *Île de l'Élevine* brennt ein Leuchtfeuer mit 9 sm Tragweite.
Unmittelbar westlich von Cap Méjean liegt die beliebte Ankerbucht

Calanque de Méjean Bei der Ansteuerung ist auf eine Untiefe mit 1,00 m Wasser darüber
43° 20'N   dicht südlich der Bucht und die Klippen und überspülten Steine am West-
005° 13'E   ufer zu achten. Man ankere auf 4 bis 6 m Wassertiefe unter dem Ost- oder
Nordufer. In der kleinen Einbuchtung im Norden kann man bequem mit
dem Beiboot an Land gehen.

Die **Calanque des Figuères,** die „Feigenbucht", bietet hinter kurzen Stein-
molen Ankermöglichkeiten.
Vor der Küste westlich der Calanque des Figuères liegen zahlreiche Klippen und Steine, so daß man mindestens eine halbe Seemeile Abstand halten muß. Erst wenn die Ortschaft La Redonne genau nördlich voraus liegt,
halte man auf die beiden in einer Einbuchtung beieinander liegenden kleinen Häfen

Port de Gignac et La Redonne zu. Man ankere auf 5 bis 10 m Wassertiefe zwischen den
43° 20'N   beiden Becken oder im Ostteil der Bucht.
005° 12'E

Auch östlich der Ortschaft Le Rouet verwehren Klippen und überspülte
Steine die Annäherung an die Küste. Westlich des Kirchturms von Le
Rouet liegt am Westufer einer größeren Einbuchtung der Minihafen

Port du Rouet Man ankere in der Bucht östlich des Hafens auf 3 bis 6 m Wassertiefe und
43° 20'N   gehe mit dem Beiboot in dem kleinen Hafen an Land. Zahlreiche kleine
005° 10'E   Strände zwischen den Felsen laden zum Baden ein.

Eine Seemeile weiter westlich liegt vor dem Ort Carry der ehemalige Fischerhafen

Carry-le-Rouet Das einstige Fischerdorf der Thunfischfänger hat sich zu einem modernen
43° 20'N   und sehr beliebten Seebad entwickelt. Es liegt in landschaftlich reizvoller
005° 09'E   Lage vor den bewaldeten Hängen der Chaîne de l'Estaque.

Ansteuerung (Seekarten: D 595, BA 2164, F 6767, CG 505): Ein 17stöckiges Hochhaus hinter dem
Hafen ist auch aus großer Entfernung gut auszumachen. Zwischen Carry-le-Rouet und
Carry ist vor der Küste ein Unterwasser-Naturschutzgebiet eingerichtet worden, dessen
seewärtige Begrenzungen durch mehrere gelbe Baken markiert sind.
Östlich vor dem Hafen liegt eine grüne Tonne, die an Steuerbord zu lassen ist. Auf der weit
nach Südosten vorspringenden Pointe du Moulin brennt das Leuchtfeuer „Pain du Sucre".
Die Hafenmolen sind befeuert (siehe Plan nächste Seite). Die Ansteuerung der nach Süd-
osten offenen Einfahrt macht bei allen Wind- und Wetterbedingungen keinerlei Schwierig-
keiten.

Liegeplatz: Der inzwischen erheblich erweiterte Yachthafen verfügt über etwa 500 Liegeplätze für
Yachten bis 15 m Länge bei Wassertiefen von 2,50 m, davon 30 für Gäste. Alle Liegeplätze
sind mit Strom- und Wasseranschlüssen sowie Grundleinen versehen. Duschen und Toilet-
ten sind bei dem Hafenbüro und dem Yachtclub. Kraftstoff erhält man an der Hafentank-
stelle.

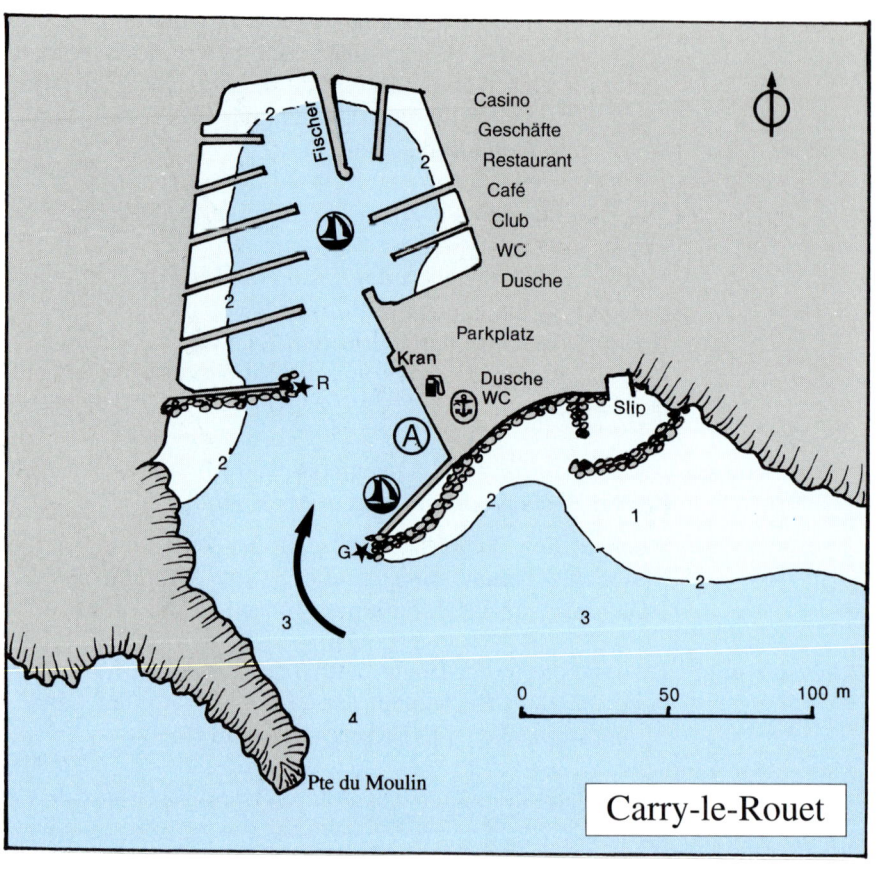

Carry-le-Rouet

Hafenmeister: M. Pillai, Tel. 42 45 25 13. Im Hafenbüro werden regelmäßig die neuesten Wetter-berichte ausgehängt. Der Anmeldekai ist einlaufend an Steuerbord vor der Capitainerie. Das Büro des Hafenmeisters ist über UKW-Kanal 9 zu erreichen.

Reparaturmöglichkeiten: Yachten bis 10 t können von dem Werftbetrieb Ets. Serra aus dem Wasser genommen und gewartet werden.

Versorgung: Cafés, Restaurants und Lebensmittelgeschäfte sind in unmittelbarer Nähe des Hafens. Das Restaurant „L'Escale" ist wegen seiner hervorragenden Fischgerichte zu empfehlen. Der Yachtclub ist ausgesprochen gastfreundlich.

Entfernung von Marseille Vieux-Port 10 sm, Port-de-Bouc 12 sm.

Sausset-les-Pins
43° 20'N
005° 07'E ehemals ebenfalls ein Thunfischfängerhafen – noch bis vor einem Vier-teljahrhundert lebten die Bewohner dieser Gegend zur Hauptsache vom Thunfischfang –, ist heute ein aufstrebendes Seebad mit einem modernen Yachthafen.

Ansteuerung (Seekarten: D 595, BA 2164, F 6767, CG 505): Die Ansteuerung der nach Südosten

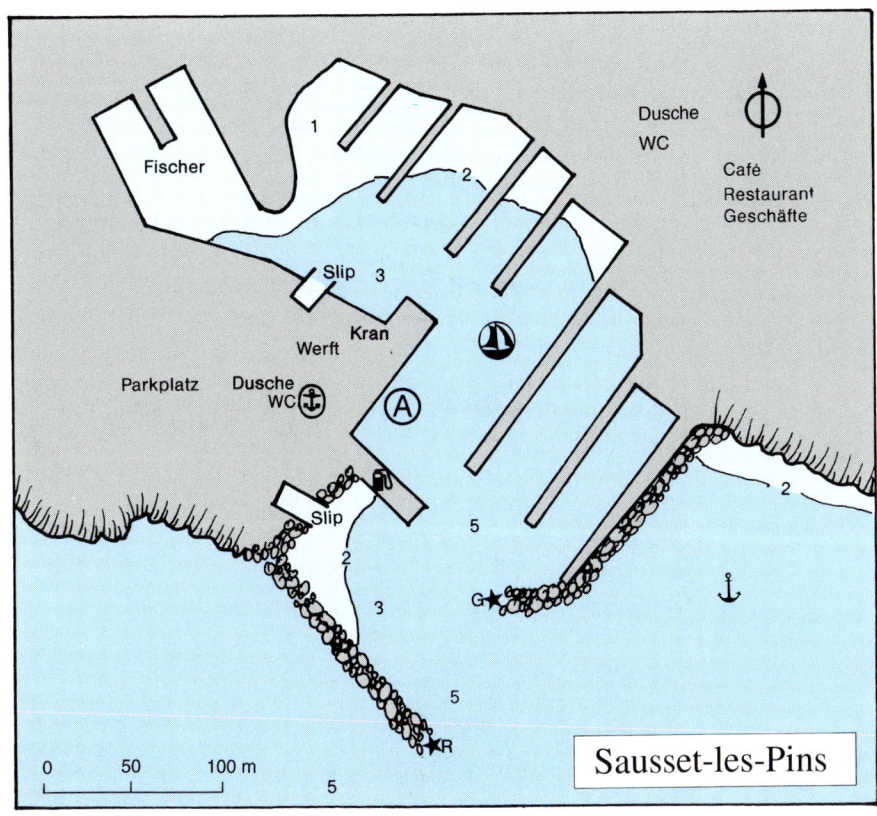

Sausset-les-Pins

offenen Einfahrt bereitet außer bei kräftigen Winden aus Ost bis Südost keinerlei Probleme. Die Molenköpfe sind befeuert.

Liegeplatz: Der gut ausgestattete Yachthafen verfügt über 500 Liegeplätze für Yachten bis 14 m Länge auf Wassertiefen zwischen 1,00 und 4,00 m, davon 15 für Gäste. Alle Liegeplätze sind mit Strom- und Wasseranschlüssen sowie Grundleinen versehen. Duschen und Toiletten sind beim Büro des Hafenmeisters sowie auf dem nordöstlichen Kai. Kraftstoff erhält man an der Hafentankstelle an dem Steg einlaufend an Backbord hinter der Einfahrt. Der nordwestliche Teil des Hafens ist den Fischern vorbehalten.

Hafenmeister: M. Gilbert Savoye, Tel. 42 44 55 01. Im Hafenbüro werden regelmäßig die neuesten Wetterberichte ausgehängt. Der Anmeldekai ist einlaufend an Backbord vor der Capitainerie. Das Büro des Hafenmeisters ist über UKW-Kanal 9 zu erreichen.

Reparaturmöglichkeiten: Ein kleiner Werftbetrieb nördlich des Hafenbüros ist in der Lage, Reparatur- und Überholungsarbeiten an Yachten bis 16 t auszuführen. Ein Schiffszubehörgeschäft ist am Hafen.

Versorgung: In der nördlich des Hafens liegenden Ortschaft gibt es Cafés, Restaurants und Lebensmittelgeschäfte – leider weit und breit keine Bank.

Entfernung von Carry-le-Rouet 2 sm, Port-de-Bouc 9 sm.

171

Der letzte Hafen an der Côte Bleue,

Carro
43° 20'N
005° 02'E

ist weitaus kleiner als die vorhergehenden, und die Chance, einen freien Liegeplatz zu finden, ist ebenfalls geringer, da hier noch sehr viel mehr Fischerboote liegen. Als Yachttourist fühlt man sich zwischen den haupt- und nebenberuflich tätigen Fischern etwas deplaziert, zumal alle Einrichtungen eher auf die Fischerboote denn auf Yachten zugeschnitten sind. Der Hafen bietet etwa 200 Liegeplätze für Schiffe bis 11 m Länge bei Wassertiefen zwischen 1,00 und 3,00 m, von denen 20 für Gäste sein sollen. Die Gastliegeplätze sind allerdings im Sommer meist alle belegt, so daß nichts

Ankerplätze

anderes bleibt, als in der nordöstlich des Hafens liegenden *Crique de Carroussel* auf Wassertiefen um 6,00 m zu ankern. Bei Nacht halte man sich an den weißen Sektor des Molenfeuers, der direkt vor die nach Osten offene Einfahrt führt.
Eine weitere Ankermöglichkeit bietet die östlich der Pointe Roquetaillade liegende *Anse du Verdon* auf 4 m Wassertiefe vor einem einladenden Strand.

Westlich von Carro öffnet sich der weite

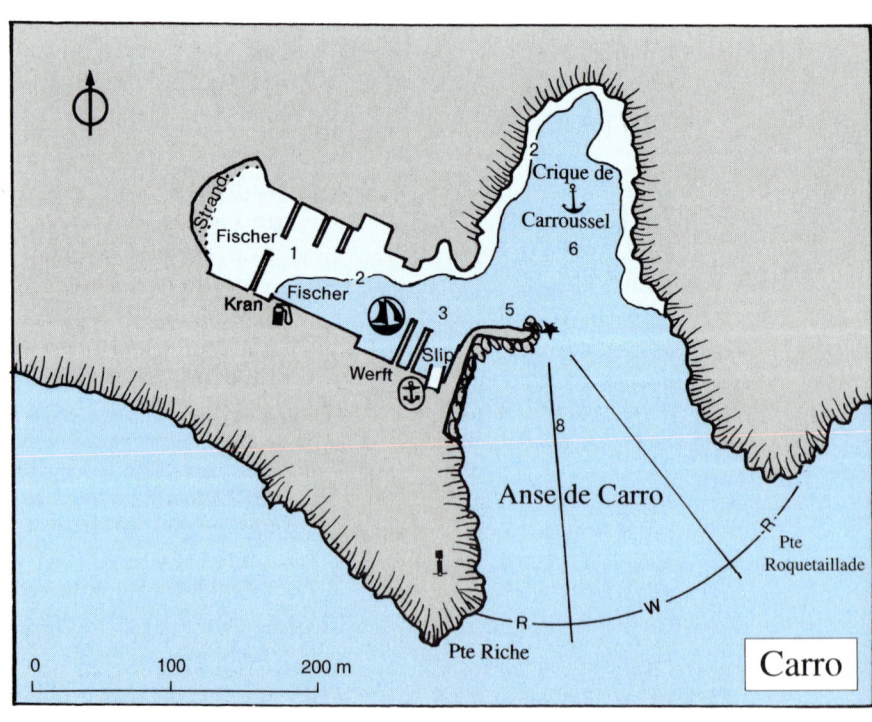

Golfe de Fos   mit der Mündung des größten französischen Flusses, Rhône, und dem größten Industriegebiet in Südfrankreich. Hier ist auf 20000 ha Schwemmland Frankreichs ehrgeizigstes und aufwendigstes Industrieprojekt entstanden. Raffinerien und Tanklager haben neben Aluminiumhütten und gigantischen Stahlwerken die Landschaft innerhalb eines Vierteljahrhunderts völlig verändert. Zahlreiche Autobahnen und Schnellstraßen durchziehen die ehemals unberührte Landschaft des Golfe de Fos und haben zusammen mit den riesigen Industriekomplexen aus dieser wunderschönen Landschaft das *Ruhrgebiet Frankreichs* gemacht. Da die Industrialisierung offensichtlich nicht den gewünschten arbeitsmarktpolitischen und wirtschaftlichen Aufschwung gebracht hat, hat man sich in letzter Zeit der landschaftlichen Schönheit dieser Region erinnert und damit begonnen, auch den Tourismus zu fördern. Große Projekte für Feriensiedlungen mitsamt Yachthäfen sind im Bau beziehungsweise in Planung.

Westlich von Carro markieren die beiden befeuerten Untiefenbaken *Les Ragues de Carro* und *Les Ragues d'Arnettes* die östliche Zufahrt in den Golfe de Fos. Im südlichen Teil des Ostufers des Golfes gibt es zwar noch einige hübsche Ankerbuchten wie die *Anse de Bonnieu* und die *Anse de Lauron*, jedoch wird ihr Freizeitwert bereits stark durch die in unmittelbarer Nähe liegenden Industrieanlagen mit ihren rauchenden Schornsteinen beeinträchtigt. Direkt nördlich der Anse de Lauron sind bereits die ersten Ölverladeeinrichtungen.

Achtung! Im gesamten Golfe de Fos hat die Berufsschiffahrt Vorfahrt.

Im Nordosten des Golfes liegt der Handels- und Ölhafen mit zwei Becken für Yachten,

Port-de-Bouc   am Canal de Caronte, der Zufahrt zum Étang de Berre, und dem früher als
43° 24'N   Canal d'Arles bekannten Kanal zum Industriehafen Fos. Bereits eine See-
004° 59'E   meile vor der Hafeneinfahrt liegen die ersten Ölverladetonnen. Im Hafen selbst ist der östliche Teil mit den drei riesigen Ölverladepiers den Tankern vorbehalten. Das übrige Hafengebiet ist von Schleppern, Lotsenbooten und kleineren Frachtschiffen belegt. (Plan siehe nächste Seite.)

Ansteuerung (Seekarten: D 595, BA 2164, F 6767, CG 505 und 507): Riesige Schornsteine und Öltanks südlich des Hafens lassen bereits die Lage des Hafens erahnen, dessen Einfahrt an der Südseite von dem Fort Vauban mit dem aufgesetzten Turm des Leucht- und Funkfeuers begrenzt wird. Unmittelbar hinter der Einfahrt liegt an Backbord der Yachthafen „Port de la Lèque“. Der größere Yachthafen, „Port de Plaisance“, liegt in der nordwestlichen Ecke und wird durch zwei Molen vom übrigen Hafen abgetrennt. Da der Hafen auf die Bedürfnisse der Handelsschiffahrt ausgerichtet ist, bereitet seine Ansteuerung bei allen Wind- und Wetterverhältnissen keinerlei Schwierigkeiten. Bei Nacht weisen mehrere weittragende Leuchtfeuer den Weg in den Golfe de Fos, wie das eine halbe Seemeile östlich von Carro stehende Leuchtfeuer „Cap Couronne“ (Fl. R. 3s 20M), das im nördlichen Scheitel des Golfes bei dem Yachthafen Port Saint-Gervais stehende Leuchtfeuer „Pointe de Saint-Gervais“ (IQ. WRG. 12s 25/21/21M) und im Westen im Mündungsgebiet zwischen Großer und

173

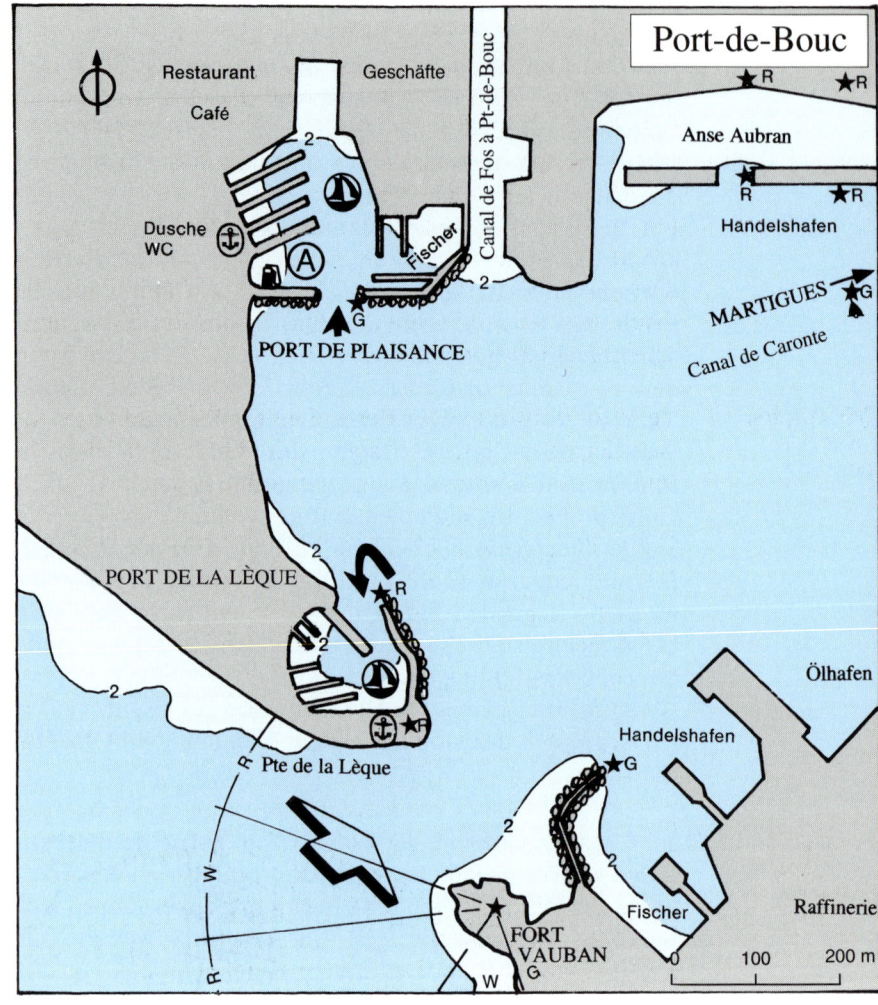

Kleiner Rhône der Leuchtturm „Faraman" (Fl(2) 10s 23M). Der weiße Sektor des Leuchtfeuers der Hafeneinfahrt führt direkt vor dieselbe, wobei allerdings auf die unbefeuerten
Ölverladeeinrichtungen eine Seemeile vor der Einfahrt zu achten ist. Der Hafen ist nachts
taghell erleuchtet, so daß es keine Probleme gibt, den Yachthafen zu finden.

Liegeplatz: Im Port de la Lèque liegen fast ausschließlich einheimische Yachten und einige
Fischerboote. Der gut ausgestattete Yachthafen, Port de Plaisance, verfügt über 450 Liegeplätze für Yachten bis 16 m Länge auf Wassertiefen zwischen 2,00 und 6,00 m, davon 80 für
Gäste. Alle Liegeplätze sind mit Strom- und Wasseranschlüssen sowie Auslegerstegen versehen. Duschen und Toiletten sind beim Büro des Hafenmeisters. Kraftstoff erhält man an

der Hafentankstelle einlaufend an Backbord am Fuß der südlichen Mole. Das östliche Becken ist den Fischern vorbehalten.

Hafenmeister: M. Cadière, Tel. 42 06 38 50. Im Hafenbüro werden regelmäßig die neuesten Wetterberichte ausgehängt. Der Anmeldekai ist einlaufend an Backbord neben der Tankstelle. Das Büro des Hafenmeisters ist über UKW-Kanal 9 zu erreichen.

Versorgung: Da der Hafen im Zentrum der Stadt liegt, gibt es ringsum zahlreiche Cafés, Restaurants und Lebensmittelgeschäfte.

Entfernung von Carry-le-Rouet 12 sm, Marseille Vieux-Port 20 sm, Port Camargue 48 sm.

Das betonnte Fahrwasser des Canal de Caronte mit 9,00 m Wassertiefe (Achtung! Auch hier hat die Berufsschiffahrt grundsätzlich Vorfahrt) führt zu dem alten Fischerstädtchen

Martigues
43° 24'N
005° 03'E

dem Tor zum Étang de Berre. Die idyllisch auf einer Insel zwischen zwei Kanalarmen gelegene Altstadt ist in den letzten Jahren liebevoll restauriert und in eine Fußgängerzone umgestaltet worden. Die Kanäle teilen die

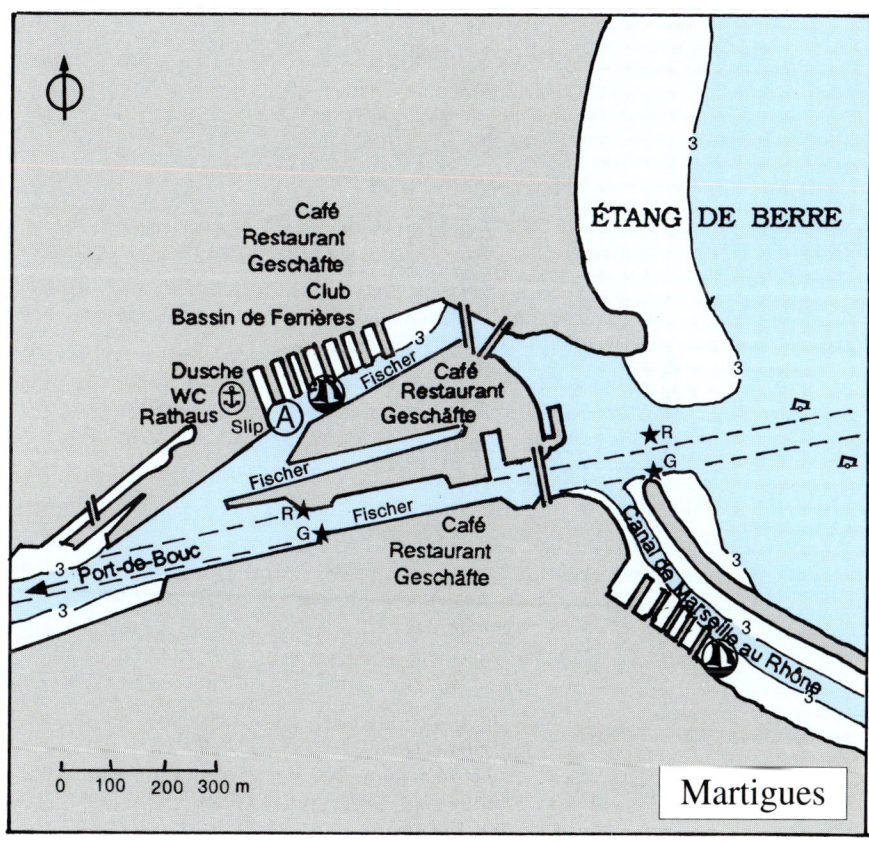

Venedig der Provence   Stadt in drei Teile und haben ihr den Beinamen „Venedig der Provence" eingebracht. Rund um die Kanäle scharen sich Cafés und Restaurants mit Tischen teilweise direkt am Wasser, was dem Ort eine ausgesprochen maritime Atmosphäre verleiht. Die Fassaden der kleinen Häuser spiegeln sich im Wasser, hier und da unterbrochen von den Aufbauten der an den befestigten Ufern liegenden Schiffe.

Direkt hinter der ersten Straßenbrücke über den Canal de Caronte mit 21 m Durchfahrtshöhe liegt an Steuerbord das Becken des *Port-à-Sec* mit 1000 Landliegeplätzen vornehmlich für Motorboote.

Hinter der Autobahnbrücke mit 40 m Durchfahrtshöhe beginnt Martigues. In dem nördlichen Arm des Kanals liegt der Yachthafen, das *Bassin de Ferrières,* mit etwa 320 Liegeplätzen für Yachten bis 12 m Länge an den Stegen und Kais auf 2 bis 3 m Wassertiefe, davon 10 bis 15 Plätze für Gäste. Alle Liegeplätze sind mit Strom- und Wasseranschlüssen sowie Grundleinen versehen. Duschen und Toiletten sind beim Büro des Hafenmeisters. Der Anmeldekai ist einlaufend an Backbord vor dem Rathaus.

Die nördliche Ausfahrt in den Étang de Berre wird von zwei niedrigen Brücken versperrt. Der südliche Kanalarm wird von der Berufsschiffahrt benutzt und die Klappbrücke mit 5,40 m Durchfahrtshöhe regelmäßig für die Handelsschiffahrt geöffnet. Speziell für Yachten wird sie im Sommer um 0835 GZ, 1405 GZ und 1905 GZ geöffnet.

An den Ufern des

Étang de Berre   sind in den letzten Jahren riesige Betriebe der ölverarbeitenden Industrie entstanden und haben nicht unerheblich zur Verschmutzung und Verödung dieses ehemals paradiesischen Wassersportreviers beigetragen. Nichtsdestoweniger gibt es rund um die 10 sm lange und 8 sm breite Salzwasserlagune noch zahlreiche äußerst reizvolle Plätze, die einen Besuch lohnen. An seinem Südufer verläuft der Canal de Marseille au Rhône, der auch von größeren Yachten mühelos befahren werden kann. Der Kanal führt durch den von einem Damm vom Étang de Berre abgeteilten **Étang de Bolmon,** ein einsames Paradies für kleine, flachgehende Boote. Die Wassertiefen im Étang selbst betragen fast überall um die 10 m, lediglich die Ufer – vor allem im nördlichen und östlichen Teil – sind flach.

Drei Seemeilen östlich von Martigues liegt am Canal de Marseille au Rhône der alte Binnenschiffahrtshafen

Port de la Mède   in dem man, allerdings ohne jeden Komfort, recht gemütlich liegt.
43° 24'N
005° 07'E

Der östliche Teil des Étang, auch **Étang de Vaïne** genannt, wird durch eine Barre mit nur wenig Wasser darüber abgetrennt – lediglich die schmale

*Reizvolle
Salzwasser-
lagune*

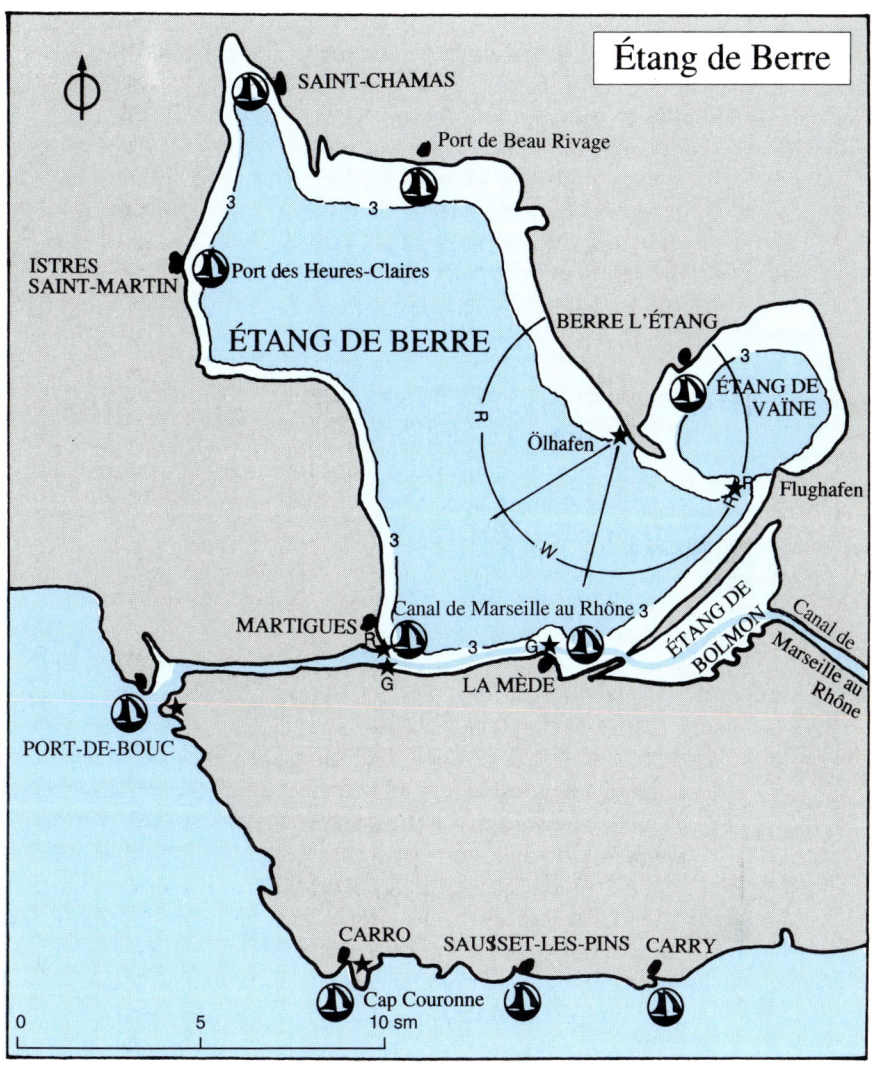

betonnte Zufahrt Passe de Marignan führt in das Gebiet nördlich des Flughafens von Marseille. Am Nordufer des Étang de Vaïne liegt inmitten
großer Fabrikanlagen der kleine Yachthafen

Berre l'Étang
43° 28'N
005° 10'E

der nur von Yachten mit weniger als 1,00 m Tiefgang angelaufen werden
kann. Der Hafen ist vor einigen Jahren mit sanitären Einrichtungen, einem
festen Kran und einem Gebiet für die Landlagerung von Booten ausgebaut
worden.

177

Nordwestlich von Berre l'Étang liegt östlich der weithin sichtbaren Anlagen des Elektrizitätswerkes, nahe der Ortschaft Le Canet, der Yachthafen

Port de Beau Rivage mit einigen hundert Liegeplätzen für Yachten bis 12 m Länge auf
43° 32'N   Wassertiefen zwischen 1,00 und 3,00 m, davon 20 für Gäste. Die Liege-
005° 00'E   plätze sind mit Strom- und Wasseranschlüssen sowie Grundleinen ausgestattet. Duschen und Toiletten befinden sich neben dem Büro des Hafenmeisters. Kran und Slip am Hafen.

Im nördlichen Teil des Étang de Berre, der Baie de Saint-Chamas, liegt der
kleine Yachthafen

Saint-Chamas mit Wassertiefen um 2 m und rund 100 Liegeplätzen an den Kais.
43° 33'N   Die Liegeplätze haben Strom- und Wasseranschlüsse. Duschen und
005° 02'E   Toiletten sind beim Hafenbüro und dem Yachtclub. Cafés, Restaurants und
Lebensmittelgeschäfte liegen rund um den im Herzen der lebendigen Kleinstadt gelegenen Hafen.

In landschaftlich wunderschöner Lage vor einem mit Pinien bewachsenen
Hang liegt der Yachthafen

Istres Saint-Martin auch Port des Heures-Claires genannt. Der gut ausgestattete Yacht-
43° 29'N   hafen verfügt über 258 Liegeplätze für Yachten bis 12 m Länge auf
004° 59'E   Wassertiefen zwischen 1,00 und 3,00 m, davon 30 für Gäste. Die Liegeplätze sind teilweise mit Strom- und Wasseranschlüssen sowie Grundleinen versehen. Duschen und Toiletten sind neben dem Büro des Hafenmeisters. Kran- und Slipeinrichtungen ermöglichen das Zu-Wasser-Bringen
von Yachten. Hinter dem nordöstlichen Kai am Hang, über eine Stahltreppe
erreichbar, ist ein Café-Restaurant, von dem aus man bei gutem Essen die
herrliche Aussicht auf den Étang genießen kann.
Nördlich und südlich des Hafens erstreckt sich ein wunderschöner Strand,
der im Sommer zahllose Badegäste anzieht.

Zurück im Golfe de Fos, liegt im nördlichen Scheitel an der Pointe de
Saint-Gervais der Yachthafen

Port Saint-Gervais vor der Ortschaft Fos-sur-Mer inmitten großer Ölraffinerien. Außer
43° 26'N   dem Yachthafen mit seinen sicheren Liegeplätzen gibt es bis jetzt noch
004° 57'E   nicht viel, was zu einem Besuch animieren könnte. Zwischen Port Saint-
Gervais und Port-de-Bouc soll ein großes Ferienzentrum mit einer modernen Marina entstehen, um die Gegend touristisch aufzuwerten.

Ansteuerung (Seekarten: D 595 und 336, BA 2164, F 6767, CG 505 und 507): Der 45 m hohe
Leuchtturm (ein schlanker Betonturm) am Fuße der westlichen Außenmole ist bereits aus

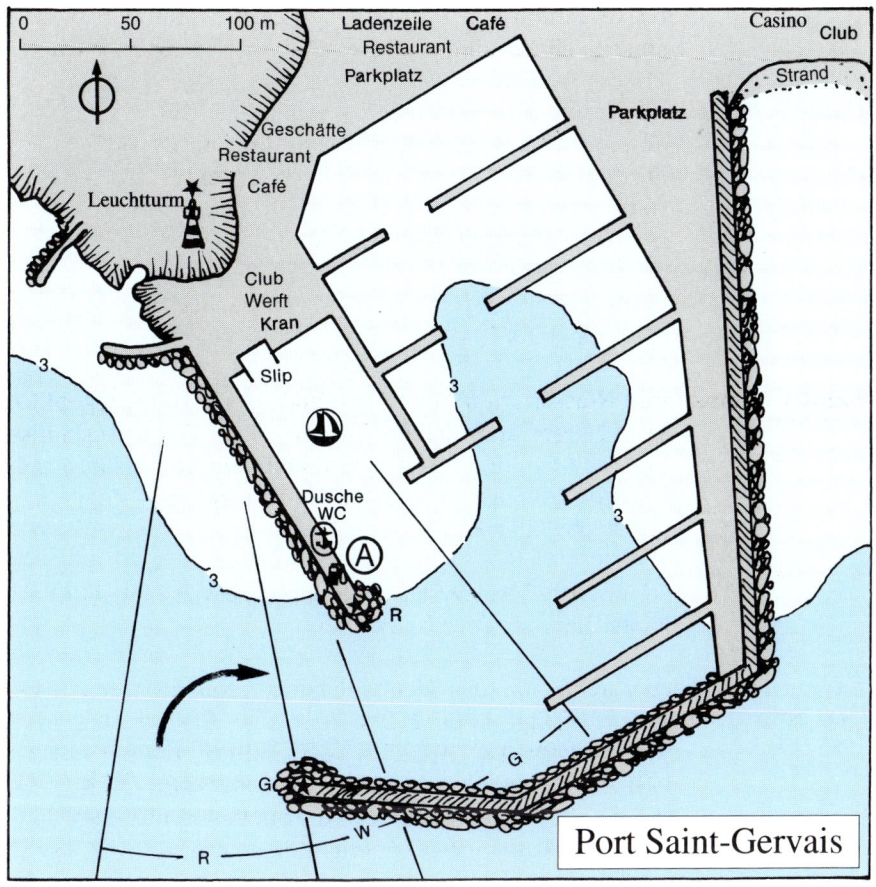

größerer Entfernung gut auszumachen. Das wie ein Schiffsbug geformte Gebäude der Capitainerie markiert die nach Westen offene Einfahrt in den Hafen, dessen Ansteuerung bei allen Wind- und Wetterverhältnissen keinerlei Probleme bereitet. Nachts führt der weiße Sektor des Leuchtturms Pointe de Saint-Gervais vor die Hafeneinfahrt. Der Kopf der südlichen Außenmole ist befeuert.

Liegeplatz: Der gut ausgestattete Yachthafen verfügt über 600 Liegeplätze für Yachten bis 17 m Länge bei Wassertiefen von 1,50 bis 3,50 m, davon 35 für Gäste. Die Gastliegeplätze sind in dem Becken einlaufend an Backbord. Alle Liegeplätze sind mit Strom- und Wasseranschlüssen sowie Grundleinen versehen. Duschen und Toiletten sind beim Büro des Hafenmeisters. Kraftstoff erhält man an der Hafentankstelle am Kopf der westlichen Außenmole direkt hinter der Einfahrt.

Der Hafen soll um 500 Liegeplätze erweitert werden.

Hafenmeister. M. Roche, Tel. 42 47 70 57. Im Hafenbüro werden regelmäßig die neuesten Wetterberichte ausgehängt. Der Anmeldekai ist einlaufend an Backbord am Kopf der westlichen Außenmole neben der Tankstelle. Das Büro des Hafenmeisters ist über UKW-Kanal 9 zu erreichen.

179

Reparaturmöglichkeiten: Ein Kran mit 16 t Tragkraft und eine Slipbahn stehen zur Verfügung, um Yachten aus dem Wasser zu nehmen. Ein kleiner Werftbetrieb nördlich des Besucherbeckens ist in der Lage, Reparatur- und Überholungsarbeiten auszuführen. Mehrere Schiffszubehörgeschäfte sind in der Nähe des Hafens.

Versorgung: Direkt am Hafen ist ein kleines Geschäftszentrum. In der etwa 800 m vom Hafen entfernten Ortschaft Fos-sur-Mer gibt es zahlreiche Cafés, Restaurants und Lebensmittelgeschäfte.

Bademöglichkeiten: Östlich an den Hafen schließt sich ein beliebter Badestrand an.

Entfernung von Carry-le-Rouet 14 sm, Port Camargue 49 sm.

Drei Seemeilen westlich des Port Saint-Gervais liegen die immensen Hafenbecken des Industriehafens *Fos*, an deren Erweiterung noch ständig gearbeitet wird. Zahlreiche befeuerte Tonnen markieren das auf 24 m Tiefe ausgebaggerte Fahrwasser für die Großschiffahrt. Achtung! Bedingt durch die Bauarbeiten werden die Tonnen häufig verlegt, so daß man sich selbst auf neue Seekarten oft nicht verlassen kann.

Genau gegenüber von Port-de-Bouc liegt am Westufer des Golfe de Fos die Einfahrt in den Verbindungskanal Canal St-Louis zum Mündungsarm Grande Rhône. An der Einmündung des Kanals in den Fluß liegt die alte Hafenstadt

Port Saint-Louis-du-Rhône
43° 23'N
004° 49'E

Der Hafen war bisher nur für diejenigen von Interesse, die auf dem Binnenwasserweg ihre Yacht zum Mittelmeer bringen oder auf diesem nach Norden wollen. Da sich die Wassertiefen in der Flußmündung ständig ändern, kann Port Saint-Louis-du-Rhône nicht direkt angelaufen werden, sondern nur über den Umweg durch den Golfe de Fos und den Canal St-Louis.

Am Fuße der fast eine Seemeile in den Golf reichenden Schutzmole des Kanals liegt einlaufend an Backbord ein kleiner Hafen, der **Port de Carteau** mit 40 Liegeplätzen für Yachten bis 10 m Länge und 1,80 m Tiefgang. Die östliche Hälfte des Beckens ist für Yachten, die westliche für Fischer. Im Sommer finden Yachten hier meist einen freien Liegeplatz.

Im südwestlichen Teil des Bassin de Tellines, etwa in der Mitte des Canal St-Louis, ist an Backbord ein **Port à Sec** für die Landlagerung von Yachten bis 25 m Länge, 6 m Breite, 5 m Tiefgang und 50 t Verdrängung. An den dazugehörigen Kais befinden sich etwa 25 Liegeplätze für größere Yachten. Der Hafen empfiehlt sich als Zwischenlager, wenn die Yacht nach einem Mittelmeerurlaub nicht gleich auf dem Binnenwasserweg nach Norden gebracht werden soll.

Das Hafenbecken vor der **Schleuse zur Rhône** ist inzwischen zu einem modernen Yachthafen mit mehreren Schwimmstegen und einer neuen Capitainerie mit Duschen und Toiletten ausgebaut worden. Die 260 Liegeplätze bieten allen Komfort, wie Strom- und Wasseranschlüsse sowie Grundleinen zum bequemen Festmachen für Yachten bis 25 m Länge.

Am Stadtkai gibt es darüber hinaus 15 Liegeplätze mit großen Festmachebojen für ganz große Yachten.

Dank des neuen Yachthafens lohnt ein Besuch dieser alten Hafenstadt, die jahrhundertelang Bindeglied zwischen den französischen Binnenwasserstraßen und dem Mittelmeer war.

Am linken Flußufer, etwa 500 m oberhalb der Schleuse, befindet sich ein weiterer kleiner Yachthafen.

LANGUEDOC-ROUSSILLON

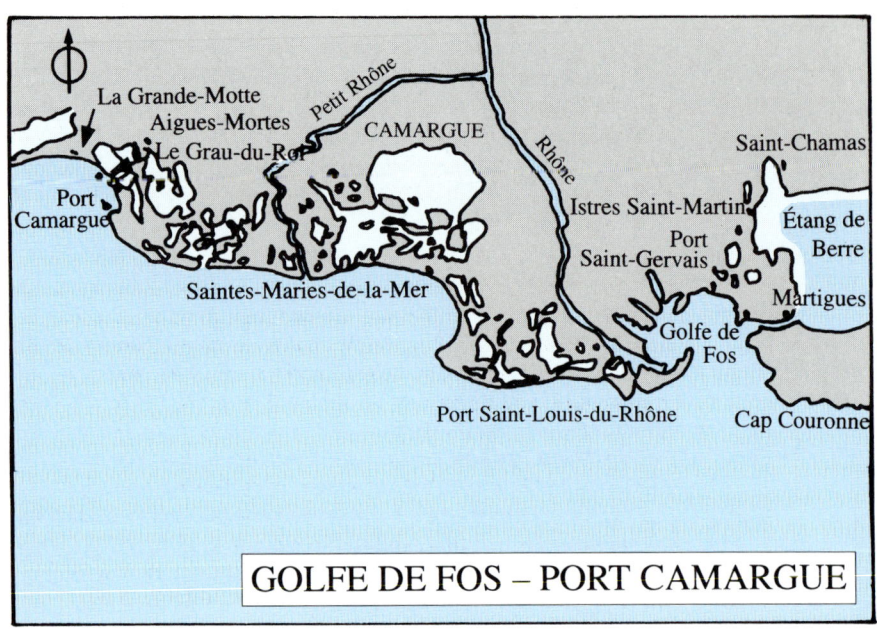

GOLFE DE FOS – PORT CAMARGUE

Mündungs-
gebiet der
Rhône

Das Gebiet der Rhônemündung mit ihren sich ständig ändernden Wasser-tiefen und Sandbänken sollte man möglichst weiträumig umfahren. Die Untiefenbaken *Roustan Est* und *Roustan Ouest* – die erstere ist befeuert – sollte man in jedem Fall mit mindestens 100 m Abstand passieren. Zwi-schen der Küste und den folgenden befeuerten Untiefenbaken *Piémanson*, *Faraman* und *Beauduc* kann man gefahrlos mit etwa einer halben Seemei-le Abstand vom Ufer durchfahren, ruhige See und gute Sicht vorausge-setzt. Zwischen der 10-m-Tiefenlinie und der Küste liegen hier allerdings zahlreiche Wracks. An der *Pointe de Beauduc* sollte man ausgesprochen vorsichtig navigieren, da sich hier das Land jährlich um einige Meter see-wärts vorschiebt, so daß die Tiefenangaben in den Seekarten oft nicht mehr mit den tatsächlichen Gegebenheiten übereinstimmen.

Die nächtliche Navigation in diesem Gebiet wird durch mehrere weittra-gende Leuchtfeuer erleichtert, wie das eine halbe Seemeile östlich von Carro stehende Leuchtfeuer *Cap Couronne* (Fl. R. 3s 20M), im Mün-dungsgebiet zwischen Großer und Kleiner Rhône der Leuchtturm *Fara-man* (Fl(2) 10s 23M), am westlichen Ende des Mündungsgebietes der Leuchtturm *Phare de Beauduc* (Fl(2) R. 10s 16M) und fünf Seemeilen nördlich der Pointe de Beauduc das Leuchtfeuer *Phare de la Gacholle* (Fl. WRG. 4s 13/10/10M).

Im Ostteil des Golfe de Saintes-Maries kann man bei ruhigem Wetter nördlich der *Pointe de Beauduc* auf 2 bis 5 m Wassertiefe 100 m vor dem Strand des Naturschutzgebietes Parc Naturel de Camargue ankern.

Saintes-Maries-de-la-Mer Die beinahe ganz von Wasser umgebene Ortschaft – im Süden
43° 27'N das Mittelmeer, im Osten und Norden das Seengebiet des Étang de
004° 25'E Vaccarès, im Westen die Wasserlandschaft des Mündungsarmes Petit Rhône – ist heute Zentrum und Hauptort der Camargue. Früher ein reines Fischerdorf, lebt der Ort heute fast ausschließlich vom Fremdenverkehr. Der Hafenplan steht auf der nächsten Seite.

Ansteuerung (Seekarten: D 595, BA 1705, F 6693, CG 507): Der Hafen liegt etwa 1 sm östlich des Mündungsarmes „Le Petit Rhône". Die Ansteuerung der nach Osten offenen Einfahrt bereitet außer bei starken Winden aus östlichen Richtungen keinerlei Schwierigkeiten. Die Lage des Hafens ist bei Tage leicht an den mächtigen Türmen der Kirche von Saintes-Maries-de-la-Mer zu erkennen. Beim Näherkommen ist die am östlichen Ende des Hafens gelegene Arena gut auszumachen. Die Molenköpfe der Hafeneinfahrt sind befeuert. Die nächtliche Orientierung wird durch mehrere weittragende Leuchtfeuer erleichtert: zunächst die vor der Rhônemündung liegenden Leuchttonnen, der Leuchtturm „Faraman" (Fl (2) 10s 23M) in der Mitte der Rhônemündung, das Leuchtfeuer auf der „Pointe de Beauduc" (Fl. (2) R. 10s 16M), das 6 sm weiter nördlich stehende Leuchtfeuer „La Gacholle" (Fl. WRG. 4s 13/ 10/ 10M) und westlich des Hafens das Unter- und Oberfeuer in der Petit Rhône (jeweils Q.G. 14M in 337°). Vor der Einfahrt steht in Abhängigkeit von Windrichtung und -stärke eine Strömung von 1 kn in westlicher Richtung.

Liegeplatz: Der gut ausgestattete Yachthafen verfügt über 350 Liegeplätze für Yachten bis etwa 15 m Länge und 2,20 m Tiefgang, davon 70 für Gäste. Die Gastliegeplätze sind einlaufend an den ersten beiden Stegen vor dem Hafenbüro und an der Innenseite der westlichen Außenmole. Alle Liegeplätze sind mit Strom- und Wasseranschlüssen sowie Grundleinen versehen. Duschen und Toiletten sind bei dem Büro des Hafenmeisters. Kraftstoff erhält man an der Hafentankstelle.

Hafenmeister: M. J.-C. Eymard, Tel. 90 97 85 87. Im Hafenbüro werden regelmäßig die neuesten Wetterberichte ausgehängt. Der Anmeldekai ist einlaufend an Backbord am hinteren Teil der westlichen Außenmole neben der Tankstelle. Das Büro des Hafenmeisters ist über UKW-Kanal 9 zu erreichen.

Reparaturmöglichkeiten: Ein kleiner Werftbetrieb am Hafen führt Reparaturen an Yachten aus. Ein Travellift mit 14 t Tragkraft steht zur Verfügung. In der Nähe des Hafens gibt es zwei Schiffszubehörgeschäfte.

Versorgung: An der Hafenpromenade liegen mehrere Restaurants, Cafés und Lebensmittelgeschäfte, ebenso weiter im Ortskern um die mittelalterliche Kirche herum.

Veranstaltungen: Saintes-Maries-de-la-Mer ist weltberühmt für seine alljährliche Zigeunerwallfahrt, zu der die Zigeuner aus ganz Europa herbeiströmen, um ihr größtes religiöses Fest zu feiern. Es beginnt am Vorabend des 24. Mai mit einer Nachtwache in der Krypta der Kirche. Höhepunkt ist die Prozession der Zigeuner von der Kirche zum Meer, wobei ein paar Männer an der Spitze des Zuges die Statuen der heiligen Maria und der heiligen Sarah auf ihren Schultern ins Wasser tragen. Der Bischof schreitet dem Zug voran, um das Meer als den Ernährer der Bevölkerung zu segnen. Die Prozession wird von Gardiens – den Cowboys der Camargue – in ihrer traditionellen Festtracht begleitet.

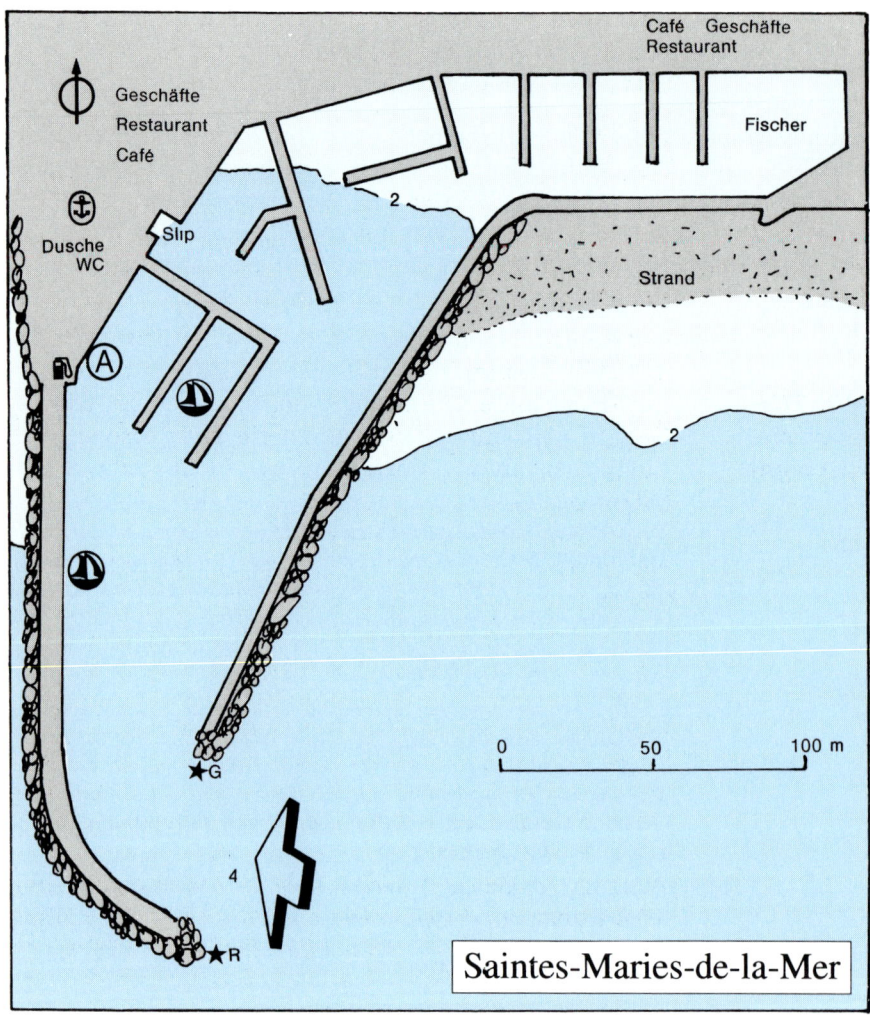

Saintes-Maries-de-la-Mer

In der Arena westlich des Hafens finden regelmäßig unblutige Stierkämpfe statt, größtenteils mit Stieren aus der Camargue, zu denen auch bekannte Matadores aus Spanien anreisen, um ihr Können unter Beweis zu stellen.

Bademöglichkeiten: Zu beiden Seiten der Hafeneinfahrt sind ausgedehnte Strände, die sich bei den Besuchern großer Beliebtheit erfreuen.

Entfernung von Marseille 45 sm, Port Camargue 18 sm.

Wie viele Orte am Mittelmeer verdankt Saintes-Maries-de-la-Mer seinen Namen einer Legende: Eines Tages landete ein Boot an der Küste, wo heute der Ort liegt, mit drei heiligen Marien und der schwarzen Dienerin Sa-

22

22 Flamingos in der Camargue, einer
   Sumpf- und Seenlandschaft, die in
   Europa ihresgleichen sucht

23 Liegeplätze vor der Haustür in
   Port Camargue

23

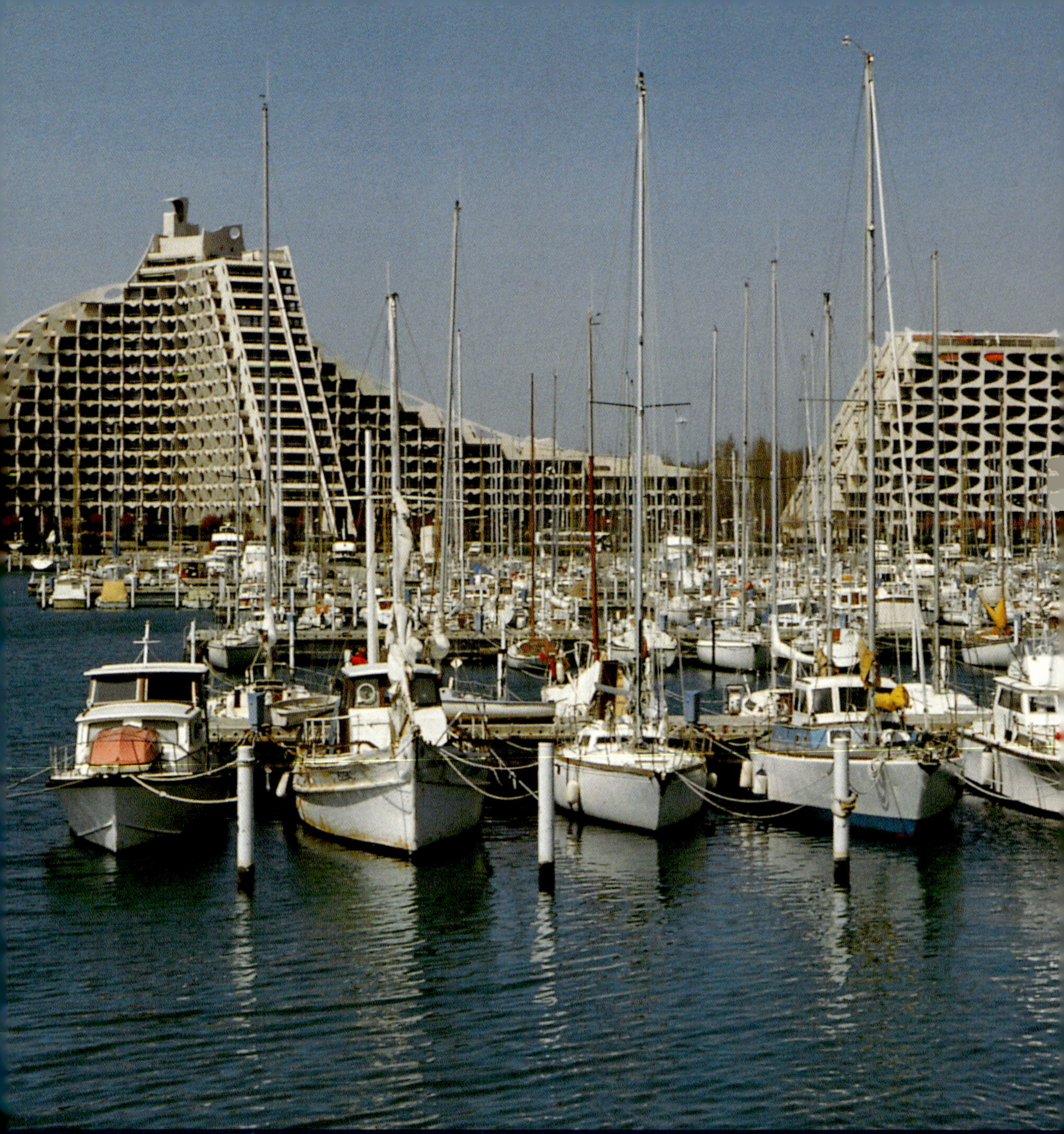

24 Die typischen Pyramidenhochhäuser von La Grande-Motte

25 Die Einfahrt in die Riesenmarina Cap d'Agde wird vom Fort Brescou bewacht

26 Die Lagunenstadt Port Barcarès

27 Saint-Cyprien: die weiträumige Lagunenstadt und der große Yachthafen

28 Die Yachtliegeplätze in Port-Vendres gehören zu den sichersten am Golfe du Lion

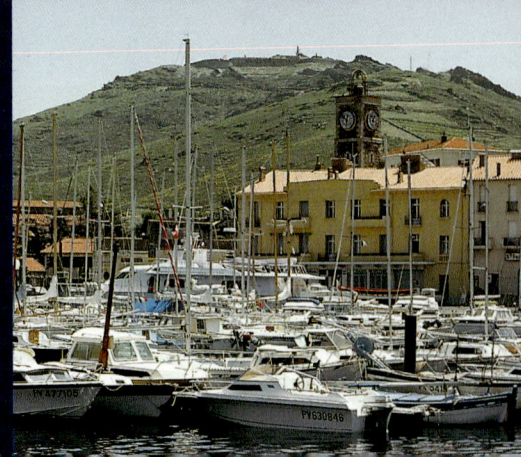

24

25

26

27

29 Cap Cerbère mit dem kleinen Schutzhafen kurz vor der spanischen Grenze

rah an Bord. Während zwei der Marien weiterzogen, blieb die dritte zusammen mit der Dienerin Sarah hier, um an der Küste das Evangelium zu verkünden. Die Gebeine der beiden werden in der Kirche von Saintes-Maries-de-la-Mer aufbewahrt. Die Dienerin Sarah wurde zur Heiligen der Zigeuner.

Der Rhônemündungsarm Petit Rhône ist auf seiner ganzen Länge schiffbar, allerdings versperrt nach etwa 3 sm eine Brücke mit 2,50 m Durchfahrtshöhe Segelyachten die Weiterfahrt. Wegen der sich ständig ändernden Wassertiefen im Mündungsbereich sollte man die Petit Rhône nur mit größter Vorsicht und nicht mehr als 1,50 m Tiefgang ansteuern. Hinter dem Oberfeuer liegen die drei Yachthäfen **Port l'Amarée, Port la Marchande** und **Port Dromar,** die bei Eignern von Motoryachten sehr beliebt sind.

Mit „Tiki"
durch die
Camargue

Eine Fahrt mit einem nicht zu hohen Motorboot oder einem der in dieser Gegend populären Hausboote ist ein ganz besonderes Erlebnis. Die von zahlreichen Entwässerungskanälen durchzogene Landschaft mit ihren Salzwasserlagunen bietet hinter jeder Flußbiegung ein anderes Erscheinungsbild. Land- und Wasserflächen wechseln sich häufig genug übergangslos ab. Dazwischen sind immer wieder die typischen weißen Pferde und schwarzen Stiere der Camargue zu sehen. Mit etwas Glück sieht man auch große Flamingokolonien regungslos auf einem Bein stehen.

Eine gute Möglichkeit, den Mündungsarm und die landschaftlichen Schönheiten der Camargue kennenzulernen, ist ein Ausflug mit dem Schaufelraddampfer „Tiki", der im Sommer viermal täglich von der Mündung bis zu der ersten Brücke fährt und unterwegs anhält, damit die Wildpferde und Stiere gefüttert werden können. Eine Viertelstunde Fußweg vom Hafen, und man ist an dem Anleger des Raddampfers.

Westlich von Saintes-Maries-de-la-Mer steht ständig ein Strom von 0,5 bis 1,5 kn, abhängig von der Windrichtung und -stärke in westlicher Richtung. Die beiden südlich der *Pointe de l'Espiguette* liegenden befeuerten Untiefenbaken *les Baronnets* und *l'Espiguette 2* sollte man sicherheitshalber außen herum passieren. Die Pointe de l'Espiguette schiebt sich jährlich etwa 15 m weiter ins Meer vor.

Nördlich der Pointe de l'Espiguette mit ihrem Leuchtfeuer von 24 sm Tragweite liegt die Riesenmarina

Port Camargue
43° 31'N
004° 08'E

Die 70 ha große Lagunenstadt wurde zum großen Teil nach dem Konzept des Liegeplatzes vor der Haustür der Ferienwohnung verwirklicht nach dem Vorbild von Port Grimaud, allerdings sehr viel großformatiger und ohne die kleinen, von Brücken überspannten Kanäle des Vorbildes. Auch die Architektur hat hier nicht auf traditionelle Bauformen zurückgegriffen, sondern konsequent moderne Formen verwirklicht. Zusätzlich zu den Liegeplätzen vor der Haustür gibt es einlaufend in den beiden ersten

185

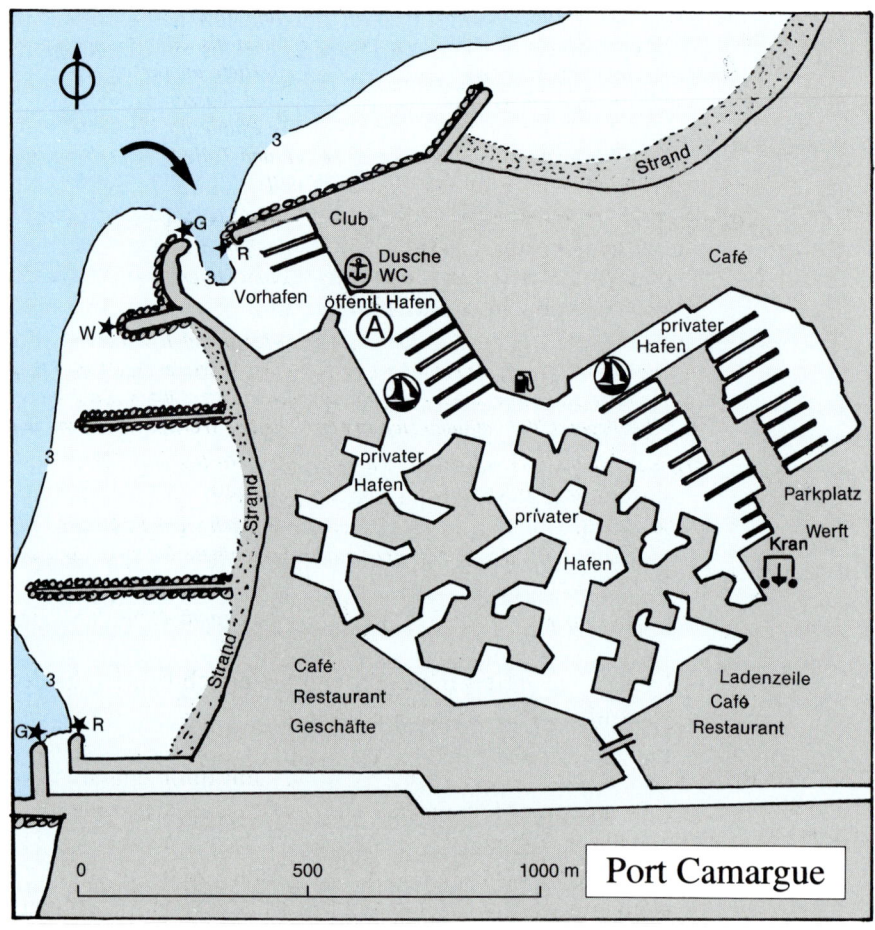

Becken 8 große Stege und im nordöstlichen Teil des Hafens einen breiten Hauptsteg mit insgesamt 18 davon ausgehenden Querstegen. Die gesamte Anlage ist ausgesprochen nüchtern und steril, wozu sicher auch der unpersönliche, eintönige Baustil der Häuser der Lagunenstadt beiträgt. Außer gut geschützten, sicheren Liegeplätzen hat die Supermarina nichts zu bieten, was einen Besuch wert wäre.

Ansteuerung (Seekarten: D 595, BA 1705, F 7053, CG 507 und 508): Der Hafen liegt 2,5 sm nördlich des 27 m hohen Leuchtturmes an der Pointe de l'Espiguette. Bei der Ansteuerung muß man darauf achten, die Hafeneinfahrt nicht mit der gut eine halbe Seemeile südlich liegenden Kanaleinfahrt zu den hinter dem Hafen liegenden Lagunen zu verwechseln. Die Ansteuerung der nach Nordwesten offenen Einfahrt bereitet außer bei heftigem Mistral keinerlei Schwierigkeiten. Die Molenköpfe sind befeuert, wobei auf dem Kopf der letzten Buhne vor der Einfahrt ein schnelles Funkelfeuer mit 9 sm Tragweite und das grüne Leuchtfeuer der Einfahrt mit ebenfalls 9 sm Tragweite die nächtliche Orientierung erleichtern.

Liegeplatz: Der gut ausgestattete Yachthafen verfügt an den Stegen und in der Lagunenstadt über insgesamt etwa 4200 Liegeplätze für Yachten bis 20 m Länge, davon 200 für Gäste. Das gesamte Hafenbecken ist auf 3,00 m Wassertiefe ausgebaggert – im Vorhafen auf 4,00 bis 5,00 m. Alle Liegeplätze sind mit Strom- und Wasseranschlüssen sowie Festmacheinrichtungen – teilweise Auslegerstege, teilweise Pfähle für die vorderen Festmacheleinen – und teilweise Grundleinen versehen. Duschen und Toiletten sind beim Büro des Hafenmeisters. Kraftstoff erhält man an der Hafentankstelle.

Hafenmeister: M. Jean-Marie Vidal, Tel. 66 51 43 09. Im Hafenbüro werden regelmäßig die neuesten Wetterberichte ausgehängt. Der Anmeldekai ist einlaufend an Backbord hinter der Durchfahrt vom Vorhafen in den öffentlichen Hafen. Das Büro des Hafenmeisters ist über UKW-Kanal 9 zu erreichen.

Reparaturmöglichkeiten: Am Fuße der großen Pier mit den 18 davon ausgehenden Querstegen liegt ein der Größe des Hafens angemessenes Werftgelände mit großen Yachtwerften, die in der Lage sind, alle anfallenden Reparaturen auszuführen. Zahlreiche gut sortierte Schiffszubehörgeschäfte befinden sich in der Nähe des Werftgeländes und um den Hafen.

Versorgung: Mehrere Geschäftszentren mit Cafés, Restaurants, Boutiquen und Lebensmittelgeschäften sind rund um die Hafenanlage gruppiert.

Bademöglichkeiten: Nördlich und südlich schließen sich weite Strände an, die im Sommer gut besucht sind, vor allem der von Buhnen geschützte Strand zwischen der Hafen- und der Kanaleinfahrt.

Entfernung von Saintes-Maries-de-la-Mer 18 sm, La Grande-Motte 3 sm, Calvi (Korsika) 220 sm.

Nur 1,5 sm weiter nördlich liegt malerisch beiderseits des Kanals nach Aigues-Mortes das alte Fischerdorf

Le Grau-du-Roi
43° 32'N
004°08'E

Die typisch mediterrane Ortschaft mit ihren engen, winkligen Gassen und fein herausgeputzten kleinen Häusern hat sich ihren urtümlichen Charme bewahren können, obwohl inzwischen ringsherum riesige Betonburgen den Ortsrand säumen. Ein untrügliches Zeichen dafür, daß der Tourismus auch an Le Grau-du-Roi nicht spurlos vorübergegangen ist.

Die beiden Kanalufer bis zu der Drehbrücke mit 1,50 m Durchfahrtshöhe sind von Fischerbooten belegt. Hinter der Drehbrücke liegt an der Einmündung des Flusses Le Vidourle ein 3,00 m tiefes Becken, das zum größten Teil ebenfalls von Fischern benutzt wird. Für Yachten sind einlaufend an Backbord im Bereich der Flußmündung und vor der Klappbrücke mit 3,00 m Durchfahrtshöhe Stege ausgelegt mit insgesamt 160 Liegeplätzen, davon 15 für Gäste. Die beiden Brücken werden zu bestimmten Zeiten geöffnet – man kann sie bei dem Brückenwärter über UKW-Kanal 73 erfahren.

Der 2,00 m tiefe Kanal nach Aigues-Mortes wird ungefähr in der Mitte zwischen den beiden Orten von einer Hochspannungsleitung mit 16 m Durchfahrtshöhe überspannt. Er führt durch eine wunderbare Welt aus stil-

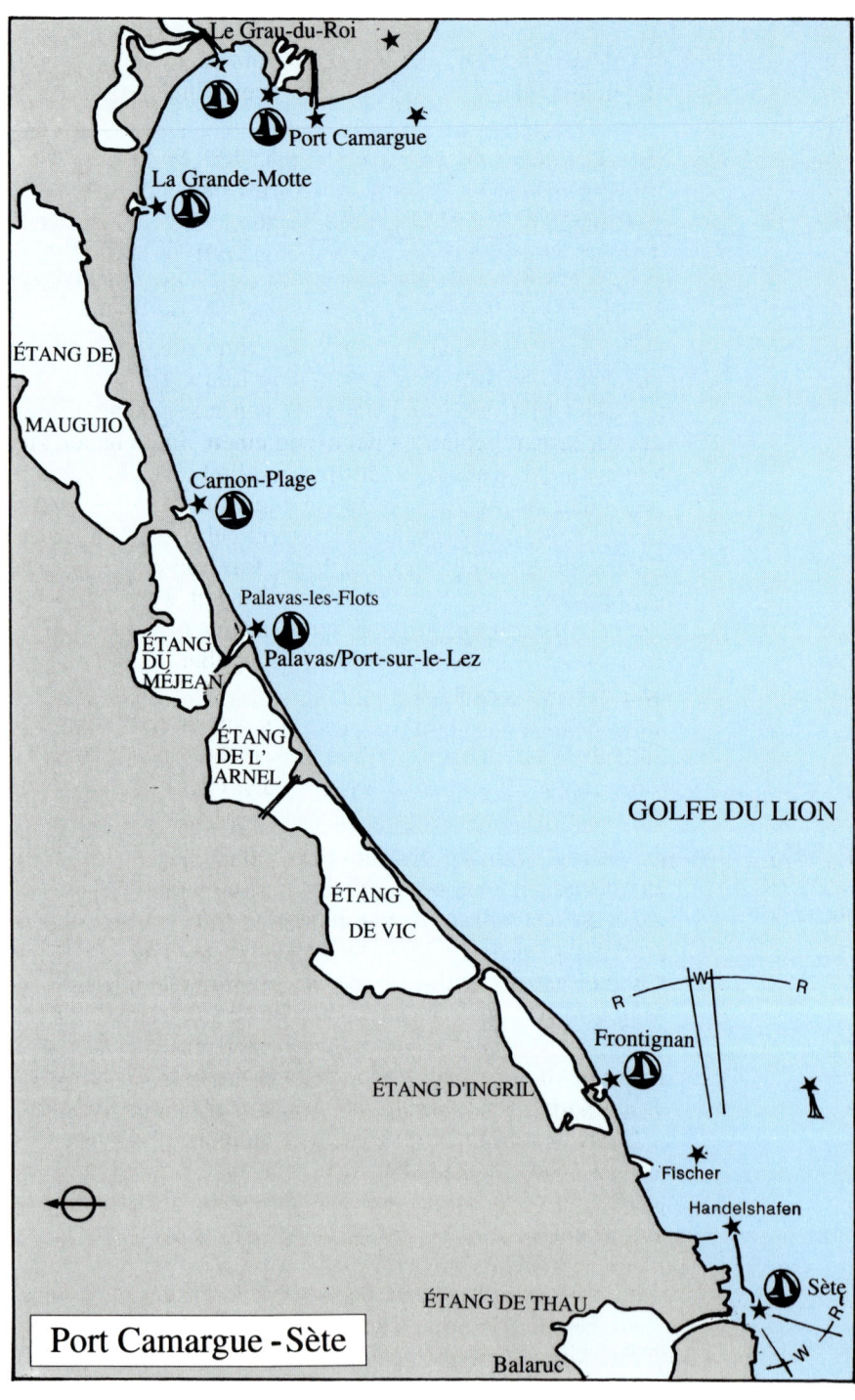

Europas größte Urlaubslandschaft

Le Grau-du-Roi

Port Camargue

La Grande-Motte

ÉTANG DE

MAUGUIO

Carnon-Plage

Palavas-les-Flots

ÉTANG DU MÉJEAN

Palavas/Port-sur-le-Lez

ÉTANG DE L' ARNEL

GOLFE DU LION

ÉTANG DE VIC

Frontignan

ÉTANG D'INGRIL

Fischer

Handelshafen

Sète

ÉTANG DE THAU

Balaruc

Port Camargue - Sète

len Wasserflächen, Salinen zur Meersalzgewinnung und großen, schilfbe-
standenen Flächen bis zu der an seinem Ende liegenden Stadt

Aigues-Mortes
43° 34'N
004° 12'E

die sich hinter 8 bis 10 m hohen, 700 Jahre alten Mauern erhebt. Der
provenzalische Name Aigues-Mortes bedeutet *Totes Wasser.* Im Sommer
eine Stadt voller Leben, bedingt durch die zahlreichen Touristen, für die
der Ort eine magische Anziehungskraft besitzt, scheint hier im Winter
jedoch die Zeit stehengeblieben zu sein – man fühlt sich an das ausgehende Mittelalter erinnert. Ein Eindruck, zu dem die wuchtigen Stadtmauern
und mittelalterlichen Bastionen mit ihrer düsteren Atmosphäre einen nicht
unerheblichen Teil beitragen. König Ludwig IX., der Heilige genannt, hatte das Gebiet um Aigues-Mortes von einer Abtei in der Nähe erworben,
um für seinen geplanten Kreuzzug einen Hafen bauen zu lassen. Er errichtete zwei der großen Rundtürme und ließ einen Kanal zum Mittelmeer gra-
ben – damals lag der Ort nur wenige hundert Meter vom Meer entfernt.
Ludwigs Kreuzzüge scheiterten, und beim zweiten fand er selbst den Tod.
Sein Sohn Philipp führte das Werk fort und begann 1272 mit dem Bau der
Festungsmauern. Nach 28 Jahren Bauzeit war die Anlage mit 15 Türmen
und 10 Toren fertiggestellt. Im Zentrum der Stadt auf der Place St-Louis
steht das Denkmal Ludwigs IX., umgeben von Straßencafés, Restaurants
und Souvenirgeschäften.
Unterhalb der Stadtmauer gibt es am Kanal etwa 85 Liegeplätze auf
2,00 m Wassertiefe, die allerdings meist zum größten Teil von Hausboo-
ten, den *Péniches,* belegt sind, die den *Canal du Rhône à Sète* befahren.

La Grande-Motte
43° 33'N
004° 05'E

In den sechziger Jahren begann hier die Erschließung des Languedoc-
Roussillon zu der größten zusammenhängenden Urlaubslandschaft
Europas. 1967 eröffnete der damalige französische Staatspräsident General
de Gaulle mit La Grande-Motte das erste einer schier endlosen Kette von
Ferienzentren an dieser bis dahin nur spärlich besiedelten Küste. Die
Yachthäfen liegen teilweise so dicht beieinander, daß man Schwierigkeiten
hat, sie auseinanderzuhalten. Erschwerend wirkt die oft eintönige und
langweilige Architektur der Feriensiedlungen, die eine Unterscheidung
von See her fast unmöglich macht. La Grande-Motte ist hier eine Ausnahme, sind doch die Pyramidenhochhäuser als Wahrzeichen schon von
weitem gut auszumachen.

*Ansteuerung (Seekarten: D 594, BA 1705, F 7053, CG 507 und 508): Die 95 m breite, nach Osten
offene Einfahrt ist nicht zu verfehlen. Sie wird durch ein großes rotes M markiert, das
nachts durch Neonröhren wie eine Leuchtreklame beleuchtet ist. Außer bei starken südlichen Winden bereitet die Ansteuerung keinerlei Schwierigkeiten. Die Molenköpfe sind befeuert, und das Hafenbecken ist mit starken Strahlern hell erleuchtet. Die nächtliche Orientierung wird durch das Leuchtfeuer an der Pointe de l'Espiguette 9 sm südöstlich der Hafeneinfahrt erleichtert.*

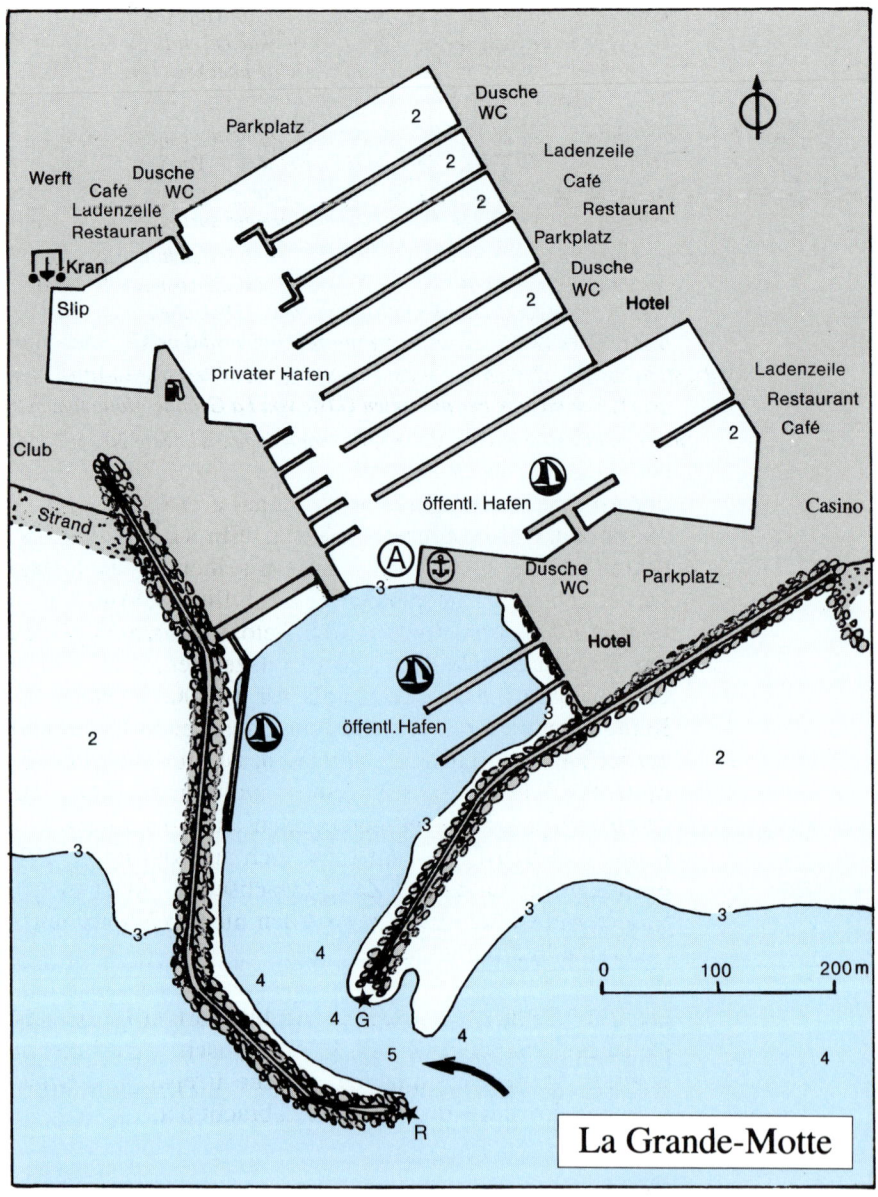

Parkplatz

Dusche WC

Werft Dusche WC

Café
Ladenzeile
Restaurant

Kran

Slip

privater Hafen

Club

Strand

Ladenzeile
Café
Restaurant

Parkplatz

Dusche WC

Hotel

Ladenzeile
Restaurant
Café

Casino

öffentl. Hafen

Dusche WC

Parkplatz

Hotel

öffentl. Hafen

La Grande-Motte

Liegeplatz: Der moderne Yachthafen verfügt über etwa 1350 Liegeplätze für Yachten bis 30 m Länge und maximal 3,00 m Tiefgang, davon 15 für Gäste. Alle Liegeplätze sind mit Strom- und Wasseranschlüssen sowie Festmacheeinrichtungen versehen (Bojen oder Pfähle für die vorderen Festmacher, Auslegerstege, Grundleinen). Duschen und Toiletten findet man neben dem Büro des Hafenmeisters sowie an mehreren Stellen rund um das Hafenbecken. Kraftstoff erhält man an der Hafentankstelle.

Hafenmeister: Mme M. Barthes, Tel. 67 56 50 06. Im Hafenbüro werden regelmäßig die neuesten Wetterberichte ausgehängt. Der Anmeldekai ist einlaufend an Steuerbord an der Durchfahrt vom Vorhafen in das eigentliche Hafenbecken. Das Büro des Hafenmeisters ist über UKW-Kanal 9 und 16 zu erreichen.

Reparaturmöglichkeiten: Die große Yachtwerft auf dem westlichen Kai ist in der Lage, alle anfallenden Reparatur- und Überholungsarbeiten an Yachten auszuführen. Schiffe bis 50 t können zu diesem Zweck aus dem Wasser genommen werden. In den verschiedenen Geschäftszentren rund um den Hafen gibt es mehrere gut sortierte Schiffszubehörgeschäfte.

Versorgung: In den Geschäftszentren am Hafen und der sich anschließenden Ferienanlage gibt es zahlreiche Cafés, Restaurants, Boutiquen und Lebensmittelgeschäfte. Im Sommer ist hier so viel los, als wäre man in einer Großstadt – Diskotheken und Nachtclubs, Spielcasino und alle nur denkbaren Vergnügungseinrichtungen sind geöffnet.

Bademöglichkeiten: Östlich des Hafens erstrecken sich drei und westlich fünf Seemeilen Strand, an denen sich im Sommer die vielen Gäste von La Grande-Motte tummeln.

Entfernung von Port Camargue 3,5 sm, Carnon-Plage 5 sm, Sète 20 sm, Calvi (Korsika) 217 sm.

Nähert man sich La Grande-Motte auf dem Landweg von Westen, so erhält man einen ganz anderen Eindruck. Ein kleiner Fluß schlängelt sich zwischen Baumgruppen dahin, und an seinen Ufern sitzen Angler, die meist vergeblich ihre Köder baden. Ein idyllischer Anblick vor der Kulisse der Pyramidenhochhäuser mit ihren Betonfassaden. Der Versuch des Architekten Jean Balladure, Cafés, Einkaufszentren, städtische Plätze, Sport- und Grünanlagen mit Appartements für 100 000 Urlauber auf relativ kleinem Raum anzuordnen, ohne Riesenhochhäuser zu bauen und einen stadtähnlichen Charakter entstehen zu lassen, ist hier gut gelungen. Jedes der Pyramidenhochhäuser weist eine individuelle Fassadengestaltung aus großflächigen Sichtbetonelementen auf. Trotzdem bleibt eine gewisse Kühle und Sterilität, spürt man doch an jeder Ecke, daß es sich hier nicht um einen im Laufe der Zeit gewachsenen Ort handelt. Platzt der Ort im Sommer aus allen Nähten, so leben hier im Winter nur zwischen 500 und 1000 ständige Bewohner.

Der fünf Seemeilen lange Strand bis Carnon-Plage gehört zu den schönsten des Languedoc-Roussillon. Inzwischen darf hier nicht mehr gebaut werden, da man erkannt hat, welche irreparablen Schäden die zügellose Urbanisation der Küste mit sich gebracht hat.

Carnon-Plage
43° 33'N
003° 59'E

ist eines der ältesten Seebäder an der Küste des Languedoc-Roussillon und besaß schon lange vor der Erschließung dieser zauberhaften Landschaft einen guten Ruf als Urlaubszentrum. Es konnte sich glücklicherweise seinen Charakter als Sommervillen-Vorort bewahren. Leider wird inzwischen der ältere Teil von Carnon-Plage von den Betonklötzen der modernen Feriensiedlung überschattet. Der Ort liegt wunderschön auf einer

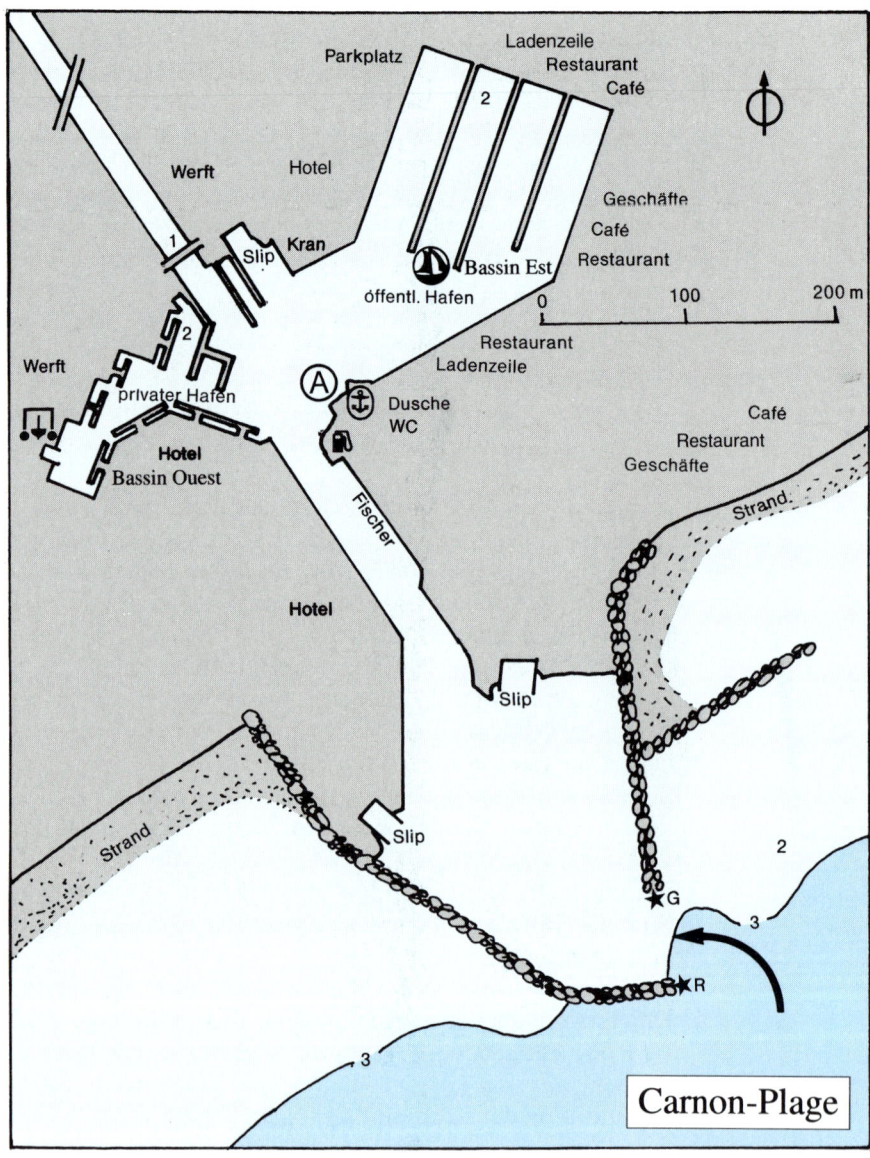

schmalen Nehrung zwischen dem Golfe d'Aigues-Mortes und den Lagunen Étang de Mauguio und Étang de Pérols. Ein schmaler Kanal führt
vom Hafen zum Canal du Rhône à Sète und zum Étang de Mauguio.

*Ansteuerung (Seekarten: D 594, BA 1705, F 7008 und 7053, CG 507 und 508): Die Ansteuerung
der nach Osten offenen Einfahrt bereitet außer bei starken südlichen Winden keinerlei
Schwierigkeiten. Die Molenköpfe sind befeuert.*

*Liegeplatz: Der gut ausgestattete Yachthafen verfügt in den beiden inneren Becken „Bassin Est"
(östliches Becken) und „Bassin Ouest" (westliches Becken) über 700 Liegeplätze für Yachten bis 15 m Länge auf 2 bis 2,50 m Wassertiefe, davon 50 für Gäste. Alle Liegeplätze sind
mit Strom- und Wasseranschlüssen sowie Pfählen für die vorderen Festmacheleinen versehen. Duschen und Toiletten sind neben dem Büro des Hafenmeisters. Kraftstoff erhält
man an der Hafentankstelle am Ende des Zufahrtkanals vom Vorhafen zu den inneren
Hafenbecken.*

*Hafenmeister: M. Flavier, Tel. 67 68 10 78. Im Hafenbüro werden regelmäßig die neuesten Wetter-
berichte ausgehängt. Der Anmeldekai ist einlaufend an Steuerbord am Ende des Zufahrtkanals vom Vorhafen zum inneren Hafenbecken neben der Tankstelle. Das Büro des Hafenmeisters ist über UKW-Kanal 9 und 16 zu erreichen.*

*Reparaturmöglichkeiten: An der Einfahrt in den Verbindungskanal vom Hafen zum Canal du Rhô-
ne à Sète und zum Étang de Mauguio sowie auf dem westlichen Kai des „Bassin Ouest"
sind Werftbetriebe, die in der Lage sind, alle vorkommenden Reparatur- und Überholungsarbeiten auszuführen und im Hafen überwinternde Yachten zu warten. Mehrere Schiffszubehörgeschäfte befinden sich rund um die beiden Hafenbecken.*

*Versorgung: In den Häusern hinter der Capitainerie gibt es Cafés, Restaurants, Boutiquen und Le-
bensmittelgeschäfte – viele nur in der Saison geöffnet. In der alten Ortschaft Carnon-Plage
gibt es weitere Versorgungsmöglichkeiten.*

*Bademöglichkeiten: Östlich des Hafens erstrecken sich fünf und westlich zwei Seemeilen Strand,
die im Sommer gut besucht sind.*

Entfernung von Port Camargue 8 sm, La Grande-Motte 5 sm, Palavas-les-Flots 2 sm.

Im Golfe d'Aigues-Mortes läuft von der Pointe de l'Espiguette vorbei an
La Grande-Motte und Carnon-Plage ständig ein Strom von etwa 0,5 kn in
ost-westlicher Richtung, der von der jeweils vorherrschenden Windrichtung verstärkt oder abgeschwächt wird.

Palavas-les-Flots ist ein über 100 Jahre altes Fischerdorf. Seine Begründer lebten noch
43° 32'N vom Thunfischfang, der heute im westlichen Mittelmeer nur noch im
003° 56'E Südwesten Sardiniens und im Westen Siziliens ausgeübt wird.
Palavas-les-Flots liegt an der Mündung des Flusses Le Lez und bietet dem
Yachtbesucher gleich drei Häfen an: den großen Vorhafen für Segelyachten, für Motoryachten die zum Kai ausgebauten Ufer des Flusses Le Lez
und den weiter binnenwärts am Fluß gelegenen Port-sur-le-Lez.

*Ansteuerung (Seekarten: D 493, BA 1705, F 7053, 7004, 7008, CG 508): Die Ansteuerung der zwi-
schen 2,50 und 3,00 m tiefen, nach Osten offenen Einfahrt bereitet außer bei starken Winden aus östlichen bis südlichen Richtungen keinerlei Schwierigkeiten. Die Lage des Hafens
ist bei Tage leicht an dem 41 m hohen Wasserturm neben der Hafeneinfahrt auszumachen.
Die Molenköpfe sind befeuert; man muß nur darauf achten, die Einfahrt nicht mit der von
Carnon-Plage gut zwei Seemeilen weiter nordöstlich zu verwechseln. (Plan siehe Seite 194.)*

*Liegeplatz: Der Vorhafen verfügt über etwa 620 Liegeplätze für Yachten bis 14 m Länge an den
fünf Stegen und dem nördlichen Kai auf 3 m Wassertiefe, davon 40 für Gäste. An den zum
Kai ausgebauten Flußufern stehen 200 Liegeplätze und im Port-sur-le-Lez weitere 200
Plätze zur Verfügung. Der Fluß ist auf 1,20 m Wassertiefe ausgebaggert, ebenso der Bin-*

193

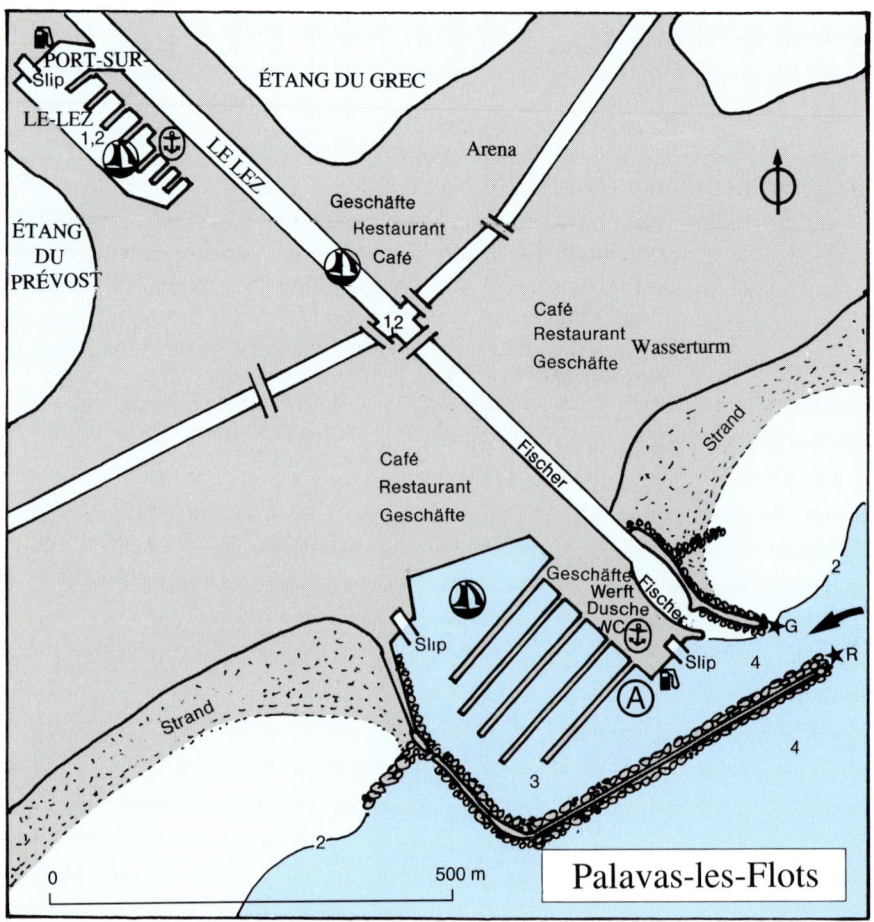

nenhafen. Alle Liegeplätze sind mit Strom- und Wasseranschlüssen sowie Pfählen für die vorderen Festmacheleinen, teilweise auch Auslegerstegen, die Plätze an den Kais mit Grundleinen versehen. Duschen und Toiletten sind jeweils neben dem Büro des Hafenmeisters. Kraftstoff erhält man an den Hafentankstellen im Vorhafen und im Port-sur-le-Lez.

Hafenmeister: M. Alain Marti, Tel. 67 07 73 50. Im Hafenbüro werden regelmäßig die neuesten Wetterberichte ausgehängt. Der Anmeldekai ist einlaufend an Steuerbord des Vorhafens der erste Steg hinter der Tankstelle. Das Büro des Hafenmeisters ist über UKW-Kanal 9 und 16 zu erreichen.

Reparaturmöglichkeiten: Im Port-sur-le-Lez bestehen nur Möglichkeiten für kleinere Yachten, die über eine Slipbahn an Land gezogen werden. Im Vorhafen ist an der Einmündung des Flusses Le Lez ein Werftbetrieb, der Reparaturen aller Art an Yachten ausführt. Ein Schiffszubehörgeschäft befindet sich in dem Geschäftszentrum am Vorhafen.

Versorgung: In unmittelbarer Nähe des Hafens gibt es zahlreiche Cafés, Restaurants und Lebensmittelgeschäfte. Zu den besten Restaurants in Palavas-les-Flots gehört das „L'Oustal de la Mer" mit hervorragender provenzalischer Küche – in der Hauptsache Fischgerichte.

Veranstaltungen: In der Arena am Ufer des Étang du Grec finden regelmäßig unblutige Stierkämpfe statt – größtenteils mit Stieren aus der Camargue.

Bademöglichkeiten: Südwestlich schließt sich der endlose Strand bis Frontignan an.

Entfernung von La Grande-Motte 7 sm, Frontignan 9 sm, Sète 13 sm.

Maguelone Etwa zwei Seemeilen südwestlich von Palavas-les-Flots sieht man hinter der Küstenlinie auf einem sanften Hügel *Maguelone*. Im Mittelalter eine befestigte Insel und Bischofssitz, liegt es heute etwa 600 m vom Meer entfernt. Nur noch die Überreste der romanischen Kathedrale und einige Teile der Wehrmauern stehen inmitten eines üppigen Pinienhaines. Ein gemauertes Tor an der Rückseite erinnert an den einst einzigen Zugang zu der Kathedrale über eine mehr als einen Kilometer lange Holzbrücke.

Leider kann man vor dem wunderschönen Strand zwischen Palavas-les-Flots und Frontignan kaum ankern, da die felsige *Banc des roches de Maguelone* zwischen der 5- und 10-m-Tiefenlinie dem Anker keinen Halt bietet. Auf halbem Weg zwischen Palavas-les-Flots und Frontignan liegen vier beleuchtete Untiefentonnen, die ein Muschelzuchtgebiet kennzeichnen.

Frontignan
43° 26'N
003° 46'E

Der Yachthafen von Frontignan liegt inmitten des alten Seebades Frontignan-La-Peyrade, während die Ortschaft Frontignan selbst sich etwa 2 km landeinwärts befindet. Der Hafen liegt an einem Verbindungskanal vom Meer zum *Étang d'Ingril,* der wegen der geringen Wassertiefen nicht befahrbar ist. In der Mitte des Étang d'Ingril verläuft der Canal du Rhône à Sète. Die riesigen Raffinerieanlagen, die sich von der Küste bis Frontignan erstrecken, sind vor einigen Jahren stillgelegt worden, dafür setzt man jetzt verstärkt auf den Tourismus als Einnahmequelle und beabsichtigt, den Yachthafen erheblich zu erweitern.

Die Gegend ist bekannt für ihren an den von der Sonne verwöhnten Hängen der Gebirgskette Monts de la Gardiole wachsenden Wein „Muscat de Frontignan". Ein Süßwein mit mindestens 15 % vol. Alkoholgehalt, der schon in der Vergangenheit gerne von den französischen Königen als Aperitif getrunken wurde.

Ansteuerung (Seekarten: D 594, BA 1705, F 7053 und 7054, CG 508 und 509): Die Ansteuerung der nur 2,50 m tiefen, nach Südwesten offenen Einfahrt wird schon bei mittleren Winden aus Süd bis Südwest erschwert, da sich schnell erheblicher Seegang vor dem Hafen bildet, wobei die Wellen leicht 1 bis 1,50 m Höhe erreichen und dann das Einlaufen unmöglich machen. Die Lage des Hafens ist an den riesigen Tanks und Anlagen der Raffinerien etwa eine Seemeile westlich der Einfahrt gut zu erkennen. Die Molenköpfe sind befeuert; die zahlreichen Feuer des nur drei Seemeilen entfernten Hafens von Sète und das 29 sm weit scheinende Leuchtfeuer auf dem Mont St Clair westlich hinter dem Hafen von Sète erleichtern die nächtliche Orientierung. Allerdings ist darauf zu achten, die Einfahrt in den Yachthafen nicht mit der Einfahrt in den Fischerhafen Frontignan-La-Peyrade zu verwechseln, dessen Molenköpfe ebenfalls befeuert sind und der nur 1 sm weiter südwestlich liegt.

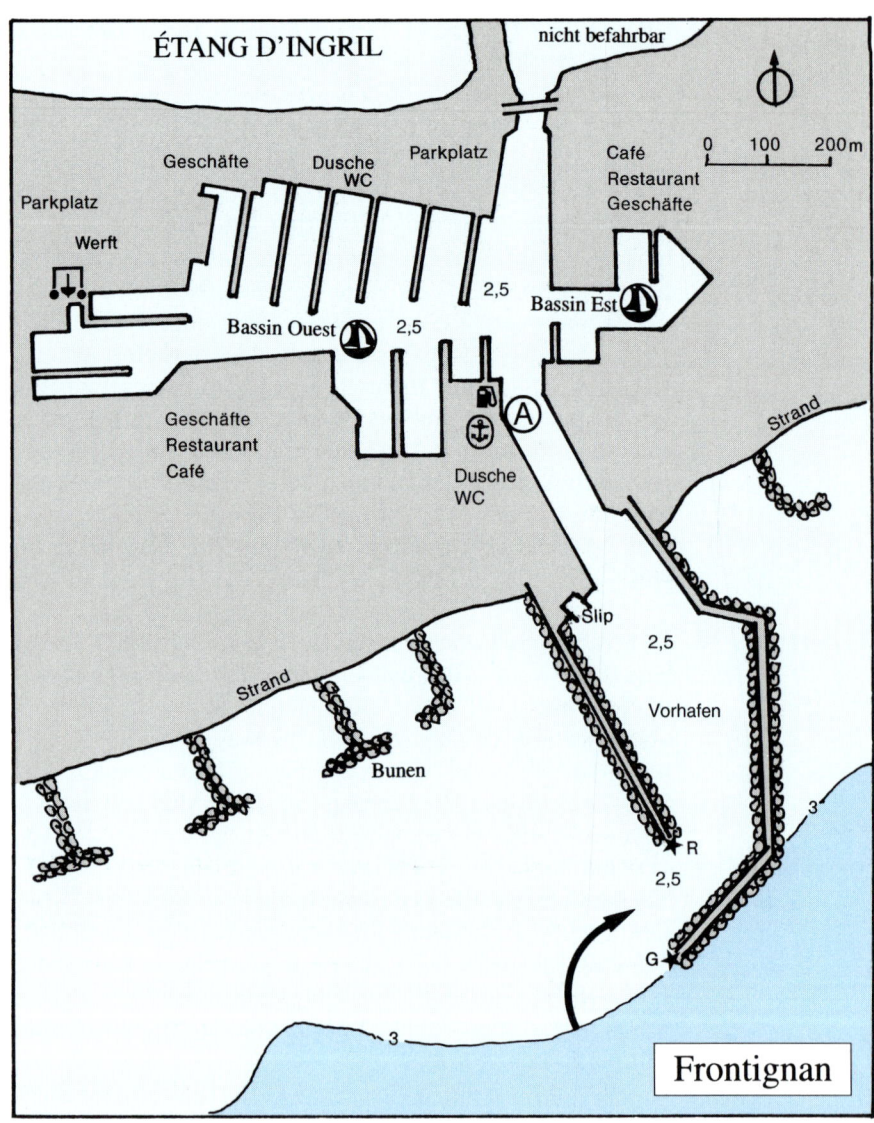

Liegeplatz: Der gut ausgestattete Yachthafen verfügt über 600 Liegeplätze für Yachten bis 18 m Länge und ist auf 2,50 m Tiefe ausgebaggert. 60 Plätze sind für Gäste vorgesehen. Alle Liegeplätze sind mit Strom- und Wasseranschlüssen sowie Pfählen für die vorderen Festmacheleinen versehen. Duschen und Toiletten sind neben dem Büro des Hafenmeisters und auf dem nördlichen Kai. Kraftstoff erhält man an der Hafentankstelle auf der Backbordseite am Ende der Durchfahrt vom Vorhafen in den Yachthafen.

Hafenmeister: M. H. Hollevoet, Tel. 67 48 75 21. Im Hafenbüro werden regelmäßig die neuesten Wetterberichte ausgehängt. Der Anmeldekai ist einlaufend an Backbord neben der Tank-

stelle am Ende der Durchfahrt vom Vorhafen in den Yachthafen. Das Büro des Hafenmeisters ist über UKW-Kanal 9 zu erreichen.

Reparaturmöglichkeiten: Im Westteil des Hafens ist ein Werftbetrieb mit Kran und Travellift, der in der Lage ist, Reparaturen jeder Art auszuführen. Mehrere Schiffszubehörgeschäfte sind in der Nähe des Werftgeländes.

Versorgung: In den Neubauten um den Hafen sind Restaurants, Cafés und Lebensmittelgeschäfte – viele nur in der Saison geöffnet. Bessere Versorgungsmöglichkeiten findet man in Frontignan-La-Peyrade etwa 10 bis 15 Minuten zu Fuß vom Hafen entfernt.

Bademöglichkeiten: Der sich südwestlich anschließende Strand reicht bis zu dem Fischerhafen Frontignan-La-Peyrade, der nordöstlich anschließende bis Palavas-les-Flots.

Entfernung von Port Camargue 17 sm, Palavas-les-Flots 9 sm, Sète 3 sm.

Die Erweiterung des Hafens auf die doppelte Größe ist geplant und dürfte wohl nicht mehr lange auf sich warten lassen.

Die drei Yachthäfen La Grande-Motte, Carnon-Plage und Frontignan haben eine gemeinsame Verwaltung. Wer in einem der drei Häfen einen Dauerliegeplatz hat, braucht in den anderen beiden keine Liegegebühren zu entrichten.

Vor der östlichen Einfahrt in den größten französischen Fischereihafen am Mittelmeer und großen Handels- und Industriehafen liegen zahlreiche große Tonnen der Ölverladeeinrichtungen aus der Zeit, als die Raffinerieanlagen von Frontignan noch in Betrieb waren.

Sète
43° 24'N
003° 42'E

Die Stadt verdankt ihren Aufstieg zu einem der wichtigsten französischen Häfen der Mittelmeerküste dem Bau des *Canal du Midi,* dem Wasserweg vom Mittelmeer zum Atlantik. Vor dem Bau des Kanals vor 300 Jahren standen am Nordhang des Mont Saint-Clair nur ein paar armselige Fischerhütten auf der sandigen Landzunge zwischen dem Mittelmeer und der ausgedehnten Salzwasserlagune *Étang de Thau.* Bereits König Heinrich IV. hatte im 16. Jahrhundert mit dem Gedanken gespielt, an dieser günstig gelegenen Stelle einen Hafen zu errichten. Sein gewaltsamer Tod und die sich daran anschließenden kriegerischen Auseinandersetzungen ließen es jedoch nicht dazu kommen. Als im 17. Jahrhundert der Kaufmann Pierre Paul Riquet auf seine Kosten den Canal du Midi bauen ließ, entstanden in Sète als Endpunkt des Kanals am Mittelmeer die ersten Hafenanlagen. Aus jener Zeit stammen auch die Kanäle, die heute noch die Stadt durchziehen und ihr einen ganz eigenen Charme geben, der durch die Aktivitäten der Fischer noch verstärkt wird. An den Kanalufern liegen Fischerboote und Yachten vor der Haustür.

Ansteuerung (Seekarten: D 594, BA 1705, F 7053 und 7054, CG 508 und 509): Der Mont Saint-Clair südlich des Hafens ist weit und breit die einzige gut zu erkennende Erhebung über

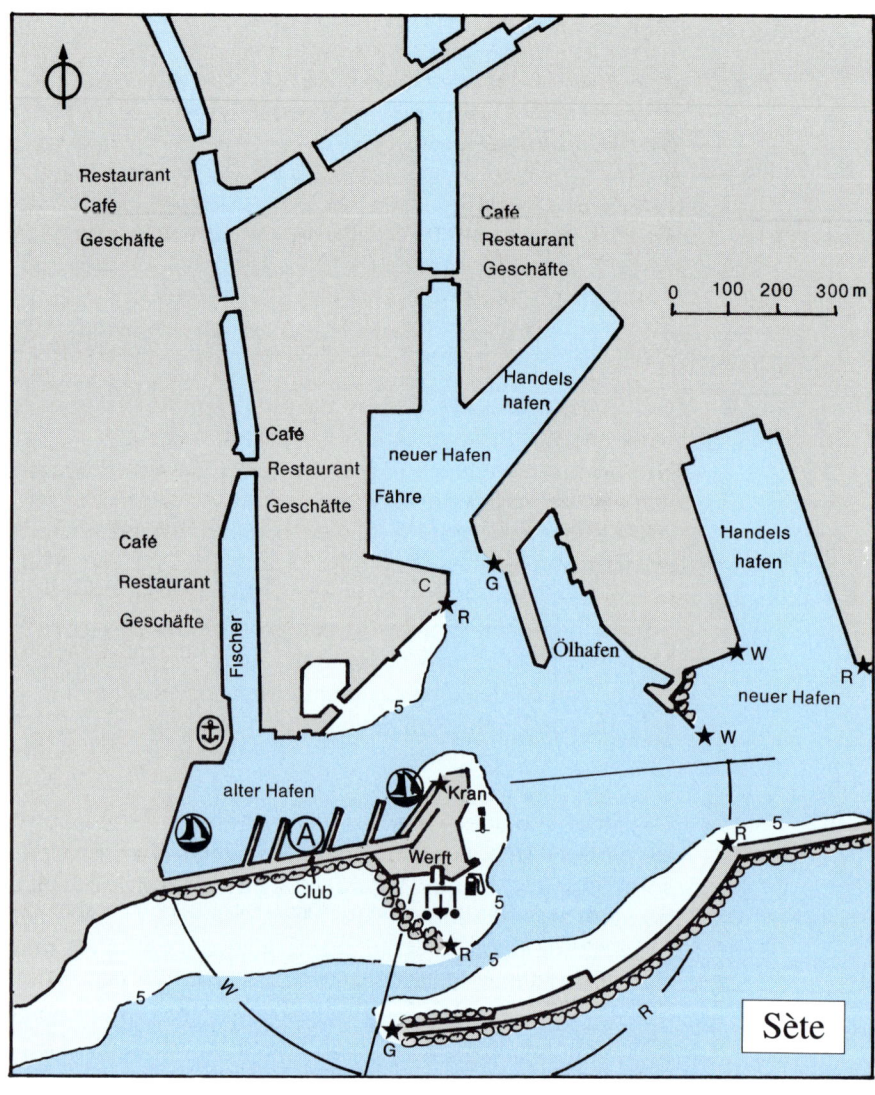

der ansonsten flachen Küste des nördlichen Languedoc-Roussillon und nicht zu verfehlen. Für Yachten empfiehlt es sich, die westliche Einfahrt in den Hafen zu benutzen, um der Berufsschiffahrt aus dem Wege zu gehen, die im gesamten Hafengebiet Vorfahrt hat. Nach Passieren der Einfahrt halte man sich im westlichen Vorhafen nach Backbord, um den alten Hafen nördlich der „Môle Saint-Louis" anzulaufen, in dem sich die Liegeplätze des Yachtclubs „Société Nautique de Sète" befinden.

Die nächtliche Ansteuerung wird durch die zahlreichen Leuchtfeuer des Hafens erleichtert. Die wichtigsten sind der Leuchtturm am Südhang des Mont Saint-Clair (Fl. 5s 29M) und das Feuer auf dem Kopf der Môle Saint-Louis (Fl(4) WR. 12s 15/11M), dessen weiße Sektoren vor die westliche und die östliche Hafeneinfahrt führen. Der Hafen ist nachts taghell erleuchtet, so daß es keinerlei Schwierigkeiten bereitet, die Liegeplätze anzusteuern.

Liegeplatz: Der Yachthafen im Gebiet des alten Hafens verfügt über ungefähr 300 Liegeplätze für Yachten bis 30 m Länge und 6,00 m Tiefgang, davon sind 30 Plätze für Gäste vorgesehen. Die Gastliegeplätze sind einlaufend an Backbord an der Innenseite der Môle Saint-Louis. Alle Liegeplätze sind mit Strom- und Wasseranschlüssen sowie Grundleinen versehen. Duschen und Toiletten sind beim Yachtclub etwa in der Mitte der Môle Saint-Louis. Kraftstoff erhält man an der Hafentankstelle neben der Werft.

Hafenmeister: Der Yachthafen wird vom Yachtclub Société Nautique de Sète verwaltet. Hafenmeister des Yachtclubs ist M. Francis Guiraud, Tel. 67 74 98 97. Im Hafenbüro werden regelmäßig die neuesten Wetterberichte ausgehängt. Der Anmeldekai ist einlaufend an Backbord in der großen Lücke zwischen den Stegen vor dem Clubgebäude. Das Büro des Hafenmeisters ist über UKW-Kanal 9 zu erreichen.

Reparaturmöglichkeiten: Der Yachtclub verfügt über eigene Serviceeinrichtungen, die von Gästen bei Bedarf in Anspruch genommen werden können. Darüber hinaus gibt es einige auf die Instandhaltung und Reparatur von Yachten spezialisierte Werftbetriebe rund um den Yachthafen. Mehrere gut sortierte Schiffszubehörgeschäfte sind in der Nähe des Yachthafens.

Versorgung: In einer großen Stadt wie Sète gibt es selbstverständlich alle nur denkbaren Versorgungsmöglichkeiten. An dem Kanal vom alten Hafen zum Étang de Thau steht ein Restaurant neben dem anderen, und fast zu jeder Tageszeit wird eine dampfende Bouillabaisse aufgetragen, wobei man gemütlich am Kanalufer sitzt und das geschäftige Treiben der Fischer beobachten kann.

Veranstaltungen: Das bekannteste Volksfest ist wie überall in der Region das Joutes oder Lanzenstechen – selbst an den Flußläufen im Binnenland des Languedoc-Roussillon bis weit über Nîmes hinaus wird diesem Kampfspiel gehuldigt. Unsere erste Begegnung mit Joutes fand sehr weit weg, nämlich in Saint-Raphaël statt, wo an einem lauen Sommerabend unter dem Beifall von mehreren tausend Zuschauern die roten und blauen Boote aufeinander zufuhren und die weißgekleideten Kämpfer auf der Plattform über dem Heck versuchten, sich gegenseitig mit Lanzen von derselben zu stoßen. Meist landeten allerdings beide gleichzeitig im Wasser. In dem „Théâtre de la Mer" am Südhang des Mont Saint-Clair findet im Juli und August ein großes Theaterfestival statt.

Entfernung von Marseille 74 sm, Port Camargue 21 sm, Palavas-les-Flots 13 sm, Cap d'Agde 13 sm, Bonifacio (Korsika) 275 sm, Barcelona (Spanien) 156 sm.

Mont St-Clair In Sète sollte man sich die Zeit für einen Spaziergang um den Mont Saint-Clair nehmen. Vorbei an dem Leuchtturm, führt der Weg zu dem berühmten *Cimetière Marin,* dem Seefahrerfriedhof. Hier liegt auch der berühmteste Sohn Sètes, der Dichter Paul Valéry, begraben. Der Friedhof mit seinen prunkvollen Marmordenkmälern und tempelartigen Totenhäusern lohnt einen Besuch.

Ein zwanzigminütiger Aufstieg über zahllose Treppen führt durch ein Pinienwäldchen zu der in 190 m Höhe thronenden Christusstatue. Von hier aus hat man eine phantastische Aussicht auf den Étang de Thau, die langen Sandstrände nordöstlich und südwestlich bis zum Cap d'Agde.

Im Südwesten des Mont Saint-Clair liegt an einem kleinen Kanal vom Meer zum Étang de Thau der Motorboothafen *Port des Quilles* mit Liegeplätzen für einige hundert kleine Motoryachten.

Der alte Kanal durch Sète ist der nördliche Zugang zum

Étang de Thau der größten Salzwasserlagune der Region. Der 10 sm lange und 2 sm breite Étang ist vom Meer durch einen schmalen Salinenstreifen getrennt. Etwa in der Mitte verläuft ein überall mindestens 4,00 m tiefes Fahrwasser nach Les Onglous, der Einfahrt in den Canal du Midi. Der größte Teil der Wasserfläche nordwestlich und nördlich der Fahrrinne wird von Muschel- und Austernzuchtanlagen eingenommen, ansonsten aber ist die Salzwasserlagune ein herrliches Binnenrevier mit mehreren kleinen Fischer- und Yachthäfen an seinen Ufern.

Achtung! Der Wasserstand im Étang de Thau ist stark abhängig von der vorherrschenden Windrichtung. Bei Mistral sinken die Wassertiefen leicht bis zu 30 cm, während sie bei Scirocco steigen. Diese ständige Bewegung des Wassers verursacht Strömungen, die in den Zufahrtskanälen bis zu 3 kn ausmachen können. Bei Windstärken über vier Beaufort baut sich wegen der geringen Wassertiefen im gesamten Étang schnell eine äußerst kabbelige See auf, die den Aufenthalt auf dem Wasser recht ungemütlich macht.

Die Brücken, die in Sète den Zugang zum Étang versperren, werden in Richtung Meer – Étang um 08.15 und 16.40 und in Gegenrichtung um 08.50 und 17.00 Uhr geöffnet.

Von Sète aus erreicht man über ein betonntes Fahrwasser, von dem der *Canal du Rhône à Sète* abzweigt, den in der nordöstlichen Ecke des Étang liegenden Hafen von

Balaruc-les-Bains
43° 27'N
003° 41'E

Das hübsche und unter französischen Kurgästen äußerst beliebte Thermalbad liegt auf einer kleinen Halbinsel gegenüber von Sète. Am Hafen sind große Werftbetriebe, die die 150 Liegeplätze für Yachten bis 20 m Länge und 1,80 m Tiefgang verwalten, davon 20 Plätze für Gäste.

Bouzigues
43° 27'N
003° 40'E

Ein netter Ort am Nordrand des Étang mit einem kleinen Hafen für Boote bis maximal 1,00 m Tiefgang. An der Uferpromenade gibt es zahlreiche Restaurants, in denen man hervorragend frische Austern esssen kann. Daher lohnt es sich auch für größere Yachten, hierher zu fahren und vor dem Ort auf 3 bis 4 m Wassertiefe zu ankern.

Salzwasser-
lagune mit
4-m-
Fahrwasser

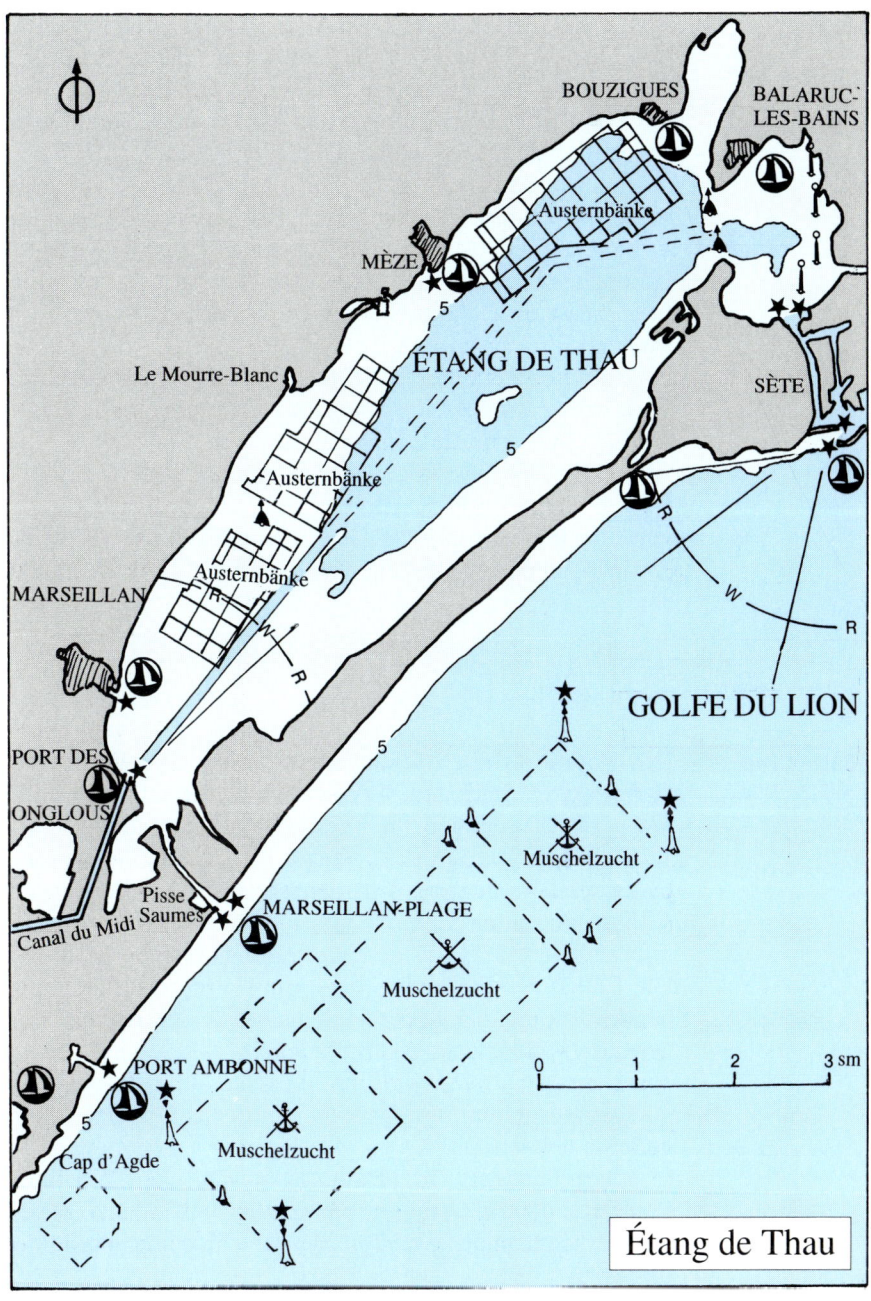

Étang de Thau

Mèze
43° 25'N
003° 36'E

ist ein alter Fischerort am nordwestlichen Ufer des Étang de Thau. Das weit in die Ortschaft hineinreichende Hafenbecken bietet an seinen Kais rund 120 Liegeplätze auf Wassertiefen um 2,50 m, davon 10 Plätze für Gäste. Da die Einfahrt zur Versandung neigt, wird sie regelmäßig ausgebaggert. Die Molenköpfe sind befeuert.

In dem weiträumigen Hafenbecken finden im Sommer regelmäßig Wettkämpfe im Lanzenstechen statt. Auf dem westlichen Kai wird eine große Tribüne aufgebaut, damit die Zuschauer einen besseren Überblick über das Geschehen haben.

In den Restaurants am Hafen gibt es jederzeit frische Austern und Meeresfrüchte.

300 m nordöstlich des Hafens ist ein kleiner Fischerhafen, der mit 0,50 m Wassertiefe für Yachten allerdings nicht geeignet ist, ebenso wie der südwestlich gelegene Hafen der Segelschule.

1,5 sm südwestlich von Mèze liegt *Le Mourre-Blanc,* eine Ansammlung von Fischerhütten um ein Gewirr von Kanälen, wo die Austernzüchter die Austern anlanden und zum Verkauf in den Ortschaften am Étang vorbereiten.

Am westlichen Ufer des Étang de Thau liegt der alte Fischerort

Marseillan
43° 21'N
003° 32'E

Der Hafen verfügt in dem alten, weit in die Ortschaft hineinreichenden Hafenbecken und dem neuen sich südwestlich anschließenden Becken über 200 Liegeplätze für Yachten bis 15 m Länge auf Wassertiefen von 1,20 bis 1,50 m, davon 15 Plätze für Gäste. Das weiter nördlich liegende Hafenbecken vor dem Werftbetrieb ist für Fischer reserviert. Vor der Einfahrt in den alten Hafen liegt abgesetzt ein Wellenbrecher, der zwei Zufahrten offen läßt, von denen allerdings nur die nördliche zu benutzen ist. Die Enden des Wellenbrechers, die Einfahrt in den alten Hafen, der Kopf der Außenmole des neuen Hafens und der kurze, senkrecht von dieser ausgehende Molenstummel sind befeuert.

Am Hafen steht ein repräsentatives altes Barockgebäude, in dem ein Hotel und ein Restaurant untergebracht sind, das für seine hervorragenden Fischgerichte bekannt ist.

In Marseillan sitzt der bekannte französischen Wermuthersteller „Noilly-Prat". Bei den im Sommer regelmäßig stattfindenden Führungen durch den Betrieb kann man kostenlos die verschiedenen Produkte des Hauses probieren.

Eine Seemeile südlich von Marseillan liegen an der Pointe des Onglous die Einfahrt in den Canal du Midi und der kleine Hafen

Port des Onglous Hier können einige Yachten bis 1,50 m Tiefgang anlegen, bevor sie die
43° 20'N   Reise über den Canal du Midi zum Atlantik antreten.
003° 32'E   An der Einfahrt in den Kanal steht ein Leuchtfeuer, dessen weißer Sektor
die befahrbare Wasserfläche des Étang de Thau südöstlich der Austernzuchtanlagen abdeckt. Trotz dieser Hilfe ist von dem Befahren des Étang
bei Nacht ohne genaue Revierkenntnisse abzuraten.

400 m südlich der Pointe des Onglous beginnt das beprickte Fahrwasser
Pisse Saumes, ein schmaler Kanal, der von einer Eisenbahnbrücke mit
3,50 m Durchfahrtsbreite und 2,50 m Durchfahrtshöhe und einer Straßenbrücke überspannt wird. Der Kanal mündet bei dem Seebad

Marseillan-Plage mit seinem kleinen Yachthafen ins Mittelmeer. Der Hafen ist nur
43° 19'N   während der Saison in Betrieb und bietet an den Kais und Stegen 175
003° 33'E   Liegeplätze für Yachten bis 8,00 m Länge, davon 10 Plätze für Gäste. Der
Hafen und die Zufahrt sollen 2,50 m tief sein, neigen aber zur Versandung,
weshalb man den Hafen nur mit größter Vorsicht anlaufen sollte. Das
weithin sichtbare, 20 m hohe Hotel „Richmont" ist bei Tage eine gute
Ansteuerungshilfe. Die Molenköpfe der nach Osten offenen Hafeneinfahrt
sind befeuert. Von einer Ansteuerung bei starken Winden aus Ost bis Süd
ist dringend abzuraten, da dann erheblicher Seegang vor der Einfahrt steht.
Vor der Küste von Sète bis Cap d'Agde steht ständig ein Strom von 0,5 bis
1 kn, je nach vorherrschender Windrichtung und -stärke.

1,4 sm parallel zur Küste besteht vor Marseillan-Plage ein 5,5 sm langes
und 1,5 sm breites Gebiet für die Muschelzucht, das nicht befahren werden
darf. Zahlreiche befeuerte schwarz-gelbe Untiefenbaken und gelbe Baken
(teilweise ebenfalls befeuert) kennzeichnen das Gebiet und die schmale
Durchfahrt zur Küste.

Am südwestlichen Ende des Muschelzuchtgebietes liegt der Yachthafen

Port Ambonne inmitten eines großen FKK-Zentrums. Der gut ausgestattete Yachthafen
43° 18'N   verfügt über etwa 270 Liegeplätze für Yachten bis 8,00 m Länge bei
003° 32'E   Wassertiefen zwischen 1,00 und 1,20 m, davon 27 für Gäste. Zwei ins
Meer hinausgebaute Molen schützen die Einfahrt. Die Molenköpfe sind
befeuert. Obwohl für die ersten zwei Tage keine Liegegebühren erhoben
werden, verirren sich nur selten Besucheryachten hierhin.

Südlich von *Port Ambonne* liegen zahlreiche Klippen und überspülte Steine vor der Küste, so daß man ausreichend Abstand halten sollte, um den
Yachthafen

Die Küste der
Austernfischer

LANGUEDOC-ROUSSILLON

Montpellier

Palavas/Port-sur-le-Lez

Palavas-les-
Flots

Balaruc

Bouzigues

Mèze

Frontignan

Étang de Thau

Sète

Béziers

Marseillan

Port des Onglous

L'Orb

Agde

Marseillan-Plage

Port Ambonne

Port de l'Orb

Cap d'Agde

Le Grau d'Agde

Valras-Plage

L'Aude/Grau-de-Vendres

GOLFE DU LION

Narbonne

Port La Nautique

Narbonne-Plage

Gruissan

Port-La-Nouvelle

Port Leucate

Étang
de

Port Barcarès

Salses

Sainte-Marie-Plage

Port de Canet-en-Roussillon

Saint-Cyprien

Argelès-sur-Mer
Collioure

Port-Vendres

Banyuls

Cerbère

SÈTE – CERBÈRE

Cap d'Agde
43° 17'N
003° 31'E

anzulaufen. In dem Krater eines erloschenen Vulkans ist einer der ganz großen Yachthäfen des Languedoc-Roussillon entstanden. Der Hafen liegt malerisch zu Füßen des Mont Saint-Loup, wo in 110 m Höhe der Semaphor der Rettungsstation C.R.O.S.S. Agde thront. Daneben steht der alte Leuchtturm, der bereits seit langer Zeit nicht mehr in Betrieb ist. Der Hafen gleicht einer Stadt auf dem Wasser. Größere, durch Brücken mit dem Festland verbundene Inseln, Kanäle, an deren befestigten Ufern Yachten liegen, und kleine und mittelgroße Hafenbecken gliedern die gigantische Anlage in verschiedene Bereiche, die dadurch einen intimen Charakter erhalten und wie die Ortsteile einer größeren Stadt wirken. Die Insel der Fischer, *Île des Pêcheurs*, die Vergnügungsinsel *Île des Loisirs*, die *Île des Marines du Cap* und die *Île de la Palmerade* sind die wichtigsten. Die Häfen Port-de-Pêche, Port Malfato, Port Capistol, Port Saint-Martin, Port de la Clape und Canal Richelieu scharen sich um die große Wasserfläche im Zentrum, Étang de Luno (siehe Plan nächste Seite).

Ansteuerung (Seekarten: D 594, BA 1705, F 7054, CG 509): Die Lage des Hafens ist an dem Mont Saint-Loup und dem in 110 m Höhe thronenden Semaphor auch aus größerer Entfernung gut auszumachen. Etwa 250 m südöstlich der Hafeneinfahrt steht die gemauerte und befeuerte Untiefenbake „La Lauze", die man von Osten kommend je nach Wetterbedingungen nördlich (bei ruhiger See) oder südlich (bei schlechtem Wetter) passiert. 0,4 sm südwestlich der Hafeneinfahrt liegt das Felseiland „Île de Brescou" mit dem gleichnamigen Fort, umgeben von Klippen und Flachwasserstellen. Auf einem der Festungstürme brennt ein Leuchtfeuer (Fl(2) WR. 6s 13/ 10M), an dessen weißen Sektor man sich bei der nächtlichen Ansteuerung von Westen halten und in der Nähe der südlich der Insel stehenden befeuerten Untiefenbake vorbeifahren sollte. Sobald die beiden grünen Molenfeuer in Linie sind, folgt man diesen bis vor die Hafeneinfahrt. Auch bei Tage umfährt man die Île de Brescou weiträumig, bevor man auf die Einfahrt zuhält. Die Köpfe der Außenmolen sind befeuert – zahlreiche weitere Feuer weisen den Weg vom Vorhafen zu den einzelnen Hafenbecken.

Liegeplatz: Der große Yachthafen verfügt in den verschiedenen Becken über etwa 2500 Liegeplätze für Yachten bis 25 m Länge und 2,50 m Tiefgang, davon 30 für Gäste. Die Gastliegeplätze sind einlaufend an Steuerbord beim Hafenbüro. Alle Liegeplätze sind mit Strom- und Wasseranschlüssen sowie teilweise Auslegerstegen, teilweise Pfählen für die vorderen Festmacheleinen versehen. Duschen und Toiletten sind an sechs Stellen über den Hafen verteilt. Kraftstoff erhält man an der Hafentankstelle an der Durchfahrt vom Vorhafen zu den inneren Hafenbecken.

Hafenmeister: M. Misermont, Tel. 67 26 00 20. Im Hafenbüro werden regelmäßig die neuesten Wetterberichte ausgehängt. Der Anmeldekai ist einlaufend an Steuerbord neben der Tankstelle an der Zufahrt zu den Gastliegeplätzen. Das Büro des Hafenmeisters ist über UKW-Kanal 9 zu erreichen.

Reparaturmöglichkeiten: Am Canal Richelieu sind mehrere Werftbetriebe, die in der Lage sind, alle vorkommenden Reparatur- und Überholungsarbeiten an Yachten bis 25 t Verdrängung auszuführen und im Hafen überwinternde Yachten zu warten. Gut sortierte Schiffszubehörgeschäfte sind rund um die verschiedenen Hafenbecken.

Versorgung: Zahlreiche Cafés, Restaurants, Boutiquen und Lebensmittelgeschäfte sind am Hafen – viele allerdings nur in der Saison geöffnet. In der „Bar Nautique" nahe beim Vorhafen

**Yachthafen im
Vulkankrater**

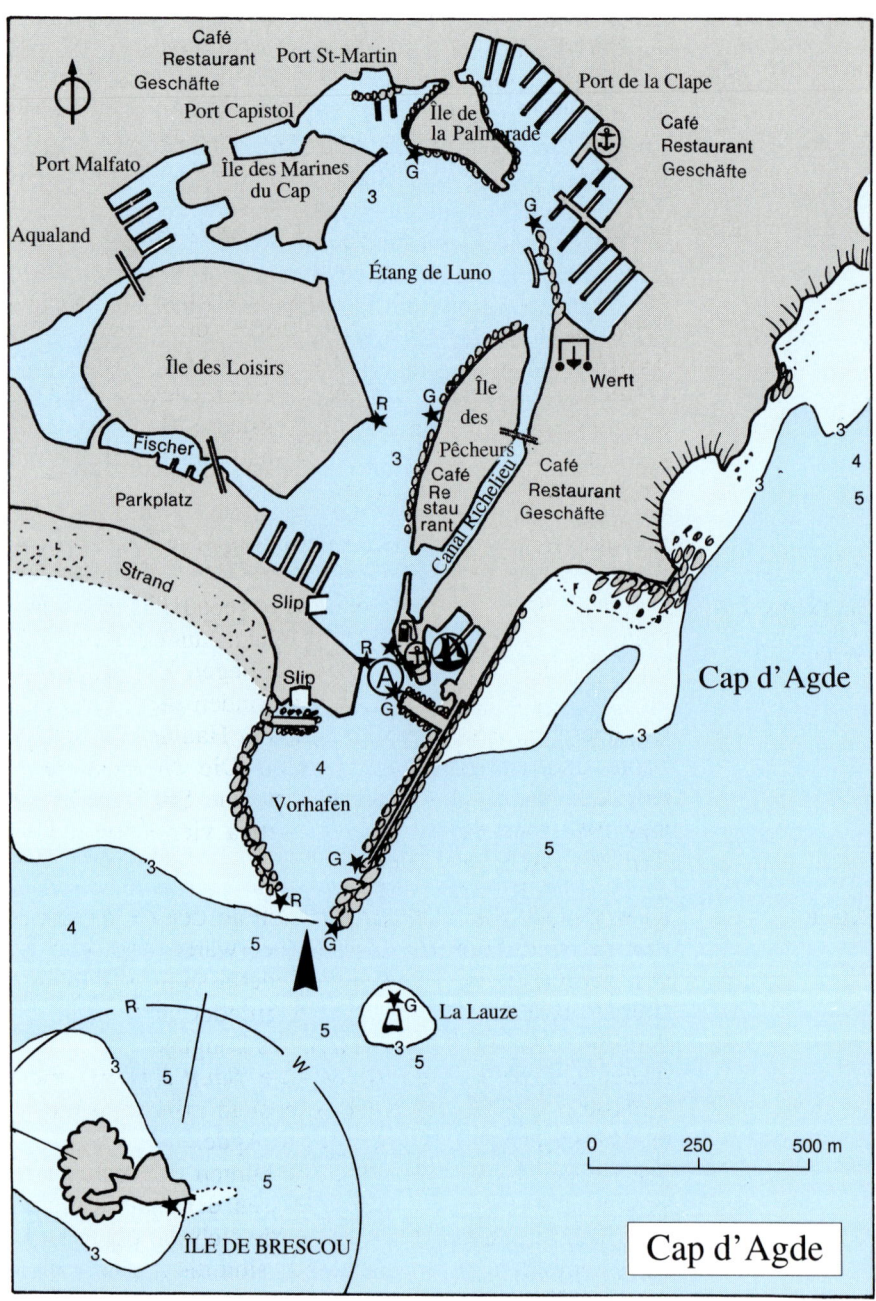

trifft man regelmäßig zahlreiche deutsche Skipper. Ein empfehlenswertes Restaurant ist „Le Pichou" auf der Île des Pêcheurs mit hervorragenden „Fruits de Mer".

Bademöglichkeiten: Westlich des Hafens schließt sich der weite, bis zur Mündung des Flusses Hérault reichende Strand „Plage Richelieu" an. Besonderen Badespaß verspricht „Aqualand" am westlichen Rand des Hafens. Ein Freizeitbad mit allen erdenklichen Attraktionen, wie Riesenrutschbahn, Whirlpools usw. Im Sommer drängen sich oft bis zu 7000 Besucher auf dem Wasserspielplatz.

Entfernung von Sète 13 sm, Frontignan 16 sm, Gruissan 17 sm.

An einem Tag mit guter Fernsicht sollte man auf den Mont Saint-Loup zu dem Semaphor hinaufsteigen wegen des phantastischen Ausblicks im Nordwesten zum Mont Saint-Clair bei Sète, über den Étang de Thau, die Salinen von Bagnas, die Boote auf dem Canal du Midi, Agde und die Küste im Südwesten bis zu der Gebirgskette Montagne de la Clape südöstlich von Narbonne. Bei Mistral sieht man die Pyrenäen so deutlich, als wären sie nur wenige hundert Meter entfernt.

In der Mündung des Flusses Hérault liegt der Fischer- und Yachthafen

Le Grau d'Agde
43° 17'N
003° 27'E

Zwei 250 m weit ins Meer hinausgebaute Molen schützen die Flußmündung. Ihre Enden liegen ziemlich genau auf der 3-m-Tiefenlinie. Etwa 4 km Flußufer sind befestigt – teilweise liegen Holzstege davor, an denen sich hier und da ein freier Liegeplatz finden läßt. Die Wassertiefen betragen fast überall mindestens 3,50 m. In der Hauptsache aber liegen hier Fischerboote und einheimische Yachten. Die Molenköpfe der Einfahrt sind befeuert. Nach 1,5 sm überspannt eine Straßenbrücke mit 12 m Durchfahrtshöhe den Fluß, bevor man etwa vier Kilometer von der Küste entfernt das Fischerstädtchen

Agde

erreicht. Der vor 3000 Jahren noch an der Küste gelegene Ort – seit der Zeit hat sich die Küste so weit meerwärts vorgeschoben – wurde damals von den Griechen als Handelsniederlassung in diesem Gebiet unter dem Namen *Agathois* (= guter Ort) gegründet und war bis in das 19. Jahrhundert einer der wichtigsten Häfen des Languedoc.

Außer der befestigten Kathedrale *Saint-Etienne* mit ihrem mächtigen Wehrturm aus schwarzem Lavagestein erinnert heute nicht mehr viel an die bedeutsame Vergangenheit von Agde.

Die Häuser der Fischer mit ihren bunten Fensterläden und schmalen Balkonen beherrschen die engen Gassen der Altstadt, hier und da unterbrochen von schattigen Plätzen, um die sich die Cafés und Restaurants scharen. Empfehlenswerte Restaurants sind die *Auberge de la Grange* und neben der Kirche Saint-Etienne das efeubewachsene und mit seinen zahlreichen Zinnen und Türmchen an eine alte Burg erinnernde *La Galiote*. Die gebackene Seezunge ist ganz hervorragend.

Mitten in der Altstadt liegt an den befestigten Ufern des Hérault der Fischer- und Yachthafen

Port d'Agde
43° 19'N
003° 28'E

vor einer Straßenbrücke mit 14 m Durchfahrtshöhe. Kurz hinter der Brücke führt ein Stichkanal zum Canal du Midi. Die Hauptschleuse zum Kanal liegt etwa 500 m in nordnordwestlicher Richtung. Die Liegeplätze an den Kanalufern sind fast ausschließlich von einheimischen Fischern und Yachten belegt, jedoch findet sich gerade im Sommer hier öfter ein freier Liegeplatz.

Knapp sieben Seemeilen südwestlich der Mündung des Hérault liegt an der Mündung des Flusses l'Orb

Valras-Plage
43° 15'N
003° 18'E

Badeort des wenige Kilometer flußaufwärts gelegenen Ortes Béziers mit seiner sehenswerten Altstadt aus dem 17. Jahrhundert. Valras-Plage bietet zusätzlich zu dem zum Kai ausgebauten Ufer des Flusses drei unterschiedlich große Hafenbecken für Yachten.

Ansteuerung (Seekarten: D 594, BA 1705, F 7054, CG 509 und 510): Die zur Versandung neigende Flußmündung wird durch zwei Molen geschützt, deren Köpfe befeuert sind. Die Molenköpfe liegen ziemlich genau auf der 3-m-Tiefenlinie. Bei auflandigem Wind, vor allem aus Südosten, ist die Ansteuerung wegen des Seegangs vor der Küste ausgesprochen schwierig. Etwa 400 m hinter der Einfahrt öffnet sich an Backbord die Einfahrt in den ersten, „Port de Plaisance" genannten Hafen, dessen Einfahrt ebenfalls befeuert ist. Das sich daran anschließende Ufer ist bis zu dem zweiten Hafenbecken, „Bassin Jean-Gau", größtenteils als Kai ausgebaut. Nach weiteren 400 m ausgebauten Ufers folgt der „Port de l'Orb/Sérignan" (siehe Plan Seite 210).

*Liegeplatz: Der Fischer- und Yachthafen **Port de Plaisance** verfügt über 270 Liegeplätze für Yachten bis 12 m Länge und 1,80 m Tiefgang, davon etwa 35 für Gäste in dem südlichen Teil des Hafens – der nördliche Teil ist für die Fischer reserviert. Alle Liegeplätze sind mit Strom- und Wasseranschlüssen sowie Bojen für die vorderen Festmacher versehen. Duschen und Toiletten sind neben dem Büro des Hafenmeisters. Kraftstoff erhält man an der Hafentankstelle.*
*Das **Bassin Jean-Gau** verfügt über etwa 150 Plätze für Yachten bis 11 m Länge und 1,80 m Tiefgang – Gastliegeplätze stehen hier nur zur Verfügung, wenn sich der Eigner eines Liegeplatzes für einige Zeit abgemeldet hat.*
*Im **Port de l'Orb/Sérignan** gibt es gut 300 Liegeplätze für Yachten bis 11 m Länge und 1,80 m Tiefgang, davon 25 für Gäste.*
1993 war mit den Ausbaggerungsarbeiten für zwei weitere Hafenbecken begonnen worden. Bedingt durch die Bauarbeiten können sich Schwierigkeiten beim Anlaufen des Bassins Jean-Gau und von Port de l'Orb/Sérignan ergeben.

*Hafenmeister: **Port de Plaisance:** M. Gourichon, Tel. 67 32 33 64. Im Hafenbüro werden regelmäßig die neuesten Wetterberichte ausgehängt. Der Anmeldekai ist einlaufend voraus vor dem Gebäude der Capitainerie neben der Tankstelle. Das Büro des Hafenmeisters ist über UKW-Kanal 9 zu erreichen.*
***Bassin Jean-Gau:** M. A. Maury, Tel. 67 32 29 44.*
***Port de l'Orb/Sérignan:** M. J. P. Dalvos, Tel. 67 32 13 66. Im Hafenbüro werden regel-*

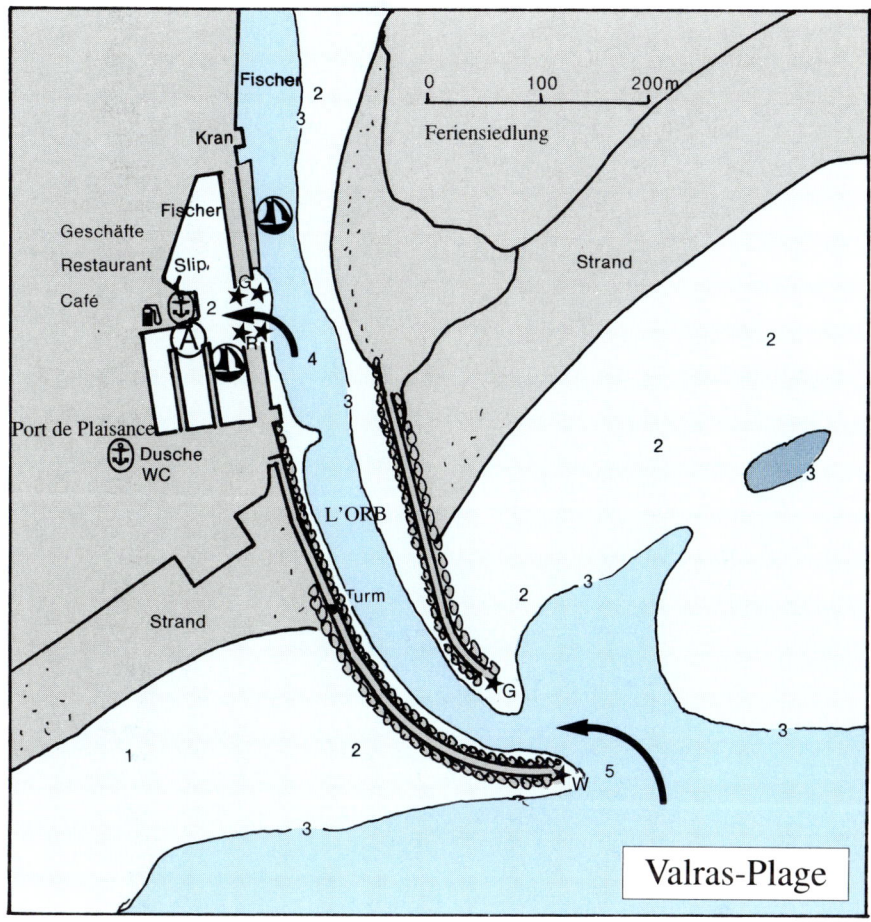

Valras-Plage

mäßig die neuesten Wetterberichte ausgehängt. Als Anmeldekai dient einlaufend an Backbord der Steg vor dem Hafenbüro. Das Büro des Hafenmeisters ist über UKW-Kanal 9 zu erreichen.

Reparaturmöglichkeiten: In allen drei Hafenbecken sowie am Flußufer gibt es kleinere Werftbetriebe, die in der Lage sind, Reparaturen in geringem Umfang an Yachten auszuführen. In der Nähe des Port de Plaisance sind mehrere Schiffszubehörgeschäfte.

Versorgung: Der Port de Plaisance liegt direkt vor der Ortschaft, in der sich mehrere Restaurants, Cafés und Lebensmittelgeschäfte finden, vor allem an der Strandpromenade. In der Nähe der anderen beiden Hafenbecken gibt es keinerlei Versorgungsmöglichkeiten.

Bademöglichkeiten: Zu beiden Seiten der Flußmündung erstrecken sich die ausgedehnten Badestrände, die im Sommer zahlreiche Badegäste anziehen.

Entfernung von Gruissan 11 sm, Cap d'Agde 9 sm, Port-La-Nouvelle 18 sm.

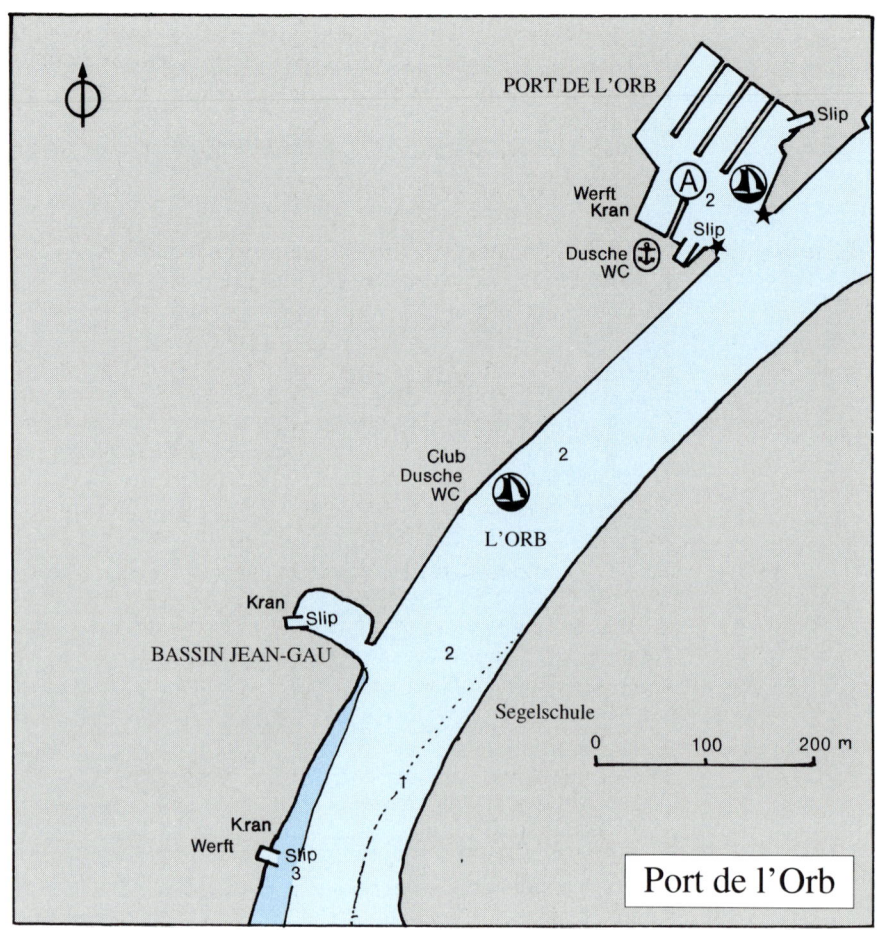

Port de l'Orb

Vor der Küste südwestlich von Cap d'Agde steht ständig ein Strom von 0,5 bis 1 kn, je nach vorherrschender Windrichtung und -stärke.

L'Aude/Grau-de-Vendres
43° 13'N
003° 14'E
Der in der Mündung des Flusses l'Aude und dem kanalisierten Abfluß des Étang de Vendres liegende Hafen ist bis heute nicht fertiggebaut worden, weshalb in den Becken nur Yachten bis etwa 1 m Tiefgang anlegen können. Die durch zwei kleine unbefeuerte Molen geschützte Flußmündung neigt zum Versanden. Der weitere Ausbau zu einem modernen Yachthafen ist für die nächsten Jahre vorgesehen.

Vor der Küste zwischen L'Aude/Grau-de-Vendres und Narbonne-Plage liegen ein großes Gebiet für die Muschelzucht, das nicht befahren werden darf, sowie ein Bereich mit Ankerverbot. Mehrere befeuerte schwarz-gelbe Untiefenbaken und gelbe Baken (teilweise ebenfalls befeuert) kennzeichnen die Gebiete.

Südlich des Seebades Saint-Pierre-sur-Mer liegt die Sommerfrische von Narbonne, der aufstrebende Badeort

Narbonne-Plage wo in den letzten Jahren neben einem modernen Yachthafen auch ein
43° 10'N   beliebtes Urlaubszentrum entstanden ist.
003° 11'E

Ansteuerung (Seekarten: D 594, BA 1705, F 7054 und 6844, CG 510): Der Hafen liegt am Fuße der nordöstlichen Ausläufer des bis zu 200 m hohen Gebirgszuges Montagne de la Clape, etwa eine halbe Seemeile südlich der Klippe Rocher Saint-Pierre – auch „Roc de la Batterie" genannt. Die Wassertiefe in der nach Osten offenen, 60 m breiten Einfahrt beträgt 2,50 m, weshalb schon bei mittleren Winden aus östlichen Richtungen erheblicher Seegang vor dem Hafen steht, dessen Wellen leicht 1 bis 1,50 m Höhe erreichen und das Einlaufen erschweren. Die nächtliche Ansteuerung wird durch das 15 sm weit scheinende Leuchtfeuer Bassin Les Exals sowie die befeuerten Molenköpfe erleichtert.

Liegeplatz: Der Yachthafen verfügt in dem vorderen Becken „Port de Plaisance" und dem „Bassin Brossolette" über etwa 600 Liegeplätze für Yachten bis 12 m Länge und 2,20 m Tiefgang im Port de Plaisance und 1,00 m Tiefgang im Bassin Brossolette. Alle Liegeplätze sind mit Strom- und Wasseranschlüssen sowie Grundleinen versehen. Duschen und Toiletten sind neben dem Büro des Hafenmeisters. Kraftstoff erhält man etwa 100 m vom Hafen entfernt

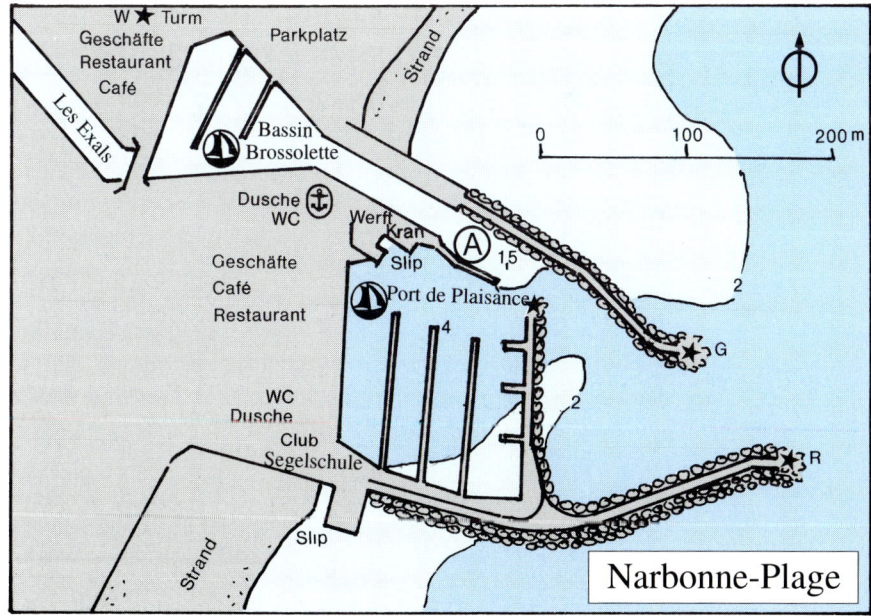

211

an einer Straßentankstelle. Weitere Liegeplätze für kleinere Motoryachten sind an beiden Ufern des Kanales zum Étang Les Exals.

Hafenmeister: M. R. Perea, Tel. 68 49 91 43. Im Hafenbüro werden regelmäßig die neuesten Wetterberichte ausgehängt. Als Anmeldekai fungiert der Steg, der den Port de Plaisance von dem Zufahrtskanal zum Bassin Brossolette trennt. Das Büro des Hafenmeisters ist über UKW-Kanal 9 und 16 zu erreichen.

Versorgung: Restaurants, Cafés und Lebensmittelgeschäfte sind in der Feriensiedlung hinter dem Hafen – viele nur in der Saison geöffnet. Bessere Versorgungsmöglichkeiten findet man in dem Seebad Saint-Pierre-sur-Mer etwa 10 Minuten zu Fuß vom Hafen entfernt.

Bademöglichkeiten: Die weiten Strände nördlich und südlich des Hafens laden zum Baden ein.

Entfernung von Marseille 97 sm, Valras-Plage 5 sm, Gruissan 5 sm.

Zwei Seemeilen südwestlich von Narbonne-Plage liegt inmitten von Campingplätzen und Feriensiedlungen die Einfahrt in den *Grau de Pech Rouge* mit dem kleinen Yachthafen **Les Ayquades** für einige Jollen und Sportboote. Die Einfahrt wird durch eine Bake mit Osttoppzeichen markiert. Schon von weitem leuchten die weiß gestrichenen Pfahlbauten der Feriensiedlung auf der Nehrung südlich der Einfahrt nach

Gruissan
43° 06'N
003° 06'E

Ein malerisches altes Städtchen, beinahe ringsum von Wasser umgeben, nämlich dem *Étang du Grazel,* der *Salin de Reprise* und dem *Étang de Gruissan.* Auf einem Hügel in der Mitte thront die Burgruine „Barberousse", um die ringförmig die Straßen der Ortschaft angelegt sind. Gruissan ist ein geschichtsträchtiger Ort: Schon Phöniker, Griechen und Römer hatten hier eine Handelsniederlassung, lag das Fischerdorf doch früher direkt am Meer. Im Mittelalter setzten sich nordafrikanische Seeräuber in Gruissan fest und machten von hier aus die Küsten des Languedoc-Roussillon unsicher. Im 19. Jahrhundert wurde der Verbindungskanal zum Meer, *Canal du Grazel,* gebaut, durch den der Hafen für das Verschiffen des Weines aus der Umgebung von Narbonne wieder an Bedeutung gewann. Heute liegt Gruissan fast zweieinhalb Kilometer vom Meer entfernt und ist auf dem Wasserwege nur über den Étang du Grazel und den Canal du Grazel zu erreichen. Am Ende des Verbindungskanales liegen am stadtseitigen Ufer der alte Fischerhafen und gegenüber der Yachthafen *Barberousse.* Am Étang du Grazel ist eine riesige Feriensiedlung mit dem modernen Yachthafen *Port de Gruissan* entstanden, der zu den schönsten Anlagen der Region gehört (siehe Plan Seite 214). Die unterschiedlich hohen Häuser um die Hafenbecken mit ihren Bogendächern geben der Siedlung einen eigenständigen Charme.

Ansteuerung (Seekarten: D 594 und 593, BA 1705, F 6844, CG 510): **Port de Gruissan:** *Zwei fast 500 m lange Steinschüttungen, deren Enden auf der 3-m-Tiefenlinie liegen, schützen die Einfahrt in den Étang du Grazel, der als Vorhafen fungiert. Eineinhalb Seemeilen betonntes Fahrwasser von 3,00 m Tiefe führen durch den Étang zum Becken 1, Besucherbecken, Becken 2 und 3 sowie zum Bassin Pêche (Fischer). Die Köpfe der Steinschüttungen, die*

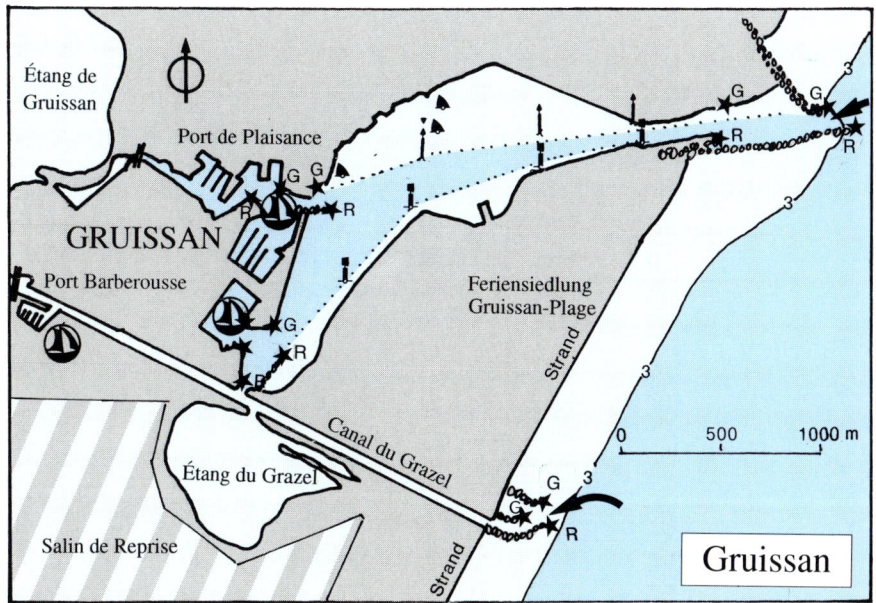

Fahrwassertonnen und die Einfahrten der verschiedenen Becken sind befeuert, so daß auch die nächtliche Ansteuerung keine Probleme bereitet.

Port Barberousse: *Die Mündung des Zufahrtskanals wird durch drei Steinschüttungen geschützt, deren Köpfe befeuert sind. Sie liegt etwa 1,3 sm südlich der Zufahrt zum Port de Gruissan. Der 2400 m lange Zufahrtskanal ist etwa 1,20 m tief und muß regelmäßig ausgebaggert werden. Der Yachthafen liegt am Ende des Canal du Grazel an Backbord vor der Straßenbrücke.*

Liegeplatz **Port de Gruissan:** *Der gut ausgestattete Yachthafen verfügt über 900 Liegeplätze für Yachten bis 30 m Länge und 2,50 m Tiefgang, davon 80 für Gäste. Die Gastliegeplätze sind einlaufend an Steuerbord im Besucherbecken. Alle Liegeplätze sind mit Strom- und Wasseranschlüssen sowie Festmacheeinrichtungen – teilweise Bojen – für die vorderen Festmacher und teilweise Auslegerstegen versehen. Duschen und Toiletten sind an vier Stellen über den Hafen verteilt. Kraftstoff erhält man an der Hafentankstelle an der Durchfahrt zum Becken 1, in der Nähe des Hafenbüros.*

Port Barberousse: *Der Yachthafen verfügt über 315 Liegeplätze für Yachten bis 13 m Länge auf Wassertiefen zwischen 1,50 und 2,00 m, davon 15 für Gäste. Alle Liegeplätze sind mit Strom- und Wasseranschlüssen sowie Festmacheeinrichtungen ausgestattet. Duschen und Toiletten befinden sich neben dem Büro des Hafenmeisters.*

Hafenmeister **Port de Gruissan:** *M. Taillladé, Tel. 68 49 08 20. Im Hafenbüro werden regelmäßig die neuesten Wetterberichte ausgehängt. Der Anmeldekai ist einlaufend an Backbord an der Durchfahrt vom Becken 2 zum Becken 1. Das Büro des Hafenmeisters ist über UKW-Kanal 9 zu erreichen.*

Port Barberousse: *Der Yachthafen wird vom „Cercle Nautique de Barberousse" verwaltet. Hafenmeister ist M. Michel Aribaud, Tel. 68 49 00 22. Im Sommer werden regelmäßig die neuesten Wetterberichte ausgehängt. Als Anmeldekai fungiert ein Schwimmsteg einlaufend an Backbord vor der Capitainerie.*

213

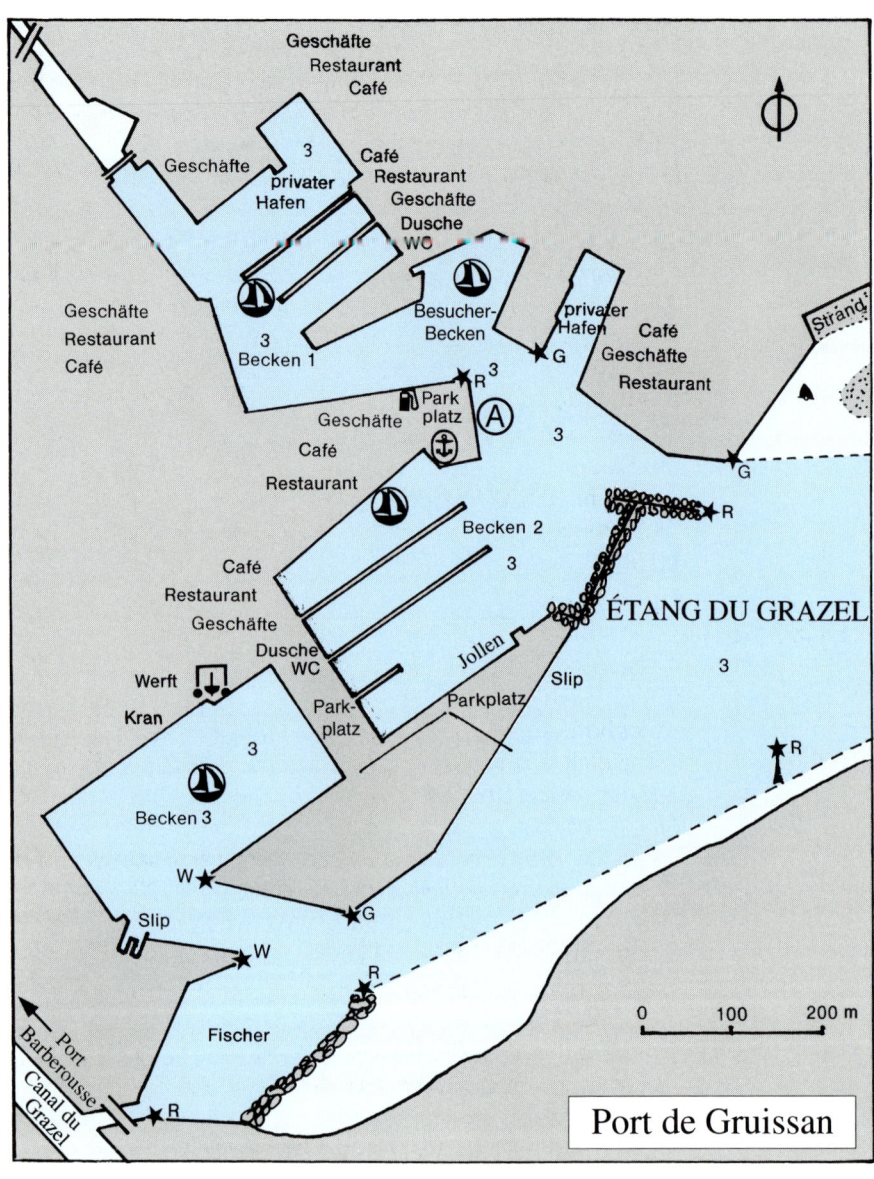

Port de Gruissan

Reparaturmöglichkeiten: Hinter dem Becken 3 liegt der große Werftbetrieb „Chantier Naval Carlier", der in der Lage ist, alle anfallenden Reparatur- und Überholungsarbeiten prompt und zuverlässig auszuführen. Mehrere gut sortierte Schiffszubehörgeschäfte, Motorenwerkstätten und eine Segelmacherei findet man rund um die verschiedenen Hafenbecken.

Versorgung: In den Häusern rund um den Port de Gruissan sind zahlreiche Cafés, Restaurants und Geschäfte für den täglichen Bedarf – viele nur in der Saison geöffnet. In der etwa 10 Minu-

ten Fußweg vom Hafen enfernten Ortschaft gibt es hervorragende Restaurants, deren Spezialität fangfrischer Fisch ist, den die hier beheimateten Fischer anlanden. In dem Restaurant „La Marée" sucht man sich im Erdgeschoß im dazugehörigen Fischgeschäft den Fisch aus, den man anschließend im Restaurant im ersten Stock essen möchte. Ebenfalls erwähnenswert ist das „Lamparot" an der Brücke über den Canal du Grazel.

Entfernung von Cap d'Agde 17 sm, Narbonne-Plage 5 sm, Port-La-Nouvelle 7 sm.

Zwischen der Einfahrt zum Port de Gruissan und der Einfahrt in den Canal du Grazel liegt 0,8 sm vor der Küste ein durch befeuerte schwarz-gelbe Untiefenbaken und gelbe Baken (teilweise ebenfalls befeuert) markiertes Schutzgebiet für Fischzucht, das nicht befahren werden darf.

Bei ruhigem Wetter lohnt es sich, etwa 4 sm südlich von Gruissan auf 3 bis 5 m Wassertiefe zu ankern und mit dem Beiboot die schmale Durchfahrt **Grau de la Vieille Nouvelle** zwischen der Salin de Reprise und der Salin de Sainte Lucie zum Étang de l'Ayrolle zu benutzen. An der Südseite der Île Saint-Martin befindet sich eine typische Fischerkolonie aus abenteuerlich aussehenden Hütten, die jedem Abenteuerspielplatz Ehre machen würden.

Port-La-Nouvelle ist ein wichtiger Handels- und Industriehafen, der Yachten nur wenige
43° 01'N
003° 04'E
Liegemöglichkeiten bietet. Die 130 Liegeplätze für Yachten bis 9,00 m Länge, davon eine Handvoll für Gäste, liegen im letzten Becken an Backbord vor der ersten Straßenbrücke. Der zwei Kilometer lange Hafen ist gleichzeitig Abfluß des *Étang de Sigean*. Hinter der ersten Straßenbrücke zweigt der *Canal de la Robine* ab, der über Narbonne zum *Canal du Midi* führt. Zwei weit ins Meer hinausgebaute Molen schützen die fast 100 m breite und 8 m tiefe Hafeneinfahrt, deren Ansteuerung bei allen Wind- und Wetterverhältnissen keinerlei Schwierigkeiten bereitet, ist sie doch für die Bedürfnisse der Handelsschiffahrt konzipiert. Eine halbe Seemeile hinter der Einfahrt liegt an Steuerbord der Ölhafen, gut zu erkennen an den riesigen Tanks hinter den Kais, die auch schon aus großer Entfernung die Lage des Hafens erkennen lassen. 0,5 sm weiter liegt an Steuerbord das Becken des Handelshafens, an den sich das Hafenbecken der Fischer anschließt. Gegenüber den Liegeplätzen der Fischer sind die Stege für Yachten.

Etwa 1 sm östlich der Hafeneinfahrt markiert eine schwarz-gelbe Leuchttonne den Einfüllstutzen für die Pipeline. In unmittelbarer Nähe liegen mehrere unbeleuchtete Festmachetonnen für die großen Tanker, die wegen ihres Tiefgangs den Hafen selbst nicht anlaufen können. In dem Gebiet zwischen der Hafeneinfahrt und dem Öleinfüllstutzen und darum herum gelten eingeschränkte Schiffahrtsvorschriften – unter anderem hat die Berufsschiffahrt hier und in dem gesamten Hafengebiet absolute Vorfahrt vor der Sportschiffahrt.

Die nächtliche Ansteuerung wird durch ein Richtfeuer (292, 4°) erleichtert – das Unterfeuer steht auf dem südlichen Molenkopf (Fl. 1,2s 14 M), das Oberfeuer auf dem Schornstein der Zementfabrik Lafarge (Fl. 1,2s 17M) etwa 3,5 km landeinwärts. Auch der nördliche Molenkopf ist befeuert. Starke Strahler leuchten den Hafen nachts taghell aus.

Zauberhafte Wasserlandschaft

Port-La-Nouvelle ist eine langweilige Hafen- und Industriestadt, die dem Besucher nichts zu bieten hat. Trotzdem lohnt ein Besuch, um mit dem Beiboot oder einer entsprechend kleinen Motoryacht entweder über den Canal de la Robine nach Narbonne zu fahren (was unbedingt zu empfehlen ist) oder um die weiträumige Lagunenlandschaft des *Étang de Sigean* und *Étang de Bages* zu befahren. Für Yachten mit geringem Tiefgang ein paradiesisches Revier, wobei ein Besuch des restaurierten Fischerdorfes auf der *Île Nadière* ein absolutes Muß ist. Die zauberhafte Wasserlandschaft erstreckt sich 7,5 sm nach Norden und wird durch zahlreiche Inseln und kleine, durch Nehrungen getrennte Nebenarme aufgelockert. Am Nordufer des *Étang de Bages* liegt der Yachthafen

Port La Nautique
43° 09'N
003° 00'E

mit 235 Liegeplätzen für Yachten bis 8,00 m Länge, davon 20 Plätze für Gäste. Der 1,20 m tiefe Hafen liegt vor einer hübschen Feriensiedlung und bietet allen Komfort einer modernen Yachtmarina wie Strom- und Wasseranschlüsse, Tankstelle, sanitäre Einrichtungen, Yachtclub etc.

Südlich von Port-La-Nouvelle erstreckt sich über fünf Seemeilen ein wunderschöner Strand, an dessen Ende sich das 60 m hoch aufragende Plateau des *Cap Leucate* erhebt. Die Schloßruine von Leucate und die alten Befestigungsanlagen, von denen nur noch wenige Überreste vorhanden sind, zeugen neben der Ruine des Semaphors von der einstigen Bedeutung dieses Kaps. Auch heute noch ist das weittragende Leuchtfeuer eine wichtige Orientierungshilfe an der Küste des Languedoc-Roussillon (Fl(2) 10s 20M).
Zwei Seemeilen südlich von Cap Leucate liegt im *Grau de Leucate* der kleine Hafen der Austernfischer, die in dem weiträumigen *Étang de Leucate* ihre Austernzuchtanlagen haben.
Eine Seemeile weiter liegt die Einfahrt nach

Port Leucate
42° 52'N
003° 03'E

Zusammen mit Port Barcarès bildet Port Leucate eine riesige Ferienanlage nach dem Prinzip des Liegeplatzes vor der Haustür von 5 sm Ausdehnung in nord-südlicher Richtung. Konzipiert als Lagunenstadt, bietet die Anlage zwei Yachthäfen mit Steganlagen und zahllose Liegeplätze an den Kanälen, Halbinseln und Inseln, die durch Brücken mit dem Festland verbunden sind. Das ganze Ausmaß dieser Ferienanlage kann man nur erfassen, wenn man das betonnte Fahrwasser im Étang de Leucate – auch Étang de Salses genannt – von Port Leucate nach Port Barcarès befährt.

*Grandiose
Lagunenstadt*

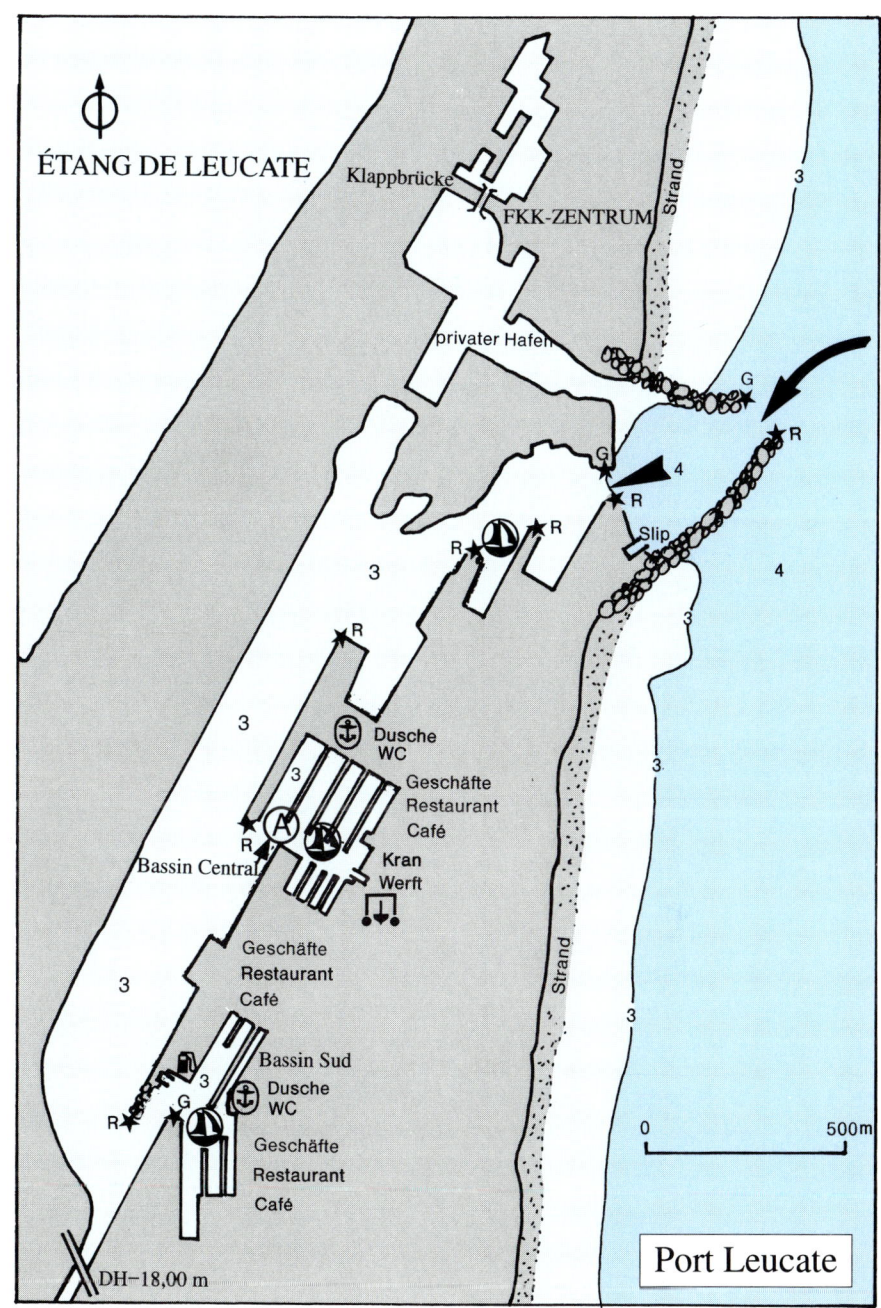

ÉTANG DE LEUCATE

Klappbrücke

FKK-ZENTRUM

Strand

privater Hafen

Slip

Dusche
WC

Geschäfte
Restaurant
Café

Bassin Central

Kran
Werft

Geschäfte
Restaurant
Café

Bassin Sud

Dusche
WC

Geschäfte
Restaurant
Café

DH–18,00 m

Strand

0   500m

Port Leucate

Vom Étang aus hat man unwillkürlich den Eindruck, eine Großstadt auf dem Wasser vor sich zu haben. Kleine, durch Molen geschützte Häfen runden das Erscheinungsbild ab. Die rein funktionelle Architektur wirkt sehr kühl und teilweise auch ausgesprochen langweilig. Wer schon mal in Port Grimaud oder seinem Vorbild Venedig gewesen ist, wird vor der Nüchternheit dieser Ferienstadt erschrecken. Dabei darf man allerdings nicht vergessen, daß Port Grimaud bereits 20 Jahre alt ist und diese Anlage erst in den letzten sieben Jahren aus der Brackwasserlandschaft der Salinen und Lagunen herausgestampft worden ist. Nicht zu vergessen das Preisgefälle: Ein gleichwertiges Ferienhaus kostet in Port Grimaud das Dreifache. Wenn diese Anlage in zehn oder fünfzehn Jahren mal etwas Patina angesetzt hat, wird hier sicher auch eine gemütlichere Atmosphäre herrschen.

Ansteuerung (Seekarten: D 593, BA 1705, F 6844, CG 510 und 511): Die Lage des Hafens ist an dem drei Seemeilen nördlich liegenden Cap Leucate leicht auch aus größerer Entfernung zu erkennen. Zwei weit ins Meer hinausgebaute Molen schützen einen 4 m tiefen Vorhafen. Von diesem führt eine nördliche Durchfahrt zu dem Hafen eines großen FKK-Zentrums – eine private Anlage, in der Yachttouristen nichts verloren haben – und eine südliche, befeuerte in den Yachthafen. Dieser besteht aus mehreren Becken, von denen Besucher das „Bassin Central" ansteuern. Ein 3 m tiefer Kanal führt in südwestlicher Richtung an den verschiedenen Hafenbecken vorbei, die ebenfalls 3 m Wassertiefe aufweisen.
Die befeuerten Molenköpfe des Vorhafens liegen etwa auf der 4-m-Tiefenlinie. Die Ansteuerung der nach Nordosten offenen Hafeneinfahrt bereitet außer bei starken Winden aus Nord bis Nordost keinerlei Schwierigkeiten.
Die nächtliche Ansteuerung wird durch das weittragende Leuchtfeuer auf dem Cap Leucate erleichtert. Die Einfahrten in die einzelnen Hafenbecken sind ebenfalls befeuert.

Liegeplatz: Der gut ausgestattete Yachthafen verfügt über 1000 Liegeplätze für Yachten bis 20 m Länge und 2,80 m Tiefgang, davon 100 für Gäste. Die Gastliegeplätze sind einlaufend auf der Backbordseite des Kanals in dem mittleren Becken, dem „Bassin Central". Alle Liegeplätze sind mit Strom- und Wasseranschlüssen sowie Festmacheeinrichtungen versehen (Bojen oder Pfähle für die vorderen Festmacher, Auslegerstege). Duschen und Toiletten sind an drei Stellen um die Becken verteilt. Kraftstoff erhält man an der Hafentankstelle im „Bassin Sud".

Hafenmeister: M. Sylvain Cauneille, Tel. 68 40 91 24. Im Hafenbüro werden regelmäßig die neuesten Wetterberichte ausgehängt. Der Anmeldekai ist der Steg N° 9 im Bassin Central mit der Aufschrift „Visiteurs". Das Büro des Hafenmeisters ist über UKW-Kanal 9 zu erreichen.

Reparaturmöglichkeiten: Die renommierte Yachtwerft „Chantier Naval du Golfe" auf dem östlichen Kai des Bassin Central ist in der Lage, alle anfallenden Reparatur- und Überholungsarbeiten an Yachten bis 20 m Länge auszuführen. Zu dem Werftbetrieb gehören ein großes Schiffszubehörgeschäft und eine Segelmacherei. In den Geschäftszentren an den verschiedenen Hafenbecken gibt es mehrere Schiffsausrüster.

Versorgung: Rund um die einzelnen Hafenbecken sind zahlreiche Cafés, Restaurants sowie einige Lebensmittelgeschäfte – meist nur in der Saison geöffnet.

Bademöglichkeiten: Der fast fünf Seemeilen lange, fast flach ins Meer auslaufende Strand zwischen der Einfahrt nach Port Leucate und Port Barcarès hat wesentlich zur Beliebtheit dieser gigantischen Ferienanlage beigetragen. Hinzu kommen die Strände am Étang de Leucate mit ihrem ruhigen Wasser.

Entfernung von Cap d'Agde 31 sm, Port Barcarès 4,5 sm, Port-Vendres 22 sm.

Vor der Einfahrt nach Port Leucate besteht parallel zur Küste in 500 m Abstand ein eineinhalb Seemeilen breites und eineinhalb Seemeilen langes Ankerverbotsgebiet.

Etwa auf halbem Weg zwischen Port Leucate und Port Barcarès liegt am Strand das hier aufgelaufene Passagierschiff „Lydia", das heute als Hotel, Restaurant und Spielcasino dient. Große Bekanntheit hat es durch den französischen Spielfilm „Der Greifer" mit Jean-Paul Belmondo erworben, in dem einige Szenen vor und an Bord der „Lydia" spielten.

Port Barcarès
42° 48'N
003° 02'E

ist der südliche Teil der gigantischen Ferienanlage mit einem Yacht- und Fischerhafen sowie zahlreichen Liegeplätzen in der sich nördlich anschließenden Lagunenstadt und dem privaten Yachthafen *Port Saint-Ange* (siehe Plan nächste Seite).

Ansteuerung (Seekarten: D 593, BA 1705, F 6844, CG 511): Bei Tage ist die Lage des Hafens vor der niedrigen Küste nicht so ohne weiteres auszumachen. Die eine halbe Seemeile südlich der Hafeneinfahrt liegende Ortschaft „le Barcarès de Saint-Laurent" mit dem weithin sichtbaren 27 m hohen Wasserturm und dem ehemaligen 11 m hohen Leuchtturm kann als Ansteuerungshilfe dienen. Zwei etwa 100 m ins Meer hinausgebaute Molen schützen die nach Nordosten offene Einfahrt, die ziemlich genau auf der 3-m-Tiefenlinie liegt. Ihre Ansteuerung bereitet außer bei starken Winden aus Nord bis Nordost keinerlei Schwierigkeiten. Die Molenköpfe sind befeuert, wobei das Backbordmolenfeuer eine Tragweite von 10 sm hat und somit auch aus größerer Entfernung zu identifizieren ist.

Liegeplatz: Der Yachthafen vor der ersten Straßenbrücke mit 3,00 m Durchfahrtshöhe verfügt an den Stegen und Kais über 410 Liegeplätze für Yachten bis 13 m Länge, davon 10 für Gäste. Der gesamte Hafenbereich hat 2 m Wassertiefe. Die Liegeplätze für Gäste sind einlaufend an Steuerbord in dem nördlichen Hafenbecken. Alle Liegeplätze sind mit Strom- und Wasseranschlüssen sowie Bojen für die vorderen Festmacher versehen. Duschen und Toiletten sind neben dem Büro des Hafenmeisters. Kraftstoff erhält man an der Hafentankstelle. Weitere 1000 Liegeplätze sind in den verschiedenen Hafenbecken und der Lagunenstadt hinter der Brücke.

Hafenmeister: M. Claude Marty, Tel. 68 86 07 35. Im Hafenbüro werden regelmäßig die neuesten Wetterberichte ausgehängt. Als Anmeldekai fungiert einlaufend an Steuerbord der Steg „E" in der Nähe der Capitainerie, im Sommer auch der erste Steg an Backbord. Das Büro des Hafenmeisters ist über UKW-Kanal 9 zu erreichen.

Versorgung: Rund um die beiden Hafenbecken und in der Lagunenstadt sind zahlreiche Cafés, Restaurants sowie einige Lebensmittelgeschäfte – meist nur in der Saison geöffnet. Weitere ganzjährig geöffnete Versorgungsmöglichkeiten bestehen in der etwa 10 Minuten Fußweg entfernten Ortschaft le Barcarès de Saint-Laurent.

Entfernung von Cap d'Agde 35 sm, Port Leucate 4,5 sm, Port-Vendres 16 sm.

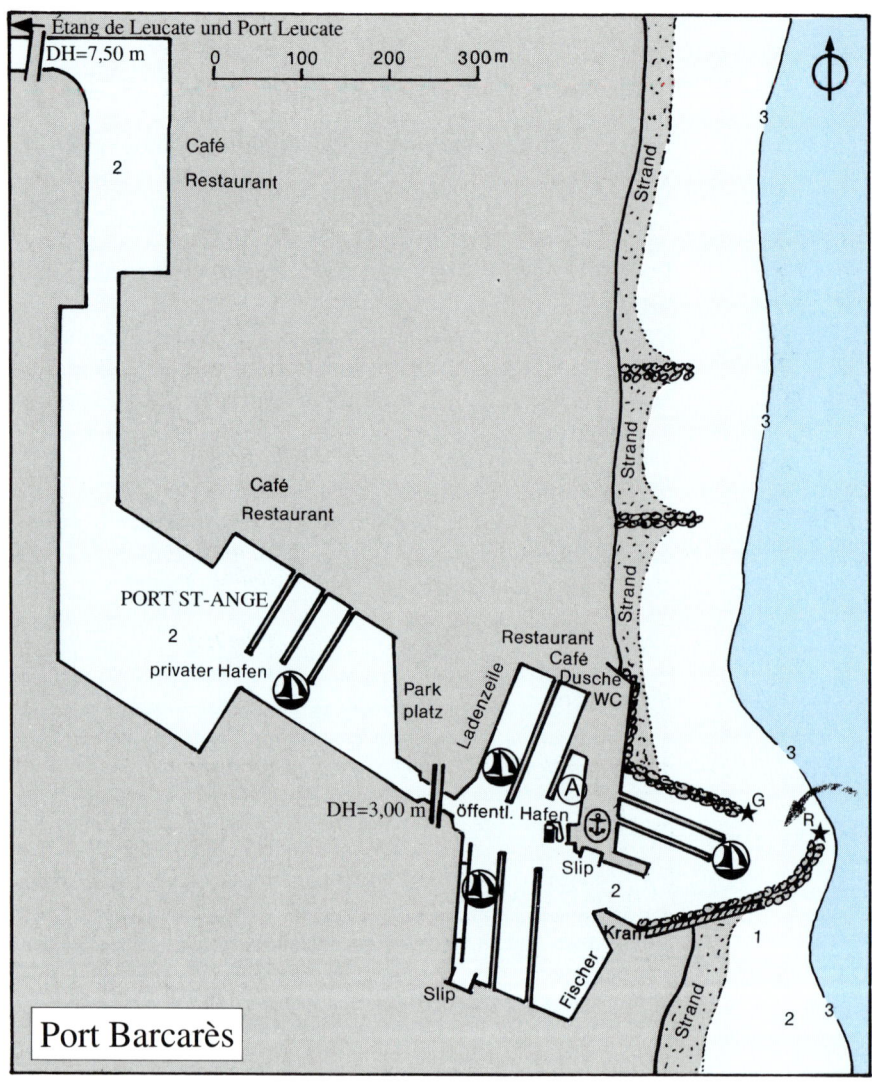

Étang de Leucate und Port Leucate
DH=7,50 m

PORT ST-ANGE
privater Hafen

Port Barcarès

Étang de Leucate

Ein Besuch des *Étang de Leucate*, auch *Étang de Salses* genannt, lohnt unbedingt – sei es mit dem Beiboot von Port Barcarès aus oder mit einer kleinen Yacht mit geringem Tiefgang von Port Leucate. Am Westufer gegenüber von Port Leucate und im nördlichen Teil des Étang gibt es einige wunderschöne Plätze, wie den *Port Fitou, Les Cabanes-de-Fitou,* die Bucht *Les Sidières* und die anheimelnde Bucht südwestlich von *Leucate Plage* mit dem hübschen Barockschlößchen.

Eine Seemeile südlich der Einfahrt nach Port Barcarès liegt in der Mündung des Flusses l'Agly ein kleiner Fischerhafen, in dem auch die eine oder andere kleine Yacht einen freien Liegeplatz findet.

Vor der Küste zwischen Port Barcarès und Sainte-Marie-Plage läuft ständig ein Strom in nord-südlicher Richtung zwischen 0,5 und 1,0 kn je nach Windrichtung und -stärke.

Sainte-Marie-Plage Etwa 5,5 sm südlich von Port Barcarès liegt an der Mündung eines
42° 43'N   kleinen Flußlaufes die Sommerdependence von Sainte-Marie mit einem
003° 02'E   neuen Yachthafen.

Ansteuerung (Seekarten: D 593, BA 1705, F 6843 und 7008, CG 511): Die Ansteuerung der an der 2-m-Tiefenlinie liegenden, nach Osten offenen Einfahrt bereitet außer bei starkem Ostwind keinerlei Probleme. Ein 23 m hoher Mast mit einer blauen Flagge neben der Hafeneinfahrt dient bei Tage der Ansteuerung; zusätzlich hilft der 27 m hohe Wasserturm etwa 500 m landeinwärts bei der Orientierung. Das 15 sm weit scheinende Leuchtfeuer von Canet-en-Roussillon erleichtert die nächtliche Ansteuerung. Die Molenköpfe waren 1993 noch nicht befeuert.

Liegeplatz: Der Yachthafen verfügt über 480 Liegeplätze für Yachten bis 15 m Länge und 2,00 m Tiefgang, davon 10 für Gäste. Alle Liegeplätze sind mit Strom- und Wasseranschlüssen ausgestattet.

Hafenmeister: M. Michel Lecocq, Tel. 68 80 51 02. Im Hafenbüro werden regelmäßig die neuesten Wetterberichte ausgehängt. Anmeldekai ist der Steg einlaufend an Steuerbord vor der Flußmündung.

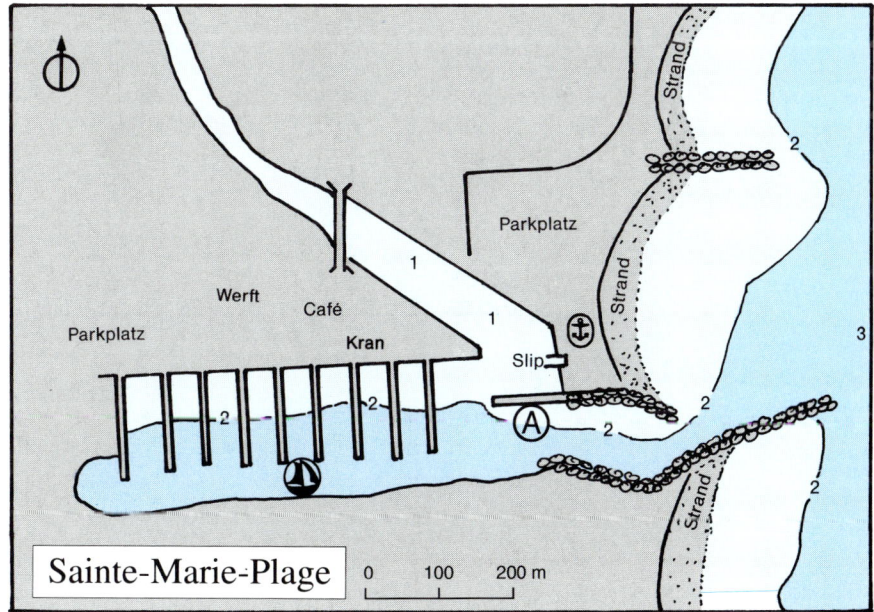

Sainte-Marie-Plage

Reparaturmöglichkeiten: Auf dem landseitigen nördlichen Kai befindet sich ein Werftbetrieb, der Reparaturen jeder Art ausführt. Neben der Werft ein Schiffszubehörgeschäft.

Bademöglichkeiten: An den weiten Stränden nördlich und südlich des Hafens.

Entfernung von Port Barcarès 5,5 sm, Port de Canet-en-Roussillon 1,5 sm, Port-Vendres 14,5 sm.

Port de Canet-en-Roussillon   Die große Yachtmarina liegt am Nordrand des Ferienortes
42° 42'N   Canet-Plage und wird in ihrem hinteren Teil noch weiter ausgebaut.
003° 02'E

Ansteuerung (Seekarten: D 593, BA 1705, F 6843 und 7008, CG 511): Die Ansteuerung der an der 5-m-Tiefenlinie liegende, nach Nordosten offenen Einfahrt bereitet außer bei starkem Ost-wind keinerlei Probleme. Ein 35 m hoher Wasserturm etwa 4 kbl südlich des Hafens er-leichtert bei Tage die Identifizierung der Hafenanlage. Die Molenköpfe sind befeuert; zu-sätzlich hilft der 27 m hohe Leuchtturm „Canet-Plage" (Fl(4) 12s 15M) 200 m nördlich des Hafens bei der nächtlichen Orientierung.

Liegeplatz: Der gut ausgestattete Yachthafen verfügt über 1000 Liegeplätze für Yachten bis 24 m Länge und 2,80 m Tiefgang, davon 120 für Gäste. Die Gastliegeplätze sind einlaufend an dem ersten Steg an Backbord in dem „Bassin le Gouffre" und in dem „Bassin des anneaux du Roussillon" gleich an Backbord vor der breiten Pier zwischen den beiden Becken. Alle Liegeplätze sind mit Strom- und Wasseranschlüssen sowie Pfählen für die vorderen Fest-

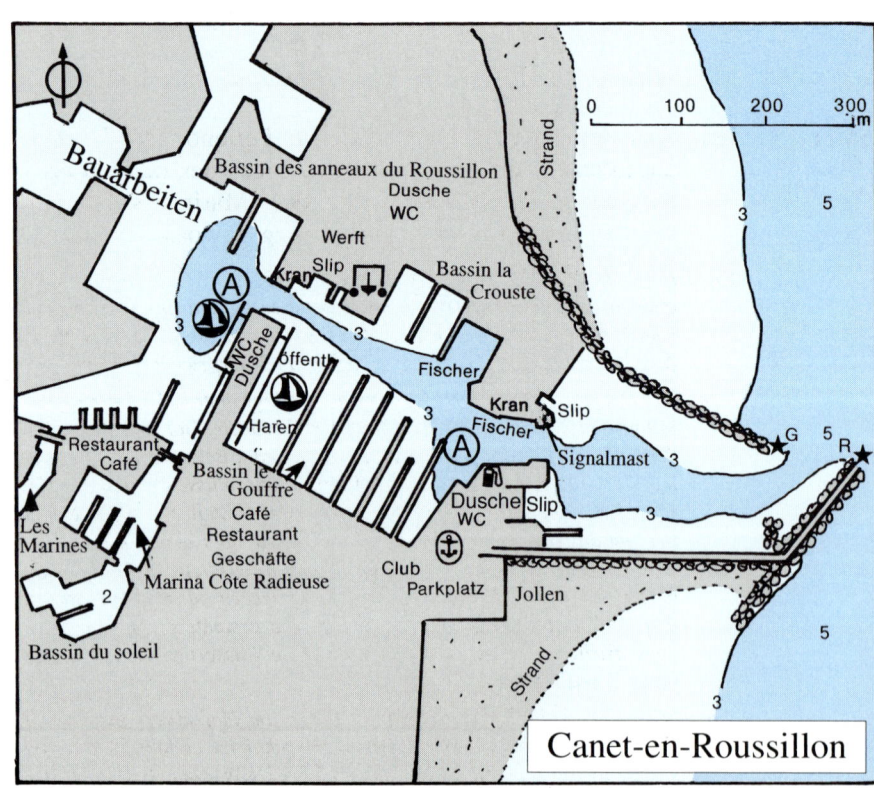

macheleinen versehen. Duschen und Toiletten sind an mehreren Stellen rund um den Hafen. Kraftstoff erhält man an der Hafentankstelle an der Backbordseite der Durchfahrt vom Vorhafen in das Bassin le Gouffre. Als besonderen Service stellt die Hafenverwaltung allen Gastyachten für eine Stunde kostenlos ein Fahrrad zur Verfügung, um in der weitläufigen Anlage mobil zu sein. Im hinteren Teil des Hafens entstehen weitere 500 Liegeplätze in mehreren Becken, um die sich Appartementhäuser gruppieren. Für Motoryachten gibt es noch Liegeplätze in der „Marina Côte Radieuse" und im „Bassin du Soleil".

Hafenmeister: M. C. Bonafos, Tel. 68 73 58 73. Im Hafenbüro werden regelmäßig die neuesten Wetterberichte ausgehängt. Als Anmeldekai dient der vordere Teil des ersten Steges einlaufend an Backbord gleich hinter der Durchfahrt vom Vorhafen in das Bassin le Gouffre. Das Büro des Hafenmeisters ist über UKW-Kanal 9 zu erreichen.

Reparaturmöglichkeiten: Vor der Durchfahrt in das Bassin des anneaux du Roussillon ist ein großer Werftbetrieb mit Slipanlagen, Travellift sowie stationären und beweglichen Kränen, der Reparaturen jeder Art an Yachten aller Größenordnungen ausführt. In den Gebäuden um die verschiedenen Hafenbecken herum befinden sich mehrere Schiffszubehörgeschäfte.

Versorgung: Gemäß der Größe der Anlage gibt es in den Gebäuden um die verschiedenen Hafenbecken herum zahlreiche Restaurants, Cafés und Lebensmittelgeschäfte, die jedoch fast alle nur in der Saison geöffnet sind.

Bademöglichkeiten: An den weiten Stränden nördlich und südlich des Hafens.

Entfernung von Porquerolles 130 sm, Port Camargue 70 sm, Cap d'Agde 35 sm, Port Leucate 10 sm, Port Barcarès 6 sm, St-Cyprien 5 sm.

Saint-Cyprien
42° 37'N
003° 02'E

Aus dem ehemals bescheidenen Ferienort St-Cyprien-Plage mit seinen endlosen Sandstränden ist heute eines der fünf großen Ferienzentren des Languedoc-Roussillon mit einer Marina von über einer Seemeile Ausdehnung in Nord-Süd-Richtung geworden (siehe Plan nächste Seite).

Ansteuerung (Seekarten: D 593, BA 1705, F 6843, CG 511): Die Ansteuerung der nach Norden offenen, 4 m tiefen Einfahrt bereitet außer bei starken Winden aus östlichen Richtungen keinerlei Schwierigkeiten. Die Molenköpfe sind befeuert – zusätzlich wird die nächtliche Ansteuerung durch die Leuchttonne Roche St-Cyprien mit ihrem gelben Feuer erleichtert.

Liegeplatz: Der gut ausgestattete Yachthafen verfügt über 2200 Liegeplätze für Yachten bis 20 m Länge und 2,50 m Tiefgang, davon 440 für Gäste. Gastliegeplätze für Motoryachten sind in dem „Bassin Nord", für Segelyachten in dem „Bassin Sud". Beide Becken sind 2,70 m tief. Die Liegeplätze haben Strom- und Wasseranschlüsse sowie Bojen für die vorderen Festmacher. Duschen und Toiletten sind an mehreren Stellen rund um den Hafen. Kraftstoff erhält man an der Hafentankstelle. Die Drehbrücke über der Durchfahrt in den „Port des Capellans", die Lagunenstadt von Saint-Cyprien, wird zu festgesetzten Zeiten geöffnet. Hier ist bereits ein halbes Dutzend kleiner Hafenbecken mit Ferienhäusern darum herum entstanden, und weitere sind im Bau, so daß die gesamte Anlage in einiger Zeit noch sehr viel mehr Yachten wird aufnehmen können. Die Wassertiefen in der Lagunenstadt betragen zwischen 2 und 3 m.

Hafenmeister: M. S. Pallares, Tel. 68 21 07 98. Im Hafenbüro werden regelmäßig die neuesten Wetterberichte ausgehängt. Der Anmeldekai ist einlaufend voraus am Kopf der breiten Pier. Das Büro des Hafenmeisters ist über UKW-Kanal 9 zu erreichen.

Ferienzentrum mit Großmarina

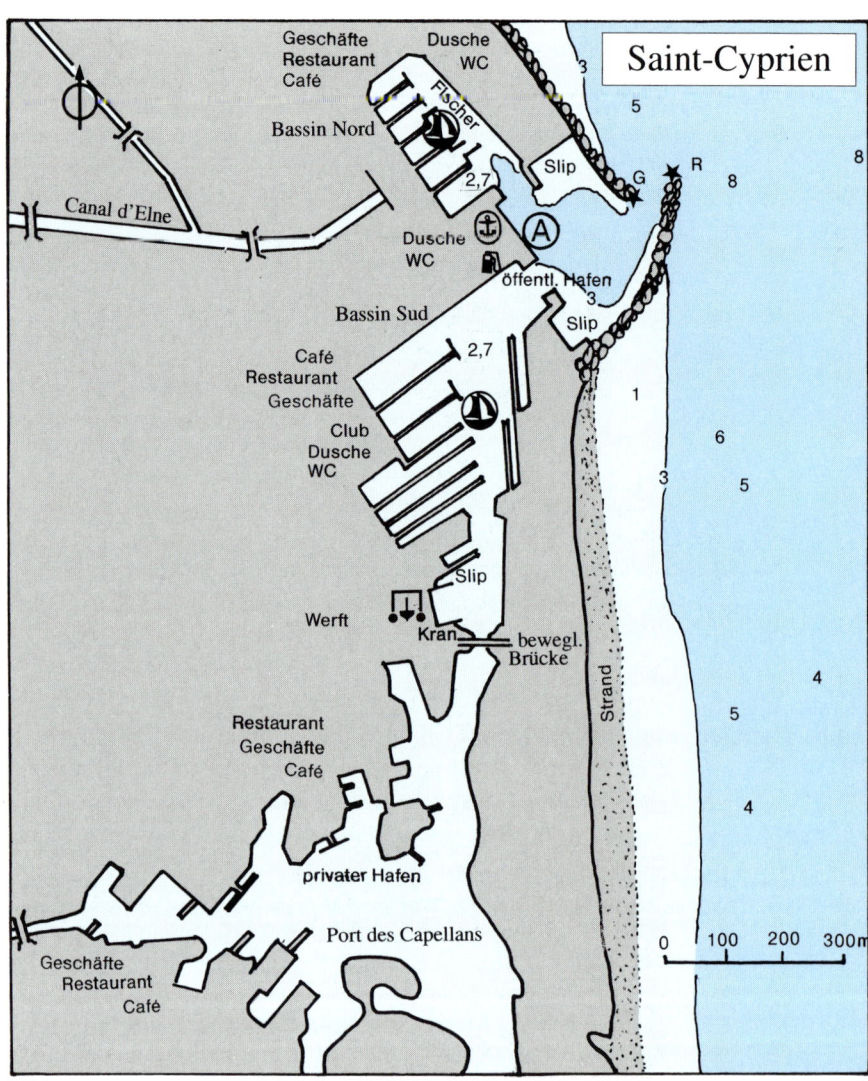

Reparaturmöglichkeiten: An Steuerbord vor der Drehbrücke an der Einfahrt in den Port des Capellans sind umfangreiche Slip- und Krananlagen mit mehreren Travelliften und einem großen Werftgelände dahinter. Die Yachtwerften in St-Cyprien sind in der Lage, Reparaturen jeder Art an Yachten auszuführen. Schiffe bis 100 t können per Slipbahn aus dem Wasser genommen werden. Rund um die verschiedenen Hafenbecken gibt es zahlreiche Schiffszubehörgeschäfte.

Versorgung: Restaurants, Cafés und Lebensmittelgeschäfte sind in großer Zahl um die Hafenbecken verstreut, größtenteils aber nur während der Saison geöffnet. Die besten Restaurants befinden sich in St-Cyprien-Plage nördlich des Hafens. Hier gibt es auch außerhalb der Saison geöffnete Geschäfte.

Bademöglichkeiten: Die herrlichen Strände nördlich und südlich des Hafens haben St-Cyprien-Plage zu einem der beliebtesten Seebäder des Languedoc-Roussillon gemacht.

Entfernung von Port Leucate 17 sm, Canet-Plage 5 sm, Port-Vendres 7 sm, Barcelona (Spanien) 110 sm .

Argelès-sur-Mer ist ein im Ausbau befindlicher Yachthafen am Fuße der nördlichen Ausläufer der Pyrenäen, südlich der weitläufigen Feriensiedlung Argelès-Plage an der Mündung des Flusses La Massane.

42° 33'N
003° 03'E

Ansteuerung (Seekarten: D 593, BA 1705, F 6843, CG 511): Die Ansteuerung der nach Süden offenen Einfahrt bereitet bei allen Wind- und Wetterverhältnissen keinerlei Schwierigkeiten. Die Lage des Hafens ist tagsüber daran zu erkennen, daß direkt südlich des Hafens der endlose Sandstrand des Languedoc-Roussillon in die Felsküste der Pyrenäenausläufer übergeht. Die Molenköpfe sind befeuert. Bei Nacht sind die diversen Feuer des nur drei Seemeilen entfernten Hafens Port-Vendres eine gute Orientierungshilfe.

Liegeplatz: Der bereits fertiggestellte Teil des Yachthafens verfügte 1993 über 420 Liegeplätze für Yachten bis 24 m Länge und 2,50 m Tiefgang, davon 30 für Gäste. Alle Liegeplätze sind mit Strom- und Wasseranschlüssen sowie Grundleinen versehen. Duschen und Toiletten sind neben dem Büro des Hafenmeisters. Kraftstoff erhält man an der Hafentankstelle.

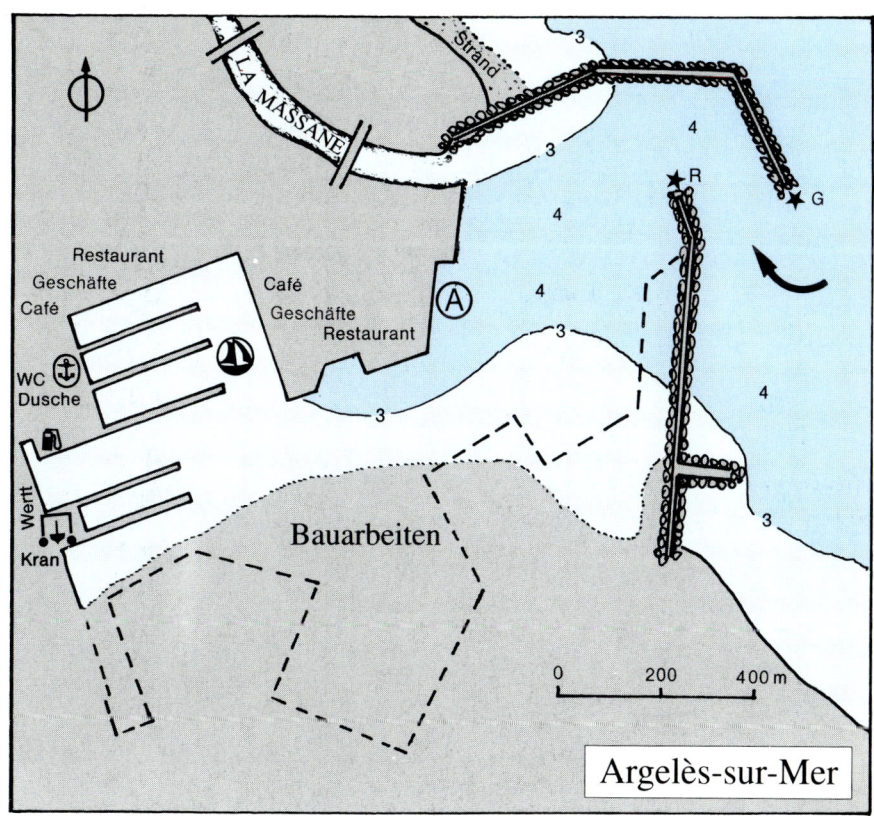

Argelès-sur-Mer

Hafenmeister: M. A. Bigou, Tel. 68 81 63 27. Im Hafenbüro werden regelmäßig die neuesten Wetterberichte ausgehängt. Der Anmeldekai ist einlaufend an Steuerbord im Vorhafen neben der Mündung des Flusses La Massane. Das Büro des Hafenmeisters ist über UKW-Kanal 9 zu erreichen.

Reparaturmöglichkeiten: Ein Werftbetrieb mit Travellift führt auch Reparaturen aller Art aus. In den Neubauten um den nördlichen Teil des Hafens gibt es mehrere Schiffszubehörgeschäfte.

Versorgung: Restaurant, Café und Lebensmittelgeschäft am Hafen sind nur in der Saison geöffnet. In dem sich nördlich an den Hafen anschließenden Argelès-Plage sind zahlreiche Restaurants, Cafés, Boutiquen und Lebensmittelgeschäfte.
Es lohnt sich, mit einem Taxi zum Essen in das nur 2 km entfernte Argelès-sur-Mer zu fahren, um in dem im Zentrum gelegenen Restaurant „Fruits de la Mer" die Marmite Argelèssienne zu probieren – ein Ragout aus Muscheln und Tintenfisch.

Bademöglichkeiten: Nördlich des Hafens liegt der beliebte Strand von Argelès-Plage.

Entfernung von Toulon 130 sm, Marseille 110 sm, Canet-en-Roussillon 10 sm, Port-Vendres 3 sm, Barcelona (Spanien) 108 sm.

Bereits in den nördlichen Ausläufern der Pyrenäen liegt inmitten steil aufragender Felsen der kleine Hafen von

Collioure
42° 05'N
003° 05'E

einem spanisch anmutenden Seebad an einer kleinen Bucht, die von der mittelalterlichen Burg der Tempelritter beherrscht wird. An der Westseite der Bucht liegt zu Füßen der Burg der kleine Hafen mit 90 Liegeplätzen für Boote bis 6,50 m Länge, die zum größten Teil von Fischern belegt sind. Yachten ankern je nach vorherrschender Windrichtung im nördlichen (Port d'Amont) oder südlichen Teil der Bucht (Port d'Aval) auf 3–5 m Wassertiefe. Nach Norden schließt die Halbinsel Saint-Vincent mit einer befeuerten Mole davor die Bucht ab. Auf der Halbinsel steht eine Kirche mit angebautem Leuchtturm, der einem Glockenturm gleicht.
Die Ansteuerung der nach Nordosten offenen Bucht bereitet außer bei starken Winden aus Nord bis Nordost keinerlei Probleme – die Burg und der Leuchtturm sind schon von weitem gut auszumachen.

Künstlerort der „Fauves"

Collioure ist unbedingt einen Besuch wert. Von der Kirche verläuft eine Strandpromenade zum Hafen, auf der Künstler ihre Bilder ausstellen. Die zumeist jungen Maler fühlen sich als späte Nachfahren der „Fauves", die Anfang dieses Jahrhunderts Collioure für sich entdeckten und den Ort bekannt machten wie Henri Matisse, Georges Braque, Salvador Dali und Pablo Picasso. Ihr Stammlokal war die alte Herberge „Hôtel des Templiers", in der man noch heute etwa 2500 Bilder bewundern kann, die die Künstler damals zur Bezahlung ihrer Zeche hinterlassen haben.
Im „Hôtel des Templiers" kann man noch immer preiswert und gut essen. Ebenfalls empfehlenswert ist „La Bodega" an dem Kanal hinter dem Hafen mit katalanischen Spezialitäten.

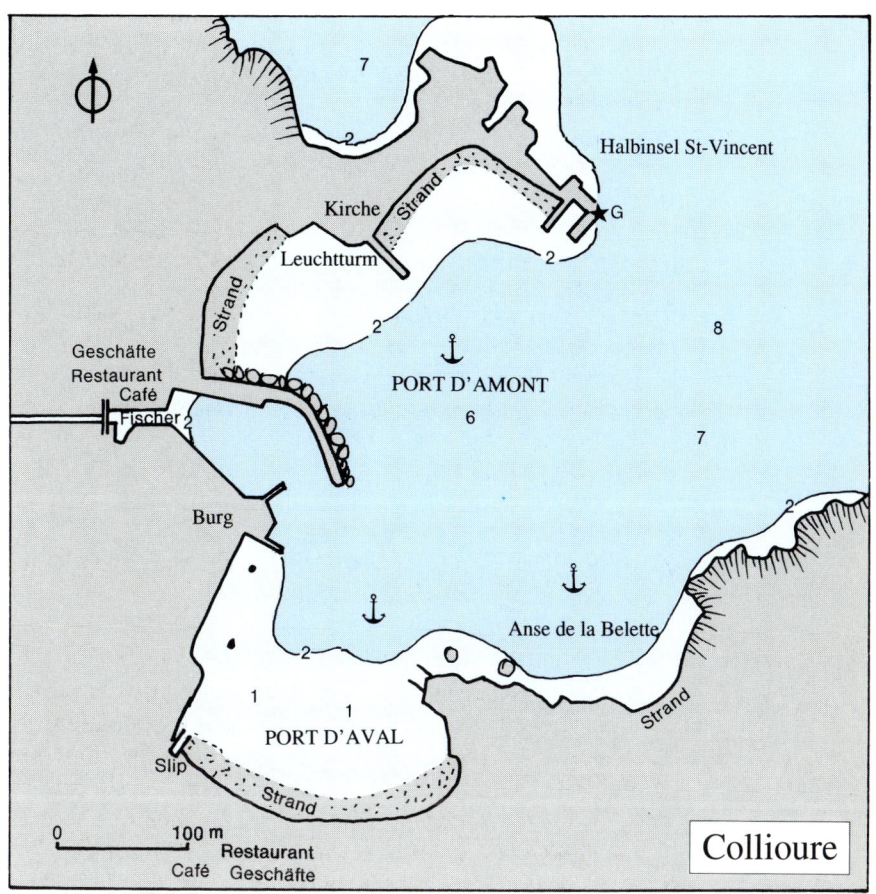

Ankerplatz   Südlich von *Cap Gros* liegt eine fjordartige Bucht zwischen steil aufragenden Felsen, in der man gut geschützt auf etwa 5 m Wassertiefe ankern
kann. Ein recht einsamer und wildromantischer Platz.
In einer natürlichen Einbuchtung der Pyrenäen liegt der Fischer- und Handelshafen

Port-Vendres   Der sicherste Hafen des gesamten Languedoc-Roussillon bietet Yachten
42° 31'N   tief im hintersten Hafenbecken gemütliche Liegeplätze im Herzen der
003° 06'E   Altstadt. Bis zur Unabhängigkeit Algeriens wurde von hier aus der
Fährverkehr mit der einstigen nordafrikanischen Kolonie abgewickelt.

*Ansteuerung (Seekarten: D 593, BA 1/05, F 6843 und 7008, CG 511): Die Lage des Hafens ist
leicht an dem eine Seemeile ostsüdöstlich liegenden Cap Béar mit dem Leuchtturm (Fl(3)
15s 30M) und dem weißen Gebäude des Semaphors zu erkennen. Bei starkem Wind aus
Norden ist die Ansteuerung der nach Nordosten offenen Einfahrt problematisch. Bei Mi-*

227

**Sicherster
Hafen
der Region**

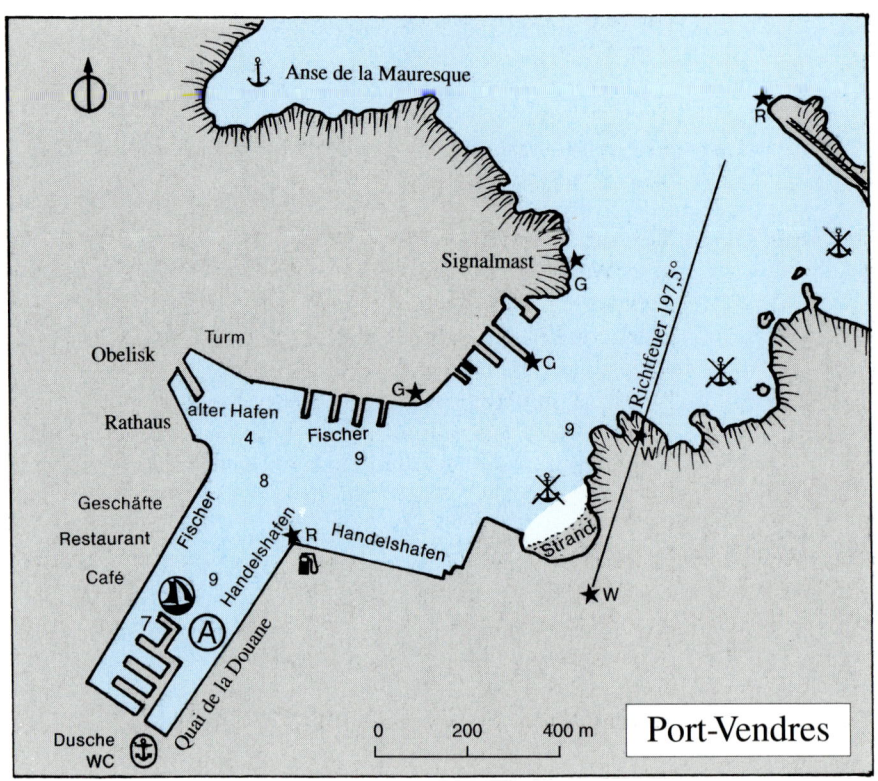

Anse de la Mauresque

Signalmast

G

G

Obelisk
Turm

G

Rathaus   alter Hafen
4   Fischer
9

Geschäfte

Restaurant

Café

Dusche
WC

9

Handelshafen

R

Handelshafen

Richtfeuer 197,5°

W

Strand

W

0   200   400 m

Port-Vendres

stral baut sich vor der Einfahrt schnell unangenehmer Seegang auf, der die Einsteuerung erschwert. Sobald man die Einfahrtfeuer hinter sich gebracht hat, herrscht paradiesische Ruhe. Die Molenköpfe sind befeuert – weitere Feuer weisen den Weg zu den Liegeplätzen für Yachten. Ein Unter- (Q. 10M) und ein Oberfeuer (Q. 18M) in Linie 197,5° weisen nachts den Weg in die Hafeneinfahrt. An der Hafeneinfahrt steht ein 24 m hoher Signalmast, dessen Flaggen oder Lichtsignale (drei Feuer übereinander) von einlaufenden Schiffen zu beachten sind (drei grüne Feuer = nur das angemeldete Schiff darf einfahren, drei rote Feuer = sie dürfen nicht einfahren, weder Flaggen noch Lichtsignale = freie Einfahrt). Die Signalstation ist über UKW-Kanal 12 zu erreichen.

Liegeplatz: Tief im Inneren des Hafens liegen die 250 Liegeplätze für Yachten bis 40 m Länge auf Wassertiefen von 7 bis 8 m an den Stegen und dem nordwestlichen (bis zum Ende der Stege) und südöstlichen Kai. Alle Liegeplätze sind mit Strom- und Wasseranschlüssen sowie Grundleinen versehen. Duschen und Toiletten sind bei dem Büro für den Yachthafen auf dem südwestlichen Kai. Kraftstoff erhält man an der Hafentankstelle.

Hafenmeister für den Yachthafen: M. Bernardi, Tel. 68 82 08 84. Im Hafenbüro werden regelmäßig die neuesten Wetterberichte ausgehängt. Anmeldekai ist der „Quai de la Douane" einlaufend an Backbord am Ende des südöstlichen Kais vor dem Zollgebäude (Douanes). Das Büro des Hafenmeisters ist über UKW-Kanal 9 zu erreichen.

Reparaturmöglichkeiten: Die Werft Béar Marine verfügt über Travellifte bis 150 t und Kräne bis

60 t Tragfähigkeit und führt alle anfallenden Reparaturen aus. Drei Schiffszubehörgeschäfte am Hafen.

Versorgung: In der Altstadt rund um den Hafen gibt es zahlreiche Cafés, Restaurants und Lebensmittelgeschäfte.

Entfernung von Cassis 117 sm, Cap d'Agde 50 sm, Saint-Cyprien 7 sm, Banyuls 4 sm, Calvi (Korsika) 255 sm, Bonifacio (Korsika) 285 sm.

Ankerplatz   Wer der Betriebsamkeit von Port-Vendres entfliehen will, kann bei ruhigem Wetter in der *Anse de la Mauresque* nordwestlich der Hafeneinfahrt unterhalb der „Batterie de la Mauresque" zwischen Klippen und steil aufragenden Felsen auf Wassertiefen um 8 m einsam und in Ruhe ankern.

Südlich von Cap Béar sind einige kleine, von Klippen eingerahmte Ankerbuchten, von denen die *Anse de Paulilles* mit ihren zwei durch einige vorspringende Felsen getrennten Einbuchtungen die besten Ankerplätze bietet.

Banyuls   ist der letzte größere Yachthafen an der französischen Mittelmeerküste mit
42° 29'N   etwa 350 Liegeplätzen für Yachten bis 13 m Länge und 3 m Tiefgang,
003° 08'E   davon 20 für Gäste. Die Gastliegeplätze sind einlaufend an dem zweiten Steg. Banyuls eignet sich gut als Sprungbrett zu den rund 200 Seemeilen entfernten Balearen.

Bei der Ansteuerung ist die grüne Leuchttonne unbedingt an Steuerbord zu

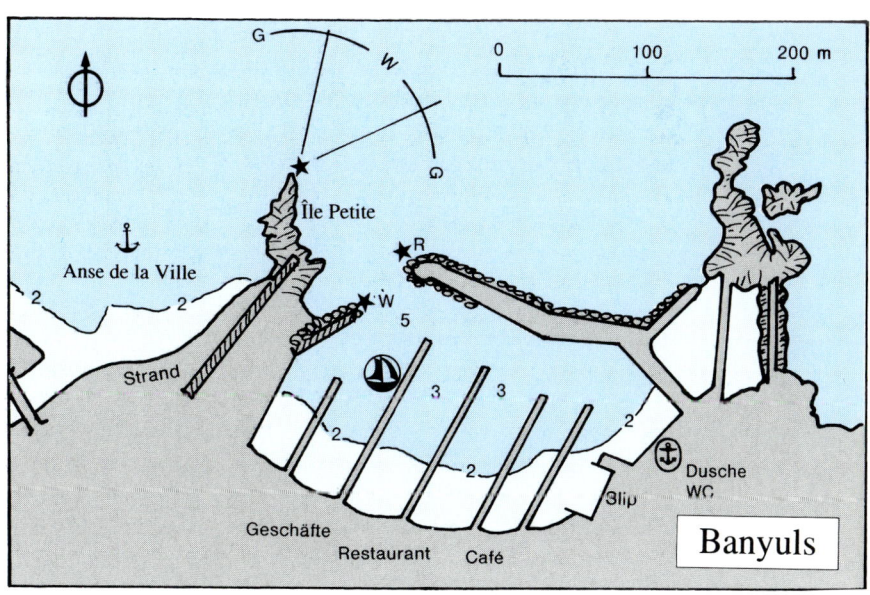

229

lassen, da sie eine der *Île Petite* vorgelagerte Untiefe markiert. Die Molenköpfe der nach Nordwesten offenen, 45 m breiten Hafeneinfahrt sind befeuert. Die Ansteuerung bereitet außer bei starken nordwestlichen bis östlichen Winden keinerlei Schwierigkeiten. Die Liegeplätze an den Stegen sind mit Strom- und Wasseranschlüssen sowie Bojen für die vorderen Festmacher versehen. Duschen und Toiletten findet man neben dem Büro des Hafenmeisters. Kraftstoff erhält man nicht im Hafen. Das Büro des Hafenmeisters ist über UKW-Kanal 9 zu erreichen.

Ankerplatz Wenn der Hafen im Sommer überfüllt ist, bietet sich bei ruhigem Wetter die westlich der *Île Petite* liegende *Anse de la Ville* mit ihrem Sandstrand als Ankerplatz an. Bei Wassertiefen von 3 bis 5 m findet man hier außer vor östlichen Winden guten Schutz.

Unterwasser-Naturschutz-gebiet Von Banyuls bis zum Cap Peyrefite erstreckt sich über gut eine Seemeile ein breites Unterwasser-Naturschutzgebiet, dessen seewärtige Begrenzung durch drei grüne Baken gekennzeichnet wird (die beiden äußeren sind befeuert). In dem Schutzgebiet ist die Höchstgeschwindigkeit für alle Schiffe auf 8 kn begrenzt; Gerätetauchen, Unterwasserjagd und Sportfischerei in dem Gebiet sind verboten.

Nur eine halbe Seemeile nördlich der spanischen Grenze liegt in der Anse Cerbère der kleine Schutzhafen

Cerbère hinter dessen Wellenbrecher einige Yachten bis 1,50 m Tiefgang anlegen können. Größere Yachten ankern bei ruhigem Wetter südöstlich des Hafens in einer kleinen Bucht dicht unter Land auf 3 bis 10 m Wassertiefe. Auf dem südöstlich des Hafens 50 m steil aus dem Meer aufragenden Cap Cerbère steht ein Leuchtturm, dessen 15 sm weit tragendes Feuer die nächtliche Orientierung erleichtert. An der Südseite der Bucht und auf dem Molenkopf brennen weitere Feuer.

Register

Bücher für die Küstenfahrt

Das ist Küstensegeln
Ratschläge und Hilfen von J. D. SLEIGHTHOLME
für die Praxis, die das grundlegende Führerschein-
wissen sinnvoll ergänzen und erweitern.
160 Seiten mit 283 farbigen Fotos und Zeichnungen

Yachtsegel
DICK KENNY vermittelt Kenntnisse über Rigg und
Segel, die wichtig und nützlich sind für jeden,
der von seiner Besegelung optimale
Vortriebskräfte erwartet. 160 Seiten mit
178 Farbfotos und 90 farbigen Zeichnungen

Knoten, Fancywork und Spleiße
Wichtige Gebrauchsknoten, die gebräuchlichsten
Spleiße und eine Menge schöner Zierknoten,
von FLORIS HIN/ THEO KAMPA UND JAAP HILLE.
160 Seiten mit 193 Farbfotos

Praktische Seemannschaft in Bildern
Unterschiedlichste Situationen aus der Praxis in
überschaubaren Zeichnungen dargestellt
und erläutert von ROBBERT DAS und HARALD
SCHWARZLOSE. 272 Seiten mit 403 Zeichnungen

Medizin an Bord
Ein ärztlicher Ratgeber für den Notfall von Dr. med.
KLAUS BANDTLOW, der weit über die Erste Hilfe
hinausgeht und auf keiner Yacht fehlen sollte.
144 Seiten mit 47 Zeichnungen

Yachtnavigation
Vom Zirkel bis zum GPS
Das Standardwerk der Yachtnavigation von
BOBBY SCHENK. Leicht verständlich, berück-
sichtigt es alle denkbaren technischen Hilfsmittel.
328 Seiten mit 365 Abbildungen, 38 Tafeln und
1 Übungskarte, Großformat

Richtig ankern
Alles, was es über Anker und die Praxis des
Ankerns zu wissen gibt, aufgezeichnet von
JOACHIM SCHULT. 264 Seiten mit 222 Zeich-
nungen

Yacht-Bordbuch
Nützliche Informationen im Taschenformat,
fürs Cockpit zusammengestellt von HANS DONAT.
256 Seiten mit 220 Abbildungen

Kollisionsverhütungsregeln
Die „Regeln zur Verhütung von Zusammenstößen
auf See" als Nachfolger der Seestraßenordnung,
für Wassersportler analysiert und kommentiert von
AXEL BARK. 88 Seiten mit 100 meist farbigen
Abbildungen

Das Wetter von morgen
Eine Anleitung von DIETER KARNETZKI,
alle Hilfsmittel der Wettervorhersage richtig zu
deuten, mit meteorologischer Revierkunde für
Nordsee, Ostsee und Mittelmeer. 180 Seiten
mit 201 meist farbigen Abbildungen

Bootsmanöver richtig und sicher gefahren
Anleitungen und Hilfen von DICK EVERITT und
RODGER WITT für alle Möglichkeiten, sein Boot
unter Segel und Motor im Hafen den Gegebenheiten entsprechend zu bewegen. 114 Seiten mit
95 farbigen Zeichnungen und 19 Farbfotos

Notfälle an Bord – was tun?
Ein Ratgeber von JOACHIM SCHULT für richtige
Vorsorge gegen ernsthafte Schäden und zweck-
mäßige Abhilfe bei eingetretenen Notsituationen.
480 Seiten mit 405 Abbildungen

Segeln auf See
Theorie und Praxis des Fahrtensegelns
Das übersichtliche, bebilderte Nachschlage-
werk von WILFRIED ERDMANN (Hrsg.) für den
Fahrtensegler der 90er Jahre mit Fachbeiträgen
bekannter Segelautoren. 344 Seiten mit 420
meist farbigen Abbildungen, Großformat

Seglers Windfibel
Alles, was der Segler über seine Antriebsenergie,
den Wind, wissen sollte, von ALAN WATTS.
96 Seiten mit 185 Zeichnungen

**Signaltafeln für die Berufs- und
Sportschiffahrt**
Alle Tag- und Nachtsignale, alle Lichter und
Schallzeichen aller Verordnungen übersichtlich
auf Tafeln zusammengestellt. 11 farbige Tafeln
DIN A 5 in cellophanierter Ausführung, in
Klarsichthülle

DK Delius Klasing Verlag

Bücher für die Freiwache

Burghard Pieske
Expedition Wiking Saga
Im offenen Boot über den Nordatlantik
Ohne Kompaß und Karte segeln Burghard
Pieske und seine Begleiter auf der klassischen
Wikinger-Route. Ein spannendes Buch voll
lebendiger Geschichte.
264 Seiten mit 47 Farbfotos, 27 Zeichnungen und
1 Routenkarte

Susanne Zeller
Fahr weiter bis zum Horizont
Drei und vier sind die Zeller-Kinder, als die
Familie zur Weltumseglung aufbricht. Auf fünf
Weltmeeren führen Eltern und Kinder ein
freies und natürliches Leben.
272 Seiten mit 37 Farbfotos, 5 Schiffsrissen,
6 Zeichnungen und 1 Routenkarte

Wilfried Erdmann
Ein unmöglicher Törn
Transatlantik mit GATSBY und Gewinnern
Der bekannte Segler führt zweimal acht
Gewinner eines Preisausschreibens über den
Atlantik, die vorher kaum ahnten, auf was sie
sich eingelassen hatten.
280 Seiten mit 37 Farbfotos und 54 Abbildungen

Christine und Bodo Müller
Über die Ostsee in die Freiheit
Dramatische Fluchtgeschichten
Dokumente abenteuerlicher Fluchtversuche über
die Ostsee. Quellen: Authentische Berichte
Überlebender und geheimes Archivmaterial.
232 Seiten mit 32 Fotos, 13 Zeichnungen und
Karten

Gudrun Calligaro
Ein Traum wird wahr
Als erste Deutsche einhand um die Welt
Mit ihrer Serienyacht „Mädchen" besteht eine
Frau allein die Gefahren einer Weltumseglung.
Offen und ehrlich beschreibt sie die Erlebnisse
ihrer zweijährigen Fahrt.
264 Seiten mit 42 Farbfotos und 1 Routenkarte

Ragnar Thorseth
Saga Siglar
Die erste Weltumseglung im offenen Wikingerboot
Spannend und lebendig geschrieben, mit einmali-
gen Farbfotos illustriert, ist „Saga Siglar" ein
außergewöhnliches Buch.
128 Seiten mit 78 Farbfotos und 8 Zeichnungen
und Rissen

Burghard Pieske
**Abenteuer unter arktischer Sonne –
Shangri-La**
Die letzte Etappe der 10jährigen Reise führt
Pieske durch die nordische Natur, durch Stürme
und Eis, zu einem triumphalen Empfang im
Heimathafen.
288 Seiten mit 34 Farbfotos und 28 Zeichnungen
und Karten

Bobby Schenk
80 000 Meilen und Kap Hoorn
Ein Seglerleben
Von seinen großen Reisen um die Welt und rund
Kap Hoorn berichtet der beliebte Autor und ge-
währt zugleich einen Einblick in die bunte Szene
der Yachties.
400 Seiten mit 50 Farbfotos und 2 Karten

Ernst-Jürgen Koch
Paradies im Stundenglas
Unsere letzte Reise mit der „Kairos"
Ernst-Jürgen und Elga müssen dabei erkennen,
daß die Paradiese weniger geworden sind –
zerronnen wie der Sand im Stundenglas.
408 Seiten mit 41 Farbfotos und 36 Zeichnungen
und Karten

Viele andere Bücher beschäftigen sich
neben diesen noch mit dem Segeln und
auch mit dem Motorbootfahren. Verlangen Sie
unser ausführliches Verzeichnis über Ihre
Buchhandlung oder direkt vom Verlag
(33516 Bielefeld, Postfach 10 16 71).

 Delius Klasing Verlag